文
景
———
Horizon

黄专全集 (卷一)

超越与对话：论当代美术 (下册 访谈、演讲及其他)

目 录

演 讲 *001*

中国当代艺术的外部批判 *002*

差异性共存: 亚太地区当代艺术的新现实 *005*

我们需要一个图书馆吗? ——一次关于图书、知识与艺术的讲座 *008*

"国家遗产"的理念与方法
——在哈佛大学"中国的红色遗产"国际研讨会上的主题发言 *017*

实验水墨问题和图像科学——在"水墨时代"学术论坛上的发言 *022*

我们应该重蹈现代主义覆辙——在何多苓艺术研讨会上的发言 *027*

从问题到思想: 个体、"玩笑"与艺术的政治
——黄专在四川大学艺术学院的演讲 *030*

与策划为敌: 一个艺术终结论的替代方案
——在"脚踏无地: 变化中的策展"研讨会上的发言 *035*

中国当代艺术史研究中的文献学问题
——在南京艺术学院"当代艺术与信息管理论坛"上的发言 *045*

从艺术史看德国表现主义——在广州红专厂系列学术对话上的发言 *054*

访 谈 *069*

谁来赞助历史 *070*

经验·身份与文化判断 *078*

什么都行与什么都不行——黄专访谈　084

我做的是社会测试　092

从俄亥俄到耶路撒冷到深圳　097

关于传媒与艺术——对顾问黄专的访谈　106

黄专——一个冒险者的双重生活　110

"艺术就是弄假成真"——"柏拉图"和它的七种精灵展预备研讨会纪要　131

文化翻译与文化误读——黄专与谷文达对话录　143

走出集体主义的民主幻想　157

先锋城市需要先锋艺术　166

江湖——为中国当代艺术寻找一种精神归宿感　168

要警惕自己,不要做一个职业策划人　170

历史不能忘却,也不能被误读　177

被跨越的身体　180

自由主义与公共艺术——黄专、隋建国、邱志杰在线对话录　196

剧场、话语反控制与艺术人道主义　206

展览想呈现历史的复杂性　224

我是怎样做"视觉政治学:另一个王广义"展的　226

西方艺术体制的衰落及我们的问题　235

非专业的哲学和非专业的艺术——舒群、黄专漫谈录　*241*

关于"万曼与中国新潮美术"的访谈　*262*

如何运用研究影响现实——AAA 访问黄专　*266*

王广义 VS 黄专——中道与"施工精神"　*276*

在语词、意识与艺术之间
——关于徐坦"可能的语词游戏"展策划以及丛书编辑的谈话　*282*

"历史是一种捕捉"——黄专谈 OCAT 的出版项目　*318*

关于深圳当代艺术家发展情况的访谈　*341*

艺术史的紧迫性——黄专与莎拉·威尔逊的对话　*357*

"艺术史是我们安身立命的东西"
——黄专与广州美术学院艺术史系学生的谈话　*384*

制造景观和颠覆景观——巫鸿、黄专、徐震对话录　*389*

一次理论冒险　*413*

艺术的自由在于它只为自己生产自己　*415*

我们为什么看不懂当代艺术　*423*

每平米的态度——关于王友身个展"每平米"的访谈　*440*

在独立艺术机构实践中寻找自己的逻辑　*444*

黄专：我们在干一件自不量力的事情　*459*

OCAT 研究中心：以民间方式推动开放性的艺术史研究　*462*

其　他　*467*

我看高居翰的遗产　*468*

如何自由地获取知识——与广州美术学院 2014 级研究生的谈话　*470*

无光何路：一个思考苦难的"幽行者"——读《张志扬阅读经验引集》　*476*

演讲

中国当代艺术的外部批判[1]

女士们、先生们:

首先我得感谢艺术学院的格兰特·汉南(Grant Hannan)院长和皇甫秉惠女士在这里给了我一个与西方观众谈论中国当代艺术问题的机会,虽然我知道这通常是一件难的差事。

人类有一个共同的惰性,那就是希望用最简单、最明了的方式了解自己不熟悉的东西,应该说,这种习性在了解一般的对象时并无大碍,譬如说,如果我仅仅是作为一位游客来了解澳大利亚,那么也许我只要知道墨尔本、堪培拉、悉尼、布里斯班、塔斯马尼亚岛的地理位置和飞机航班再加上一点有关袋鼠、考拉、绵羊的知识就足够了,但如果我们想了解的是澳大利亚的文化、历史或艺术,这点指南性的知识不仅会显得太少,而且会制造许多不可原谅的误会甚至偏见。我想说,就目前的情形而言,西方有不少人正是以旅游者的眼光来看中国当代艺术的,而这种眼光只能为观察者提供一个标本化的中国艺术:民俗的艺术和政治的艺术。在我看来,这是一种典型的"东方主义"思维模式下的产物。

我们知道,二十世纪是一个西方的世纪,这不仅指以欧美为中心的西方一直是二十世纪历史舞台上的主角,还指二十世纪人类基本的经济、政治和文化的结构性关系是由西方确定的。冷战结束后,这种结构性关系发生了很大的变化,这种变化一方面来自西方文化和知识系统内部的解构主义及各种反中心主义思潮的自我批判;另一方面来自世界政治地缘的多极化发展趋势。但这种变化并没有为中国当代艺术带来一种超越种族、政治和地缘因素与世界平等对话的机会,相反,一种新型的主体与他者、中心与边缘的关系在这几年有关中国当代艺术的国际性展览中出现。"民俗的中国"和"政治的中国"成为对中国当代艺术的基本身份定位,这种定位有意无意地简化了中国当代艺术丰富的文化—社会含量,忽略了中国当代艺术发展自身深刻的结构性变化,也曲解了它的一些基本的方向性特征。应该说,在民俗和政治定义下的中国当代艺术只能是"他者"的艺术和从属的艺术,而在我看来,这既无法反映中国当代艺术在当今世界文化格局中的真实身份和位置，也导致它内部各种机会主义身份策略的泛滥。应该说，这一现实使中国当代艺术的文化批判特性变得复杂起来，即它必须一方面是对自身文化、历史、政治结构的内省性批判；另一方面是对各种新型文化霸权主义的对象性批判，因此，这种批判是一种关系的批判，一种对差异性现实的双向批判。

正是对西方新型的艺术权力制度的挑战构成了我所谓的中国当代艺术的"外部批判"，这种批判将不仅为中国当代艺术也将为人类当代艺术增添新的文化经验、知识资源和艺术问题，丰富人类艺术的当代性；它也将提高西方人认识世界的水平和能力，从而从实质意义上建立人类平等的艺术对话关系。当然，这种外部批判具有十分复杂和矛盾的品质：首先，这种当代文化批判赖以存在的知识资源和理性价值并不来自自身而是来自西方，在运用这些原则实施外部批判时，我们应警惕这种原则的"普遍性"和"真理性"会引致的知识强权和文化压迫；其次，这种外部批判有可能坠入旧式民族主义意识形态和文化保守

主义的陷阱，掩盖中国当代艺术的诸多内部问题，从而使这种批判丧失其内在活力，这正是我在《第三世界当代艺术的问题与方式》中——它主要讨论中国当代艺术的内部批判——提到的那个悖论：

> 文化含义上的第三世界当代艺术在表述自己的思想和问题时，始终面临这样的悖论：从处境上看，它在不断反抗西方中心主义的文化压迫，试图摆脱自己的臣服地位，又要小心这种反抗坠入旧式民族主义和官僚意识形态的陷阱；从方式上看，它不得不使用第一世界的思想资源和表述方式来确立自己独立的文化身份，又要警惕叙述本身给这种身份带来的异化。

因此，中国当代艺术的外部批判是其内省性批判的延续，它们存在于一种无法替代的结构性关系之中，忽略这一点，将根本改变"外部批判"的文化性质。

在来墨尔本的班机上，我与中国艺术家汪建伟先生讨论了一个由他提出来的有趣问题：中国艺术家做当代艺术的理由。在这里，我将这个问题稍稍扩展一点，即第三世界从事当代艺术的理由。我们知道，现当代

艺术是西方经济结构、价值系统和知识方式下的产物，西方文化在二十世纪人类文化的主导位置导致了这些艺术作为"国际化"艺术的身份和现实，这种身份和现实既由一套完整的语言方式、风格潮流和观念架构组成，也由一套完备的国际性艺术权力制度组成。文化含义上的第三世界（所有处于欧美现当代艺术制度之外的边缘性国家）在完成自身文化和艺术的现代转换时，几乎都经历过模仿西方的过程（我昨天参观墨尔本国立美术馆时，吃惊地发现澳大利亚现代美术也经历了一个类似中国的由模仿到创造的过程），这个过程很容易使我们得出一个表面的结论，第三世界现当代艺术不过是西方文化的一种边缘性或差异性复制，这个结论根本忽略了这一复制所依据的内部文化机制的变化，以及这种复制过程对改变其内部文化机制与结构的巨大推动力，而在当代文化语境中，这种复制过程更体现出对复制对象强大的批判能量和深刻的审视能力，这种能量和能力根本无法由其自身产生和提供，第三世界当代艺术与西方艺术权力制度之间存在的这种深刻的批判性关系不仅会为人类艺术带来"民主艺术"这类的政治标准和新型的艺术经验，而且构成了第三世界当代艺术存在的最具体、最直接的理由，而就中国当代艺术自身而言，"以批判和知识的方式塑造自己独立的文化身份和独特的语言状态，是比被西方权力制度接纳和认可更为重要的文化课题"[2]。

谢谢各位！

1997 年

注释：

[1]本文为作者于 1997 年在澳大利亚皇家墨尔本科技大学艺术学院的演讲。原文载《美术界》，1997 年第 5 期，原题目为《中国当代艺术的外部批判 —— 在澳洲皇家墨尔本科技大学艺术学院的演讲 (1997 年 7 月 22 日) 》；黄专，《艺术世界中的思想与行动》，北京：北京大学出版社，2010 年，第 34—36 页，略做修订。——编者注

[2]黄专，《第三世界当代艺术的问题与方式》，载《进与出 —— 中澳华人当代艺术交流展》，新加坡：拉萨尔新航艺术学院，1999 年。——编者注

差异性共存：亚太地区当代艺术的新现实[1]

我很抱歉无法用大会规定的通用语言演讲，我想，我选择"差异性共存"这个演讲题目的部分原因是为我的这种歉意寻找一个体面的借口。萨缪尔·亨廷顿（Samuel P. Huntington）说过，语言在世界上的分布反映了世界权力的分配，他还预言随着中国文明优势的增强，汉语普通话将取代英语成为世界的共同语言。老实说，我对亨先生的这种预言并不心存感激，一是我恐怕等不到那样一天，二是我也不希望那样一天到来。因为我赞同他的另一种说法，语言不过是交流的工具，通用语言应是处理语言和文化差异的方式，而不应是消灭它们的方式。我的直觉是，一个讲多种语言的会议会比只讲一种语言的会议更加有价值，也更加有趣，尽管这样会浪费不少时间、金钱，增加交流的难度。

我发言的中心意思是，艺术和语言一样，也应是一种文化交流的工具，而不应成为文化权力和优越感的象征，更不应成为消弭文化差异的方式。

冷战结束、全球资本化、文化流动性加强和迅速兴起的电子通信革命，都为我们这个世界制造了一个"地球村"的幻觉，但在文化和艺术领域建立一种普遍主义价值体系的努力不仅没有获得预期的回应，反而变得更加艰难和含混。民族国家、种族、性别、宗教信仰和各种利益集团表现出来的差异性诉求远远超过以往，一个统一的世界图景（Worldscape）和一种日益多元化的国际文化关系构成了我们这个时代艺术问题的基本背景，亚太地区当代艺术发展的新现实也离不开这个背景。

在亚太地区存在着一种复杂的国家、种族、政治和文化的地缘关系，这里既有传统的民族国家，如中国、印度、伊朗等，也有新型的工业化或后工业化国家，如韩国、新加坡、日本等，还有像澳大利亚、新西兰这类的西方型国家。但近年来，随着东南亚经济的发展，伊斯兰国家与西方对峙的加强，澳大利亚、日本日益转向亚洲的政策和中国的崛起，在亚太地区产生了一种新的文化向心力，它的性质和趋势将在很大程度上影响未来世界文化的格局和走向。APT 这类活动既是这种向心力的标志，也为我们从当代艺术角度讨论这种向心力提供了机会。

当代艺术是二十世纪西方文化体制的产物，这个事实很容易导致一个简单的结论：在非西方世界发生的当代艺术都不过是这种产物的"乡下版本"。西方当代艺术的这种普遍主义的身份严重扼制了非西方国家在艺术上的文化自述能力，使其长期处于一种"非主体"的状态。这种现实在冷战结束后发生了很大的变化。一方面，西方内部的各种解构主义和反中心思潮导致了西方艺术界对广大非西方国家艺术的重新认知和接纳。近年来，中国、泰国、韩国、日本、新加坡等国的当代艺术家频繁参加西方国际大展，而这些国家旅居海外的艺术家也日益成为国际艺术领域里的重要力量；另一方面，亚太地区各国当代艺术开始出现日益高涨的自我文化认同意识，这种自我认同不是对民族文化价值的简单肯定，相反，它强调的是在各种复杂的当代冲突中如何批判性地建构不同的文化身份主体，它们将对自身文化、历史、政治结构的内省性批判与对西方文化霸权主义的对象性批判作为建构这种主体过程的不可分割的两部分。在东亚儒教国家、西亚伊斯兰国家、南亚次大陆印度教和佛教国家以及在太平洋的原住民文化中，我们能看到这一建构新型文化主体的过程正以不同方式进行。亚太国家在当代艺术中建构新的文化身份主体的努力还体现在近年来这一地区日益频繁的地区性交流活动上，韩国光州双年展、中日韩艺术家的多次联展、正在世界巡回的"移动的城市展"（Cities on the Move）、台北双年展和规模日益扩大的APT都深刻地反映了这一历史过程。

当然，亚太地区当代艺术的这些新现实并不旨在形成一种新的东西方二元对立关系，更不在表明一种简单的反西方立场，恰恰相反，这一新的文化现实的真正意义，在于建立一种与西方及世界其他文明之间的新型的相互认同和自由交流的关系。与旧式民族主义狭隘的拒绝主义的态度不同，当代艺术中亚太地区国家寻求差异性的真正目的是实现一种新型的文化共有秩序。这种努力包含着一种深刻和普遍的文化伦理，即只有在民主和平等的意义上才能建立人类真正的艺术对话关系，它不但反对西方艺术优越论，也反对任何形式的艺术优越论。我们将当代艺术视为一种人类共有的文化资源和知识财富，而不是西方的文化专利，就像我们不在政治、经济和社会现实中将现代化等同于西方化一样。

　　建立独立的文化身份和建立平等的对话关系是一个艰难的过程，我想在发言结束时，以我在澳大利亚的一次经历说明实现这一文化理想的不易。1997年7月，我在皇家墨尔本科技大学艺术学院美术馆与一群杰出的澳大利亚批评家、策划人和学者进行过一次令人印象深刻的座谈。记得当时在申诉我反对西方不少人将中国当代艺术作为冷战文化遗产和民俗性的异国情调作品时，我举了澳大利亚原住民（土著）艺术为例，后来我从我的朋友苏珊娜（她是那里的美术馆馆长）那里得知，澳大利亚朋友对我的这种类比颇为不满，因为我误解了澳大利亚原住民艺术在澳大利亚当代艺术中的真正地位。我想借这个机会向我的澳大利亚朋友致歉，我想也正是这种文化误读反映了交流的高度必要性，我这次来澳大利亚的一个主要愿望就是真正了解一下澳大利亚原住民艺术在澳大利亚当代艺术中的作用和位置，我希望获得澳大利亚朋友的帮助。从某种意义上讲，作为一个只会讲中国话的中国人，我也是一位文化上的原住民、一个土著人，我的工作主要在中国国内，我希望在那里建立一种真正公共的、公平的，或者说真正"为人民服务"的艺术，我希望在这里能够找到一些和我语言不通却有共同愿望的朋友。

　　谢谢大家！

1999年

注释：

[1]本文为作者于1999年在澳大利亚昆士兰"第三届亚太地区当代艺术三年展"（APT）国际研讨会上的演讲。原文载《江苏画刊》，2000年第1期，原题目为《差异性共存：亚太地区当代艺术的新现实——在澳洲昆士兰第三届亚太地区当代艺术三年展国际研讨会上的演讲》；黄专，《艺术世界中的思想与行动》，北京：北京大学出版社，2010年，第86—88页。——编者注

我们需要一个图书馆吗？[1]

——一次关于图书、知识与艺术的讲座

谢谢大家，首先有一件事很抱歉，本来这个讲座有一个主题，也有主讲人，原来的主题叫"市场、传媒与艺术"。后来大会主持人说主讲人因太忙没法来，所以希望我来顶替他，估计现在懂市场和懂传媒的人都很忙。我虽然不忙，但我既不懂市场，也不懂传媒，所以没法顶替，会议主持人希望我来救场，那我只能讲跟我兴趣有关系的事情，所以就想了这么一个题目。

这个题目本来是一个自问自答的题目，应该是：我需要一个图书馆吗？第一人称，单数。为了讲座加了一个"们"，就是跟大家讨论一下我们需不需要一个图书馆。大会前面设计的那个主题是非常实用的，但我觉得那是一个奴役性的题目、一个统治我们的题目，我今天讲图书馆就是希望把它变成一个我们怎样寻求解放的主题。当然，我与最近几年来对市场进行道德批评的人不一样，我认为市场虽然是一个统治我们的力量，但是市场的作用是历时性的而不是共时性的，它既可以用于奴役也可以用于解放。市场至少在二十世纪九十年代初起到过解放的作用，传媒在八十年代也是解放的力量，尽管演变到今天，它们都已成为统治或奴役我们的力量。

这个题目原来是想讲三个小问题：第一，什么叫图书馆；第二，我们需不需要图书馆；第三，我们需要什么样的图书馆。在这里，图书馆既有隐喻的含义也有实在的含义，即作为观念的图书馆和真实的图书馆。在我的讲演中，这两层含义会交替使用。

我相信每个读过书的人都有去图书馆的经验，特别是理论家或从事写作的人，都应该接触过图书馆。我想先讲一个关于图书馆的故事，这个故事跟讲演的主题有关。这个故事来自《庄子·外篇·天道》，在这一篇里，庄子给我们讲了一个图书馆的故事。我想戏仿福柯的"知识考古"来考证一下这个故事。《庄子》这本书的真假是很有问题的，特别是外篇，后人编造的成分居多，但我们可以先搁置它的真伪问题，看看这个故事背后隐藏的信息。

这个故事讲的是孔子在鲁国整理鲁国的历史《春秋》成十二篇，又叫"十二经"（是编书的单位，不是后来"经典"的"经"），整理完后，他就想把这部书送到当时的"国家图书馆"，在西边的周。在春秋的时候，周已经由天子之国衰变成小的邦国，但是周作为国家行政的名义还在。他的弟子子路给他出主意说，听说老子是图书馆的馆长——这当然是我猜测的，因为他的官称当时叫征藏史，后来人有的也叫柱下史，唐代人认为征藏史就相当于唐代的秘书官，是管理国家图书馆的。

老子那时虽然已退休了，但他还有这样一个权力，就是他可以决定哪种书可以入藏国家图书馆。孔子说那行，我们去找他吧，看如何把我们这部书放进国家图书馆。见到老子后，老子就说，你想给国家图书馆，你得给我讲一下这个书到底是什么内容。好，孔子就从头讲起，讲到中间，老子有点不耐烦了，说你都讲了好几页了，我还不明白你这本书到底讲的什么意思，"愿闻其要"，孔子就说"要在仁义"，讲人怎么样通过仁义成为人的道理。老子说仁义这个道理太浅了，仁义、兼爱、无私，这都是些次要的道理，于是就跟他讲天道，天下自有天下的道理，

天道有常，何需仁义？仁义只是一个小道理。这个故事讲到这里就完了，我们知道《庄子》是以寓言讲道理的，所以，这个故事的真实性并不重要，重要的是它也许是中国最早的关于知识重要性的争论。

这个故事有几处可供我们进行"知识考古"的地方。第一个，我们知道中国起码在周代已经有了"国家图书馆"这个概念，秦朝叫石室、金匮，汉代叫石渠、兰台，明朝、清朝叫文渊阁、文澜阁，"皆国家藏书之所"。图书馆有馆长或管理员，《周礼·天官》就有"大宰之职，掌建邦之六典"，老子担任的就是这类官职，这是这个故事告诉我们的一个事实。

这个故事告诉我们的第二个也是最重要的信息是：图书馆从那时起就有一个基本功能或权力，即可以收藏或者拒绝图书，按福柯的说法，具有"话语控制"的权力。老子有这个权力，而孔子希望他的书获得这个权力，这是这个故事告诉我们的第二个隐藏的含义。孔子的书有没有进周代国家图书馆这个事实其实已经不重要了，在我们中国的文化中，它已经被接收为一种文化权力文本，即所谓的"经"。

这个故事的第三层知识的含义是我突

发奇想出来的，那就是在那时人们已经开始关注关于人生的两个根本主题：知识和自由。对此有两种态度，一种是孔子的态度，把伦理知识作为知识传承的主要内容，而老子呢，他认为知识即自由，天道自然就是根本的知识、根本的道理，除此之外，别无知识。这实际上也是现代知识分子探讨的两个主题。我讲这个故事是想说明，我们现在遇到和讨论的问题，那个时候已经存在了。

讲完这个故事，我就简单讲一下什么叫图书馆。如果大家去考试，一句话就可以回答这个问题：图书馆是收藏图书的地方，图书是知识的物质载体，而知识又是思想的物理形式，把这个关系说清楚就行了。但我在这里想通过人类文化中对图书馆的三种态度，或者三种理论来说明一下什么叫图书馆。

这三种图书理论中的第一种，我称之为"天堂理论"，第二种叫"监狱理论"，第三种叫"世界3理论"。我非常简单地讲一下在这三种理论中，图书馆是如何以不同的形态出现的。

"天堂理论"在整个人类文明中，无论中国还是西方都是一种主流性的理论，晚明有个大文人钱谦益，大家也许知道他是柳

如是的不争气的老公，后来降清了。他是当时江南首屈一指的藏书家，他的藏书楼叫绛云楼，顺治年间偶遇火灾被烧掉了，他为此写了篇悼文，最后哀叹"知天下不假我以斯文"，天不再需要我护佑斯文了。南宋有个叫尤袤的藏书家，他的藏书楼叫遂初堂，在为遂初堂藏书所编书目的序中，他总结了图书的四大功能："饥读之以当肉，寒读之以当裘，孤寂读之以当友朋，幽愤读之以当金石琴瑟。"后来清代有人甚至干脆就把自己的书斋叫"四当斋"，这是中国文人对图书的基本观念。

图书或者图书馆最基本的功能就是记忆功能，人类是靠图书馆来保存文明记忆的，德国艺术史家瓦尔堡创建的"瓦尔堡图书馆"就被人称为"古典文明的记忆者"。我们知道博尔赫斯是二十世纪人类学者中最博学的一位，他一辈子几乎都是在图书馆中度过的，到晚年做了二十多年阿根廷国家图书馆的馆长，他对图书的热爱真是不可以言辞形容，他的大量文章、诗歌都是赞颂图书馆的。晚年双目失明以后，他说只要我待在图书中间就会感到幸福。

他写过一篇文章叫《论书籍崇拜》，他写过一首诗叫《关于天赐的诗》，其中有这

样的句子：

> 我心里一直都在暗自猜想，
> 天堂应该就是图书馆的模样。

我的图书馆的"天堂理论"就是从这里来的，可以说，这是人类整个文化传承中比较主体的理论。

跟这类观念相反的是另一种对待图书的态度，这种态度中比较著名的如秦始皇焚书，当然，秦始皇焚书是有选择的，他焚掉的主要是儒家诗、书，保留了卜筮、医方、种植之类的实用书。所以，秦始皇的焚书实际上也是一种整理、一种选择，是一个"图书馆行为"。还有一个就是恺撒，据说他占领了亚历山大以后准备焚烧亚历山大图书馆，我们知道亚历山大图书馆是当时西方世界最早、最大的一个图书馆，有人惊呼人类记忆将要毁灭，恺撒却对他说：让它消失吧，那只是些关于恶行的记忆。

图书馆的"天堂理论"强调的是知识与自由的相互作用。

第二种"监狱理论"来源于福柯的知识批判理论，我猜想与上面那类反知识的历史故事有关。我们大家都很熟悉福柯的知识考古学和权力谱系学，它们建立在对西方，特别是对西方近代的知识历史、知识机制和知识制度批判的基础上。

福柯的书我读得不多，所以没有办法在这里讲一些更深奥的理论。大概福柯认为知识作为人类的一种机制或者一种制度，在很长时间里不管是对我们的精神生活还是实际的社会生活，起到的都是奴役的作用，而支撑这种权力的"话语"又是知识的载体和工具。话语的基本单位叫"陈述"，陈述当然不是说一般的言语，像我在这里讲的话就不能叫陈述，陈述是指有权威主体发表的言语和文本，这些话语文本具有权力功能和作用，包括政府公文、被历史认可的专家著作、艺术作品，这些都属于"陈述"，所以他说"陈述是一个政治事件"。大家看《知识考古学》的第二章，他专门分析了几种所谓话语单位：话语是靠编造连续的历史来发生作用的，所以第一个话语单位就是一些编造出来的连续性概念，比如传统、影响、发展、演进、心态、精神；第二种话语单位是关于分类的观念，即对人类知识进行哲学、宗教、历史、科学之类的划分。他认为近代科学分类也是一种话语单位，在形成整个连续历史意识中具有重要作用；第三个话语单位是书籍，他认为书籍是"以最直接的方式迫使我们接受的话语单位"，它是一种物质形式，但在所有的话语网络中起到中心作用，所以他把图书看成他话语分析的一个主体部分。当然福柯没有——至少我没有看到——专门谈到图书馆，他晚年的著作《规训与惩罚》主要考察监狱这种所谓人类最直接的暴力惩罚形式，但他认为除监狱这种形式外还有"一般化的监狱"，比如工厂、医院、军队、修道院，甚至民间的慈善机构，它们共同构成了西方社会的"规训"网络。当然，还包括学校，但是他似乎没有提到图书馆，按他的理论逻辑，图书馆应该也是他话语的批判对象，因为它更符合他的"环形监狱"的结构。但他为什么没有提，我猜想，福柯晚年居住在巴黎二十多年，大部分时间都待在法兰西图书馆和法兰西档案馆进行他的研究，是不是因为有这方面的感情原因，所以放过了图书馆。当然，这只是玩笑性的猜测。

福柯对整个西方科学主义知识体系的批判有着非常强烈的解放作用，他认为所有的知识都必须经过批判和检验，因为所有的知识和知识代表的思想都是权力制度的产物，都是政治或意识形态者的替代物，所以他要对人类自己的记忆进行"反记忆"，或者以断裂性记忆替代连续性记忆。但这种反控制、反知识的理论容易使我们走上非理性和神秘主义、虚无主义的道路，因为它割裂了知识和自由之间的关联。

下面我想介绍第三种理论："世界 3"的图书馆理论，它来自卡尔·波普尔。波普尔的研究途径和福柯不同，福柯研究的起点是人类的知识制度和知识实践，波普尔的研究起点是人的认识问题，研究科学的"人性方面"。

我们知道文艺复兴以后，科学或者科学主义成为人类思维或者人类进步的一个主要知识动因，但是科学本身有很多问题没解决，譬如说科学作为人的学问，它本来就应该体现人性的特点，而我们知道人性有两方面，一方面是理性的，人具有理性生产、理性创造的能力，但同时人也有非理性的一面，容易犯错误。人文主义正是在与上帝和动物的比较中诞生的：跟上帝比较人不可能是普遍性的或绝对性的，人会犯错误；跟动物比较，人是理性的，人有自己的理性逻辑。科学的两重性反映了人性的两重性，波普尔就是从这个角度出发去考察科学研究方法的逻辑问题的。

从培根、笛卡尔开始，归纳法就成了科学研究的最主要的方法，也是科学获得成就的一个最主要的工具。到了休谟，他发现了这种方法在逻辑上的一个漏洞：即观察对象的个体陈述和观察结果的普遍结论之间的逻辑不对称。他举的例子就是大家熟悉的"天鹅"的例子，我们观察了一千次一万次白天鹅，也无法得出"天鹅是白的"这个普遍结论，因为只要发现一只黑天鹅，这个结论就会被推翻。我们常说"太阳照常升起"，在我们看来，至少到今天这句话仍是一个真理，但这个真理背后没有逻辑支撑，有可能哪一天太阳不升起，这个是没有办法用逻辑来证实的，而我们大多数科学真理都是在忽视这种逻辑漏洞下产生的，所以，休谟称其为"哲学的家丑"。

"休谟问题"成为波普尔思考的起点，他对科学研究的贡献在于他提出了一种"证伪"的方法以替代"证实"的归纳法。一个理论从逻辑上讲，即使我们一万次试验它都是正确的，也不能保证它的科学性，我们只有通过不断批判地寻找理论的错误，通过猜测性证伪才能使它不断逼近真理。这就从逻辑上颠倒了关于科学的基本判断，波普尔用他著名的猜测—反驳公式概括了这种逻辑：$P1 \rightarrow TT \rightarrow EE \rightarrow P2$，即问题（或问题情境）→尝试性解决理论→对尝试性理论进行反驳→新问题。

我想尝试用我们大概都玩过的"杀人游戏"来讲解一下这个公式。游戏的起点假设了四种角色——法官、凶手、警察，还有平民，每个玩游戏的人通过抽签来确定自己的角色，角色的确定具有某种偶然性。游戏从犯罪的过程开始，这样，假设的问题 P1 就成立了；第二步，凶手杀人后，警察要对凶手进行判断性猜测，然后是被杀者的猜测（临终遗言），这些猜测大多数无法来自直接观察（因为蒙眼），所以主要是某种推论，由于依据非常少，所以这种推理有效值相对较低。这个过程就相当于 TT，即猜测性方案；第三步，大家不断对这些猜测进行辩论，通过讨论，通过舆论引导，中间还有投票环节，或者误杀一个人，或者找到真正的凶手，这个不断反驳的过程就是 EE，尝试性消除错误的阶段；最后，游戏的结果可能是正义获胜，凶手被擒，也可能是凶手逃脱，正义受损，无论迎来哪个结果，我们都会得到一个新的问题，获得知识的增长。

理解这种理论的关键是弄清"问题"或"问题情境"的来源和性质，我们原来认为科学问题来自观察，这个起源好像很清楚，但被证明是错误的。那么问题从哪里来？波普尔跟达尔文一样，他说这个问题是有点神性的问题，像是"鸡跟蛋"的关系。他只能猜测可能是人类的反馈机制，像一个人从母体出来以后，第一个反应就是要找到乳头，这种反馈理论大概可以解释这个问题的来源。他说所有问题的来源到后来就比较清晰了。它主要源于我们的一个反馈体系，我们在实际生活中遇到了问题就去思考它，形成问题和关于问题的逻辑，总之，问题的产生有某种偶然性和突发性。所以他引用爱因斯坦的一句话，"发现问题是天才，解决问题是技巧"，能够找到一个真问题是我们获取知识进步的第一步。

第二，他认为问题的解决，或者问题进入他的反驳—猜测程序，必须建立在一个协议或者理性讨论的基础上，不是说一个问题产生以后谁都可以说的，讨论实际上是一种协议，必须在某种理性目标一致的人群中才能产生，这种讨论不是个人行为，它不是针对某个人，而是针对理论本身。他对柏拉图、黑格尔、马克思的批判就是将它们置于一个理论框架中来进行的。

第三，他认为问题讨论的最后目的并不是获取终极真理，而是增长知识，获得解放。和逻辑实证主义不太一样，他并不片面否定形而上学，虽然形而上学在某种意义上缺乏科学性，但形而上学给了我们追求真理的动力，他认为我们整个人类的知识进程最后总是在逼近真理。他举了个例子,如果我们要测量6毫米这么一个长度，我们其实永远不可能精确到这个尺寸，因为6毫米是一个形而上的概念，但是我们可以通过不断测试接近这个尺寸，不断接近的过程就是在逼近真理。

知识问题在本质上是一个猜测性的问题，没有绝对永恒的知识，更没有绝对永恒的真理，但是知识的增长是我们文明进步的一个最基本的标志。正是从问题这个认识论理论，波普尔走到了本体论，最后创造了他的"世界3"理论。在波普尔之前有不少关于"世界3"的理论，人类很早就意识到除了人的世界和客观物质世界以外一定还有一个第三世界，但是人们关于这个第三世界的猜想往往是神学性的，比如柏拉图的"理念"是抽象的、支配第一世界和第二世界的高高在上的东西；康德提出过"物自体"，黑格尔提出过"绝对精神"，这些都是关于第三世界的猜想。波普尔的第三世界去掉了这些猜想的神秘性质，把它变成了一个和我们的知识进步有关的整体。

简单地讲，第一世界主要是物理客体和物理状态的世界，由自然有机物、无机物构成的世界；第二世界是我们主观的世界，我们的意识、精神和思维的世界，也就是所谓人的心境世界。第三个世界，或"世界3"，是由人创造出来但具有某种自主性的世界，它通常是以书籍、图书馆、计算机储存器等物质形态储存下来的观念、问题、理论、方法，还有艺术作品，这些都属于"世界3"的范畴。

建立这么一个"世界3"有什么意义呢？我们知道在放弃了对神的依赖以后，人的最大困惑就是人作为有局限的主体如何通过人自己认识自己，康德希望解决有限的主体怎样认识自己这么一个悖论（他发明了一个词叫"二律背反"），但结果只想出了个"物自体"。波普尔用"世界3"理论解决了这个问题，我们不光是通过我们自己认识自己，还可以通过自己创造的"世界3"认识自己。"世界3"不是一个人创造的，它是人类历史有意识的创造物。"世界3"有两重性，第一重性质是它的实在客观性，它并不是存在于天上的理念，也不是我们想象中的绝对精神，它实实在在地存在，比如说在书籍里面保存着，在图书馆里面保存着。他举了两个实验方法来证实这种实在性：第一个实验是如果人类所有的机器、工具，连同关于应用它们的主观知识都消失了，这个时候只要还有图书馆，我们就可以从图书馆重新学习这些客观知识。所以我们只要花时间，就可以在"世界3"里找到恢复我们世界的动力。第二个实验是，如果图书馆被毁了，我们的理论构想、我们的问题猜测、我们的方法都消失了，人们从书本中学习的能力丧失了，我们的文明在几千年中就不会重新出现。如果图书馆消失了，可能人类的恢复得从头再来了，而如果从亚当夏娃开始，我们永远不会做得比亚当夏娃更好。

"世界3"的第二重特性就是它的自主性，"世界3"一经成立就仿佛有了自己的生命，有了自己的历史。譬如说，我们现在坐在这个地方谈论艺术，实际上我们谈论的不是我们刚刚创造的艺术，哪怕我们谈论正在走红的艺术家，我们永远是在谈论他背后使他成为艺术家的历史、问题和情境，谈论艺术的"世界3"。

"世界3"理论是一种对知识进行理性批判的理论，理性批判意义上的图书馆是知识和自由的高度统一，它通过批判性的知识使我们获得解放。

谈了关于图书馆的三种理论，我想下面

问题很简单了，即我们需不需要一个图书馆，或者说我们需要一个什么样的图书馆。我的演讲只是为回答这两个问题提供一个猜测性的理论前提。这个演讲题目中的"当代艺术"这个定语是会议主持人加的，我觉得"当代艺术"这个词现在有点脏了，我们使用它时会有风险，这是一个需要漂涤才能再使用的词。我想在这里界定一下，我认为的"当代艺术"，应该是一个和知识、理论讨论有关系的视觉活动，一个进行"世界 3"创造的活动，它的主要功能应该是促进人类知识和智力的增长。艺术，尤其是当代艺术，和古典主义、现代主义，和原始时代、宗教时代艺术最大的不同应该是它把"问题"放在第一位，我觉得中国当代艺术的最大问题恰好在于它没有真正形成自己的问题，没有找到自己的问题，没有真正讨论问题的习惯，甚至没有基本的问题意识。

我们的艺术争论，尤其近期的争论大都是人对人的攻击，人对人的争论不可能形成真正的问题，不管这个争论有多高的道德理由，有多强的逻辑能力，它都不是一种真正关于问题的讨论，这是中国当代艺术要进行重新反思的问题。在这个意义上，我们需要图书馆实际是一个观念的问题，只有图书馆能够帮我们真正寻找到我们的问题和解决问题的理性途径。

图书馆有四个功能：第一个是储藏功能，或记忆功能；当然记忆是有选择的，所以就有了它的第二个功能，选择功能，图书馆必须选择哪些东西可以成为我们"世界 3"讨论的问题；第三个功能是分类功能；第四个功能是研究功能。

当然，图书馆还有一个最基本的功能就是还原问题情境的功能，记得前几年有人根本否定存在八十年代新潮美术运动，如果我们有了一个图书馆，这种论调就不攻自破了。

由于时间关系，第三个问题，我们需要什么样的图书馆就不在这里讲了。抱歉在这里不合时宜地谈了这么多关于图书馆的废话，谢谢大家！

2010 年

注释：

[1]本文为作者于 2010 年 3 月 26 日在北京尤伦斯当代艺术中心（UCCA）的演讲。原文载朱青生主编，《中国当代艺术年鉴 2010》，桂林：广西师范大学出版社，2013 年，第 1—6 页。——编者注

"国家遗产"的理念与方法[1]

—— 在哈佛大学"中国的红色遗产"国际研讨会上的主题发言

我今天的发言可能不是一个理论讨论，只是介绍一下我最近几年主持的 OCAT 和英国曼彻斯特城市大学研究生院合作的研究项目，汇报一下这个项目的基本理念和方法。

这个项目的名称叫"国家遗产——一项关于视觉政治史的研究"。我们知道，中国当代艺术从它发生开始，由于中国特殊的文化历史和意识形态，"政治"一直是它的一个主题，从二十世纪八十年代一直到现在。在表达和描述政治这个主题的时候，中国当代艺术基本上采取两种方式：第一种我们称为启蒙的方式，在八十年代从"星星画会"一直到"八五新潮"，这是中国当代艺术政治表述的主要方式；九十年代以后，在后现代理论和市场理论的语境中，中国当代艺术的政治表述方式转变为解构主义和犬儒主义。上述两种政治表述方式或模式，成为诠释、理解中国的一个基本路径。这两种模式的理论来源就是政治立场上的道德主义和方法论上的现实主义，它也成为中国当代艺

术到现在为止仍无法形成独立美学逻辑的原因。

"国家遗产"这个项目希望提供一种新的政治表述模式或方法：一种中间立场，或借用中国古代哲学的说法——"中道"的方式。所谓中间立场不是指没有立场，而是指放弃任何先验的、固定化的和价值优先的立场，从而使我们在一个开放的前提中讨论事物的可能性。

这个项目还有一个理论上的来源，是法国哲学家路易斯·阿尔都塞（Louis Althusser）的意识形态理论，阿尔都塞认为意识形态作为一种幻想性信仰系统的历史作用，是通过国家机器的物质性实践完成的。这种意识形态的生存过程有四个环节：

第一个环节是社会以某种特定的意识形态召唤作为主体的个人。

第二个环节是个人接受这种召唤，并视其为欲望投身的对象，将意识形态作为一种主观的幻象，屈从于它。

第三个实践环节，主体和社会互相识别，

个人按照社会意识形态的方式塑造自己。同时这个社会也因为有了主体的塑造而形成了一种联动关系或者时代意义的一种意识形态。

第四是整个幻觉性的信仰系统变成一种我们可以理解的真实的社会存在。

意识形态的幻觉性和它的现实性都是通过知识权利及背后的制度控制来完成的。每个人都生活在不同特征的意识形态关系之中，每个人都不可能摆脱意识形态。但是我们可以用一种反思的态度去超越，这种反思是要理解这种控制机制及它构造我们主体的历史过程。意识形态包括宗教、法律，也包括艺术。意识形态和艺术的关系不是艺术反映意识形态，或者意识形态给艺术提供主题这种二元关系，它们两者是一种互塑关系：艺术在表现现实时，它的意识形态性就隐藏其中，反之，当艺术作为表达主体时，它又成为新的意识形态，这种互融性特征叫"征候"。如果我们要理解艺术的话，除了理解艺术公然要表达的东西以外，还应该对潜藏的、沉默的、省略的东西进行判断和反思。当然，这是个很初级的描述，这些构成我们这个研究理念的基本的出发点。

下面我就简单地介绍一下这项研究。这项研究不是严格意义上的学科研究，它只能算是一种"类研究"或"仿研究"。这项研究由三个主题组成："帝国与国家""一个多维的现代化模式""视觉政治神话"。主要研究中国现代民族国家形成中，特别是现代化过程中的一些视觉逻辑，这就是这个项目要研究的中心。三个主题构成三个问题：第一个主题是中国从古代帝国到现代民族国家的被动性，这是理解现代中国的一个前提。第二个主题讨论作为一种多维的现代化模式，现代中国相对西方以及其他非西方国家的特殊性和复杂性。第三个主题是关于中国现代政治在视觉领域形成的机制和特质，这是一个分析性特别强的课题。

围绕三个主题研究，我们选择了三种材料：一个是中国三位学者——哲学家赵汀阳、汪晖和艺术史家巫鸿的三个理论研究文本。这三个研究文本都不是专门为我们这个项目做的，但我们选取它来作为我们这项研究的基本材料。赵汀阳的研究是关于中国从古代帝国向现代民族国家转变的一些理论问题，汪晖的是关于中国现代化中的一些思想问题，巫鸿的研究是关于中国当代视觉政治史的，即天安门研究，我们选取了他天安门研究中关于毛泽东画像的那个篇章。这三篇理论文献为这项研究提供了基本的理论背景，因为这三篇文章都收集在我们的文献集里，我在这里就不展开讲了。

第二个部分是我们选择五位艺术家的方案。这五位艺术家的方案实际上也都不是为这个项目创作的，这些方案有的已经发表过或者展出过，有的还没有展出，或者还处于某些研究状况的阶段。这些方案最后是通过一个同名展览完成的。

第一个方案是王广义的，这个方案是复原新中国第一辆轿车。轿车是西方工业革命的主要产品，这个产品到了中国后发生了非常复杂的意义变化。第一辆轿车是为毛泽东生产的，只生产了一辆。我们知道中国后来的高级领导人用车都用"红旗"牌，在"红旗"牌轿车之前，第一辆轿车是专为毛泽东生产的，它的名字叫"东风"，这是一个有很强政治含义的词，毛泽东当时讲"东风压倒西风"，这样一个名称为这样一个工业产品赋予了很强的意识形态色彩。除了"东风"这个公开的官方名称，它还有一个民间的称呼叫"金龙"，大家看这个车头上面的标徽

是一条金龙，这是后来所有的"红旗"牌轿车上没有的。这辆车虽然是工业时代的产品，但是中国人赋予它的含义远远超出了工业产品。这辆汽车据说在生产过程中有很多技术环节解决不了，它的外壳都是工人手工打造的，所以运到中南海以后只是象征性地转了一圈就送到博物馆了。这辆车的象征性反映出中国现代化过程为工业产品赋予的复杂的意识形态含义。

第二个方案是汪建伟的，叫"观礼台"。他的研究方法被人叫作"切片"，他非常喜欢使用一些我们不太关注的空间完成独特的文本叙事。这个方案实际上他已经做了十几年，是一个没有公开过的方案，研究了中国最大的政治空间天安门广场中的一个我们不太容易注意的建筑物件，即观礼台。他从十年前就开始对这个观礼台的设计者张开济先生进行了大量的采访，对观礼台的建造背景、象征功能、身体政治属性进行了非常复杂的调查，所有这些方案在我们的文献集里都有，所以我也不再详细讲了。对中国这个最大的政治空间的各种元素的考察，他称为"关系性调查"，对它们互相之间构成一种什么关系是这个方案的兴趣所在。巫鸿先

生专门研究过天安门，他对天安门所有的历史和现代空间元素都进行过观察，唯独忽略了这个观礼台，他说这说明了一个道理：权力通常都是隐性的，即使是象征性权力。

第三个方案是卢昊的，卢昊是一个地道的北京人，八旗后裔，所以他对北京城有某种特殊的感情。他的方案很简单，就是用一种幻想性的方式复原北京被拆掉的九个外城门。北京从金元开始成为中国北方政权的中心，明清以后开始建造北京城。1949年毛泽东兵临城下时，为了保护北平作为一个历史文化古城的面貌，通过地下关系找到梁思成，请梁思成把北平所有重要的古建筑都做了标记，当然后来因为傅作义接受改编，北平和平解放，所以实际上1949年的北平是完整的，所有古建筑几乎都被保存了下来，吊诡的是后来北京为了现代化建设，把这些古建筑陆续拆掉了。这个事实反映了中国人在追求现代化和文化传承之间的一种很复杂的心态，大家知道现在的北京城已经成了一个很现代化的城市。

第四个方案是曾力的，曾力是一位摄影师，他用了五年多时间去拍摄一类非常有意思的工业废墟，就是"三线工程"。"三线工程"是中国现代化过程中一种非常重要的国家行为。新中国建立之初，中国和苏联是友好国家，所以当时中国的现代化重工业布局全部在东北三省，二十世纪六十年代初中苏交恶以后，这种地缘政治发生了根本变化，六十年代末七十年代初中国做出了一个非常大的国家调整，把工业迁往所谓的"三线"地区："一线"是东北，"二线"是华北，"三线"是西南，像云南、贵州、四川。这些工业的布局随着八十年代后期中国的变化，到现在大多已成了废墟。这位摄影师用了五年多的时间在贵州地区进行了大量的拍摄，拍摄一些"三线工程"工厂，它们有些还在生产，有些已经废置了。这个是贵州的"水钢"，就是水城钢铁厂。他觉得这是一个值得研究的课题，除了自己拍摄，他也大量收集了当时的历史照片和文献档案。

最后一个方案是隋建国的项目，是关于北京798附近环铁的研究，这个环铁是中华人民共和国成立以后测试火车提速用的一个基地。中华人民共和国成立以后，火车进行过六次提速，最近一次是在前年。这个就是提速的实验场地，他在整个环铁中间布置了十二个机位进行拍摄，最后展示的就是这十二个机位拍摄的影像。隋建国是雕塑家，这件作品是他第一件使用影像媒介的作品，反映的是中国追求现代化过程中的一个历史案例，这个场地原来是一个保密区域，现在开发成了一个艺术区，很多艺术家住在里面。

这五个艺术方案涉及中国现代化过程中的几个节点，涉及中国的工业史、中国的政治空间史、中国的铁路史及中国的城市化史。艺术家在做这些方案时，可能涉及自己的想法，但我们把它们收集在这个研究项目中，只是希望它们成为一种比较客观的、描述性的历史文本。

去年4月展览先在英国曼彻斯特城市大学的美术馆和当地一个非常有名的先锋艺术空间"角屋"展出。10月又在中国深圳OCAT进行了展出。

研究的第三个部分就是围绕这五个方案，我们收集的大量图像、文本形式的历史素材，我们称它们为"视觉档案"。它们为项目提供了某种"类历史学"的色彩。

这三者之间构成某种互为言说的关系。

我的汇报就到这里。

2010 年

注释：

[1]本文为作者于 2010 年 4 月 2 日至 3 日在美国哈佛大学举办的"中国的红色遗产"（Red Legacy in China）国际研讨会上的发言。——编者注

实验水墨问题和图像科学[1]
——在"水墨时代"学术论坛上的发言

在中国，水墨问题不仅是一个简单的艺术问题，也是一个跟文化、跟我们的意识形态生活息息相关的问题，尤其是水墨这种艺术类型和它在当代世界文明史中的遭遇是一个非常特殊的现代性案例，如果我们回避水墨问题，就等于放弃了中国参与世界发言的一个基本资源。

二十世纪九十年代以来，我们讨论现代水墨或者实验水墨的方式和理论向度，主要集中在风格—美学和文化问题上，风格和美学主要讨论水墨的所谓抽象、表现这一类的问题。文化问题的讨论，主要集中在水墨在后殖民时代的文化身份及它跟西方主流文化的关系，他者身份的文化价值，等等。九十年代的水墨讨论，我理解大概就是这两类，这两个方向的问题讨论无疑是九十年代水墨讨论中最精彩的部分。但如果我们讨论的理论方向总是停留在风格—美学和文化问题的框架内，有很多水墨问题可能就不容易展开，像水墨的图像发生和历史逻辑问题、它的生态多义性问题、它在现代性中的多重

矛盾性和可能性，等等，只有找到一种新的理论方式，我们才能继续谈论水墨问题。

去年因为策划谷文达的实验水墨展，我获得了一个重新思考这类问题的机遇，我们知道二十世纪八十年代以来，谷文达一直是中国现代主义水墨，特别是所谓实验水墨和观念水墨的代表性艺术家。中国现代主义水墨经过了两代人，第一代有林风眠先生、吴冠中先生、刘国松先生、周韶华先生，他们主要对传统国画进行了一些现代主义的风格实验。从谷文达开始，这个事业有一个新的目标，与上一代相比，他的水墨实验的方向从开始时就是一种割裂性的，他采用割裂或者文化批判的方式，后来则完全走向以观念主义的方式进行水墨画实验。这个展览的名称叫"水墨炼金术"，在筹备展览的时候，我给他的水墨实验做了三个单元的划分：第一个单元是早期即二十世纪八十年代关于文字和图像的实验；第二个单元是关于语词和文化翻译的实验；第三个单元是关于生物材料的实验，这个走得更远，跟西方最前沿

的艺术有了一些关联。

这三个单元代表我在谷文达的水墨实验中找出的三个问题，这三个问题促使我更深入地探讨，很显然如果我们仅限于纯粹风格—美学或者文化问题的理论框架来讨论他的实验，有很多问题难以获解，所以我尝试换一个角度，建立另外一种解释水墨实验的理论框架，这就是在图像科学，或者叫图像研究这个领域对他的实验进行分析。图像科学在西方是艺术史和视觉文化研究中重要的传统之一，但在中国还没有被充分运用到艺术史研究或艺术批评中来，更不用说运用到诸如水墨这样一些我们自己的内部问题当中。这些年来我一直在考虑怎样把水墨问题纳入图像科学研究的范围内。

关于水墨实验问题情境在当今的变化和如何运用图像科学重新阐释这些问题，这篇短文只能提供一些猜测性的想法。

首先从文化情境上看，中国的水墨问题这几年已经发生了一些还无法清晰描述的变化，它已开始挑战我们原来的解释框架。比如说，我们原来习惯将中国文化和水墨在世界文化整体结构中的身份和位置视为"他者"，但这几年随着全球化过程的加速

和中国经济地位的迅速提升，这种身份状态发生了很大的变化，按汉斯·贝尔廷（Hans Belting）的说法，我们的艺术已经由以西方为中心的世界主义艺术变成了多中心的全球艺术，它们之间的区别在于，原来的中心和边缘的界限开始模糊，原来那种他者和主体之间的关系已经开始松散分化，中国和其他两大世界文化体一样，开始了某种更新的历史过程，产生了非常多新型的全球化问题，中国再不能仅仅作为"他者"或文化边缘力量来描绘和讨论，这是重新思考"水墨问题"的一个新的情境。

第二个是图像时代泛图像化文化的出现。所谓图像时代是随着电子媒介、互联网和生物技术的产生而来的，它正在改变人类看世界和看自己的视野和方式，这种"图像转向"从哲学上讲可以追溯到海德格尔的世界存在的图像化的理论设想，这个转化对我们研究文化和艺术意味着什么十分重要，是我们不得不面对的新问题。如何使用理论性的图像方式重新阐释图像时代的水墨问题，这是我们讨论水墨问题的第二个背景。

第三个背景是中国艺术的主体性重建问题。二十世纪八十年代中国现代艺术的主

体性是在一个相对封闭的意识形态背景中完成的，具有强烈的政治命名的意味，中国艺术如何形成能够真正与世界对话的主体性，应该成为我们讨论水墨问题的一个理论前提。我们知道在西方，整个后现代的主要工作是解构西方历史的主体性，用断裂的历史代替所谓延续性、发展性的线性历史。中国艺术已经历了近代和现代的两次断裂，所以中国自己艺术的主体性问题也许跟西方的方向刚好相反，西方要解构他们的主体性，而我觉得我们需要的恰恰是建立一种新型的开放性的主体性。那么怎么建立？当然这个主体性不能建立在文化乌托邦或狭隘民族主义的目标上，也无法在八十年代那种纯粹文化启蒙的观念框架中完成，必须建立在对自己的图像来源、图像逻辑、图像历史的理论形态的分析上，这也是水墨问题能不能成为独立意义上的中国艺术问题的关键所在。

这三个大的背景构成了水墨讨论的新背景和新问题。这个新问题我把它归纳为如何将图像学原理转换成可运用于中国水墨图像实践的理论资源问题。图像学的研究在西方经历了古典和现代两个阶段，

从瓦尔堡开始建立的现代图像学，经过潘诺夫斯基（Erwin Panofsky）、贡布里希（E.H. Gombrich）、迈耶·夏皮罗（Meyer Schapiro）、米切尔（W.J.T. Mitchell）这样一些学者的努力，已由一种专门的艺术史研究工具发展成为人类文化尤其是视觉文化研究的工具，特别是贡布里希的图像研究使图像学真正成为一门开放性的科学，用他自己的话说，这种研究使对图像的研究走出了"艺术史的魔咒"，他的贡献第一是把瓦尔堡和潘诺夫斯基开创的对基础文本的研究、对经典艺术的研究扩展到对艺术方案、艺术情境和所有人类"艺术"（他否认有大写的"艺术"）的研究；第二个贡献是他开始了对艺术图像的视觉心理学问题的研究，包括艺术现象中创作和观看问题的研究；第三个贡献是使艺术图像的研究领域走出传统经典艺术研究的范围，扩展到摄影、广告、装饰设计、电影等广泛的视觉图像领域。他运用多重科学进行的图像研究已使图像学真正转变为现代意义上的图像科学，这也为开放地研究当代艺术建立了基础和起点，而经迈耶·夏皮罗、米切尔的实践图像学已成为可以运用于现当代艺术阐释的重要的理论

方法之一。在水墨领域能否建立这样一套研究图像来源、图像逻辑、图像历史、图像情境的自我言说系统，我觉得是有可能的。

比如"图像逻辑"问题，这个词是瓦尔堡表述出来的，每一种文化图像都有它自身的图像逻辑，这是我们讨论一种图像一般发展的理论前提。在这个问题上，他主要讨论图像起源、图像和文字的关系等，在西方图像学里面，这个研究已经是非常成熟的研究，例如关于所谓元图像的研究。我们知道西方的图像模式是从柏拉图的理念模仿说这样一个理论架构开始的，这个图像模式以逼真地显现世界，或错觉性地显现世界作为它的目标，所以在整个西方的历史中，图像和文字的关系都处在高度紧张的状态。不管是宗教时期的图像文字化，还是绘画上的文字的题跋，到了现代主义以后，图像和文字都充分解放了，但是它们又完全独成为两端。比如立体主义、抽象艺术、概念主义，图像和文字处于完全割裂的状态，根本原因仍然是文字和图像的紧张关系。到后现代主义时期，图像虽然又恢复到写实主义，但是写实主义的传统包括现成图像的传统，并没有重新恢复文字和图像的关系，就是说，图像与文字的这种紧张关系正是在西方的图像逻辑中产生的。

中国的"元图像逻辑"主要可以从《易传·系辞传》里面看到，所谓"在天成象，在地成形""天垂象，见凶吉，圣人像之"，圣人是通过什么来反映天象的？通过表意符号——卦象，"圣人有以见天下之赜而拟诸其形容，像其物宜，是故谓之象"。对卦象的解释又通过系辞，这样就形成了象、卦和辞之间的位数关系。大家知道中国的文字和图像有某种同质性，这样一个"元图像逻辑"使得中国的图像和文字的关系一向不像西方那么紧张，一直有种"共谋"的关系，而且中国人最早意识到图像和文字互释时有某种遮蔽性，"书不尽言，言不尽意"。在魏晋时代，这种讨论衍变成象、言、意之间关系的讨论，以后追求言外之旨、象外之意成为中国文艺的主流价值，"意象"这个东西使中国图和文始终保持着某种融通关系（也许正因为它们都无法"尽意"）。在水墨研究中，无论水墨还是现代水墨，我们似乎都没有充分考虑这个问题。实际上中国水墨图像（也是一种文字）和书法（也是一种图像）的关系从来没有割断过，在现代水墨的实验中也是如此（甚至像谷文达这类反叛性水墨实验也是这样），这是我们的图像逻辑决定的。我觉得这个是研究中国水墨画的一个可能的新途径。

其次，阅读关系问题。在西方，图像阅读基本上是一种公共阅读，各个时期大都如此。早期的中国艺术从汉以前到汉代也是以公共阅读为主，到了魏晋隋唐尤其是宋以后，随着文人文化和文人画这种集团性图像形式的出现，公共阅读逐渐被一种私人性阅读代替，这种阅读关系造成了图像在文化中的某种断裂，比如山水画不再承载自然符号(图经)和图像再现的功能，而变成了某种封闭的集团话语和心理话语，这种阅读关系和精英态度有没有影响到我们的现代水墨实验，也许是另一个值得探讨的问题。

最后，还有一个水墨画生产的问题。包括水墨生产的政治背景、图像背景、市场背景等情境问题。中国水墨画在近现代受意识形态影响极大，这几乎是它的一个基本情境，比如说 1957 年中央美术学院的中国画系改成彩墨画系就是这种影响的一个典型案例（这个问题可参见拙文《山水画走向现代的三步》）。当然当下的意识形态或者政治影响的情况变得更为复杂了，有来自民族主义和保守主义情绪的，有来自西方后殖民主义的，也有来自主流政治标准和大众文化趣味的。前几年有关笔墨问题的争论现在看来很难说是一个单纯的风格问题、语言问题，它实际体现的是在现代文化中到底什么东西可以代表民族主义，这就不可能仅仅是一个简单的笔墨问题、艺术问题，我们只能从意识形态生产关系来考虑这个问题。另外，消费图像如何以更富于逻辑的方式进入水墨，这实际上既是一个意识形态问题，也是一个图像方式问题，这些问题我都没有很深入地研究，但是我想，对这些问题的发掘可能是我们继续进行水墨讨论所没有办法回避的。

2010 年 9 月 19 日

注释：

[1]本文为作者于 2010 年 5 月 16 日在上海朱屺瞻艺术馆举办的"水墨时代"学术论坛上的发言。——编者注

我们应该重蹈现代主义覆辙[1]

——在何多苓艺术研讨会上的发言

何多苓先生的艺术对我们的青春期影响非常大，他是我们青春期的偶像。今天在座的各位要么是何多苓先生的好友，要么是他艺术的研究者，所以谈得都很微观、很深入，就像欧阳江河先生讲的"说出了很多'秘密'"，而我可能只是从一些宏观的角度谈谈对何多苓艺术的看法。

我想艺术大概有三类：第一类是用来想象的艺术。这个渊源比较早，从早期原始社会一直到后来的宗教艺术，以及现在的很多现代艺术，如浪漫主义、超现实主义什么的都属此类，它主要是为人提供心理想象，不管是宗教想象、人文想象还是各种世俗想象。第二类是用来说明的艺术。这类艺术我觉得是文艺复兴的遗产，艺术必须把自己的图像逻辑充分地表达出来，各类政教性艺术、象征主义艺术都属于此，还有就是像杜尚开创的各种观念艺术，你不对它进行说明和阐释，它就没有任何能量和意义。第三类艺术是被人观看的。这个传统我认为是近现代以后的产物，这类艺术既不是用来想的，也不是用来说的，而主要诉诸我们的视觉感官，诉诸我们的直观经验、知觉、情感和心灵，它们往往具有某种不可言说性，桑塔格"反对阐释"讲的大概就是这类作品。我是把何多苓先生的艺术放在这类作品之中的，对这类作品我们应该尽量不说，说得越多，它的意义消耗就越大。

我想讲的题目是何多苓作品这类艺术在中国现代艺术中的位置。我们知道，现代主义是十八、十九世纪从西方开始的一种不可逆的文化过程，它既是工业革命和近代资本主义的产物，又是这一产物的叛逆者。西方现代主义或者现代性观念是从伏尔泰、康德、黑格尔体系化的启蒙理性中产生出来的，后来这种工具理性体系遇到了来自尼采的非理性观念和来自理性传统的双向挑战，现代性是一个包含过去、现在和未来过程的矛盾体。

中国从二十世纪八十年代开始的现代艺术运动有一个重大的思想缺环，那就是我们缺乏对现代性的辩证理解。我们知道八十年代中国由思想解放和改革开放开始的现代主义过程并不是资本主义发展的自然结果，更不是对现代化进行反思的结果，它的对象首先是一种特殊的现代集权文化。这个现代集权文化也是一种现代性的表现。所以中国八十年代的现代主义运动有着与西方完全不同的思想形态和内容。

在场的很多人是八十年代思想和艺术运动的参与者，我想大家应该很熟悉那个时代，对我们来说，那个时代似乎只有一个主题，那就是批判，即从伦理角度对中国传统和现代文化进行批判，伦理理性构成了这一时期艺术观念的主流。从"星星画会""伤痕美术""理性绘画"到"重要的不是艺术"这类艺术政治观念，"政治"一直是这一时期中国现代主义挥之不去的魔咒，"为艺术而艺术"这类真正的现代主义艺术观念反倒没有任何思想空间。简单地将现代艺术等同于政治上的先锋运动，给我们带来的思想缺憾就是：以封闭的思维追求开放的社会。这是整个八十年代中国现代主义艺术运动的一个基本性悖论处境，我那时称它为"中国现代艺术的两难"。康德的工具理性、伦理理性和审美理性在我们这里是分裂的，艺术的自律性、具有独立艺术的非伦理传统在我们这里一直"不合时宜"，它导致了像何多苓、尚扬、毛焰这类艺术家的边缘化。

在中国，大部分现代主义艺术家到了九十年代以后要么融入政治意识形态，要么被消费主义消费，而像何多苓这类艺术家当然还在创作，努力使自己变成康德意义上的艺术家。何多苓的艺术似乎还没有被什么东西征用，这从他的绘画几乎没有被归类过这一点就可以看出，但同时他的艺术似乎也从来没有获得与它的成就及价值相符的评价，我想这个展览或许可以给我们重新认识这类艺术的机会。

大家对何多苓的艺术谈了很多，从他的作品、人格、趣味、气质，到对其他领域的影响，我想谈谈我对他的艺术的三点粗浅印象。首先，我觉得何多苓是一个个人主义者，这里所说的个人主义指不附载任何社会伦理和道德义务的、自述性的、内观性的、只对自我存在负责的和具有神学特征的个人主义，这种个人主义在文学中的代表是普鲁斯特、卡夫卡、本雅明、昆德拉，在哲学中的代表是克尔凯郭尔、叔本华，在艺术中的代表是蒙克、培根。

与这种个人主义价值相匹配的是他艺术中的心理主义气质，一种感官性的、神经质的心理主义，它不涉及任何社会、政治或历史内容。昆德拉好像说过现代小说可以以普鲁斯特和卡夫卡划界，前者是一种纯粹自我的心理主义，后者是社会或历史压迫中的心理主义，我想这个划分也可用到何多苓和张晓刚身上：何多苓更接近普鲁斯特，张晓刚更像卡夫卡。

还有最后一个特征大家都谈过，就是他身上的精英主义气质，这个是现代主义文化中最宝贵但在中国从来没有被真正认可或接受的遗产。这次展览的策划人似乎想在何多苓艺术的精英特质与中国古代士文化的精英性质或文化景观之间建立某种联系，但我觉得他的精英主义气质可能更接近十九世纪俄罗斯的普希金、陀思妥耶夫斯基这类的贵族文化传统，尤其是与十九世纪末"白银时代"的文学传统相关，跟拉赫玛尼诺夫、肖斯塔科维奇这样的音乐传统有关，他们虽然饱受煎熬，但却坚持优雅、高尚的品质，坚持为艺术而艺术的旨趣和不和时流的趣味，他们是伯林笔下只为写诗而存在的人。中国在二十世纪初几十年的现代文化中有过短暂的精英主义文化，如梁思成、林徽因、林风眠这类人物，八十年代的现代主义和九十年代的消费主义消解了精英主义存在的所有可能，从这样的角度来看，何多苓艺术中残存的精英主义遗产能否重新被我们解读和定位，成为我们的现代文化能否保存其多样性的重要指标。我们现在过多地讨论中国艺术的当代性、后殖民性，这是一种思想误区，我觉得我们首先应该补上现代主义这一课，借用哈贝马斯的说法，在中国，现代主义是一个远远未竟的工程，中国应该有一次真正意义上的现代主义艺术运动，应该"重蹈覆辙"，我是在这样的思考中认识何多苓艺术的。

谢谢！

2011 年

注释：

[1]本文为作者于 2011 年 5 月 8 日在上海美术馆举办的"士者如斯：何多苓展"学术研讨会上的发言。——编者注

从问题到思想：个体、"玩笑"与艺术的政治[1]
——黄专在四川大学艺术学院的演讲

谢谢黄宗贤院长，谢谢鲁明军的邀请，也谢谢于森先生。鲁明军让我来做这个系列的演讲，我当然挺高兴，但是我个人很少在外面演讲，主要是每个人的性格、身份不一样，有的适合演讲，有的不适合，我属于不太适合演讲的那类。不过，今天王广义先生一起来了，使这个话题有一些实践性和对话性。

我首先讲一下这个题目"我的艺术政治观"，主体是第一人称单数，不是复数，即是说，这个对话是讲每个人自己的观点。中国人讲政治问题习惯说我们的政党、我们的制度、我们的国家，在这里我要强调的是，其实每个人都可以有自己的政治观，这个政治观不需要有任何普遍性的意义。其次，什么叫"艺术政治观"，即它是关于艺术的政治观点，而不是关于政治的艺术观点，这个虽然有点拗口，但如果没有这个根本区分，我们很容易把问题谈岔。最后要说明的是，我本人既不是学者也不是理论家，所以这个谈话只可能讲一点我自己的观点、想法，与

任何理论、主义和党派立场无关。

在中国，从二十世纪八十年代开始到今天，政治与艺术的关系都是非常重要、非常敏感的题目，但从另外一个角度来讲，这也是一个我们没有真正严肃和深入讨论的题目。鲁明军写过一本书，很多篇目讨论艺术与政治的关系，我认真拜读过，可惜这类严肃的著述在中国并不多。政治与艺术的关系问题在每个国家都存在，不要说它的内涵，单就这两个词意本身都有很多不同的理解。2008年我做了一个展览叫"视觉政治学：另一个王广义"，第一次明确在艺术家身上用"政治"这个词。这个展览的主题词叫"他只关心作为艺术的政治，而不关心作为政治的艺术"，为什么要这样拗口地表述？因为在中国，这两个概念的混淆已经给或正在给艺术带来很多麻烦。这个展览展出时，一位在我们那里做驻地访问的英国年轻策划人克莱尔（Claire Louise Staunton）就质疑过我，她说在西方人看来，艺术和政治是一回事呀。听说最近因为一位中国艺术家的政治

行为，西方出现了一股抵制中国当代艺术的浪潮，恐怕都是这类逻辑。所以我想这种区分不仅关乎中国当代艺术的根本，也是一个情境性很强的问题，我们很少触及它，多数时候都是从现实生活处境层面谈论政治，很少把政治与艺术当成一对学理概念进行判断，就使得我们的当代艺术常常成为政治的风向标。2008年做了王广义的展览以后，我接着做了"国家遗产：一项关于视觉政治史的研究"展，这是更大的关于艺术中政治课题的活动。

在中国的当代艺术中，政治话题为什么会变得敏感、感性或具情境性，这与中国现代艺术的起源有关，与八十年代艺术是怎么来的有关。八十年代中国现代艺术的发展没有一个自身逻辑，作为一种艺术现象，它完全是由"文革"结束这样一个政治、社会事件导致的。政治上的制度改革诉求导致了文化上的启蒙诉求，文化上的启蒙诉求导致了艺术上的先锋诉求，使得本来并不完全相关的三个主题变成了一个主题的三个方面。你要证明自己是一个希望中国进步的人，就必须是制度上的反抗者，艺术上的先锋主义者，这就构成了中国现代艺术很特殊的一种问

题逻辑，它大大简化了中国文化现代性历程的复杂性和辩证性，中国现代艺术一直都是被这个逻辑绑架和挟持的，由此形成了它的集体主义的阴郁性格，这就是我在八十年代说过的中国现代艺术的两难：追求开放的封闭思维。

政治这个课题在人类有了自己的生活秩序以后就有了，在西方，从古希腊开始，"政治"这个词就是从城邦"polis"这个词来的，后来演变成治理城邦的一种方式，就叫政治"politic"。在中国，最早的"政治"可以分开来解释，所谓"政"是如何确立国家的模式，所谓"治"是治理国家的手段，如何通过权力去实施教化。政治是个"应然"问题，最早的讨论是如何利用某种普遍伦理原则或者合适的方式治理城邦或国家，是一个关于人类自身关系最基本的治理方法或者最基本的规则、最基本的制度。孔子讲"为政以德"，亚里士多德讲"政治就是至善"，都是这个意思。政治在西方也叫"伦理学"，伦理学跟政治学是一体的，中世纪是在基督教框架中谈政治，到了近代，政治变成了关于治国的一种权谋，代表思想是马基雅维利的《君主论》，政治彻底变成了一

种手段。文艺复兴以后出现了卢梭等人的契约论思想，他们将政治行为确定为一种契约行为，在这里，人开始替代抽象伦理或者道德成为契约论的基础，以人为主体的政治哲学就此形成。后来，亚当·斯密把经济关系置于其中，马克思把政治关系理解成阶级关系，一直到近现代，政治哲学中的伦理价值越来越被消耗，直至演变成纯粹的制度关系。简单地讲，人类政治就是由伦理关系变成契约关系，最后演变成制度关系的历史，伦理反倒成为规范人类社会行为的一种软力量，不过不少政治家或政客常常借助这些软力量达到用硬权力达不到的目的。

八十年代中国现代艺术的主题为什么会集中到政治上？鲁明军研究过“重要的不是艺术”这句话如何成为大家共同认可的一种价值态度，以及这句话在中国历史语境中的重要性，但据我所知，也有不少艺术家是反感这句口号的。在中国，常识告诉我们，政治是比艺术重要得多的东西，我们习惯说“这个问题要提到政治高度来看”。今天，我要提一个相反的观点，那就是：“我们应该把政治提高到艺术高度来看！”对于政治与艺术的关系，我有如下几点看法：

第一，我觉得作为艺术的政治应该是个体政治，不是集体政治。我们知道政治这个行为诉诸公正、平等、自由、权利、法律、国家，这些都是集体名词，它的自然属性是集体性的。我认为艺术中的政治是个体性的，表明个人对政治的微观看法，就像一个艺术家对待一个自然物对象、对待一个社会现象一样，只是艺术的一个小问题，或者只是艺术的一个“假名”，它应该是非集体道德的，和任何集体原则都没有关系。道德伦理的普遍性不适宜在艺术中表现，政治的逻辑是非此即彼，艺术恰好无法这样。

第二，我认为艺术中的政治应该诉诸问题而不是立场，艺术中不需要明确的立场，不需要明确的目的，艺术中的政治是一个中性的问题，我觉得这是艺术中的政治非常关键的性质。

第三，我认为艺术中的政治问题应该是诉诸思想的问题，而不是诉诸理论和其他任何确然性观念的问题，艺术中的政治表达应该是启示性的而不是训导性的。人接受世界或者传达世界，无非是这几步：第一步是“感知觉”，这是我们天生就有的，是人作为存在的第一步证明。小孩生下来找奶头就是第一个感知觉，这个感知觉决定了他作为人的基本存在，这是我们的第一步，是最基础的。第二步是关于"知识"，通过教育和培训获得的社会生存技能。第三步是形成"思想"，思想是最活跃、最重要也是人之为人的最根本的证明，就像血液一样，而理论则像某种凝固了的思想，理论固化程度太高就会导致高血脂甚至血管堵塞，"主义"就是信仰化的理论。我觉得在艺术中，人的状态应该维持在感知觉和思想范畴内，不要超出这个范畴。

第四，艺术中政治表现的性格应该是幽默的、轻盈的、灵动的、可笑可乐的。我们知道在日常生活里政治是个严肃的话题，但是艺术中的政治一定是米兰·昆德拉所说的，是一种"不能承受之轻"，一种严肃如果没有笑话性就不能成为真正严肃的话题。从艺术来讲，必须有可以玩笑的部分。所有沉重的话题没有幽默、没有玩笑性就不可能成为一个真正有意义的话题。在莎士比亚时代，喜剧和悲剧是两条轨道上的事物，而在当代，喜剧和悲剧不可能分开，没有喜剧的悲剧没有存在的价值，没有悲剧的喜剧也没有存在的意义。昆德拉在《小说的艺术》中说，小说（我认为一切当代的艺术都是）的暧昧性、相对性和质询性格与任何排他性、独断性的政治道德都是不相容的，小说不是政治和社会预言，小说只应对人性的缺陷和不确定性感兴趣，它只关心"自我之谜"，"不会笑、没有幽默感的人，固有观念的无思想性，媚俗：这是与艺术为敌的一只三头怪兽"，所以他一生致力于维护他所称的"被背叛的卡夫卡的遗产"：对所有固化的政治规划、意识形态观念、未来主义预见保持完全自主和"非介入"状态。只有这种状态才能使艺术家对现实保持真正的敏感。他的所有作品都写东欧的现实，他有一部书可能大家读过，就是《生命中不能承受之轻》，美国人把它拍成电影叫《布拉格之恋》，把它描绘成一个关于政治反抗的故事，但昆德拉认为这部小说的真正主题只有一个，那就是"媚俗"，人怎么通过媚俗获得生存的机会。他还讲过一个苏联占领布拉格时期发生的故事，有个布拉格的工程师到伦敦开一个科技会议，回来以后发现所有的同事对他的态度都变了，因为传闻说他在伦敦叛逃了。而他辗转各级部门都无法证明自己的清白，最后逼得他只能真正"叛逃"到法国。昆德拉称这类故事为"卡夫卡式的遭遇"，它会发生在任何一个现代官僚体制的国家。所谓卡夫卡式的故事，已经超越了具体的意识形态，是有关具体个人在强大的历史和制度中生存的遭遇和命运。我们不是要检讨某个具体制度，而是质询所有现代制度是如何导致人性变化的，卡夫卡真正关心的是人性，以及人性在不同环境中的变化。我说中国的艺术应该关心这样的政治问题，我觉得艺术中的政治都必须是"个人化"的理由也在于此。总之，我觉得把严肃的、可怕的东西变成可笑的、有意思的东西，应该是艺术家的本分。

王广义一直被视为一个政治型的艺术家，我在"另一个王广义"的研究中已对他政治话题的"中性立场"及逻辑方法进行了清理，沿着这个话题再往前转换，我下一步计划研究王广义艺术中思考的一系列神学问题，即人的神性问题。我们以前都把"神性问题"当成启蒙前的历史问题，但我们从个人存在的角度来讲，神性问题又是一个当下的问题。我用"神学问题"而不用"宗教问题"这个概念，是因为宗教问题可能涉及的是普遍的问题，而其实我们每个人都有神学问题，超验的、没有办法解释现实的问题，在你的生存中一些无法控制的部分、不可言说的部分都叫神学问题。我觉得中国的艺术太现实主义了，和我们这个世俗社会的关系太近了，所以我们要找到一种途径，将我们的兴趣真正转移到刚才讲的"个人政治""个人神学"上来！

我的讲话完了，谢谢！

2011 年

整理：鲁明军

注释：

[1]本文为作者于 2011 年 6 月 26 日参加由四川大学艺术学院主办的"当代艺术与思想史叙事"系列演讲与对话之"我的艺术政治观"演讲纪要。原文载《艺术时代》，2011 年第 6 期。刊发时略有增删，题目为《从问题到思想：个体、"玩笑"与艺术的政治》。——编者注

与策划为敌：一个艺术终结论的替代方案 [1]
—— 在"脚踏无地：变化中的策展"研讨会上的发言

我今天讲的题目和前面两位发言人的角度有点不同，前面两位的演讲主要是就机构实践和机构策略等具体问题来讨论，我今天的发言是想从一个比较理论化的角度来探讨我们现在身处的"策划"和"机构"的时代的理论来源，即"这个时代是怎么形成的"。

根据我的印象，近五年以来，我参加过的一些重要的会议，不管是在韩国还是北京、香港、深圳，包括今天的会议，大家讨论的主题都和策划、机构有关系。如果是十年以前，在中国开艺术研讨会，这两个问题不可能成为主要的问题。当然这些问题已经和我们现在越来越火热的美术馆运动和艺术市场运动结合起来，形成一个新的艺术景观。我的发言试图探讨这个景观是怎样来的，它的源头在哪里。我先请大家看看我的一篇发言稿：

与策划为敌
—— 一个艺术终结论的替代方案
（提纲）
黄 专

1964 年 4 月，捷克裔美国艺术家安迪·沃霍尔在纽约曼哈顿第 74 东大街的斯特堡画廊（Stable Gallery）展出了一堆布里洛（Brillo）牌的包装盒，这件恶作剧似的作品触动了哲学家、艺术史家阿瑟·丹托（ArthurC. Danto）敏感的神经，他开始重新思考艺术的本质这个哲学问题，二十年后他写出了《艺术的终结》（再过十年他写了《艺术的终结之后》），以一种黑格尔式的历史决定论的口吻宣布艺术已经终结，艺术史从此进入"后历史"时代（几乎在同一时间，德国艺术史家汉斯·贝尔廷也以德语宣布了这一信息），"波普主义"挑战并根本改变了维持十四世纪以来（汉斯·贝尔廷将此之前的时代称为"艺术之前的图像史")艺术史发展的基本的价值准则、美学逻辑和道德底线，它是现代主义一系列非连续性形式实验的直接后果。"终结"意味着维系我们艺术史的"内在驱动力"和"叙事结构"的最终消失，"人们感觉不到任何叙述方向"，它的外在形式是高雅艺术与低俗艺术、艺术品与现成品甚至艺术家与非艺术家界限的消失。从此，艺术审美时代完结，或者更为诡异的是——像黑格尔在十九世纪初预言的那样——"哲学授权"时代正式开始。一方面，艺术家获得了空前的解放，可以干他们想干的任何事；另一方面，他们变得无事可干，除了宣称自己的艺术与某种特定的哲学观念相关以外，他们的创造与任何大写的艺术无关。

这就是我在 1996 年发明的那个名词所描写的情境：没有坐标的运动。这个提纲希望在艺术终结理论和策划人时代之间建立某种猜测性联系，并对它们之间存在的逻辑进行检讨和批评，以期寻找到一个新的替代方案，摆脱艺术在我们时代的基本困境：在没有任何目标（因为策划的权力替代了我们的选择）和趣味（因为市场倒了我们的胃口）的时代，艺术如何自处？

1. 艺术终结论："批评判断"还是"历史事件"，它的黑格尔历史决定论和相对论性质以及它对艺术情境的影响，艺术史主体的更替；

2. 艺术终结论的"哲学授权"如何转变成世俗意义上的"策划授权"和"市场授权"？博物馆功能的改变，或然、未然与已然：策划的极权本能；

3. 衡量卓越的准则丧失之后：贡布里希给昆汀·贝尔的信，艺术的人文价值及局限，"解题的传统"和"解谜的传统"，艺术家的本分：个体逻辑与历史逻辑；

4. 机构的策略：建立机构与反机构化之间的张力及对策划制度的影响，研究的力量，一个非历史主义的方案。

这个提纲并不是一篇成熟的发言稿，它本来是提交给去年年底在上海外滩美术馆主办的"当代美术馆在当下的机遇与挑战"论坛的发言稿，这个论坛也邀请了中央美术学院美术馆馆长王璜生、日本东京森美术馆馆长南条史生、古根海姆策展人亚历山德拉·孟璐（Alexandra Munroe）和利物浦泰特美术馆前任馆长路易斯·毕格斯（Lewis Biggs）等嘉宾。由于我以评论员的身份参与这个论坛，因此当时并没有宣读这篇发言稿。利用这个机会，我想把我的一些不成熟的想法跟大家探讨一下。

实际上，对于我们现在这个所谓策划人的时代，或者叫机构主义的时代是怎么来的这个问题，我从个人阅读发现，它有一个起点，就是1984年美国哲学家阿瑟·丹托的《艺术的终结》这篇文章。这篇文章到九十年代发展成一部书，叫《艺术的终结之后》，它的中译本是由中央美术学院的王春辰老师翻译的。它们构成了一个完整的历史体系，关于这个体系，我今天没有时间详细讲，因为艺术终结的理论实际上不光是一个哲学家的判断。1983年，德国艺术史家汉斯·贝尔廷也发表了他的《艺术史终结了吗》，这篇文章后来也发展成一部书。这两个观点共同构成了八十年代的主流性艺术观点——我们的艺术终结了。

《艺术的终结之后》这部书提出的理论架构实际上是从汉斯·贝尔廷的一本关于艺术史之前的艺术的著作《图像与崇拜》而来的。汉斯·贝尔廷认为，人类的艺术史是从十四世纪开始的。他认为相对于现在的艺术史，之前的艺术史根据的不是艺术史本身的逻辑，而是宗教逻辑，也就是说艺术史关于审美的逻辑还没有进入艺术史之前的图像制作。

从文艺复兴开始，艺术史有了自己的逻辑，这个逻辑是以美学为中心的逻辑。阿瑟·丹托的艺术终结理论就是从这个历史逻辑来的。他认为这段历史经历了六个世纪，从1400年到二十世纪七十年代。他的理论根据是在这600年中，艺术史根据自身的逻辑经过了两个阶段：第一个阶段他称为瓦萨里（Giorgio Vasari）的艺术史逻辑，或者瓦萨里的艺术史叙事阶段，这个叙事主要指艺术完成如何"再现"的问题。到了十九世纪三十年代以后，艺术史进入另外一个逻辑，就是关于非再现性的历史，他认为是以格林伯格（Clement Greenberg）为代表的形式主义的叙事。当然这个形式主义与沃尔夫林（Heinrich Wolfflin）不一样，它是在一种政治、文化、社会环境中的形式主义的发展。这个就是我们大家熟悉的古典艺术和现代艺术的历史。

阿瑟·丹托认为这两段历史到了二十世纪七十年代，其内部叙事已经完成了，标志就是安迪·沃霍尔的波普主义的出现。波普主义从根本上否定了整个600年的艺术史时代的基本价值逻辑和基本叙事结构。首先，它否定了艺术是美的创造，艺术是再现的创造，也否定了艺术是各种形式的创造。阿瑟·丹托根据安迪·沃霍尔的《布里洛的盒子》这件现成品作品，判定整个艺术史的内在叙事已经结束了，从此以后，艺术没有自己的内在叙事，它变成了一种哲学叙事，因为在安迪·沃霍尔的作品里面，他看到哲学问题替代了艺术问题。从此以后，高雅艺术和低俗艺术、艺术作品和现成品，以及艺术家和非艺术家之间的界限不存在了，阿瑟·丹托从这个逻辑上宣布艺术已经终结。那么，艺术终结以后，我们进入一个什么时代呢？他把这个时代称作"后历史时代"，这个时代没有单一的叙事结构，没有单一的叙事逻辑，而有无数种哲学观念制造的艺术运动。

以上对于阿瑟·丹托理论的简单介绍也许会有很多被误解的地方，希望大家可以通过阅读原文去更清晰地了解这个过程。

对于阿瑟·丹托把历史分成艺术前的历史、艺术的历史和后艺术时代的历史的历史观模式，他本人很明确地表明是从黑格尔的艺术模式而来的，他甚至说他的艺术描述模式就是黑格尔主义的当代版本。

那么，我们就来先了解一下什么叫黑格尔的艺术模式。我们知道黑格尔是一个哲学家，也是一个美学家。贡布里希称他是第一个用历史的观点来看艺术史的艺术史家。在他的历史逻辑中有一个非常强大的支撑，他认为整个人类的历史是绝对精神自律的运动史，这个运动史反映在人类的所有活动中，从人类的发展来看，人类的精神运动是经过了艺术、宗教最后到哲学。我们知道与之相匹配有艺术史的三段式：即从象征型艺术到古典型艺术，最后到浪漫型艺术。因为他所在的十九世纪初是浪漫主义兴起的时候，他认为艺术到了浪漫主义时代，其精神已经溢出了它的形式。他认为下一个阶段，人类要进入宗教和哲学时代。所以，虽然他并没有明确提出艺术终结的概念，但是在他的逻辑里，浪漫主义以后，艺术就进入了哲学时代，只有哲学才能成为艺术的理由，没有哲学解释的艺术,不可能再成为真正意义上的艺术。这样一种模式,在阿瑟·丹托的理论中,浪漫主义被替换成了波普艺术。这样一种历史模式有一个名称,是德国哲学家卡尔·波普尔发明的,叫"历史决定论"。历史决定论的本质是假设历史有一个自在的绝对规律在运作,这个规律不以人的意志为转移,人的所有活动,不管是艺术生产还是其他的文明生产,都和这个历史规律有关。

卡尔·波普尔专门写了两部书来批判这个历史逻辑,第一部叫《历史决定论的贫困》,第二部叫《开放社会及其敌人》,主要分析了这个逻辑是怎么来的和这个逻辑的社会及文明后果。这个逻辑有两个特点:第一个特点是把一种哲学判断,或者一种批评判断混淆成一种历史事件的描述,比如说黑格尔有一个人类精神的正反合三段式,在马克思主义那里就转变为资本主义、社会主义、共产主义这样一个历史实践。本来是一个理论判断,后来大家把它变成了一个社会事件。阿瑟·丹托的理论也有这个特点,实际上他对波普主义的解释只是一个哲学家对艺术作品的判断,但是他把它混淆了。阿瑟·丹托在这部书里专门谈到 1984 年的重要,为

什么 1984 年那么重要?因为 1984 年他写出了《艺术的终结》这部书,在他得出这个判断的时候,他认为这是一个历史的开端。阿瑟·丹托理论的第二个特点是它往往潜藏着集权文明的所有特征,他认为历史是有规律的,这个规律只有被少数人认识才具有历史事件的作用,这些少数人一定是上帝的先知,或者是我们所说的具有先智能力的人。这些认识的历史逻辑,或者历史规律,一定是我们生活的指南,这些人自然就成为我们生活的领袖,这个逻辑运用到当代艺术中,他将当代称为"宣言的时代":"宣言的时代的关键是,把它认为属于哲学的东西带到了艺术生产的核心。接受一种艺术是艺术,就意味着接受了赋予这种艺术以权力的哲学。"我下面简单地描述一下这个理论是怎样影响我们现在所处的时代的。

在这本书里有一个非常绝妙的判断,它不仅仅谈论艺术终结的理论,还谈论了后历史主义时期,即艺术活动变成哲学活动以后艺术发展机制的问题。他谈到了博物馆,把博物馆也分成三个阶段:第一个阶段是保存古典遗产,也就是我们现在在欧洲很多重要博物馆里看到的那些,文艺复兴也好,

新古典时期也好的经典艺术作品。第二个阶段是所谓的以风格为架构的阶段，比如我们在法国看到的奥赛博物馆，在纽约看到的MoMA，它们都是以风格样式为线索的现代主义博物馆，这些博物馆以艺术的风格和技术作为它的价值框架。他认为现在的博物馆也就是第三个阶段遇到了很大的问题，因为现在的博物馆没有一个固定的艺术框架供它选择，它面对的是所有可以进入艺术史的作品，而且它们都有充分的哲学理由。那么，这个时候博物馆该怎么办？这个问题就延伸到我们讲到的为什么现在会出现那么多机构，这些机构既是博物馆的一种反抗的力量，也是博物馆的一种补充的力量。哲学时代博物馆的处境也是这本书讨论的问题。

从阿瑟·丹托的艺术终结理论来看，这个理论实际上直接影响了我们现在面临的历史，或者我们现在生存其中的活的历史。这个转换过程我没有仔细研究，但是这个理论起码提出了一个难题，就是我们的博物馆在1984年以后，应该怎么选择作品，在没有传统框架的情况下，应该怎么判断一件作品是重要的，或一件作品是不重要的。以它们的名声，以它们在拍卖行的售价，还是以

艺术家自己的逻辑？这个逻辑和历史逻辑之间又有什么关系？这起码是这个理论带来的关于博物馆的问题。

艺术终结理论的哲学逻辑，实际上影响了我们的制度逻辑。阿瑟·丹托明确地说道"后历史时代是由'哲学授权'的时代"，意思就是哲学家具有了判断一件艺术作品价值的权力，或者说判断作品有意义还是没有意义的权力。这样一种哲学授权怎样转变成一种世俗意义上的"策划授权"，甚至"市场授权"呢？这个问题有很多需要历史论证的中间环节，我没有对此进行研究，但是我这里有一篇文献，这篇文献可以论证我们这个时代的确在变化，而且是在这个理论框架下变化。

这篇文献是美国艺术批评家迈克尔·本森（Michael Benson）在二十世纪九十年代末举办的"贝勒吉奥国际艺术展"研讨会上发表的总结发言。这篇发言由张朝晖先生翻译成中文，叫《策划人的时代》，我也是通过这篇文章了解什么叫"策划人的时代"的。这篇讲话首先宣布我们的时代是策划人的时代，这个时代来到了。他首先定义了策划人，他说策划人是"不同文化冲突与竞争的

国际艺术展的组织者""审美创造者、外交家、经济学家、批评家、历史学家、政治家和艺术观众的培养者与引导者",这就是他关于策划人的定义。显然,这个策划人是我们整个艺术活动的核心和动力。然后他谈到策划人是干什么的,他说策划人"尊重直接的艺术经验",这句话的意思可能是指由艺术家创造的艺术经验;"与依靠艺术策划的再加工"意即艺术家的直接经验必须经过艺术策划的再加工;"从广义来讲,这也是艺术的直接经验",策划人的经验也是艺术的直接经验。"大型的国际当代艺术展览的举行有助于扩大策划人的角色和职能",他谈到了策划人是干什么的。同时,这个发言也谈到在策划人时代艺术家是个什么角色,我简单念一下:"许多艺术家也发现他们不得不在日益受到限制和怀疑的审美与政治气候下发展自己的艺术。在全美国,艺术家甚至艺术家的观念,在艺术圈之外受到政治权力的愚弄。在圈子内部,一种关于艺术家个人、人格以及英雄主义的浪漫化企图在广泛传播。"意思是艺术家作为英雄主义还是在传播,但是在什么意义上传播呢?就是在策划人的策划意义上进行传播的。

"毫不奇怪,在欧洲和美国,许多受人尊敬的新艺术往往存在显而易见的、不同程度的'湮灭个人'(self-ettaiement)的现象。"在所有的新艺术中,艺术家作为一个个体消失了。最后他讲到了艺术家怎样和策划人形成一种关系,他首先还是强调策划人是艺术与艺术观众之间的中介,"艺术家们承认策划人的权威。混淆艺术家与策划人之间的界限会建立一个新的艺术经验,一个加强的意识——策划人的存在"。近十年来,艺术家与策划人之间的界限越来越模糊,策划人变得越来越像艺术家,这句话也可以反过来说,艺术家可能也越来越像策划人。"然而,策划人为达到想象力所能做到的交流而需要艺术家,策划人将艺术家带入他们的计划,甚至驱动他们的问题,以及艺术创造过程所包括的感情与心智的内容。策划的和艺术的想象力似乎不可确认,但二者之间的界限变得越来越难以界定。"

我不知道这篇文章在多大程度上反映了这个世界关于策划人和艺术家关系的现实,但是我想把这种现实归结到艺术终结理论上来,我称它是一种猜测性的联系,我不知道有没有其他的历史证据可以来验证。那么，面对这个问题，我有一点个人的思考，我认为，艺术终结理论给我们这个时代带来的最大变化就是艺术史主体的改变。原来，不管是在哪个时代，艺术史的中心都是艺术家和艺术作品，现在这个主体变化了，这种变化是好是坏，我们不能对它进行道德判断，但是，我认为它至少给我们带来了一个令人担忧的后果："卓越艺术标准"的丧失，在卓越艺术标准丧失了一个恒定价值框架后，我们该如何判断一件艺术作品的好坏和价值。

1975年，贡布里希和当时的英国艺术史家昆汀·贝尔（Quentin Bell）有几封很长的信讨论过这个问题，这个问题在他们的讨论中没有解决，我想到今天也不会解决。他们讨论的实际上是个古典时代的问题。米开朗基罗时代，还有一位艺术家叫斯特里特，不是专门研究文艺复兴的艺术史家很难接触到这个名字。他们讨论为什么米开朗基罗比这个艺术家伟大，是什么造成了米开朗基罗的伟大？是他的作品，还是他的声望？在贡布里希看来，在没有价值的时代讨论这个问题是没有意义的。比如，在古典时代，艺术有一个再现的价值标准，艺术家不仅要解决

画得像的问题，还必须解决如何将艺术家的个性和精神注入其中的问题，这是一个有恒定艺术标准的时代，只有在这样的时代，"卓越标准"的讨论才有意义。如果这个时期是要创造新的风格的时期，那么像毕加索这样的艺术家就有意义，有这样的价值。在我们这个时代，任何一个人将一件现成品放到这个地方，都可以宣称它是一件艺术品，这个问题就没有讨论的余地了。按杜尚思想即作品的逻辑，虚悬的"观念"和"思想"代替艺术品成为艺术"实体"，就像安迪·沃霍尔做的那样，讨论卓越标准的问题就没有意义了。如果把这样一个理论问题变成一个实践问题，我们面临的困境就是：我们的博物馆、美术馆、拍卖行、艺术市场等一系列艺术制度系统该如何继续运作？博物馆的困境就在这里，由谁说了算？是由艺术史家、策划人，还是由投机商、市场炒手说了算？这对我们每个艺术机构的实践者来说都是一个问题。我想艺术终结理论和我们的现实就在这个困境中建立了联系。

最后再谈一点我的看法。面对这个困境，在策划或者机构时代的巨大阴影下生活的人，该如何自处？艺术家该如何自处？每

个从事机构建设，或者机构实践的工作者该如何自处？我们是以艺术家的新闻知名度作为我们判断的标杆，还是以艺术品的市场拍卖价作为我们的判断标杆，或者我们是不是能够试探真正找到一个跟艺术自身逻辑相关的新标准？在这个问题上，我还是一个古典主义者，我相信艺术有它客观的标准，我相信艺术应该遵循"解题的传统"，而不是"解密的传统"。这也是波普尔发明的两个词。所谓解题的传统，就是每个艺术家进入一个艺术领域的时候，都会通过各种不同的艺术问题来寻找他自己的艺术位置。一个影像艺术家，一个装置艺术家，或一个传统的绘画艺术家，都会在自己的艺术史中找到适合自己艺术课题的逻辑起点或逻辑链条，然后确定解决问题的角度和方式。艺术的问题有大有小，有的可能只是一个材料实验问题，有的可能是语言问题，有的可能是一个艺术家怎样在不利于自己的情境中将这个情境转变成一个有意义的艺术的问题，总之各种各样的艺术问题比我们只做哲学的宣言重要得多。所以，我还是坚持我们的艺术需要一种解题的传统而非解密的传统。虽然我们现在的艺术问题非常复杂、非常多元，不像文艺复兴时期艺术的错觉竞争，也不像风格主义时期、现代主义时期创造独立风格那么简单，它更加复杂。一个艺术家不仅要是一个好的画家、好的材料使用者、好的艺术语言的使用者，他还必须和策划人、美术馆、展览，甚至和老板打交道。所以，他们面临的复杂性已经远远超出了我们历史上的任何时期。但是我还是认为把作品放在第一位才是艺术家的本分。虽然把作品放到第一位的艺术家并不一定都是好的艺术家，但是我仍然赞成贡布里希在《艺术的故事》开头说的那句话，"没有大写的艺术，只有艺术家和他们的作品"。所以，我们与其用某一种理论来判断我们这个时代，甚至生活在这个理论的阴影下，还不如回到艺术的起点，去了解每一个艺术家在干什么，他们通过什么途径解决他们的艺术问题，通过我们的努力使艺术家重新回到历史舞台的中心。这是我的一个非常简单而明确的观点。

这次讨论会的主题是"机构实践"，实际上我并不是一个有意识的机构实践者，我是一个误打误撞的机构实践者。1997年我会接受何香凝美术馆的邀请，是因为1996年我在北京策划的展览被封了，那时候我很绝望，觉得作为一个纯粹的独立策展人，我已经没有能力去达到我想要的社会基本功能。所以，当时有这个机构邀请，我就去了，当时只有一个朴素的立场，就是我认为我们的美术馆一定要为艺术家服务，而不要为策划人服务。也许这个观点现在看起来非常陈旧，或者不合时宜，但是到目前为止，我还是觉得艺术家应该是艺术制度、艺术机构的主要服务对象。当然，我们不能说为艺术家做展览就是为艺术家服务，没那么简单。我没有做过什么像样的展览，很多展览都缺乏专业性的支撑，但是我有一个基本的判断，就是我的展览都是对艺术家或艺术现象进行研究的结果。所以，我一直强调我的展览是研究的副产品，而不是相反的。我很欣赏比利安娜·思瑞克（Biljana Ciric），一个外国人，花了十年时间在上海调查每一个上海艺术家的生活、创作和作品，就连我们

中国的批评家、艺术史家都不会关注的一些现象她都关注到了，所以我理解她看到巫鸿为 MoMA 编辑的中国艺术史料时为什么会生气，因为那里面并没有保存关于上海艺术家的更多直接的资料。这样一种工作态度特别令我敬佩，虽然我现在没有能力再继续这项工作，但我还是想竭力提倡一种艺术终结论的替代方案，一种非历史主义的方案，这个方案就是：我们每一个艺术机构的实践者都应该将我们的工作重心由创造新的艺术观念和艺术运动重新调整到对艺术家的具体艺术实践、艺术现象、艺术情节的研究上来，以艺术自身面临的具体情境问题去替代那些抽象的历史决定论逻辑，我们的研究也许改变不了什么，但对于高热不退的策划人时代，它或许不失为一种清凉剂。

谢谢大家！

2012 年

注释：

[1]本文为作者于 2012 年 7 月 4 日在广东时代美术馆举办的"脚踏无地：变化中的策展"国际专题研讨会上的发言。原文载蔡影茜、卢迎华主编，《脚踏无地——变化中的策展》，北京：中国青年出版社，2014 年。——编者注

中国当代艺术史研究中的文献学问题[1]
—— 在南京艺术学院"当代艺术与信息管理论坛"上的发言

感谢顾丞峰、朱青生和丁亚雷先生的邀请，我想先说明一下，我们这个机构不叫档案库，因为我们没有那么大野心做档案，它叫"OCAT文献与研究馆"。抱歉我没有准备PPT，我想我今天讲的和前两位讲的可能不太一样，我们没有他们在文献档案方面做出的那么多的成就可介绍，所以我今天想讲一个宽泛一点的问题——中国当代艺术史研究中的文献学问题，当然也会介绍一些我们的经验。

从史学角度看，文献、档案、史料、信息等都是不同层级的概念，我今天在这个地方不再详细界定它们，我想我这里的"文献"概念是一个比较宽泛的概念。我先谈一谈在做中国当代艺术史研究或做中国文献整理时我们所处的知识环境。近十年来，我个人印象是中国当代艺术似乎处在一个乱局之中，这个乱局由很多原因造成，而且还在延续，今年我们有很多策划人把这个乱局移植到了威尼斯，这对我们来说也许是一个好消息。我的判断是：在这个乱局中，我们的批评基本无所作为或乏善可陈。但我想说，在过去十年中，我们在这个乱局之外看到了一股非常重要的潜流，这股潜流就是对中国当代艺术史研究的关注。之所以说它是一股潜流，是因为和我们看到的乱局相比，它还没有以一个明确的面貌和方式呈现出来。关于这股潜流，我认为有三个表征：第一个是在这十年中，大量的西方艺术史当代著作被翻译和引进。我们知道中国对西方艺术史的引进，从二十世纪八十年代中期范景中先生开始一直到九十年代中期，主要是引进西方古典艺术史研究的成果，以贡布里希的研究为中心。过去十年中，引进的范围逐渐扩大，体现在沈语冰先生对西方现代批评和理论的引进、介绍和研究，主要成果是沈语冰和顾丞峰主编的"艺术理论与批评译丛"，由江苏美术出版社出版。另外一个成果就是贵校的常宁生老师一直在翻译、介绍和研究的西方"新艺术史"和"视觉文化研究"中的一些艺术史成果，体现在常宁生和顾华明主编的"西方当代视觉文化艺术精品译丛"。

这些丛书以系统的方式延续了八十年代中国对西方艺术史的介绍，使对西方艺术史学的介绍获得了一个全景式的成果。我最近整理自己的藏书时有个小小的发现，就是新世纪以来，南京已渐渐成为一个西学翻译出版的重镇，除上面提到的两套丛书外，像张一兵、周宪、周晓虹主编的"当代学术棱镜译丛"，吴源主编的"现代思想译丛""齐泽克文集""汉译精品·思想人文"，焦雄屏主编的"电影馆"，刘东、彭刚主编的"人文与社会译丛""彼岸人文译丛"，多由凤凰传媒集团出版，说明这是一个有规划有组织的学术引进工程，我认为它构成了二十世纪八十年代后又一个西学翻译高潮，我本人是这些译丛的直接受益者，所以我也想借这个机会对这些辛勤的"盗火者"表达敬意和感谢。通过八十年代范景中、沈语冰、常宁生（当然还有很多先生，如杨思梁、曹意强、李本正、邵宏、易英、潘耀昌、陈平、丁宁等）的翻译介绍，西方从瓦萨里、温克尔曼、瓦尔堡开始至七八十年代以来的艺术史研究所具有的成就和高度，开始完整地展现出来，当然也包括他们自己的研究，这就为中国当代艺术史的研究奠定了很好的理论及史学

基础。

这股潜流的第二个表征就是中国当代艺术文献和档案的整理。除了刚才两个专业机构比较典型的工作以外，还有很多个体的工作，比如高名潞先生和费大为先生对"八五新潮美术运动"文献资料的整理和出版，贾方舟先生主编的《批评的时代》对中国八十年代以来的批评文献的整理，另外就是栗宪庭先生以基金会形式进行的中国纪录片的文献整理和收集，还有巫鸿先生受MoMA委托编撰的大部头的中国八九十年代当代艺术资料的文献集，这也是第一次在西方比较受关注的学术文献整理活动，这些文献整理为中国当代艺术的史学性质的研究提供了新的起点。

第三个表征就是近四五年，就我所知有不下五次的关于中国当代艺术史研究的讨论会。当然，今天这个论坛非常重要，它是第一次从信息管理专业的角度讨论当代艺术史研究的基础问题：文献档案的整理、管理和使用。我认为所有这些都是这个学科的积极进展。

当代艺术作为一个史学研究对象，它面临的困境至少可以归纳为三个部分：第一

个是理论来源上的问题。我们知道，八十年代以后西方关于艺术的最重要的理论是阿瑟·丹托的"艺术终结论"和汉斯·贝尔廷的"艺术史终结论"，这些理论有一个共同特征就是以一种黑格尔历史哲学的方式对当代艺术史进行判断，这些判断无论对错都影响了当代艺术史研究的方向和性质。另一方面就是在后结构主义影响下兴起的"视觉文化"研究，或所谓的"图像转向"（W.J.T.米切尔）运动，一方面提升了当代艺术或者视觉文化在整个人文科学领域的地位和影响力，同时使当代艺术的史学研究迅速地被很多哲学观念和问题代替，这个是当代艺术史研究中的一个比较大的问题。这个困境当然影响了中国当代艺术史的研究，我们知道艺术史学或者历史学主要是关于人类记忆的研究，而哲学主要是关于人类思想和观念的研究，这两者之间当然有密不可分的联系，但是如果我们过多地把哲学问题当成艺术史研究的主体，会影响到学科本身的一些最基础的东西，譬如文献学，如果我们仅仅把它作为一种观念来呈现，就会丧失它的很多关于记忆的特征，所以我想这个是当代艺术史研究中的思想观念和理论特征上的

困境，它会影响对这一学科的材料取舍和方法选择。

第二个困境是当代艺术史自身的困境，或者说一种身份上的困境。我们知道"新艺术史"是七十年代后期从英国艺术史学家那里出现的，后来又影响到美国甚至全球，是一种新的史学方式，这种方式不再沿用传统经典艺术史以伟大艺术家和经典艺术作品为核心的传统研究模式，它将风格学、图像学这样一些"内向观"的方法转变成以研究艺术的社会环境影响为主的"外向观"方法，把研究范围延展到所有和艺术相关的领域——政治、意识形态、身份、女权主义，研究的对象也不再限于艺术的风格、技术、趣味和图像意义，而将艺术作为人类独有的视觉现象，研究视觉与语言现象发生的所有的环节，这种学科领域的延展大大模糊了艺术史学的身份特征和研究疆域。这种转向有一个和我们直接相关的变化，就是改变了以欧洲和西方艺术为中心的学术传统，非西方国家的艺术也开始被纳入艺术史学的研究范围。中国当代艺术史（当然也包括中国古代艺术史）因此获得与西方进行同等地位上的史学研究的机会，但这样一个身份的获得

同时带来了局限，就是中国当代艺术变成西方视觉政治研究的一部分，西方对中国当代艺术史的研究兴趣一直停留在意识形态、政治和市场这样一些主题上，这样的艺术史逻辑使中国当代艺术研究很难彻底脱离西方政治解释的桎梏而产生独立于西方的自主性的当代艺术史逻辑和方式，在这方面，至少现在我还没有看到一个很明晰的变化。

第三个困境与当代艺术品自身的观念化的形态变化相关，这个变化从二十世纪五六十年代西方观念艺术兴起开始，八十年代中期伴随着中国现代艺术思潮也影响到中国。观念艺术作品彻底改变了艺术品的传统概念，它不仅挑战了艺术品与非艺术品的界线，也挑战了艺术家与非艺术家的界线。"概念艺术"使语言符号与视觉符号处于某种悖论性关系之中，"波普艺术"甚至改变了对艺术主体的定义，艺术主体的消失也使对于一件独立艺术品的判断丧失了传统基础。行为艺术、身体艺术、影像艺术、装置艺术甚至声音艺术使传统艺术品的媒体分界不再有效。八十年代后所谓"策划人时代"的到来使艺术作品的主体变得更加复杂，策划人利用西方展览、博物馆、传媒和市场的制

度权力愈来愈成为艺术的主宰者、操控者，另外博物馆、拍卖市场的影响，也使艺术空前复杂化，古典艺术史的研究对象和主体就是作品和艺术家，他们是艺术唯一的谜底。现在艺术的谜底就复杂多了，我们询问一个艺术家或者一个艺术小组的时候，通常会听到许多不同的声音，譬如最近我对徐震进行过一个采访，他说最近"没顶公司"有个项目是代理"徐震"，徐震创办"没顶公司"，又由"没顶公司"代理"徐震"，艺术家身份的这种虚拟替换很典型地呈现了我们这个时代艺术主体的多样性，也造成了艺术谜底的多样化。还有一个就是腾宇宁刚才讲的分类方式，其实所有艺术分类都是暴力的、意识形态化的，但如果没有分类，艺术史就丧失了起码的坐标和对象，也丧失了作为一门学科的基础。美国的《艺术》《十月》《艺术探索》《图像与语词》等杂志，都讨论过当代艺术史的危机。的确，如果一个学科的对象都成问题，那么它作为一门学科的合法性就值得怀疑了，就像二十世纪初哲学的危机一样，当它探讨神学和形而上学的任务被宗教学替代，探讨人的思维和认识能力的任务被心理学和语言学替代，探讨物质世界的

任务又被现代物理学替代时,危机必然发生,这种危机最后迫使哲学进行"语言学转向",产生了语言哲学、科学哲学等新的哲学形状。我想我们讨论当代艺术史面临的危机也迫使我们思考这些问题,我们身处中国自身的知识环境中,还应该分清这种危机的普遍性和特殊性。

下面我想花一点时间简单介绍一下我们在自己的工作中是如何面对这些危机和困境的。

OCAT 是一个很小的艺术机构,2005年成立,原来是属于何香凝美术馆的一个机构。我创立这个机构的初衷是解决一个困扰我自己的问题,这个问题来源于2001年我和巫鸿、冯博一先生合作策划广州三年展。大家知道,主持这个展览的巫鸿先生是一位艺术史家,这个展览也设计为一个史学性的展览,即对中国九十年代当代艺术进行史学研究和展示。当时三位策划人讨论的首要问题是我们使用怎样的史学架构来策划这个展览,我们每个人都提供了一份名单,接下来的问题是,是在这份名单中挑选适合这个构架的艺术家,还是用这份名单来形成某种史学构架以完成我们对九十年代的判断?这

个问题后来成为我为巫鸿先生一部文集作序的标题:"当代何以成史"。这是一个悖论,当代怎么成为历史?对中国当代艺术而言,在它的自身逻辑还没有很清晰地表露出来之前,在它迄今还被西方视为冷战文化的一个最后标本时,我们如何形成某种独立的史学判断、史学观和史学方法?

2005年,我就是带着这样的问题来组织这个机构的,当然,从体制的稳定性上我们没法和朱青生领导的北大(北京大学)档案中心比,从资金上我们没法和杜柏贞(Jane DeBevoise)领导的 AAA 比。比如我们这个机构就没法像北大档案中心那样连续二三十年做档案工作,形成一套严密的科学实证方法和技术操作规范,所以我们只有凭个人的兴趣和爱好做些力所能及的工作,通常只能非常武断、主观地选择我们的研究对象,对他们进行一些我个人认为尽量符合史学规范的研究工作。这些年来,OCAT没有单独从事艺术文献的整理,而是把这项工作融入我们对艺术家的研究、展览和出版,所以,我们的工作是一个混合性的工作,我们没有单独区别哪些是文献学的工作,哪些是档案学的工作。我很赞同傅斯年先生关于

历史学即史料学的观点，即你在书写历史和研究历史的同时，也在展示你处理档案和史料的能力。我不是简单否定档案和文献工作的独立价值，而是说在我们从事研究的过程中，对档案和文献的处理本身就构成了艺术史研究的有机组成部分。所以，我提倡一种问题架构下的文献学整理和研究。

我们八年以来做的史学研究大概有两个选题方式：第一个是艺术家的个案研究。我们根据自己的判断选择了一批具有史学研究价值的艺术家，根据他们的艺术作品和工作方式的不同性质进行文献材料的采取、甄别、编辑、研究和出版。第二个是综合专题方式的研究。比如我主持的"国家遗产"的研究项目，董冰峰、黄建宏、杜建春和朱朱主持的"从电影看"的研究项目，还有卢迎华、刘鼎、苏伟主持的"小运动"研究，实际上都是建立在文献选择、整理基础上的研究。关于艺术家个案，八年来我们选择了七位艺术家——谷文达、张培力、王广义、徐坦、舒群、汪建伟和隋建国，每个项目都是根据某一具体的艺术问题去选择艺术家，通过这些艺术家的文献展示来展现这些问题，这是我们的基本逻辑。比如谷文达就是

我们根据他的作品中呈现的"文化翻译"问题和实验水墨问题来进行文献和研究方向的选择；再比如徐坦，他是中国式"概念艺术"的代表人物，我们以展览和出版方式完整展现了他近十年来完成的"关键词"项目，这个项目的出版物副标题就是"关于关键词项目的档案"，详细收录了这个项目近十种方案、出版物和现场图像，所以这个出版物又很像一部"艺术家书"，通过这个项目展示了"概念艺术"在中国语境中发展的特殊性。其他关于王广义艺术中政治表述问题的研究、关于汪建伟艺术中跨媒体知识运用的研究、关于张培力多媒体艺术的研究、关于舒群"形而上学"绘画的研究，也都是通过每个具有史学价值的个案提示一个个具体的艺术问题，希望综合起来构成一部中国当代艺术全景式的问题通史。

在研究中，我们使用了很多方法：第一个是对视觉作品的文献著录。如果说文献学是历史学的基础，那么目录学就是文献学的基础，我们锁定某个历史研究对象时，第一步的工作就是对这个文献对象的信息进行非常清晰的阐述和采集，这个基础工作在中国当代艺术史研究中基本上是一个空缺，我

们刚才看了腾宇宁为作品提供的一份详细的著录标准，但这个标准著录在多大程度上被运用是存疑的，至少我在很多展览或出版物中很少见到。去年在做王广义回顾展时，巫鸿先生写过一篇文章专门讨论了这个问题：王广义八十年代的作品，到目前为止还没有一个相对标准的著录，这就使对王广义的研究缺乏起码的史学基础。所以我们的研究，第一步就想解决作品的著录问题，我们这方面的工作在编辑《张培力艺术工作手册》上体现得最为充分，这部书著录了张培力的所有作品：从二十世纪八十年代的第一件架上作品到 2008 年在深圳 OCAT 个展的最后一件大型装置影像作品。针对不同性质的作品，我们确定不同形式的著录解题方法，我们的工作人员在他杭州的工作室和他一起进行了三个月他称之为"清仓查库"式的工作，完成了对他每一件作品的有他在场条件下的详尽著录。这部著录获得了国内外专业人士的一致肯定，也成为研究张培力艺术的一部无法替代的文献。

我下面通过《儿童乐园》这件影像装置作品，介绍一下我们的著录方式，这是他在 1992 年创作的多频录像作品。我们知道古典作品的录入在西方博物馆已经有使用几百年的规范著录方法，范景中从研究角度将作品著录归纳为十四项信息，但当代影像作品需要包括多少项目才能提供研究所需的信息，我们并没有规范的参照，所以我们只有尝试参照西方出版物中录像作品的经验，再根据我们自己的条件做出选择。除了它的创作年代、视频的波频录像装置、有声色彩、二十四分钟这些基本信息外，我们还列了大概十几项。第一大项是"内容描述"，这个内容描述不是关于作品意义的描述，而是对作品本身展示的描述，如多角度拍摄呈现一个移动的塑料电动玩具企鹅上楼梯的形象，玩具里三个不同颜色的企鹅由阶梯登上顶部，然后滑到下面，周而复始，循环往复。这是关于它的展示内容的描述。第二大项是拍摄和后期编辑环节的多重技术方式、材料和参数，如单频多角度拍摄、室内灯光、中景近景特写、每个机位角度固定、同期声，还有拍摄器材的说明及拍摄地点、拍摄人员、后期处理、剪接设备、输出介质、剪接人员、输出方式、设备要求、技术要求。最后一大项是关于展出记录、收藏版本、收藏现状（如基金会收藏和个人收藏的数量）。

大概就是通过这些信息的著录，我们觉得基本完成了一件影像作品所有技术信息的采集，当然，也许还有很多是值得补充的，通过这样的工作才能使作品研究具备起码的文献学基础。影像作品的著录在中国基本上还没起步，我们在大多数展览或出版物中见到的基本上只有作者、时间，最多加个单频还是多频，我们在研究一件录像作品的时候，如果缺乏基本的技术信息，对它的研究就只能信口开河、望图生义。

我们采取的第二种文献学方法是"口述史"的采集，但这个方法不一定对每个艺术家都适合，我们在七位艺术家中选了四位，谷文达、汪建伟、舒群和徐坦，我与他们都进行了准备工作周密的对谈，这种对谈既是一种思想交流也是一种档案采集，"口述史"的采集。在这个过程中，我会提出很多观念逻辑上的问题与他们进行交流，也对很多史实进行补充求证和核实。这种对谈需要的准备工作往往比撰写一篇论文更辛苦、更复杂。

第三种方式是文献档案的采录、编辑和出版。我们把谷文达的水墨分为三个单元或三个历史时期，第一个是关于文字的单元，关于怎样通过文字改造水墨，与传统书画问题相关；第二个是通过词语的变化对水墨进行改造，与文化翻译有关；第三个是生物或者有机材料对水墨的改造，与观念主义的材料史有关。这三个阶段都有大量详细的手稿、方案记录，我们把他所有的笔记和方案文献都附录在书的最后档案部分。另外对舒群这类"思辨型"的艺术家，我们又采取了不同的文献编辑方法，他的很多作品远远未达到他思考的能力，我们就把他从八十年代以来所有关于艺术、哲学的笔记手稿收录起来，影印编辑在他作品著录的最后，以便研究者对他的绘画和思想进行参照研究。再像汪建伟，他的艺术的核心概念是"剧场"，剧场既是他的作品的物质载体，也是他观念形式的空间构架，关于他作品的书详细收录了他的两部代表性剧场作品《仪式》和《屏风》的编剧手稿。汪建伟已经越来越成为一位公众人物，公众形象和媒体形象扩大了艺术家知名度的同时又在很大程度上掩盖了他的一些真实工作，他是一个很有口头表达能力的人，我们知道口头文献的价值和文本的文献价值是不一样的，我想我们的史料采集工作也许可以使两者形成互补，更加动态地呈现他的工作方式。另外张培力，我们除了对他所有作品进行著录以外，还收录了他所有的对话，张培力长时间担任中国美术学院多媒体系的主任，他既是一个多媒体艺术教学的实践者，也是一个理论上的探索者，我们把他的教案和关于影像教学的发言都收录在里面，使这些文献互相佐证。

OCAT 做的研究工作，通常没有将文献采集与研究展示和出版割裂开来，我们视研究、展览、编辑和文献为一个完整的系统，其中文献研究是核心，这大概是我们的一个基本方法。

谈到未来，我们现在正在北京筹备的这个 OCAT Institute，中文名称叫"OCAT 文献与研究馆"[2]，除了不再以展览为主外，我们的工作内容和工作方式应该和原来差不多，我们也会设置一些个案和综合性的课题来延续我们对文献的处理。值得一提的是，我们请范景中先生设计一个很大的学术翻译工程，由范景中先生任主编，李本正和邵宏老师任副主编。这项工程准备以 50 部

左右经典专著的翻译，完整展现二十世纪西方艺术史的形状，选篇包括从瓦尔堡学派到"新艺术史"的重要著作，这个翻译工程是范景中二十世纪八十年代工作的延续，它将为中国艺术史的研究提供一个更加厚实、完备和全景式的学术背景，我们想用七到八年时间完成这项出版工程，我们相信它会使我们的中国当代艺术史从一开始就奠基在牢靠的知识谱系之上。当然，这项工程会受到各种因素的干扰，如投资者的兴趣、资金、市场，在没有稳定的经济和制度保障的条件下做这件事，我们没有办法对规划做出肯定的承诺，只能边干边看，这就是中国学术的现状，我们无法超越它，所以我只能说，我们有这样一个想法在这里跟大家简单汇报一下，希望引起各方的关注和支持。

谢谢大家！

2013 年
整理：董译之

注释：
[1]本文为作者于 2013 年 5 月 30 日在南京艺术学院当代视觉艺术研究中心举办的"当代艺术与信息管理论坛"上的发言。——编者注
[2]后定名为"OCAT 研究中心"（北京馆）。——编者注

从艺术史看德国表现主义 [1]
——在广州红专厂系列学术对话上的发言

表现主义的起源

我们知道吕佩尔茨（Markus Lüpertz）到中国来做个展这是第一次，但他的作品并不是第一次到中国。大家知道上个月在北京连续有两个比较受关注的展览，一个是英籍艺术家大卫·霍克尼（David Hockney）的个展，在佩斯画廊，另一个就是吕佩尔茨的展览，在时代美术馆。这两个展览可能是凑巧碰到一起，它们代表了西方现在两种比较主流的画派：霍克尼的是中产阶级的波普艺术，吕佩尔茨的是表现主义，或者叫"新表现主义"。中国人对这两个展览的反应其实很耐人寻味，但我在这里没空多说了。今天我也不是专门谈吕佩尔茨的艺术，因为他在北京除了展览之外，在北京大学、中央美术学院都做过讲座，在座的很多人可能都看过录像或者到过现场，而且中国的批评家也对他进行了很多评论。我对吕佩尔茨的了解并不多，今天我主要是想梳理一下德国表现主义的源头，它是怎么来的，我们怎么看

这个表现主义，所以我给了一个题目——"从艺术史看德国表现主义"。

如果与十九世纪末二十世纪初诞生的其他现代主义运动相比较，表现主义有两个特征：

第一，表现主义持续的时间特别长，如果我们从 1905 年"桥社"时期开始算起，到现在差不多有一个多世纪的历史，它几乎是没有间断地一直存在，这在现代主义流派史中是比较罕见的。

第二，运动主要发生在德国，它并不是一个国际化的运动，不像超现实主义、立体派，更不像波普艺术那样是一个全球性的、各个文化都有追随者的运动，它几乎只发生在德国，而且主要表现为"绘画"运动，这是它比较显著的特征。

虽然我们可以在表现主义和新表现主义一直到新表现主义以后的很多表现主义中发现它们的差异，但实际上表现主义作为一种绘画潮流，一直没有间断过，这是我们了解表现主义的一个前提。

表现主义是一种精神史的运动

表现主义是一个什么性质的艺术运动呢？很少有人谈论这件事情。我认为表现主义首先不是一个视觉运动，即不是研究人的视觉和知觉方式的运动。印象派主要研究人怎么在日光中看外观世界，后期印象派，像塞尚，主要研究视觉背后的结构性、几何性世界。表现主义也不像立体主义那样通过二维方式去研究三维世界，所以它不是一个视觉运动，当然，它也不是一个一般意义上的风格运动，它并没有有意识地去创造一种风格，虽然它有很明确的风格取向。那么表现主义是个什么性质的艺术运动呢？我觉得它是一个精神史的运动，这是我们了解表现主义的一个比较重要的前提。

表现主义与德国艺术史的发展密切相关

表现主义是怎么发生的？现代艺术运动很多是由诗人、哲学家、批评家推动的，像超现实主义或美国的抽象表现主义，都是由这样一些人物发起、策划、推动的。但是表现主义不同，表现主义和德国艺术史的发展密切相关，我们甚至可以说它是一个由艺术史家推动的艺术运动，这是我要讲的表现主义的另一个突出特征。

我们知道，现代意义上的艺术史是从德国开始的。十八世纪温克尔曼写了第一部现代意义上的古代艺术史，从那个时候开始，德国一直是现代艺术史学的发源地，贡布里希认为黑格尔是第一个艺术史家，因为他第一次把人类的艺术行为放到人类精神史的范畴中去进行逻辑上的分析，尽管他不是一个专业的艺术史家。到十九世纪后期，德国的艺术史学里出现了一个流派叫"维也纳学派"，这是艺术史上非常重要的流派。这个流派的主要观点是视艺术史为艺术形式反映艺术意志或者艺术精神的历史，所以，艺术史研究就在于考察艺术形式背后的艺术意志。维也纳学派的主要人物包括维克霍夫（Franz Wickhoff）和李格尔（Alois Riegl）。李格尔主要是通过研究艺术风格，特别是研究晚期罗马时代的工艺美术而成名，他的名著《罗马晚期的工艺美术》其实主要研究雕塑和建筑，他发现这些艺术存在一种非常重要的倾向，就是宗教化的倾向，即由罗马时期的多神教向基督教转变的倾向，他通过研究纹饰、工艺去考察它背后的精神或意志，贡布里希称它为造型意志（kunstwollen，will-to-form）。

属于"德意志"民族的艺术

德国在 1871 年普法战争后才真正建立了统一的德意志国家，这个时间刚好是现代主义运动在欧洲兴起的时期，现代主义的中心在法国，从印象派到后期印象派、野兽派都是在法国开始的。当时德国的艺术基本由两种倾向构成：一种是延续新古典主义的学院派传统；另一种是一批艺术家模仿的印象派。到了十九世纪末，德国艺术家在心理上普遍感到不安，他们不满足于德国这个统一的现代民族国家，希望在更古老的日耳曼民族中寻找自己的根。我们知道日耳曼民族至少从公元一世纪开始就在与当时称霸欧洲的罗马帝国的战争中形成了自己的民族版图，并一直活跃在欧洲北部的广大疆域，他们有自己独特的民族性格和精神。德国的现代艺术家当时也有两种倾向：一种是反对学院派的，这一帮人在很多地区叫"分离派"，即从学院派古典主义传统中分离出来；另外一部分人则已经不满足德国现代艺术一味追随印象派，他们认为德国艺术应该与法国的印象派具有不同的精神气质，这种强烈的民族要求就是表现主义产生的心理机缘。

但是表现主义的产生需要很多环节，这时候出现了两位艺术史家，在德国表现主义运动中，如果我们不谈这两位艺术史家，很大程度上就谈不清什么叫"表现主义"。这两位艺术史家，一位叫马克思·德沃夏克（Max Dvořák），另一位是艺术史家威廉·沃林格尔（Wilhelm Worringer）。我先讲讲德沃夏克。这个德沃夏克跟捷克音乐家、写《自新大陆》的那位德沃夏克是一个姓，他们之间有没有关系我不知道。他也是捷克人，跟吕佩尔茨是老乡，也是捷克波希米亚地区的人，后来去维也纳学习艺术史。他的老师是维克霍夫和李格尔，他的艺术史传统是从维也纳学派来的，所以也是维也纳学派一位很重要的成员。他活到 1921 年，他死后，他的学生把他的讲稿编成了一部书《作为精神史的美术史》，所以这部书的书名是他的学生起的。我们从书名可以看出，德沃夏克的艺术史是一部以精神发展为历史的艺术史，在这一部艺术史中,他研究了很多问题。刚才我谈到德国的艺术家需要找到跟自己传统有关又可以对抗法国印象主义或者后期印象主义的传统,他们需要一种历史学上的依据,他们觉得日耳曼民族有这么长的历史,必然有不同于南方民族的独特视觉方式和艺术气质,这部书就主要研究德意志的古代艺术史。当然,德沃夏克和当时很多表现主义画家都是朋友,比如科柯施卡 (Oskar Kokoschka)。我们知道科柯施卡也是贡布里希的朋友,贡布里希生前极少为当代艺术家写文章,科柯施卡是一个例外,他是奥地利最重要的表现主义艺术家。《作为精神史的美术史》中的很多研究与表现主义兴起所需要的历史依据息息相关,这本书研究了从早期基督教艺术一直到浪漫主义时期的很多艺术家。德沃夏克想做的是一件颠覆历史的事情。

我们知道,文艺复兴以后,西方的艺术史基本是由一种根深蒂固的传统构成的,在意大利文艺复兴时期,很多人文主义学者——像彼特拉克 (Francesco Petrarca)、阿尔贝蒂 (Leon Battista Alberti)——在他们的艺术史中构造了一种观念,即希腊艺术

开创了一种人文主义的理性传统,这种传统在中世纪遭到中断,所以中世纪又被称为黑暗时期,文艺复兴要恢复和回归这个传统,这样的艺术史观一直统治着欧洲,所以后来人们将文艺复兴后期的手法主义和巴洛克艺术、洛可可艺术都视为文艺复兴艺术的一种倒退,或者是一种歪曲或变异。到了十七、十八世纪理性主义和启蒙主义出现以后,又出现了新古典主义,新古典主义也是要复兴希腊罗马和文艺复兴的古典传统。这样一种艺术史观,基本上是十九世纪以前西方艺术史的主流,这是一部崇尚理性知识、积极向上、有机的、具有人文精神的艺术史。

德沃夏克: 为德国的艺术寻找历史依据

我觉得德沃夏克要做的事情是书写一种新的艺术史,这个艺术史既要对经典的艺术史进行颠覆,也要为德国艺术的存在找到一种历史依据。《作为精神史的美术史》现在已经是艺术史上的一部里程碑式的著作,它由几篇论文构成,其中有的是研究早期基督教墓葬壁画,有的是研究哥特式建筑,有

的是研究德国古代版画。传统观念认为希腊和罗马时期宏伟的自然主义风格被基督教时期扭曲、怪诞、迷幻性的宗教艺术代替是一种倒退；德沃夏克恰恰相反，他认为早期基督教壁画中的艺术实际上是对罗马艺术过度世俗化、过度现实主义的倾向的纠正，是一种新宗教心灵需要的产物，也是哥特式艺术的起点。

我们知道"哥特"本来指早期日耳曼民族中的一支，后来变成野蛮、落后、愚昧、怪诞的代名词，而德沃夏克通过他的研究构造了一部以哥特艺术为主导的艺术史，它从早期基督教墓葬艺术开始，到十二世纪由哥特式教堂推向一个顶峰，这种艺术和崇尚理性、追求静穆的希腊罗马和文艺复兴艺术具有强烈的反差，比如和罗马圆拱形建筑相比，哥特式具有以尖拱型结构和重复的肋墙构成的一种向上的、超验的、迷幻性的精神结构，他认为哥特式建筑代表了欧洲文明发展的一个高峰。

很明显，这种艺术史观与以希腊—文艺复兴艺术为主流的艺术史观是对立的。那么，哥特式意识在后来的艺术中是如何得到延续的呢？德沃夏克认为它在北方文艺复兴的艺术家，比方丢勒（Albrecht Dürer）、荷尔拜因（Hans Holbein the Younger），甚至尼德兰绘画中得以传承，他特别对丢勒的绘画进行了深入研究，认为丢勒既保存了北方艺术中超验的神秘主义色彩，也融入了文艺复兴艺术中崇尚知识、崇尚理性的传统。当然，他最重要的研究是重新评价了手法主义和巴洛克艺术的历史地位。他认为手法主义和巴洛克艺术是和文艺复兴不同类型的新的艺术样式，他研究了两个手法主义和巴洛克艺术的艺术家，他们在艺术史中一直地位很低，一个是丁托列托（Tintoretto），一个是格列柯（El Greco）。他对格列柯进行了非常详细的研究。格列柯是十六、十七世纪西班牙的一个艺术家，他绘画中那种粗放的笔触、神经质的线描以及对《圣经》人物的悲剧性表现，在很长时间内都被视为和文艺复兴精神格格不入的一种异端表现，所以他在艺术史上的评价一直很低。德沃夏克第一次把格列柯作为和米开朗基罗一样伟大的艺术家进行评价，认为他实际上是米开朗基罗传统的延续，同时保存了北方艺术的很多超验性的特征。《作为精神史的美术史》这部书就是以这种研究为表现主义奠定了艺术史理论和风格史基础。

沃林格尔：
《哥特形式论》与表现主义

在德沃夏克之后出现了另外一位艺术史家威廉·沃林格尔，他是德国人，写了一本对表现主义的兴起具有直接影响的著作《哥特形式论》，实际上，"表现主义"这个词在艺术史中的出现就是从他开始的。他和德沃夏克一样，希望通过艺术史研究为德国表现主义艺术寻找精神来源和艺术史依据。1908年，他出版了他的第一部著作《抽象与移情》。在《抽象与移情》中，他把人类的艺术分成两类：一类是希腊罗马和文艺复兴的艺术，它是南方的艺术，被他称为"移情性艺术"，它是人充分掌握了理性知识、对世界有亲和感觉以后产生的艺术，在这种艺术中，人把自己愉悦、理性的情感投射到自然对象中，亲切、柔和的形象反映的是人对自然对象的一种和谐的心理需要，这是一种移情的反映。"移情"这个词，是德国心理学家李普斯创造的一个概念，沃林格尔把它用在艺术史的研究上。还有一类艺术是在古埃及、印度、拜占庭这样一些文化中产生的艺术，这种艺术主要体现于僵硬、紧张、曲线和抽象形象，这种形象反映的是另外一种心态，是人对自然的疏离、恐惧和寻求心灵安宁的超验情绪，这种情绪造就了一种几何、抽象的艺术。抽象艺术是早期人类没有获得对自然的安全感时产生的一种绝对的价值或者一种超验的心理需求。《抽象与移情》是沃林格尔20多岁写的博士论文，从它的副标题"风格心理学"，我们就能知道它的基本方法。这本书一出来就受到表现主义艺术家的追捧，那时候"表现主义"这个名词还没出现，很多艺术家都把这本书视为在德国寻根的依据。

所有艺术形式都来源于它背后的精神和心理

三年后，沃林格尔出版了《哥特形式论》，这部书延续了关于抽象艺术的理论，并将它运用到哥特式艺术的研究中来。他认为哥特式的形式具备了抽象艺术的某种特征，但又不太一样。这部书完成了两个任务：第一个是将哥特艺术的形式来源与日耳曼的民族精神联系起来，这是表现主义理论的依据。根据这个原理，沃林格尔认为哥特式形式被传统美术史视为落后、无趣、野蛮、拙劣和过度装饰的样式，其实正好反映了日耳曼民族特殊的心理要求。他把哥特式形式和日耳曼民族精神的研究作为他的第一个课题，按心理类型把人分成四种，第一种是原始人，第二种是东方人，第三种是古典人，还有一种是哥特式的人。原始人对世界还处在一种恐惧疏离的心理状态，对世界的要求是被动的，希望把对世界的不安全感以心理的视觉形式反映出来，由此产生了很多抽象性的图示。古典人通过知识、理性充分掌握了自然的规律，所以对自然的要求是有机的、热情的或者和谐的，这是古典的人的艺术表现。另外一种是东方人，他们是很特殊的思维人群，有点像原始人，对自然也有种恐惧感，但是对世界的认识要比一般的原始人成熟，所以有一种超越知识和理性的需求；他们通常信奉自然神论，讲到这里，我们很容易联想到老子。这种思维是介于原始人的疏离恐惧和古典人的高度理性之间的。哥特人则有一种非常矛盾的性格，一方面在寻求知识、寻求理性的路途中比原始人走得远，但又不像古典人那样过分信任理性、稳定、有序的知识传统，还是热衷于抽象、超验、非理性的传统。在他们的艺术中，既有无组织的线条，也有混乱的运动感，迷狂的本能冲动是哥特式艺术的主流倾向。沃林格尔归纳的哥特人，我们很容易在歌德创造的浮士德身上找到他们的具体形象，他们既有追求知识的欲望，同时甘愿受魔鬼或者各种神灵的支配和操控，这是一种两难的心理状态，哥特人就有这么一种矛盾的性格。

重构日耳曼民族艺术史

沃林格尔完成的第二个任务，是延续德沃夏克的工作，对日耳曼人的艺术进行艺术史的梳理和归纳，把它变成一部新的艺术史。艺术史实际上体现了人类思维的方式，从来就没有所谓真实、客观的艺术史，所以，他构造的新艺术史有一个明确的目的，就是为德国的表现主义寻找史学上的理论根据。他对哥特艺术的研究在很大程度上也受到德沃夏克的影响，所以他又对哥特式艺术进行了历史分期：早期基督教艺术中那种隐秘性、怪异的线条、无序的造型还有各种泛神论的动物造型，是哥特式艺术的早期表征。中期阶段的标志是哥特式教堂的出现，这时候哥特式精神达到了顶峰，它已经完全替代了笨重、严谨、世俗化的罗马式造型，它强调的是向上的、深层的、运动的和接近迷狂的视觉感受。我们在座的各位如果去科隆大教堂，去巴黎圣母院，去斯特拉斯堡，都能体会到和观看罗马式建筑完全不同的心情，它是超验性的，沃林格尔认为这是哥特艺术非常重要的一个贡献。

他还研究了北方的文艺复兴艺术，这时的哥特式艺术主要体现为北方超验传统与南方理性传统的对抗和融合，他认为丢勒正是北方非理性的超验传统和文艺复兴的知识理性传统冲突的产物，事实上，他根本没法协调二者之间的冲突，所以他也是二者冲突的一位殉道者。后来的手法主义、巴洛克艺术，甚至洛可可艺术，在他看来都是对文艺复兴理性压抑的抵御行为，这个过程延续到近代就出现了浪漫主义。浪漫主义在法国和在德国有不同的表现方式，像德国弗里德里希的风景画，还有很多宗教题材作品的画家，他们的创作也被认为是一种"文艺复兴"。所以我们可以看出，

沃林格尔的哥特式艺术研究是一种服从于现代表现主义的理论行为。

欧洲艺术的"南派""北派"

这两本书塑造的历史和原来历史的不同之处在于它们构造了一个二元对立的艺术史，即南方和北方的艺术史：南方的、拉丁族的、古典式的、地中海艺术的特征是理性的、和谐的、乐观的、感官性的、光明的，这种艺术在形式上体现为自然主义的描绘，对空间的科学认知，透视法、解剖学的运用等，是一种理性的图像传统。而北方不同，北方是从古代日耳曼民族开始的哥特式传统，这个传统是超验的、迷狂的、有宿命感的、悲怆的、躁动的、奇幻性的，也是阴郁的，在艺术形式上主要体现为强调环状的、凌乱的线条运动，在造型上强调抽象感，反对具象的自然主义的描述，追求意义上的象征主义。说到这里，我们大概就知道这样的艺术史在干什么，它的目标达到没有。

我想当时德国的处境跟当前中国的处境差不多。中国是个历史悠久的国家，但现代落后了，文化上基本成为西方的仆从。我觉

得中国的艺术问题和一百年前德国的艺术问题具有相似性，但是中国没有伟大的艺术史家来承担相应的任务。中国要找到真正属于自己的文化逻辑，形成具有独立价值的文化主体，这已经刻不容缓，这话可能有点民族主义，但是我想这几乎是一个没法逃脱的宿命，中国人如果意识不到这一点，它的艺术就会像次生文化、次生民族和次生国家一样被世界淘汰。当然，我们不能重蹈表现主义那种历史决定论的覆辙。

艺术形式
是延续精神史的一种手段

说回表现主义，德国表现主义并没有创作多少新的艺术风格，吕佩尔茨也好，巴塞利兹（Georg Baselitz）也好，早期表现主义的诺尔德（Emil Nolde）、基希纳（Ludwig Kirchner）、贝克曼（Max Beckmann）也好，他们在风格上并没有太大区别，表现主义的风格谱系，我们甚至可以上溯至蒙克、格列柯，狂放的线条、扭曲变形的人体和单纯的色彩效果这些风格上的特征，在表现主义画家那里几乎是一脉相承的，虽然不同时期的

表现主义有具体的问题背景，但贯穿其中的是一种深度的精神和心理发展史。

到了1914年，有一个叫费希特尔（Paul Fechter）的批评家根据这种艺术史理论写了一本书，就叫《表现主义》，表现主义才从理论上真正得到了确立。当然，表现主义理论是建立在一些错误观念之上的。维也纳学派后来有很多传人，也叫"新维也纳学派"，其中一位叫施洛塞尔（Julius von Schlosser），我们知道他是贡布里希的老师，也是维也纳大学的。贡布里希对整个表现主义理论，特别是它与黑格尔时代、民族精神理论的关系以及它的历史决定论史观进行过尖锐的批判，在座的各位可能很多人都读过。

表现主义如何置
欧洲主流艺术之外并长青不衰

第二个问题我想讲讲表现主义作为一个民族艺术史流派是怎样和西方的主流艺术进行对抗的。我这个话说得有点严重，或者应该说，他们是怎样在西方主流艺术以外形成一种稳定风格的。

表现主义从1905年的"桥社"开始。

"桥社"一般被公认为第一个表现主义的团体，它是 1905 年在德国德累斯顿形成的一个小流派，代表艺术家有凯尔希纳（Ernst Ludwig Kirchner）、基希纳、布莱尔（Fritz Bleyl），也包括诺尔德。要真正形成一个流派，还要有一些宣言，1912 年，赫尔瓦特·华尔登（Herwarth Walden）在柏林的狂飙画廊举办过一个展览，明确提出表现主义就是一种反印象派主义的运动，公开向法国印象主义挑战。有的人觉得表现主义从"桥社"开始还不太确切，应该从蒙克开始。蒙克是挪威的艺术家，但是他后半生大部分时间都生活在德国，所以也有人认为蒙克是"表现主义之父"，当然，也有人认为这个荣誉应该追封给格列柯。

表现主义在"一战"以前就已经形成了气候，这是表现主义的第一波。作为一场艺术运动，它的任务就是抵抗欧洲主流的印象主义，所以它也是具有很强民族情绪的艺术运动。这些艺术家大多继承了哥特式传统，强调自我表现，追求宗教迷狂和超验情感。这个运动还有一个特征就是强调版画创作，版画实际上是表现主义最主要的媒介，有人甚至认为表现主义就是德国版画的第二

次复兴运动。我们知道版画作为一种媒介在欧洲是从德国开始的，十五世纪古登堡（Johannes Gutenberg）发明了印刷术，使德国成为当时欧洲文化的一个传播中心。当时基本上所有的出版物都是宗教出版物，而版画插图成为这一时期主要的艺术形式之一。我刚刚忘了讲，德沃夏克也好，沃尔夫林也好，他们都充分研究了中世纪德国的插图艺术或者印刷术。在第一次表现主义潮流中，版画成为一个主流也反映了这种哥特式趣味的影响，当然版画比较简便，也容易进行表现性塑形。实际上，第一次表现主义潮流中，几乎所有的艺术家都会版画。

"一战"以德国和奥匈帝国失败告终后，表现主义开始落潮，但在"二战"以后又重新兴起。这次兴起跟一个非常重要的人物有关，他就是博伊斯（Joseph Beuys），博伊斯的艺术实际上也是一种高度典型的哥特式艺术。他受了很多思想的影响，包括斯坦纳（Rudolf Steiner）的人智学（anthroposophy），一种当代的万物有灵论，也受到过中亚和北亚地区萨满教的影响，同时他对文艺复兴艺术的知识和科学进行了重新解读，他最崇拜的艺术家是达·芬奇和米开朗基罗。所以他

的精神遗产中有很多复杂的、我们还没来得及解读的东西，但我觉得他的艺术的核心与哥特式传统有关，他代表的这场独立的精神运动既是对德国"二战"历史的一种反思，也是对资本主义高度物质化世界的一种反应。博伊斯的作品包含了很多与现代高度物质化文明相关的问题，比如环境问题，比如对现代教育和官僚体制的反思，他在杜塞尔多夫大学成立学生党，反抗教条的大学体制，也参与过绿党的建立，这些都有着很复杂的政治因素；但他又一再强调自己的活动只是艺术行为。第二次表现主义潮流的兴起与他的思想息息相关。

第二次表现主义潮流的领袖是我们熟悉的基弗（Anselm Kiefer）、巴塞利兹、伊门多夫（Jörg Immendorff）、吕佩尔茨、彭克（A.R.Penck），有的还把里希特（Gerhard Richter）算进来，但是我觉得里希特和这个潮流的联系不太大。在这些艺术家中，基弗和伊门多夫是博伊斯的学生。与第一次表现主义不同，他们并没有组织艺术团体，也没有提出系统的艺术主张，有的甚至反对将自己归为新表现主义。虽然他们很多都是朋友，但他们之间不管是艺术态度还是艺术

手法上的差异其实远远大于他们的共同性。我在这里没时间来讲他们的差异，只简单地讲一下我们把他们归到一起的主要依据是什么，我觉得主要是因为他们属于表现主义这样一种精神史的脉络。在他们之后，这条脉络仍然在延续，八十年代有一个叫"米尔海姆自由派和来自德国的趣味绘画"的展览，推出了一批年轻的表现主义画家，像瓦尔特·达恩（Walter Dahn）和我们熟悉的马丁·基彭贝尔格（Martin Kippenberger）等，他们的文化背景和问题与前面的两批表现主义潮流完全不一样，他们的创作更多是世俗文化、波普艺术和概念艺术的一种混合状态，但是从精神史来讲还是有关联的。

新表现主义这一批人，他们遇到的问题和第一次表现主义潮流有很大的不同。首先，他们是希特勒国家社会主义失败的产物。这些艺术家，一生经过两次精神创伤，第一次创伤是德意志第三帝国的失败，第二次创伤是东西德的分裂。这些创伤可能在某种意义上对他们的影响更大，这一批艺术家的精神底版和第一次表现主义潮流的艺术家完全不一样，如果说老表现主义艺术家主要表现的是历史中孤独和忧郁的个人命运，那

么，新表现主义的情绪就与民族、国家和意识形态历史有着更为深刻和广泛的联系。另外，还有一个重要的艺术史背景和老表现主义不同，现在他们在艺术上的主要对手是美国式的波普主义和极少主义，这个我在这里就不多讲了。

我找到一张合影，这张照片和我们展览厅的那张合影不太一样。这个就是伊门多夫，感觉像一个很酷的硬汉；这个是巴塞利兹，有点寒酸；这个是吕佩尔茨，很绅士；这个是彭克，像一个男屌丝。这四个人的穿着打扮实际上反映了他们不同的身份。

伊门多夫是一位非常激进的艺术家，他的作品政治意味最浓，但实际上并不反映某种具体的政治立场。他的代表作品《德意志咖啡厅》的题目是从古图索（Renato Guttuso）的《希腊的咖啡厅》那里来的。他把咖啡厅描绘成一个动荡、复杂和政治化的象征场域。

第二个是巴塞利兹。巴塞利兹是一个从东德逃到西德的艺术家，他的绘画在当时的东德不受欢迎，但到西德后也不受西德官方待见，所以就产生了双重的失落感。他的艺术完全拒绝任何意识形态，拒绝叙事性和象

征性。他几乎不涉及政治题材，特别强调艺术是一个独立的世界，和任何非艺术因素无关。他最具个人风格的作品形象是倒置的人头和躯干，在他看来，这也只是一种绘画手法，并不具有任何象征意味。关于德国新表现主义强调的作品独立性问题，有的人把它简单解释为对康德所谓"艺术自律"原则的一种实践，但是我认为这种艺术独立的思想也和哥特式艺术强调心理传达的观念有关，这种观念视艺术为艺术家内在心理和精神意志的表现，忽略它与自然和外部世界的关系。这些艺术家都承受过很大的政治或者战争创伤，但是在他们的作品中，我们很少能够看到清晰明确的政治立场。

这位是吕佩尔茨。吕佩尔茨的作品主要借用各种希腊罗马神话题材和基督教的神学题材，他的作品基本上都跟阴郁、死亡和无法挣脱的宿命情绪有关。在新表现主义画家中，他是图像志最丰富的一位艺术家，他在六十年代开始创作《酒神颂歌》系列，这个系列一直延续到现在，酒神可以说是贯穿他一生的一个题材。"酒神"这个概念是从尼采思想来的，尼采也是一个颠覆历史、重造历史的人，他认为希腊精神的价值不在柏

拉图和苏格拉底那套理性主义，而在酒神狄俄尼索斯创造的非理性的历史之中。当然，吕佩尔茨的酒神系列也与哥特艺术有关。另外，他出身波希米亚家庭，虽然很早就到了德国，但血液里应该也有波希米亚民族任达、奔放的基因。他的作品有时起名《尤利西斯》，尤利西斯即奥德修斯（Odysseus），是希腊神话中具有英勇和怯懦双重人格的英雄。他还有一组作品起名《阿卡迪亚》。十八世纪法国新古典主义画家普桑有一幅画叫《阿卡迪亚的牧人》，这幅画大家肯定都熟悉，有两个牧羊人，一个年轻人，一个美女，他们在看一块墓碑，这个地方就叫阿卡迪亚。阿卡迪亚是希腊一个牧歌式的地方，墓碑上的文字写的是"甚至在阿卡迪亚也有我"，这个"我"指的是死亡。即使在阿卡迪亚这个田园般的地方，人也摆脱不了死亡。大家在展厅看到，他画的阿卡迪亚就是来源于这个典故，表达对死亡宿命性的一种恐惧。

还有一点，吕佩尔茨的作品里有很多野兽派的东西。从画风上和德国表现主义最接近的就是法国野兽派。在下面展厅里的吕佩尔茨作品中有一幅《圆环舞蹈》，就像是在向马蒂斯的《舞蹈》致敬。这也可以看出他们这个流派对和自己相关的一些绘画流派的态度。

彭克就更极端了，他是一个东德人，没受过什么教育，他受未来主义、形而上画派的影响，希望自己的艺术可以恢复原始艺术的单纯性，他的作品多数是以表意符号、象形符号或书法等原始图像去唤起人们对洞穴文化或古埃及、玛雅艺术的联想。他相信原始人的精神形态同现代人是类似的，他的艺术很多都是符号性的，甚至没有形，色彩也是简单到原色程度，红色就是红色，黑色就是黑色，有些是以象形符号或者躯干来塑造的。

基弗呢，有点像现代的歌德，他的作品达到了理性和超验的某种高度的平衡。我对德国新表现主义艺术家的评价，基弗是最高的，我觉得迄今为止在中国还没有一个基弗的大展是一件挺可惜的事。基弗身上的矛盾性比他的同代艺术家都多。他是博伊斯的学生，同时他的作品意象延续了十八世纪的废墟美学，哥特式在十八世纪兴起的一个重要标志就是对废墟的欣赏，当时人们认为废墟代表了哥特艺术的某种根本的精神，而基弗的作品几乎都和废墟意象有关。同时基弗经常在绘画中使用炼金术的知识和材料，使其具有复杂的象征性含义。他是新表现主义里使用综合材料最多的艺术家，他最喜欢的一种材料是铝，因为铝在炼金术里代表精神。他在一个作品中制作了一个天梯，这个天梯就是用铝来制作的。另外他喜欢用稻草，稻草是生命轮回的象征，像这种对材料的象征主义使用是直接从博伊斯来的，但他又一直保持着架上画家的身份。他最近做了很多巨大的、精神含量很高的装置作品，我们现在没法详细讲了。

最后，我们来看看幻灯片。

关于巴塞利兹那个倒置的人头的解释有很多。我看吕佩尔茨在北京的谈话，好像不太看得起这种风格化的作品，但对巴塞利兹来说，这个人头没有任何意义，这就是一个作品，它就是它自己。这是他标志性的一种风格。巴塞利兹的《伟大的朋友》（*Great Frineds*），这个题材也许与"伟大"没有任何关系。

博伊斯的寓言性作品《二十世纪末》由玄武石和神秘符号构成，有某种启示性和末世感，它的精神来源一望而知。

基弗的《阶梯》表现的是一个既像议会大厦或教堂，又像古代罗马废墟的建筑，它没有什么直接的含义，只是通过这种形式去进行一种精神性的投射。

基弗还有一件作品叫《人类智慧的方式》（*Ways of theWorld's Wisdow*），副标题叫《条顿堡之役》（*the Battleof the Teutoburg*）。公元九年，古罗马帝国和日耳曼民族在条顿堡这个地方有过一场战争，这场战争以日耳曼民族英雄赫尔曼的胜利告终，这是日耳曼民族精神史上的一个重要事件。这件作品以这个事件为题材，但是并没有正面描绘战争场面，作品中央是一个巨大的铁丝网，画面刻画的是德国历史上的一些著名人物，包括赫尔曼、查理大帝、海德格尔甚至军火商克虏伯。这是一件具有深度的历史反思意味的作品，它用古代日耳曼民族与古罗马帝国的战争隐喻和提示我们对当代世界的思考。另外，这幅作品采用了典型的版画形式，也看得出它与表现主义媒介的联系。这件也是他的作品，叫《绘画烧焦的土地》（*Paintingthe Burnt Earth*），表达艺术与世界的关系，也是一幅典型的废墟作品。他的很多作品使用基本的物理材料，像火、金属、水、麦草等。

伊门多夫的《党的三十八大》，里面有

列宁、斯大林、希特勒，有酒吧女郎、象征性的马，它们构造了一个混乱、焦躁、充满象征性的政治空间。

彭克有一件作品叫《标准》，彭克的东西就是这种棍状的人体，这是最直接反映他的原始精神或哥特意志的。

吕佩尔茨的作品出自《空中的幽灵》（*Ghosts in the Spaces*），副标题叫《俄瑞斯忒斯》（*Eurystheus*）。俄瑞斯忒斯出自希腊的一个古代传说，他父亲是有名的阿伽门农，他为了给父亲复仇，把母亲杀掉了，当时雅典法庭审判时，复仇女神认为他弑母是非常严重的罪行，但是阿波罗认为他弑母是因为母有恶，这是正义的事情，不应该判罪，后来女神雅典娜赦他无罪，他为了感谢她而修建了雅典娜神庙。这件作品的画面也许与故事无关，题材只是我们解读他作品时的一个隐喻途径，我们看吕佩尔茨的所有作品都是这样，他经常使用的军盔、蜗牛、飞鸟、乌龟等，都在于构成某种不确定的象征意象，而《大力神海格力斯》，我觉得那个雕塑更像是他的自画像。好，我差不多就讲这么多。

谢谢大家！

2015 年

注释：

[1]本文源自作者于 2015 年 6 月 14 日在红专厂当代艺术馆参加的"马库斯·吕佩尔茨"展上与张志扬教授的学术对话，文字由广州红专厂当代艺术馆（RMCA）整理完成，见 http://art.ifeng.com/2015/0626/1602681.shtml，未经作者本人审阅。——编者注

访　谈

谁来赞助历史[1]

黄专：目前为止，我们的现代美术史基本上是一部新闻效应史，一部几乎没有艺术竞赛规则、没有艺术仲裁人，甚至没有合法艺术活动舞台的历史，一部充满着"库尔贝情结"的历史。在这样的场景中，艺术以一种扭曲的方式与社会格格不入，对政治气候的依赖已表明现代艺术的不成熟和脆弱。显然，对于我们来说最紧迫的课题是：我们应该改变我们书写历史的方式，摆脱亢奋的运动状态，用一种更为现实的方式去重新营造我们的历史。

《艺术·市场》编辑（以下简称"编辑"）：我想，你提到的现实方式是不是指建立中国的艺术市场？

黄专：是的，事实上我们的不少朋友已开始着手这方面的准备工作，在南方有《艺术·市场》这样很样子的书刊以及"广州艺术家画廊"这类略具雏形的第一级市场。我想，严肃艺术品的商业化，或者说真正意义上的艺术市场的建立，将使我们的现代艺术史从实质上获得世界意义。

编辑：艺术市场真有那么灵吗？事实上，在中国建立起真正国际标准的艺术市场既缺乏必要的经济背景，也会受到来自伦理方面的诘难，我就不止一次听到新潮画家拒绝以商业的方式衡量他们艺术品的价值，甚至对那些追求商业效应的同行表示反感。

黄专：这种态度很容易使我们想起凡·高。这位愤世嫉俗、一生潦倒，生前只以低价售出过一幅作品的画家，今天已成为西方艺术市场中最为走红的角色，而历史认可他的方式偏偏是金钱：八位数的卖价。当然，你可以说没有八位数，凡·高照样伟大，但我想脱离具体艺术情境去谈论艺术品或艺术家的伟大是件不大靠得住的事。米开朗基罗时代，凡·高不可能伟大，这不仅因为不同时代艺术史要解决的问题不同，也因为不同时代价值取向上的差异，艺术家和他们作品的社会化、历史化的方式也会不同。今天，你可以抱着凡·高式的态度去创作和生活（事实上，在凡·高的诸多烦恼中，卖不出画就是其中一种），并指望自己的作品会在某个时代幸运地被认可，但我们不能因此而否认这样一个现实：艺术家和艺术品以商业化的方式进入历史正是我们这个时代艺术史的最基本的方式。很长一段时间以来，我们的艺术史编造了不少有关艺术家由于他们天生孤傲的性格癖好而显得伟大的神话，但很少告诉我们每个艺术家的成名都有着极其复杂的现实方式，他们背后和周围的各种政治、宗教势力，各种趣味集团、艺术经纪人、画商、订货人、收藏者、批评家都对他们作品的历史化过程产生着微妙而难以估量的影响。应该说，所有这些力量既是艺术史的赞助人，也是艺术史的一个当然部分。我曾经对一个问题发生过兴趣，那就是，在不同时代和不同国家，艺术家具体是以哪些不同的方式出名和传世的（记得清代唐岱在《绘事发微》中将中国画家分为"因画而传人者"和"因人而传画者"两种），我甚至打算写一部《艺术家成名史》来考察这个有趣的问题。最近我读了一部克里斯（Ernst Kris）和库尔茨（Otto Kurz）的名著《关于艺术家形象的传说、神话和魔力》[2]，它十分精彩地描述了在艺术的古典时代，那些艺术史的撰写人是如何通过种种神话模式去塑造他们

心目中的文化英雄的。每个希望成功或成名的艺术家不妨都读读这本书，它可以帮助我们纠正一些在我们的艺术史教育中被误解和神化了的知识和故事。

编辑：你能否描述一下我们这个时代艺术品和艺术家历史化的方式？

黄专：对这个问题感兴趣的人不妨通过《艺术新闻》《美国艺术》《艺术家》等杂志了解一下利奥·卡斯蒂里（Leo Castelli）这样的画廊老板和森下安道这样的企业收藏家。卡斯蒂里以画商的身份被西方艺术界誉为"当代艺术的教皇""书写历史的人"，这不仅由于五十年代后期开始，他通过他的画廊推出了劳森伯格、琼斯、史迪拉、利希滕斯坦、沃霍尔这样一批足以代表一个时代的艺术大师，而且因为他成功地创造了以商业的力量使艺术品和艺术家历史化的一种模式，显然，撰写一部战后艺术史而不提卡斯蒂里，就像撰写中世纪美术而不提基督教会，撰写米开朗基罗传而不提美第奇家族或教皇，撰写中国文人画史而不提苏轼、董其昌、项氏家族这类趣味集团领袖一样不可思议。我想卡斯蒂里这样的艺术史赞助人之所

以会在今天出现，从根本上讲是由于今天艺术对人类生活的整体变化有着更为重要的意义，现代经济学与古典经济学的最大差别就是，前者开始从人类的整体文化行为而不是单纯地从人与物的谋利关系中去考察经济活动中人类追求利润最大化的行为特征。冯·米塞斯（Ludwig Von Mises）在《经济学的认识论问题》（1933 年）中，就将在经济生活中追求目标最大化、理性选择等行为作为"人类行为的基本逻辑"来对待。罗宾斯（Lionel Robbins）在《经济科学的性质和意义》（1932 年）中，指出经济学研究的不是人类在一个特殊领域即经济领域内的行为，而是人类行为的一个方面，即有关目的和手段的关系这个方面。显然，现代经济学领域里的商业活动已越来越多地成为人类协调各种文化行为、价值取向间矛盾的有效手段，是人类理性的行为选择活动的重要动力。简单地讲，商业活动、市场竞争在今天已不再是单纯的谋利行为，它所创造的一整套竞赛规则已愈来愈成为人类文明所共有的行为准则，成为人类价值系统的一个独特方面。马克思认为把一切权力变成货币的权利是人类的一大进步。哈耶克也曾说：钱是人们发明的最伟大的自由工具之一。如果不是简单地从传统道德的角度去理解这些话，而是从人类文化整体的理性选择方式上去理解这些话，那么我们就会承认这样的现实：比较政治权力、个人意志，金钱和市场的确为人类文化提供了更多的理性和公平的竞争机会。我想在这样的背景下理解人类艺术行为商业化过程的合理性，就不是一件困难的事了。

编辑：依你看，就中国目前的经济实力，建立艺术市场有多大的可能性？换句话说，在中国，谁有可能来赞助这样一部艺术史？

黄专："谁来赞助历史"是一个较大的文化题目，用一句时兴的话说，是一项综合工程，不是几个画廊、画商和几个艺术投资者就能解决的问题。不过我想就目前的状况而言，我们可以从三个方面着手这方面的努力。首先，我们需要一部参照国际标准的国家性艺术立法，包括对艺术品的性质、艺术投资、艺术市场以及艺术经纪人、收藏人、画商做具体详尽的权益定性和法律保护。不久前公布的著作权法只对艺术品做了极为粗略的定性，显然无法满足建立艺术市场的需要，而一个没有立法保护的艺术市场既无法健全、正常地运转，也无法引起国际市场的投资兴趣。事实上，在这几年的艺术品商业买卖中，不正是那些低庸的仿制品获利而真正严肃的艺术品无法通过正常的途径成为商品吗？当然，制定国家性艺术立法也许需要一个我们无法想象的长时间，何况各地艺术市场建立的状况也很不齐一，我想，艺术立法可否先由制定地方性的艺术市场法规开始，逐步实验推广，既然有些地区连邮票拍卖这类商业活动都有地方法规，争取一部艺术品买卖的法规就不应该是件难事。其次，当然是建立国际标准的艺术市场，这类市场通常由两级构成，第一级市场由"艺术家""画廊"和"收藏者"构成，艺术品由艺术家手中经过画廊的交易行为，进入收藏者手中，即完成了第一级市场的活动。第二级市场包括艺术品由收藏者之手再度进入市场，经由经纪人、中介人、拍卖商等环节再次或多次成为商品。在这个过程中，艺术品的价值以商业活动价格的方式得到新的论证和评价。由于艺术品的成交过程往往受制于学术界、批评界和新闻媒介等多方社会因素的影响，所以这个过程实际上就是

一个艺术家以商业方式被社会认可并确立艺术史地位的过程。战后纽约的画商们正是通过世界艺术市场，先购入以巴黎为中心的欧洲艺术精品，继而借助自己的经济实力推出波洛克（Jackson Pollock）、德·库宁（Willem de Kooning）这类本土画家，从而使纽约一跃成为与巴黎分庭抗礼的世界艺术中心。我国以目前的经济实力尚无法涉足国际艺术市场，虽然北京、西安、上海、广州、深圳等地区已建立了数量不等、性质各异的第一级市场，也有一些非正规渠道的第二级市场的商业活动（如海外客商通过画廊收购作品），但由于这类活动尚未进入法制化的正常轨道，成交作品也多以纯商业化的为主，所以对它们前途的评估不容乐观。我想，建立中国艺术市场最根本的途径还在于首先提高艺术品经营者的文化战略意识，并通过法律和舆论手段对现有画廊进行分档，将严肃艺术品经营和纯商业性的经营分开。谈到艺术市场，我还想顺便谈谈艺术投资问题，就目前我国画廊的资金状况而言，大部分仍属亏本经营，偶尔有一两笔国际生意，大多也属薄利多销型，这种现状一方面自然与国内市场的购买能力有关，另一方面也与

画廊尚未与企业等经济实体挂钩有关。从最近和较长一段时期看，中国艺术市场的主要投资者将是以企业为核心的各类经济实体。企业参与艺术投资，可以是纯赞助性的也可以是收藏性的，甚至是经营性的。从纯赞助的角度看，目前中国各类经济实体，尤其是港、澳、台地区和东南沿海各开放城市的大中型企业、信贷人，每年都有上千万至上亿元的文化赞助性投资（包括教育、体育及各类社会公益事业投资），只要我们愿意努力，吸引一部分艺术方面的赞助性投资不是没有可能。当然，从长远的目标看，我们应该将战略目标放在建立专业的艺术品市场的良性循环上。在国际间，艺术品投资热潮自八十年代中后期以来一直方兴未艾，艺术品投资已被列为继不动产和股票以后的第三大投资项目，《2000 年大趋势》[3] 的作者奈斯比特（John Naisbitt）甚至预测九十年代艺术品将代替作为大工业象征的体育运动，成为主要的时尚和投资热点。1970 年英国铁路养老基金会以 580 万美元买进 25 件印象派作品，三年后以 5960 万美元售出，价格上涨率是一年 20.1%，三年投资收益率是三倍。在日本以经营印象派作品而蜚声海外的"爱知公司飞鸟海外部"老板森下安道，自 1989 年春跻身国际艺术品拍卖市场，同年秋即成为世界第二的克里斯蒂拍卖公司的巨额股东，现已购买了超过 500 亿日元的艺术品，并计划在三年后将投资规模扩大到 3000 亿日元，按投资者估价，这笔投资每年的赢利都在 100 亿到 150 亿日元之间。我想，这些事实对那些有兴趣从事艺术事业投资的企业家无疑是个令人鼓舞的消息。以我国企业投资能力，从事艺术投资似可分两步走。首先，对国内具有艺术实力和潜在商业效应的画家和画廊投资，例如为他们提供必要的创作条件、经营条件，收购他们的作品，借助新闻媒体（报刊、电视等）推出上述画家或画廊。当然，对这些画家、画廊的选择需要事先借助权威的批评家和科学手段进行可靠的认证，这个问题我在后面还会谈到。这类投资从短期看也许仍属赞助性和非营利性的，但从长远看，无论从提高企业形象还是纯经济上看都是有报偿的，如果这些投资能获得政府的立法性优惠（如减免艺术投资的税额等），这个过程则会大大加速。其次，在资金可能的范围内参与国际艺术市场的买卖，1990 年，中国台湾中信公司以六位数的价格买进一幅印象派的作品，此举既改善了投资公司的实力形象，也成为该公司一项固定的营利性投资。据我所知，成都、广州等地已有不少具有远见卓识的经济实体开始进行这方面的试验性投资，这无疑是个令人鼓舞的消息。

编辑：好了，你该谈谈"谁来赞助历史"的第三个方面了。

黄专：那就是批评和批评家，这是建立中国艺术市场中最薄弱、最让人泄气的环节。我在开头曾提到艺术仲裁人，我想在健全的艺术市场中，批评家应该充当这样的仲裁人。艺术仲裁是个很容易引起人反感的词，尤其是在"什么都行"的现代艺术中，谈仲裁似乎是件倒胃口的事，但我以为艺术的这种价值观是反历史的，在这方面我是个客观主义者，即承认艺术品至少有趣味高下和质量好坏之分，当然我不打算在这里多谈这个问题，为了不至于引起误会，我只想先界定一下我这里谈的艺术仲裁的含义。我想它主要指对艺术经营者负责，对艺术质量和艺术时尚变化的一种预测判断的能力和权力。在中国，艺术批评从来就没有成为一种具有职业权威的行当，所谓艺术批评要么是哲学家、美学家们漫无边际的精神性解释的过程，要么——像在大多数场合里那样——是批评者与艺术家之间一种私下的情感贸易方式，那种酬酢应景式的吹捧文章是中国艺术批评不成熟的主要标志，它既无法适应现代艺术发展的需要，也阻碍着中国艺术获得国际认可。像苏富比这类国际艺术市场之所以对中国现代艺术品的拍卖不感兴趣，多少也与中国缺乏从历史方位和商业价值两方面对艺术品进行权重性批评的传统有关。一种建立在市场机制制约下的艺术批评，要求批评家具备多项专业技能，如对作品风格的历史定位能力，对作品制作技巧、材料质地和真伪的判断能力，对国内外艺术市场行情的预估能力，对社会环境及其对艺术时尚影响的可能性因素的论证能力……为此他必须掌握艺术史、社会心理学、市场管理学、法学等多学科的知识，当然，主要的，他还需要具备对作品质量、档次进行辨别的好眼力（不幸的是，时下中国的艺术批评界缺乏的正是这种好眼力）。我想，只有在这样的情境中，批评才有机会真正成为一门专门的学科，批评家也才有机会真正成为贡布里希所说的

"专业找错者"。

编辑：那么，画家的位置呢？画家会不会由于市场压力所导致的紧张感而丧失他们创作的自由状态？事实上，我觉得你已将市场偶像化了，市场神话难道真能给我们一套公平竞争的规则？

黄专：谈起艺术市场的确容易使人联想起十年前农村搞承包责任制所引起的道德诘难，大家说，承包使那些善于钻营的农民富了，而那些老实巴交的农民还在受穷。我想，现在我们谁也不会因为这类道德诘难而去否定农村经济改革给我们带来的历史收获，对于那些不能习惯市场竞争的农民，我同意王广义的见解，他说他们属于"历史进步中必要的道德残疾人和牺牲品"，而对那些习惯以道德尺度去指责历史进步的人，我们只有同情并把他们甩在身后。画家既是艺术市场的起点，也是它的终端，因此画家的素质直接影响市场的质量，这就是画家在艺术市场中的位置，比如你能想象全国 90% 的画家在靠"云南画派"赚钱而我们会有一个健康的艺术市场吗？至于画家在商业压力下产生的紧张感，我觉得这是必然和必要的，事实上，任何时代没有外在压力的绝对自由的创作状态，只是一种康德式的幻想。历史上，各种宗教的、政治的、商业的、趣味的压力不仅没有使艺术史黯然失色，反而增添了它的情趣和光彩，正是这些压力使那些真正的大师有可能发挥他们调整、设计和艺术实验的能力，从而创造出更适合自己艺术生存的文化和社会。真正成熟的艺术家应该是能够清楚了解自己的环境，并利用这种环境去努力解决艺术难题的人。

编辑：你这些话有些行为心理学派的味道。

黄专：不错，我们信奉的大多是弗洛伊德、荣格这类所谓的"深层心理学"的理论，它为我们培养了一大批习惯孤芳自赏的个人英雄主义者，但我总觉得一种寄希望于未来理解的艺术、一种完全无视其生存环境的艺术看起来多少有点像骗术。像斯金纳（B. F. Skinner）就反对深层心理学派的"行为内因论"，即将人的行为仅仅归于人的内在心理状态和心理过程，他强调人的行为不仅受环境制约，也受"强化作用"，即受自己行为所带来的结果的影响。我们完全可以通过改变环境、运用各种强化手段来改造和控制人的行为，重新设计我们的文化和社会，斯金纳也正是从这个意义上反对"绝对自由意志"和"绝对尊严"的。谈到环境，我并不是说艺术市场是艺术史中唯一公平的或最公平的竞赛方式，但我以为在目前我们的文化状况中，它也许是较为合理和现实的一种方式，比较前几年我们的艺术生活中那种没有竞赛规则、没有法律制约下的"自由"状态，我想艺术市场也许更适合现代文化的价值原则。如果说，艺术家的成功无法脱离各种偶然性因素的制约，那么，一种有序状态下的偶然性会比一种无序状态下的偶然性更合理、更富有理性色彩。对于我们的画家来说，我觉得他们应该为艺术市场的到来做好各种心理和操作上的必要准备，事实上，在我们这个时代，能否协调艺术家与艺术市场之间的张力关系，协调艺术家与批评家、新闻媒介、艺术经纪人、画商、订货人等之间的张力关系应该看成一个艺术家是否成熟的重要标志。我相信，艺术市场不仅不会扼杀艺术家的个性，反而只会丰富这种个性，使这种个性具有更强劲的创造力。当然这一点仅仅指那些真正具有个性的艺术家，指那些真正具有大师潜力的人，至于那些因为商业压力丧失了"个性"的艺术家，我们只能说他们或许本来就不具备个性。最后，还是那句话，我们需要一部新的艺术史，而只要幸运，我们每个人都有可能成为这部历史的赞助人和撰写人。

1992 年

注释：

[1]原文载《艺术·市场》，1992 年 2 月第六辑，原标题为《谁来赞助历史——批评家黄专艺术市场答问录》；严善錞、黄专，《当代艺术问题》，成都：四川美术出版社，1992 年，第 223—232 页，标题为《谁来赞助历史——艺术市场答问录》；黄专，《艺术世界中的思想与行动》，北京：北京大学出版社，2010 年，第 203—209 页，略做修订。本文综合以上版本收录。——编者注
[2]克里斯、库尔茨，《关于艺术家形象的传说、神话和魔力》，孙艺译，杭州：浙江美术学院出版社，1990 年。——编者注
[3]约翰·奈斯比特、帕特里夏·阿伯丹，《2000 年大趋势》，贾冠颜等译，北京：中国人民大学出版社，1991 年。——编者注

经验·身份与文化判断[1]

黄专：《大家庭》标志着"中国经验展"之后你作品的一次根本性的变化，类似炭精画法和典型的中国集体照图式，的确为中国当代艺术提供了一种新的图像方法。请问这一变化主要是观念层面的还是语言层面的？它的意义指向是什么？

张晓刚：谢谢你对我近期作品的高度评价。我想这几年可能是中国艺术家最难堪的时期了。在各种艺术样式已十分饱和的今天，从未体会到选择是如此重要，以至于选择本身往往体现出某种个人的艺术感觉。同时，在今天，绘画究竟还能做些什么呢？如果从样式和材料的"革命性"角度来看，我想绘画可能已经真的无所事事了。"前卫"的含义在绘画中似乎已成为某种勉为其难的事情。进入"后现代"之后，架上绘画的再度介入，仿佛在消解"前卫"的"革命性"意义，同时使国际艺坛有了一些新的话题。如果从视觉语言与观念的高度来看，绘画还能做的，或者说应当做的，是转换绘画语言的习惯方式，传达出某种当代的感觉。也就是说，

绘画不再以"绘画的身份"出场，而是以表达观念的一种视觉方式介入当代问题。对我来讲，需要把握的重点在于不用"绘画的标准"来进行绘画，如此将错就错，以求达到一种感觉的纯粹。也许这就是我以炭精画和家庭照作为我绘画感觉的重要参考的基本理由吧。另外，我总觉得一个艺术家在创作某一种作品时，往往很难把观念和语言对立起来思考，不可能先当一个哲学家，再去设法寻找某种艺术样式来体现自己的观念。人与人在观念上常常会有相似的地方，但在语言感觉上却是有很大差别的。我认为绘画最后仍是落在语言的层面上，表达的高度水平如何，使我们可以做出相应的判断。也就是说，作为艺术家，最重要的是你对哪一种语言真正有感觉，你是否进入了某种语言状态，一件作品如果仅仅是观念的符号，我认为是远远不够的。对我来讲，观念和语言常常是同时产生的，有时甚至是先对某种语言产生了感觉，由此引发观念上的认定，这样反反复复，逐步走向一种极致。具体来讲，

1993 年我刚开始画《全家福》时，是基于被旧照片触动。我无法说清楚那些被精心修饰后的旧照片究竟触动了心灵深处的哪一根神经，它们使我浮想联翩，爱不释手。经过一个阶段后我才逐步认识到，在那些标准化的全家福照片中，打动我的除了那些历史背景，还有那种被模式化了的"修饰感"，其中包含着中国俗文化长期以来特有的审美意识，比如模糊个性、"充满诗意"的中性化美感，等等。另外，家庭照本应属于私密性的符号，却也被标准化和意识形态化了。正如我们在现实中体会到的那样，我们都生活在一个"大家庭"之中，在这个"家"里，我们需要学会如何去面对各种各样的"血缘"关系——亲情的、社会的、文化的等——在各式各样的"遗传"下，"集体主义"的观念实际上已深化在我们的意识中，形成了某种难以摆脱的情结。在这个标准化和私密性集结在一处的"家"里，我们相互制约、相互消解，又相互依存。这种暧昧的"家族"关系，成为我想表达的一个主题。在具体的处理上，我试图突出一种"再修饰"的过程，而且只能停留在某种心理状态的层面上，重复地描绘一张张十分模式化的"美丽的"面孔，表面平静如水，却充满了各式各样的内心情结。

黄专：《大家庭》是如何选择照片的？它的创作步骤是如何完成的？

张晓刚：开始时我还比较忠实于从照片中获得的东西，包括不同的人物形象和服饰等细节。1994 年后，我意识到我只需要画"一个人"，他可能是男的，也许是女的，只不过是从发型和服装上界定而已，这样更能够突出"家庭"的主题和中性文化的感觉。于是照片从此只为我提供一种构图和氛围的参考。我把照片分为"全家福""同志照""情人照"和"标准像"几个类型，然后以一个人的面孔作为模板，使之重复出现在不同的画面上。有人说我是反绘画的画家、反肖像的肖像画家，也许是基于这种对无生命状态的复制感而获得的印象吧。也曾有人向我提议采用其他办法来表达准确的复制效果，但我更喜欢手绘形成的"偏差感"，因为这样可以加强某种"近亲繁殖"的感觉。为了画出某种虚幻和阴柔的冷漠感、距离感，我的作画步骤必须非常严格，用很薄的颜色一层一层地平涂上去，每一层都是重复上一层的工作。一般一张面孔要涂上四五层。最后再用很干涸的颜色画出人脸上的光斑，形成两种不同的肌理对比。总的来讲，这几年我在绘画上所做的工作，就是不断地做减法，将过去一度自我陶醉的某些"绘画效果"几乎全部抛弃了。我的作画方法可以说很普通，而且没有刻意去追求一些"独门功夫"，因为我看重的是画面感觉的品质问题，而且我的确不想去做一个"好画家"。

黄专：你的作品都很"知识分子化"，更准确地说是很"中国知识分子化"，无论是新具象时期、表现主义时期，还是目前的《大家庭》时期，作品的基调都很沉重、很内省。请问它们之间有没有一种经验逻辑？你觉得这种经验状态具备当代性和文化上的前卫性吗？

张晓刚：谢谢。我很喜欢"知识分子化"这种感觉，虽然我自认还够不上一个很有知识的人。"知识分子"在中国是一个很特殊的阶层，他们不是被批判成"臭老九"，就是"工人阶级的一部分"。总之，在我的印象中，"知识分子"是一个很暧昧的、很"阴性"的概念。他们总是被人推来推去，弱不禁风，最后的归宿都是在一间斗室中埋头苦干，直至终生。因此，"知识分子"似乎已成为某种"封闭性"的符号。我的艺术感觉一直比较倾向于这种"封闭性""私密性"。一般地讲，我总是习惯"有距离地"去观察和体验我们所处的现实，以及我们所拥有的沉重历史。这样讲，并非意味着我试图去接近一个"愤世嫉俗"的遁世者，也许这完全是自己的性格和气质的原因。我常常下意识地站在事物的背面去体验某种隐藏于事物表层之下的东西，那些被人称为"隐蔽的东西"，比如人在冥想时的状态，对我来讲是最具魅力的。也许由此注定了我不可能成为一个关注重大社会问题的"文化型"艺术家，更不可能成为某种"科研型"的样式主义者。我总是习惯将艺术与"生命""心灵"一类的概念联系在一起，相信直觉胜于对观念的探索，依凭经验胜于借助知识，注重情感而又仰慕理性的光芒。它们总是要在自己的判断中起作用，使我的艺术感觉常常以某种"内心独白"的方式流淌出来。无论是早期的"梦幻系列"到"手记系列"，还是目前的"家庭系列"，我都离不开那种"内省"和"私密"的基调。我个人认为这种东西是很重要的，因为艺术应该体现出一个人特有的气质。我总觉得，艺术首先应当是个人的，然后才是公共的。当然，如果你进入了历史，艺术又再次成为个人的了。对我而言，艺术首先是体验式的，它取决于一个艺术家对某一种语言的偏爱和执着。"当代性"和"前卫性"不应当对立于个人感觉和文化判断，这中间包含着一个艺术家对当代文化的投入状态和体验深度。记得曾在一本书中读到英国实验艺术家爱德华多·保罗奇说过一段话，对我很有启发："一个人很容易获得正确的想法，但却选择了错误的方式，或者有正确的方式却缺乏正确的想法。"我想，我们没有必要在工作展开之前去假设一种所谓的"当代性""前卫性"标准，不论你从什么样的角度出发，最后的问题还是要落实到一种方式上，落实到作品上。

黄专：你的个人经历是如何影响你的创作的？

张晓刚：我想一个艺术家的成长，或者一件作品的成功，常常包含着许多看来不相干的因素。我个人的经历对早期的作品的确起到了许多直接的影响，到了后米，这种影响更多地转化成对某一种文化的看法。我承认我的家庭对我幼年至成年时期心灵上的影响，一直到《大家庭》的产生，仍然在起着潜移默化的作用。但是我想说明的是，正如掌握了艺术的资源不等于掌握了艺术一样，有丰富的个人经历并不等于自然就会产生很有个性的艺术品。我们曾经太受《渴望生活》这一类文学作品的负面影响，过多地相信天才的神话，忽略了作品才是艺术最重要的东西。

黄专：你多次参加各种类型的国际展览，你能客观描述一下中国当代艺术在国际中的位置吗？譬如说克莱尔（Jean Clair）以"身份与差异"为主题的"威尼斯双年展"邀请你参展，他是从什么角度选择你的《大家庭》的？你觉得中国当代艺术有与国际主流艺术平等交流的必要和可能吗？或者说，这种可能性需要哪些因素促成？

张晓刚：这个问题很大，很难准确地回答。据说克莱尔是在第二十二届圣保罗双年展上挑选了我和刘炜的。我们是以艺术家个人的身份被邀请参展的，同时被邀请的还有在法国的严培明。我们被纳入主题展"1985—1995年四十位新一代艺术家"之中。在圣保罗双年展上，中国当代艺术备受关注，同时，组委会给我颁发了一个铜质奖（我没有出席开幕式，后由圣保罗双年展组委会副主席到成都向我颁发奖章和证书）。克莱尔挑选我们的具体想法是什么，我们没有办法与他直接对话，所以无从知晓。他的主题是"身份与差异"，这也是近几年来国际学术界一直热衷于谈论的话题。另外，展览的副标题是"一百年以来艺术中的面孔和身体"，也许他认为我们的作品比较能证明他的主题构想吧。这几年，中国当代艺术在欧洲迅速"走红"，除了国际大展外，一些著名的博物馆和画廊纷纷举办了关于中国的当代艺术展，这中间的原因肯定是非常复杂的，有政治的、经济的、文化的，等等。作为一个在场者，我的感受是到目前为止，虽然有个别艺术家已开始进入一流博物馆系统，但整体而言，中国当代艺术仍然处于一种被选择的地位。我们没有来自国家的直接参与和支持，基本上是以民间的渠道参与国际间的学术交流。同时，因为刚刚出道，又是以中国艺术家的特殊身份登场，自然处于边缘状态。实际上，这也不是中国一个国家的问题。欧美争霸，抢夺亚非拉市场，与这种文化现象有没有直接关系，说法不一。我个人认为，我们没有理由过多地去揣摩那些虚幻的"国际标准"，更没有理由因此助长某种虚无情绪下的"边缘意识"，许多事情需要时间去清理，证明这一历史时期所面临的种种问题。一方面，不管所谓的"国际中心"出自何种动机选择了一部分中国当代艺术，它毕竟给我们提供了前所未有的机会和经验。如果我们能够排除对"西方"的怀疑和仇恨心理，以健康的心态和真诚的高水平作品去积极地参与，我想这将起到一种推动历史的作用。这中间包含着一个清醒的头脑和自信心的问题，毕竟不管我们是否情愿，中国已被推到国际大舞台上去了。另一方面，在国际展览中，我们常常也可以感受到一部分"西方人"的确在有意设置一些圈套，这主要体现在对意识形态的看法上。同时，中国当代艺术目前是从国际大展到博物馆再到画廊、市场，与西方艺术的操作模式极其相似但发展程序刚好反了过来。中国当代艺术是否会重蹈覆辙，是一些学术界人士关心的问题。以某种特殊身份标志出场，造成国际效益的现象自然会很快过去，中国当代艺术是否会超越身份的限制，真正以更开阔的艺术语言形态和个体的艺术方式参与世界文化的发展，这将是未来我们面临的一个严峻而又十分值得思考的课题。

时间：1996 年 8 月 2 日
地点：成都沙子堰
采访人：黄专
受访人：张晓刚

注释：

[1]原文载《画廊》，1996 年第 5—6 期；黄专，《艺术世界中的思想与行动》，北京：北京大学出版社，2010 年，第 210—214 页；《张晓刚：作品、文献与研究 1981—2014》，成都：四川美术出版社，2016 年，第 1514—1519 页。——编者注

什么都行与什么都不行[1]
——黄专访谈

提问者： 请你介绍一下深圳何香凝美术馆的情况和此届雕塑年度展的背景。

黄专： 何香凝美术馆是 1997 年开馆的，它是国务院侨办直属的文化机构，和中国美术馆一样是国家级美术馆。美术馆设在深圳是因为华侨城也是国务院侨办直属单位，何香凝美术馆成立的初衷是陈列何香凝的作品。1997 年，美术馆找到我，希望我为他们做一些艺术策划，我建议他们把美术馆做成具有当代性、学术性、知识性的现代美术馆，他们接受了我的建议。我们先做了一个系列学术讲座，每个星期都有。1998 年年底做了一个较为大型的何香凝美术馆学术论坛，目的是把艺术问题做成跨学科的学术交流。这个活动邀请了当代艺术界、文学界、公共传媒等各界人士，还邀请了张志扬、徐友渔、赵一凡等知识分子一起讨论了一些大家共同关心的问题。当时的想法是要把当代艺术的一些问题引入一个必要的学术背景，大家共同交流一下。这个活动延续了我以往的一个

思路：我一直认为当代艺术缺乏总体的学术背景。九十年代当代艺术转型有许多功绩，但与其他学科的横向交流反而不及八十年代。九十年代各个领域的转型都比较突出，像社会学、人文学、艺术学等都向一个门类学科化发展，而不像八十年代那样陷入大而空洞的文化讨论。这种倾向很有意思。当时我就想把各学科问题综合起来，这就是做学术论坛的初衷，并没有更大规模的举动设想。华侨城的总体设计是一个新加坡人做的，从整体风格上能看出是东南亚经济腾飞的城市模式。后来他们想根据环境特点做一个城市环境雕塑方面的展览，所以就有了这个年度展。

提问者： "第一届当代雕塑艺术年度展"和本次展览是整体策划的吗？

黄专： 第一届的策划也是我们几个人，有我、鲁虹，还有深圳雕塑院的孙振华。上一届没有设主持人，也没有一个统一的学术主题，作品都是现成的，你们都已经看过了。后来

美术馆觉得反响不错，有必要作为常规性的展览做下去，于是他们找到我商量。这正好与我一直在想的一个问题是一致的，即当代艺术如何在社会转型中找到一种合法的运作方式，如何创造一种良性的社会机制使当代艺术健康地发展。这种想法产生很早，当初做"广州·首届九十年代艺术双年展"（以下简称"广州双年展"）就建立在这种设想之上。不同的是，"广州双年展"重点是市场经济操作，企图通过超越意识形态的商业动作达到这个目的，但结果表明当时的社会机制还不成熟。我们这次展览重点放在社会机制本身的改造方面，与一个国家美术馆合作就为了这个目的。提出生态环境问题作为展览的主题也是考虑到美术馆的容纳力，算是一种策略吧。我考虑做一个个性展览的可能性不大，但如果通过这样一个主题性的展览能建立一种常规性的展览机制，并对艺术的公共性问题做一些必要的探讨仍是有意义的。另外，我也考虑把这个展览做成国际化的展览。这样我们首先要说服华侨城的投资方，把这块本来要建酒店的空地改为华侨城的公共环境，用来陈列展览的雕塑作品。他们答应了，接下来要考虑的是艺术方面的

问题。我设想作品应包括两部分：一部分用来做华侨城的环境陈设，一部分作为观念性的实验，以此打破原有的雕塑概念。所以经过展览组委会提名，特别邀请了王功新、林天苗夫妇，赵半狄等几位具有代表性的当代观念艺术家参加本届雕塑展。

提问者：这个展览应当说是非常具有开放性的。邀请贝纳·维尼（Bernar Venet）、菲利普·金（Phillip King）这样国际大师级的雕塑艺术家参展，特别是还邀请了国内当代观念艺术家参加如此一个常规性的雕塑年度展，都说明了本次展览的开放度，这在国内还是首次。另外也为将来提供了与国家美术馆合作举办当代艺术展的一些经验，我们可以想象你作为主持人，在操作过程中与投资方以及美术馆等各有关方面交涉时面临的复杂局面。另外一方面，我们作为旁观者，感觉此届展览作品虽然比上一届年度展有很大提高，但也存在一些明显不足，比如有的作品仍属架上的雕塑观念，缺乏一种与环境的关系，有的作品的置放位置与周围环境的关系不太理想，再比如贝纳·维尼、菲利普·金的作品虽是在一个当代生态主题的展览中，其观念却显得相对陈旧。

黄专：是这样，就展览的学术水准来看，在九十年代它并不是最突出的，其他一些展览也达到了这样一个水准，你们提出来的问题我很清楚。这个展览唯一的重要性在于把一种合法的艺术机制运用起来，改变了九十年代当代艺术展的寄生性。我认为无论在国外还是在国内，许多中国前卫艺术展都是寄生性的。这已经成为一种模式了，它表面上是对保守的现存机制的反抗，实质上已蜕变为后者的寄生物了，因为它没有独立性。

提问者：1992 年你与吕澎等操作"广州双年展"之后，当代艺术朝向世俗化、商业化发展了，并且似乎成了不可逆转的潮流。在这样一个否定理想、价值以及意义的文化背景中，你后来提出的"文化理想主义"在我们看来有非常大的积极意义，在九十年代快要过去新的世纪将要来临的时候，你对你倡导的"文化理想主义"有什么修正吗？

黄专：提出"文化理想主义"是在 1994 年筹备"第二届广州艺术双年展"的时候。我参加了第一届双年展的筹备，当时吕澎来找我商量这个展览的时候，我们都感觉应当有一种超越意识形态的东西，这就是商业的运作。商业运作只是一种方式，目的还是一种理想主义的东西。

提问者：吕澎回顾这一段历史的时候，也特别强调这一点。

黄专：后来很多人都在骂这个展览，说这是一个商业展览。我想这有点不公平，因为那个时候在中国还不可能做其他方式的大规模的当代艺术展。事实上，后来栗宪庭他们推出的"政治波普"等潮流，最早是在这个展览上亮相的，当时台湾的张颂仁也去双年展收了一批作品。几年之后这些作品的价格就涨到了六位数。当然这个展览本身暴露出一些问题，留下一些后遗症，说明当时社会机制还没有发展到只用商业运作就能促使当代艺术转型。

提问者：也就是说，虽然"广州双年展"与"深圳当代雕塑艺术年度展"运用了不同的策略和方式，前者运用商业运作，后者运用体制运作，其目的都是寻求当代艺术的合法性，这应当是一种带有理想主义色彩的操作。

黄专：但最深层的是从方法论角度考虑的。

我一直很赞成波普尔有关社会方面的理论，他认为一个社会不能用一种现成的目标来规定，只能通过不断的批评来修正。另外，我提出"文化理想主义"的时候有一个人文精神主义讨论的背景，虽然起点不一样，但这其中是有关联的。实际上我对人文精神讨论是有看法的，我认为它延续了一种黑格尔式的方法，实际上还是一种启蒙式的东西。当然，针对文化、政治以及经济的启蒙目标大家是一样的，都是那个阶段很自然的产物，但各自找的方法不同。我的"文化理想主义"并不是想确立一种新的目标，"主义"两个字很容易让人产生误解，使人感觉这仍然是一种构架，所以后来我尽量避免用这个概念。事实上美术界的启蒙在八十年代已经完成了。九十年代美术界与人文知识界面临的问题不一样，"文化理想主义"与文化启蒙是不同的概念，也不同于王林的"深度绘画"，我认为美术界缺乏的不是人文精神而是一种适合当代艺术发展的合法机制。所以我的学术活动说到底是这种有关当代艺术发展的社会学方法论实践。

提问者：在这种实践中，你如何看待你个人对当代艺术的作用呢？

黄专：我不同于其他艺术批评家，我对推出名牌艺术家以及制造流派不感兴趣。我个人能力有限，而且我也比较被动，包括前几年的邀请展都是别人找到我，我才着手策划方案的。我的工作就是做了些社会测试。

提问者：那么，你如何评判你的社会学方法论在本次"当代雕塑年度展"的实践？

黄专：这个展览当然也是存在问题的，比如给你们以及其他一些艺术家提供的作品创作经费不足，还有邀请的西方艺术家作品缺乏当代性。再比如，展览以各自100万元人民币收藏了邀请来的法国艺术家贝纳·维尼和英国艺术家菲利普·金展出的作品，而国内参展作品的收藏问题悬而未定，这的确有些不公平，并且在某种程度上是对中国艺术家的伤害，总之是有缺憾的。

提问者：在目前的社会机制中运作一个如此大型的当代雕塑艺术展，出现问题是难免的，重要的是提示出问题所在。存在问题正说明我们有必要在展览机制的运作上做更深入的工作和探讨。

黄专：对！例如我们可以邀请更具当代性的西方艺术家，但这必须考虑公众以及投资方和美术馆的接受能力。这也是一个社会学方法问题。

提问者：从《雕塑》杂志上看到，本次展览还将特别邀请著名观念艺术家克利斯多（Christo）来华举办讲座，他为什么没有来？

黄专：原来这个展览定为10月3日开幕，克利斯多推掉了许多事情准备来中国，机票都买好了，因为台风的缘故展览推到了16日，时间一改，他的一些活动实在推不了了，只好作罢。这是比较遗憾的。

提问者：如果克利斯多这次能来可能会引起许多话题，媒体也会更加关注，许多事情的偶然性是很难预料的。1995年，"中国大地艺术展"也想请克利斯多，当时给老栗打电话请他想办法邀请克利斯多来，老栗说没问题，但后来筹备活动遇到了预想不到的问题搁浅了。现在想来，我们总是过于乐观，对现实的容纳度估计不足。当然这次的情况是不同的。

黄专：有时你不得不做出妥协。我想，这次雕塑展的意义不仅在于中国当代艺术可以通过合法的展览机制来运作，中国的当代艺术展也能邀请当代西方大师级的艺术家参展。这仅仅是个开始，以后会做得越来越好的。

提问者：香港艺术中心的容念曾先生在这次的研讨会发言中也谈到社会机制对艺术发展的制约问题，你同意他的观点吗？

黄专：容念曾谈的香港面临的问题与内地面临的问题有相同之处，也有不同之处。香港有一个艺术的权力中心，它的运作非常复杂。容念曾虽然是香港艺术发展局的发起人，但他也面临许多压力，如果投资传统的展览项目，那没多少问题，但如果投资一个当代观念性的艺术展，许多人会反对甚至骂他，说他乱花钱。

提问者：我认为本届雕塑展的另一个成果是把当代艺术的公共性问题提到了一个重要的位置。

黄专：是这样。我原来也可以做一个更个性化的展览，引起更大的反响，但我觉得那没用。我选择社会学的方式，希望解决一个艺术的公共性问题。

提问者：方式当然可以是多元化的，解决什么问题也是因人而异的。

黄专：当然。应当承认，当代艺术家及作品与主流文化之间应当有一个基本界限，有一个立场操守问题，这也是我在研讨会上向赵半狄在中央电视台做的广告提出质疑的道理所在。

提问者：有一些艺术家对他的行为也存在质疑。实际上艺术家做艺术的理由有很大不同，每个人都有权利选择自己的方式和态度，宽容地看，我们可以分辨出赵半狄的亮相至少与主流的方式有些不同，甚至可以说他提出了一个公共性问题。但如果站在一个独立的人文知识分子的立场做出判断的话，与媒体合作应当绝对审慎，并且应当有基本的立场和底线分寸。

黄专：对。前两年做伞的那个艺术家和陈强的《黄河的渡过》都超出了界限。这个展览中我也遇到相同的问题，但我还力图有一个基本的控制，我认为当代艺术必须有一个道德底线。

提问者：一个展览总体上的把握是很重要的，能做到这样已经不容易了。

黄专：对，非常难。我希望做得很纯粹，我说的话也是很纯粹的，但实际运作又不可能，希望和实际有距离。

提问者：大家都很理解，现存机制还是很有力量的，个体的力量是无法与其抗衡的。包括赵半狄那个广告，也许他的出发点不是这样，结果事与愿违，造成误解。这说明主流文化、大众文化、媒体都非常强大，弄不好就会被它淹没，应当引起注意，应当讲究方法论。

黄专：对。方法论对于艺术家是很重要的。

提问者：其实再宽容一点，如果一个艺术家的观点立场恰好与主流文化是一致的，那也没关系，重要的是你有没有个人方式，也就是有没有你个人的方法论。当代多元文化并非要强行取消主流立场，而是强调共存。从根本上讲，艺术的多元化就是艺术的民主化。

黄专：我同意这一点。艺术的民主化、方法

的多样性是根本的。

提问者：前面我们谈到艺术的公共性问题，这个问题并非通过一个展览就能解决，关于这个问题你能更深入地阐释一下吗？

黄专："公共性"这个概念是哈贝马斯（Jürgen Habermas）提出的，他认为西方自十四世纪市民社会建立之后才有社会的公共性问题，他想通过对这个问题的研究找到关于西方的法律基础以及人的自由主义等观念的契合点，包括公共空间及公共空间的权利等，还有"西马"所奉行的人道主义含义。当然这些都是西方社会发展中的思想产物，但我认为从"公共性"的角度来探讨中国当代艺术面临的许多问题是有意义的。中国当代艺术有一个后现代的误区，你们如果注意的话就知道，我从来不用"后现代"来谈问题，后现代实际上是一个西方问题，在中国充其量只能是一个思想界的问题，能成为一个社会课题的可能性非常小。很显然，看一下近几年女性艺术的发展就清楚，如果女性艺术在中国不仅仅是一个思想课题而是一个社会话题的话，那么中国应该产生更多优秀的女性艺术家。我们现在一提女性艺术展就想到女人与花，想到性，这实际上是女性艺术十分初级的方法论，这是应当改变的。后现代在中国实际上成了要求多元化的一个借口。多元化是对的，但它的负面因素是艺术家奉行的是"什么都行"，而社会机制则不是这样，这造成了许多矛盾和问题，最主要的是忽略了艺术的公共性。实际上公共性是当代艺术最重要的命题。我认为相比博伊斯，杜尚的观念只是些玄学把戏，是博伊斯把公共性引入观念艺术领域，从而完成了观念艺术向当代社会的转化。这种转化恰好与哈贝马斯有关公共性的理论是一致的。所以我觉得中国的启蒙与当代艺术的发展都不应当确立一个目标，相反应当打破一切既定的目标和神话，从现实中寻找问题、发现问题。我相信研究当代艺术公共性问题的意义会显现出来的。另外，我经常听到北京的消息：某个展览又被封了。似乎展览被封便是成功了，我个人非常反感这种传说，因为这会把当代艺术带入一个误区，这也是我近年来特别强调艺术的公共性问题的原因所在。

提问者：最后，请你概括地谈一谈九十年代的当代艺术与八十年代相比有什么不同，有什么发展。

黄专： 简单地说就是八十年代的当代艺术还处于对西方的模仿阶段，九十年代开始进入创造的阶段，总体来说还是很丰富的。具体一点讲：第一，九十年代大家开始注意社会问题了；第二，九十年代中国当代艺术开始进入国际了。我认为下一步应当重视的是艺术的公共性问题，也就是说要寻求建立艺术公共性机制的可能性。做一个展览不能仅仅是为了让人去封，或是为了让人去炒。

九十年代面临的问题已不同于八十年代，不能仍然用八十年代的眼光来看待九十年代的中国问题。像这次"当代雕塑艺术年度展"在八十年代是不可能的。社会的深刻变化必然影响我们观察社会的方法，所以，我们必须用新的眼光、新的方法去寻求当代艺术的公共性及其社会学方法论。

时间：1999 年 10 月 19 日
地点：何香凝美术馆

注释：

[1]原文标题为《寻求当代艺术的公共性及其社会学方法 —— 第二届当代雕塑艺术年度展学术主持人黄专访谈》。——编者注

我做的是社会测试 [1]

高越：问你一个很直接的问题，有人称呼你为教授，有人称呼你为评论家，还有人称你为独立策划人，你觉得自己在艺术界扮演一个什么角色？

黄专：我做的事不属于批评，也不属于策划，我是在做一种社会测试，希望用一些方式测试社会对艺术的反应。九十年代以来，我参与一些展览，做传媒，希望能找到当代艺术和社会发生关系的一种方式。

高越：我们都知道你策划过一些展览，包括深圳"第二届当代雕塑艺术年度展"，最近在上河美术馆的"社会"展等，在当代艺术界也比较活跃。你怎么理解独立策划人这一概念？

黄专：首先，我认为在中国，策划人不是一种职业，不能靠它生活，策划人只是一种行动的方式；另外，生活中每个人和社会发生联系要有一个身份。在西方，策划人是一种职业，他依附于某个博物馆或者是独立策划人，而在中国，我觉得它只是一个行动的代称，经济报酬很少，甚至没有我写文章赚稿

费容易，对我来说，它只是我的一种生活方式，我真正的职业应该是一名教师。

高越：你对当下中国艺术界的现状有何看法？

黄专：我个人判断，当下中国艺术有一个转型，也就是说，当代艺术慢慢社会化，八十年代末九十年代初，不论艺术家、理论家都比较关心社会时政，当然，把艺术当成一个公共事件，建立制度，应该说还是个问题。

高越：做了这么多展览，你还是有资格谈一谈中国目前展览策划的一些问题的。

黄专：我认为在中国做事空间很大，有一种理解认为原来的艺术模式不自由，认为搞艺术要么是一种对抗要么是一种融解，其实有许多空间，就看你自己怎么把握。我反对用体制来运作，但我不排斥和体制合作。现在搞艺术有很多关系，要看你自己怎样用社会体制去做自己的事，我对做某一流派、某一画家的展览不感兴趣，我还是注重艺术怎么和社会发生关系。

高越： 能谈谈你的第一个展览吗？做展览要有很多机会，你对此有何态度？你认为应该怎样策划一个展览？

黄专： 我策划的第一个展览是在美国旧金山的水墨展"重返家园"，在这之后出现"炒水墨"现象，在我看来，传统水墨存在缺少视觉方法论的问题。我做展览相对来说很被动，总是等人来找我做。做展览首先要有诚意，不是为出名，要把它当作严肃的事去做。想达到什么效果，展览的动机、方式和投资方的关系都需要考虑，还要详细考察其他一些东西，比如当地的人文气候等，更重要的是一个展览有没有问题提出。目前，有些人做展览太随便，坏展览的结果是产生很多印刷垃圾，而做好展览是一件严肃的事。

高越： 在参与了"亚太艺术三年展"（APT）之后，你认为现在中国艺术家在海外是一种什么状况？

黄专： 对现在海外的状况，我说一个很具体的事，我曾和蔡国强闲谈中国对他重不重要，他说他到世界各地的费用都会报销，到中国不会报销。我觉得蔡的这种说法表明海外中国艺术家还是有在本土活动的愿望的。

事实上，在西方大展中，中国艺术家很重要，这种受重视甚至超越了西方大师，比如"卡塞尔文献展"等都反映出西方社会对中国艺术家的重视。"亚太艺术三年展"也比较有意义，亚洲问题在国际上是一个很中心的问题，它的出现改变了艺术大师的种族成分，它向世人说明，亚洲也可出大师。"亚太艺术三年展"做了几届，每届都有进步，它不是由一个人做主持，而是每个参展国都有资格派一位策划人。这次展览由我和罗清奇（Claire Roberts）选择作品，我选他们是觉得他们没有投机取巧的心态，是各种媒介领域作品做得较好的，也可以说在中国比较有活力的一些画家。在这里，我认为传统资源、文化资源和当下经验实际上都属于一种文化类型的问题。

徐冰的作品获得麦克阿瑟奖，他的成功有偶然性也有必然性。他的作品做得很中国（或者说是一种中国文化符号），和现实经验隔得很远，这样就有一种反差，他们是代表中国当代文化成就还是西方学者成就，这是一个问题。国内很多人也讲，他们的作品很概念，甚至不一定算好作品，为什么在国外如此成功？我认为他的成功不是一个方式上的成功，而有与西方当代艺术权力体制发生关系的作用。举个例子，蔡国强的《竹桥》，他的作品在某种程度上是和展览体制发生关系的。当时他的作品和保险公司发生关系，因为作品需要破坏墙体结构，最后不得不谈判。《收租院》已不是作品的好坏，而是一种智慧的反映。和九十年代初不一样，当时奥利瓦做展览时，中国地位不一样，本身是作为一种异国情调出现的。

实际上，APT展给我提供了机会，向西方介绍当下中国艺术界观念艺术领域的画家，也就是上面提到的属于当下经验的那一种文化类型的画家。

高越：按照你的思路，当代艺术要在社会转型中找到一种合法的运作方式，或者按照你的"社会测试"的想法，请你具体谈一谈深圳"第二届当代雕塑艺术年度展"及"社会"展的情况，这些展览达到怎样的效果，你有哪些满意的和不满意的？

黄专：首先，我谈一谈"第二届当代雕塑艺术年度展"的情况。何香凝美术馆是国务院侨办直属的一个文化机构，和中国美术馆一样是国家级美术馆，这个展览从策划到结束有一些曲折，最大矛盾是这个展览的性质问题，也就是公共性和深圳社会环境怎样发生关系的问题。"公共性"这个概念是哈贝马斯提出的，我认为从"公共性"的角度探讨中国当代艺术面临的许多问题是有意义的。中国当代艺术有一个后现代的误区，我从来不用后现代来谈问题，后现代实际上是一个西方问题，在中国充其量只能是一个思想界的课题，能成为一个社会课题的可能性非常小，我相信研究当代艺术的公共性问题的意义会显现出来的。从这个角度说，我对这个展览有七成满意，我觉得艺术的公共化这个问题从某种程度上说实现了，并且通过体制、公共方式把展览实现，将成为当代艺术的一种运作方式。此外，由于这个展览的一些商业性操作，有一些水平很差的作品，以及请外国画家来参加展览作为噱头，本身和我关系不大。

我的思路是在中国当代艺术界建立公共化体制，使艺术家具有公共意识。我认为前卫性概念不应该是一种对抗，应该和公共发生关系，不仅作品而且策划行为都要和公共发生关系。中国现在的公共状况是一种很简单的线性思维，找到一种可以利用的空间很难，但不是没有。2000年2月在成都上河美术馆策划的"社会"展，展览本身的方式比展出的作品更有意义。成都社会对革新、娱乐的兴趣同对艺术的兴趣一样大。成都有一批老板愿意通过艺术来提高他们的身份，而上河美术馆几乎成了成都企业家聚会的会馆，名流捧场，企业投资。上河美术馆利用企业利润，试图把"上河"变成成都的一种形象标志，就像大连把足球、服装当作自己的品牌。这样在北京没法开幕的展览，在四川却办在一个很体面的场所。

在这里，当代艺术不一定要市长喜欢，但对市政建设、城市规划有好处，这样慢慢形成一种制度。过去，当代艺术的功能是形式的、对抗的。举个例子，新加坡很保守，但现在特别推崇当代艺术。新加坡的物质条件好，但新加坡人的创造力在下降，他们认为当代艺术能促进他们发展创造力。我想这也是一种模式，当代艺术还有这一功能。

此外，还有中国当代艺术传媒化的问题，在成都，上河美术馆的展览的传媒引起了相当的轰动，传媒作为一种特殊暴力，要去支配它，而不是被它支配。中国的传媒存在没有信息含量和自言自语等问题，当然受众的理解能力也是个问题。

高越：正如你所说，做展览重要的是有没有问题提出，我们从展览的题目就能直接领悟

到这一点，比如"从中国出发""酚苯乙烯"这样的展览。当下艺术圈还有些时髦话题比如"虚拟"，确实地说，你觉得这些话题的社会意义有多大？换个方式问，你为什么用"那是为了你好"这一标题？

黄专：每个人都有提出问题的权利，每个人的角度也不一样，比如消费是一个问题等。我认为没有思想的行动便没有力量，在中国利用图像策划展览，是艺术界的惰性，而且，中国策划人和艺术家之间的关系有点像哥们儿，没有制度做保证。中国缺少可以借鉴的好的策划文本，我觉得时髦话题不可怕，关键是它有问题提出。当然，并不是每个问题都是一个话题。对"虚拟"这一话题，我不大清楚，它是不是指电脑设计，或者有一种生存状态是一种虚拟状态，或者指一种新的生活方式和传统不太一样，我们这一代是没有办法去了解的。"那是为了你好"这句话是我在冯峰的自述里找到的，他向人们阐释一种新暴力，这句话很有智慧，对我的问题有一种直观化的效果。"那是为了你好"像是一个理由，是一句美好的话，实际上它描述了我们这个社会的一种现实方式，暴力的形式变了，但目的一样，我们的自由越来

越少。

高越: 你上面提到了"暴力"的问题,然后又说艺术方式应该是民主的体现,你也赞同当代艺术精神的本质应该是民主这一观点吗?关于这两个问题,你能具体谈一谈吗?

黄专: 我赞同当代艺术精神的本质应该是民主。当代艺术家成为怎样的艺术家,艺术家有各种选择。我认为当代艺术面临的社会暴力学的形式是多种多样的,它既有来自传统僵化体制的生存压力,也有来自艺术市场制度和西方艺术权力中心的暴力压迫。比如新生代画家对传统绘画功能的迷恋,传统的方法论认为我可以,我有能力反映一代人,"玩世现实主义"的方法论也没有变化,这实际上是一种暴力倾向。我常建议身边的艺术家去阅读《自由交流》这本书,我认为争取自由的形式跟意识形态没有关系。而获得权力后,怎样对抗权力,这个问题更深刻,中国艺术家未超越名利,争取艺术民主化,争取艺术自由,而当代艺术却是非民主的局面,实际上这个问题很复杂。"自由"不是一个抽象的概念,不是一个完整社会的代名词,当代艺术精神的本质应该是民主,它不是一个目标,它应该是一种描述,是一种价值判断。这和艺术家的素质以及受众的素质是分不开的。

时间: 2000 年 4 月 20 日
地点: 北京林晓东的家中
采访人: 高越

注释:

[1] 原文载 http://arts.tom.com/look1/gdlc/cul_gdlc_chbj_huangzhuan1_1.htm, 现网站已无法打开。——编者注

从俄亥俄到耶路撒冷到深圳[1]

黄专：我想我们今天可以围绕你为"被移植的现场——第四届深圳当代雕塑艺术展"提供的方案《蝙蝠计划》谈论一个有意思的话题：国际政治与当代艺术的关系。你过去的作品中有许多国际政治题材的，如在耶路撒冷的"苏丹池塘"做的《驼背上的计划》，还有在美国俄亥俄州做的《人蛇计划》，您先介绍一下《驼背上的计划》和《人蛇计划》与这一次参展作品在题材选择上有什么相同的地方？

黄永砅：《人蛇计划》和在耶路撒冷的作品有很大差别，1994—1996 年，我有三个相关的计划分别在美国纽约、旧金山和俄亥俄呈现。在纽约的新美术馆，我借了一块世纪初的旧招牌"中国手洗衣店"，这块旧招牌只不过是用来挂羊头卖狗肉，"中国手洗衣店"的内部其实是一个美国现代自动洗车装置，这件作品安排了一个顺序，从"手洗衣"到"洗车"到"洗人"，因为观众必须穿过这个通道。在旧金山的卡普基金会的计划，源自我从当地华人街上发现的一块街牌"Kearny Street"，这个街名偶然与世纪初"排

华法案"的头领的名字"Denning Kearney"相近，这启发我重建一条"街景"，街牌"Kearny Street"和红色手形交通灯，分别隐喻 Denning Kearney 和他的口号"中国人滚出去"，200 只活龟用来展示华人街的氛围。

《人蛇计划》在构思时，正好有一批中国福建来的移民被拒绝在美国与墨西哥交界的海域上，据报道，偷渡者打着"我们要面包，我们要自由"的标语，他们认为到美国是为了自由。这件事催生了那个装置，总长 26 米的大网，开口为 7 米，终端被收紧，一个美国地图灯箱一闪一闪，在我看来，美国像个"鱼饵"，像灯光捕鱼用的聚光灯。这三件相关联的作品都以在美国的中国移民历史和现状为题材，所谓以国际政治为题材，只不过是涉及一些敏感的话题，涉及的方式也不尽相同，有时旁敲侧击，有时挂羊头卖狗肉，有时浑水摸鱼。

黄专：这几件作品基本上以华人身份为主题，那么耶路撒冷的作品呢？耶路撒冷在历史上是英国的托管地，有希伯来文化、基督教文化、伊斯兰文化等。

黄永砅：耶路撒冷这个地方很复杂，有三种宗教重叠在一起。1948 年之后，受到西方支持的以色列开始建国，最终造成了巴以冲突。这是一个放置在室外的作品，在阿拉伯人的历史古迹"苏丹池塘"旁。

黄专：这些作品是在表明您的政治态度，还是在描述一个历史事实？

黄永砅：在我看来，所谓政治态度是隐藏在作品之中的。1994 年在耶路撒冷的《驼背上的计划》和其他类似的主题，其实是我在法国的日常生活以及在多种文化中走动时产生的思考的延续。当我 1989 年到巴黎参加"大地魔术师"展览时，汉斯·哈克（Hans Haacke）有一个展览在蓬皮杜文化中心，他的装置作品中放了两块"Barbes Rochechouart"的地铁牌子，当时我对巴黎社区一无所知，也无从了解这块牌子所含的信息，后来我才知道"Barbes Rochechouart"地铁站附近住了大量的阿拉伯人，开始的五年我住在巴黎 18 区，离这一区域很近，1996 年我搬到 Rue du Fbg Poissonnière，就在"Barbe Rochechouart"地铁站边上，所以，这十年来我一直生活在巴黎的穆斯林中间。

1996 年在马赛的计划《三步九迹》与去年在巴黎街头的恐怖事件相关（有人在垃圾桶内放炸弹，后来巴黎街头、地铁的垃圾桶为"安全"全部封掉）。这件作品我用石膏倒了一块"大陆"的形状，面积约 120 平方米，在湿的石膏上踩了 72 个大脚印，这些脚印由一个称为"三足之器"（基督、佛教、先知）的"机器"压成。整个脚步阵法来自道教仪式中的"禹步"，又称"三步九迹"。通常三步只有六迹，除非跛行加上拐杖，这使我产生一种佛教、基督教、伊斯兰教在世界大陆上"跛行"的意象。

1998 年，我在卢森堡当代艺术中心举办的"东站"展览里，提供了另一件相似的作品：由 204 个汽油桶围成一个高 6.6 米、直径 5.4 米的立方阵，上面覆盖黑、黄帏布，这一形象来自麦加的"克尔白"，油桶周围分布了五辆由巴黎街头常见的油桶和超级市场推车改装的烤栗子车，这件作品包括一些烤栗子香味和焦味，以及靠近巨大"汽油仓库"的紧迫感，当时我写道："也许伊斯兰教是将来改变世界的一个巨大火药库，一个反对全球化体制的重要源泉。"

《驼背上的计划》则是直接在中东最敏感的城市耶路撒冷做的，我自然沿着上述思路展开，通过实地考察，我制作了 10 个不同的 Jeausalen 火车站牌子，由 5 只骆驼背着出现在展览场地"苏丹池塘"里，这一想法是通过 Jeausalen 火车站牌子随时间变迁的实例——如在 1948 年之前英国托管时期，以色列建国后以及在 1967 年中东战争期间，Jeausalen 这个词的英文、希伯来文、阿拉伯文不同先后次序的排列，某些语言消失或出现——传递某种政治力量的减弱或增长，我想象用这一牌子的变化来代表不同意愿以及对这个多灾多难城市未来的预测。

去年年底，在巴黎市现代艺术博物馆举办的题为"巴黎作为一个中转站"的展览里，我整个收购了巴黎"Barbes Rochechouart"地铁站附近一个专卖伊斯兰书籍的地摊，把它与我的个人藏书放在一起，这些作品的共同特点必须把它放在一个当代变动的政治、文化现实中，放在一个关于多文化冲突、混合并存的背景里来看。

黄专： 你是否可以描述一下这次深圳的作品《蝙蝠计划》，它涉及的是与我们的现实更为直接的"国际政治"。

黄永砅： 这个计划是将那架今年 4 月份撞机事件中的 EP-3 美国电子侦察机，按原机尺寸，从中部到尾部共 20 米长切成三段放在深圳华侨城的生态广场。当时这个事件的结局让我很感兴趣，一架飞机被"拆解"，由一架飞机代飞，这一过程在我看来，本身就是一件"作品"。6 月我到深圳为"被移植的现场"展览看场地时，这个构想清晰地呈现在眼前，这个展览机缘使这件作品得以实现。在这里，"拆解"是重要的，就像权力自身被解构，这架飞机被美国技术人员拆解是理性的、结构性的；我的拆解是非理性的、非结构性的，切一架飞机如同切一条面包。

黄专： 在实现这件作品的过程中，你坚持用原大尺寸，甚至不惜牺牲完整的飞机形象，而不像华侨城的"世界之窗"那样，完整地缩小一件东西，这是出于何种考虑？

黄永砅： 对，像真正飞机一样的"庞然大物"。"庞然大物"不仅是指尺寸、材料，而且是用其内涵来比喻，或来思考全球化背景下的"美国主义"。"美国主义—庞然大物"不是一般意义上的霸权主义，庞然大物是一个巨大的空壳子，它包含着脆弱性和空洞性。

黄专： "9·11"之后，有人说黄永砅这个方案跟"9·11"比起来算不了什么，这种说法很显然是将这件作品定位在新闻事件上，我倒认为正是"9·11"为你的作品提供了一个更有意思的背景。我跟隋建国谈起你的作品，他说美院有个学生也为这一事件做了一个小的模型飞机，那个美院学生做的飞机跟你的有什么差距？我觉得你说的"庞然大物"这个概念很精确，大或等大在这个展览场景中具有绝对的意义。

黄永砅：这个计划是在"9·11"之前就确定了的，我们不能因为有了"新闻"就去更改"旧闻"，应该看到新闻和旧闻之间的相关性和内在联系。至于那个学生做的飞机，问题不在于做了同样的东西，而在于在这之前做了些什么，在这之后将做些什么？我想那个学生没有想到按原尺寸来做，是因为在他看来这几乎是不可能的，但事情在不可能中变成可能才有意义。

黄专：你在很多作品中都使用两个元素：一是新闻的，二是政治的。这两个元素在你的创作中是起一种导向作用还是别的？

黄永砅：从某种意义上说，所有的新闻都是政治，所有的政治都是新闻，在今天的社会，无论是政治新闻，还是新闻政治，如果说对我的创作有用的话，那就是除了开启话题，还是一剂解毒药，避免艺术重新回到一种无害的装饰品情境。我对一般意义上的政治不感兴趣，我感兴趣的是与政治相关的战略和策略、行动和煽动。我们在谈论艺术时总是在谈政治，我们在谈论政治时又好像在谈艺术。

黄专：我是否可以这样理解，如果艺术是一剂解毒药，所有历史痕迹和政治新闻对你而言都是一种"药引"。在国内的展览背景下来做东西，随着地域环境的改变，问题角度会发生变化吗？

黄永砅：这应该具体说，像深圳这个生态公园本身并没有给我什么想象力，倒是周边的"世界之窗"和"欢乐谷"，那些被缩小的旅游景观可以让我们思考并提出一些问题，一个等大的长城和一个被微缩的长城有什么不一样？还有，一架抽象的飞机模型和一架带着国际政治敏感的真实侦察机有什么不一样？

黄专：涉及国际政治题材的这几件作品，在使用资源、材料和方法上有一些明显的不同，如耶路撒冷的作品使用了传统资源，在俄亥俄和这次深圳的作品使用了新闻事件这类资源，但后者在材料方式上又不相同，前者使用了象征材料，后者使用了"实体"。

黄永砯：在纽约我用洗衣店招牌，在旧金山用了街牌，在耶路撒冷则选择了火车站牌，这完全是偶然的。这些牌子都是用来传递某些信息，而且都是关于语言文字的，看上去像"观念艺术"，其实更像一种"脏的观念艺术"，因为它们和那些活的动物乌龟、骆驼混在一起。动物和牌子分别扮演着特定的"地缘—传统"和"政治—历史"。在深圳的飞机则直截了当地强调"庞然大物"。

黄专：据我了解，这几件作品在实施过程中都遇到过一些偶发因素和事件的干扰，这些干扰有的源于文化习俗，有的源于价值观念的差异，有些则源于政治和国家利益，这些因素或多或少地改变着作品的预设意义、属性和功能，你如何看待这些干扰？它们对你形成作品的方式重要吗？

黄永砯：我们为什么要把它看作一种"干扰"，而不看作一种丰富作品意义、超越艺术家的预设和期待的"良机"？在旧金山的作品中，我用了200只活龟，这些龟不像我们想象的

那样"在街上散步"，而是堆聚在角落里，死亡量逐日增加，无意中给观众带来了很大的焦虑。同时也弥散和诱发出这件作品重提的历史：种族歧视的"排华史"，一种无意识逐渐加深的焦虑。当然，"干预"又是另一件事，有时是因为动物保护法，有时是"安全"条例干预，但我们总能找到一种迂回的办法去展示。而出于"政治"原因干预则是罕见的。

黄专：据我所知，在所有干预中以这次深圳的方案所受的干预最为直接，它甚至使我们谈话的主题有了一个新的、更有趣的角度，你的"庞然大物"现在变成了一个"事件"，由于法国有关部门的干预，这个"庞然大物"不再是"深圳当代雕塑艺术展"的展品，它变成一个幽灵，一个谁也无法控制的幽灵。它会带给我们什么新的信息呢？谁也无法预料。事件使我们重新回到一种现实，这个现实是：艺术是脆弱的，这个作品既已被判定为有可能危及某种国际政治关系，那么，我们也许应该问一个有点书生气的问题：艺术与国际政治要保持多大的距离才足够"安全"？

黄永砯：艺术需要"安全"吗？我宁可选择

"冒险"，这件作品制作了一架飞机的尾部，原来想作为一条"嘲讽"的尾巴结束，现在却成为被嘲讽的"事件"开始。

法国策展人转告我，法国政治人士认为，对出现美国飞机，法国和中国政治当局很难受，他们不想重提这个事件，这架飞机将引起中、法、美之间的困惑。但一开始这个计划是双方认可的，从交提案到技术施工已近半年之久，半截 20 米飞机已经基本制作完成，以前不成问题的现在成了问题，问题还在于艺术作品是否应该随着政治变动而更改，这是可以讨论的。在今天，不同声音为什么重要，艺术家是否应该起来打破一种所谓"统一口径"的沉默？

黄专： 相对于国际政治关系和政治家、外交家的判断，对于一个有着三百年自由主义传统的国家而言，这一点尤其让人不可思议，所以我戏称它是法国艺术史上的"德雷福斯案"。

黄永砯： 整个过程显得虚伪和荒谬。是的，在法国艺术活动是自由的，不受政治的支配，但在这件事上，法国大使馆还是干预了艺术作品的完成，所有的举动都是口传，没有文本，而且还是艺术家同意，这个计划和名单已经从这个展览中整个被抽走，我已从作者变成观者，可从中静观其变。上次谈话说到"庞然大物"的脆弱性，"庞然大物"的脆弱性在于它的刚性，而艺术的脆弱性在于它的柔性。正是这种柔性。

黄专： 就态度上来讲，八十年代跟九十年代，你对待传统的态度，是不是有了转变？你在八十年代做的那些作品，包括焚烧、搅拌，是不是都是"达达"性质的，而去了法国反倒更多使用传统资源？

黄永砯： 对，从今天的角度来讲，在态度上肯定是有转变的。现在不可能做"达达"啦，太极端，不会再做了。焚烧、搅拌主要源于对语言系统的怀疑，这里面有传统思维，当然，主要来自"达达"，在我看来，那是一种便利的"了断"方式。

出去以后，我又重读了《易经》一类的"国粹"，对数术、方技一类的知识方法尤其有兴趣。早先的焚烧、搅拌主要是一种"切断"，而后来就越来越难分类了，使用材料和资源也越来越"随遇而安"了，今天要在德国，我就得用德国的飞机，明天要在美国，我又得用美国的飞机，后天要在中东展览，又得用中东的飞机……这种东西的出入太大，后来我就根据环境跟背景的变动，使这种出入产生跳跃，但很难找到这根线。回过头来看，有些基本的方法也许还是能找得到的。

黄专："方术"的确是中国智慧中最特殊的一类，隐藏着对宇宙、生命的很多难以破解的谜底。对它们的兴趣与年龄有关吗？

黄永砯：这个跟年龄的增长、环境的改变都有关系……

严善錞：主要还是内在经验的增长，不是简单的对环境的反应，是内在的，不是外部的。

黄专：你的作品一直在使用一种中国式的"达达"，一种类似禅的表达方式。所以看起来与其说它在转达某种明晰的观念，不如说它在回避和逃脱某种表达，"国际"或"政治"对你来说都不过是某种"公案"或"机锋"，它会把我们引向哪里并不包括在你对作品的预设中。

黄永砯：也许你说得比我清楚。

严善錞：其实也体现了黄永砯对材料的关注，对材料本身在真实性、趣味上的追求，这个可以作为一个切入点。"观念大过于形

式"，把观念赋予在材料上来体现这一观念。

黄永砯：观念不能只是观念，我不能只是说一下，太空了，必须用这种材料体现这一观念，追求物质本身的"真实性"。

严善錞：我觉得是选择这种材料本身所具有的震撼力，这是和那个美院学生的真正差异。

黄永砯：观念是需要材料来体现的，为什么我的作品要做这么大，别人也问过我，你的作品为什么要做那么大？有的作品很小，但很微妙，我认为是空间的问题，本身展示作品的空间就很大，就须考虑这一环节，找到途径来做。

严善錞：你到法国之后，在制作一些主要作品的阶段，不会很简单地把观念对准环境的关系吧？

黄永砯：关于作品的背景，当然出去以后，环境改变之后，在符号、身份这些方面要考虑得更多一些。我说过，我是一个双重的"他者"，作为一个中国人，在中国我不妥协，作为生活在西方的中国人，我同样不妥协，如何来协调这种关系，如何在这种迫切的情

况下做出有效的东西，值得我去思考。简而言之，要跟背景有一个对话，背景可以是一个很坏的东西，如何从背景中选取你需要的东西，这就看你的态度、方法。每个人都可以在一个共同的背景下工作，但每个人所取的东西是不一样的，大家都存在这个问题。如果没有背景，别人可能会无从了解，会影响到对作品的欣赏。

严善錞： 现在看当代艺术光靠眼睛是不够用了，观众会很茫然，这些东西很新鲜，但不清晰，仅仅靠过去的经验，只用眼睛欣赏不了，或解释不了，希望有更多资料，比如有关艺术家的背景线索。因为有些作品的动机不是直接反映在作品里，而且这些东西不是以往艺术史上大家熟悉的，艺术变得越来越个人化，分支也越来越复杂，光靠一些艺术常识是不够的，有的作品是表现艺术家的个人内心世界，个人情感的。

黄永砯： 通过了解作品，了解艺术家在做作品时要表达的思想，这本身是一个很矛盾的事情。艺术家在表达意图和做作品之间，是需要保持一定距离的。其实艺术家也不知自己是否清晰地表达了，即使他认为是清晰地表达了，也是有限度的。如果一个艺术家在作品中表达得太清晰的话，别人一看就明白，那这个作品就像一杯白开水，失去了它的艺术性，所以说为什么会有批评家出现，这些应该是批评家做的。因此我认为艺术家在解释自己作品的时候，应该有一个界线，而且要保留这个界线，不能越过这个界线，应该适可而止。艺术家可以提出一个话题，或者是提供某种可能性，但要靠艺术家的第一手资料去发挥的话，这不是一个艺术家本身应该承担的事。

黄专： 当代艺术家现在更像是专业的"找错者"。他们不负责"创造"新的风格，他们"创造"的只是某种审视角度和态度，他们通过制造麻烦使文化和社会发现自己的问题、暴露自己的缺陷，艺术"创造"的含义已根本改变了。

黄永砯： 对，艺术家的作品是一种创造，批评家的批评也是一种创造，等到将来观众来看也是一种创造，并不只有艺术家才是创造者。

黄专： 你有没有假设过，如果你在八十年代继续走纯粹写作的路，用文字表达自己，会不会和现在是完全不同的？因为在艺术家里面，你算是能写的，比一些理论家的东西都要有趣得多。

黄永砅：这个……我倒认为做装置比写作更直接，像我的那个飞机就放在那里，不用再说什么。

严善錞：这个还是有区别的，写作时是对着一个语境的，概念之间有相互的衔接关系，写作或许是你的一种有效的表达方式？

黄永砅：语言是可以这样说，也可以那样说的，有时还要生造词，有些东西不说来得更好，语言要说清楚就容易脏。

黄专：这两年，国内对海外中国艺术家似乎有这样一种批评：你们的成功在很大程度上来源于打"中国牌"，使用本土伪传统，譬如"龙"这个符号。

黄永砅：不仅是海外，国内也有使用伪传统的，这不是问题。"龙"当然可以借用，关键在于如何使用，对我来说它就像《抱朴子》或《山海经》里的很多祥瑞或不祥的符号，只要对我有用我都会用，不过你借来的符号还得还回去，"请神容易送神难"，用完了你还得还回去，它在场又不在场，不能随便就变成你的，这是有危险的。"龙"可以用，但用了就须还回去。

2001 年

注释：

[1]原文载黄专，《艺术世界中的思想与行动》，北京：北京大学出版社，2010 年，第 215—223 页。——编者注

关于传媒与艺术[1]

—— 对顾问黄专的访谈

这是一个特别的展览(图1),看上去"艺术"在这个展览上不是唯一的角色,这里涉及我们历史和社会的一些背景。过去我们讨论过这样的问题:与我们历史经验有关的事物是否都应变成我们工作的对象。就这个展览而言,它是一种新的构架。传媒是我们历史延伸的产物,我们曾一度简单地把它与艺术对立起来,正如我们曾对我们的现实采取要么回避要么对抗的态度,而没有真正把它当作生活经验的一部分,这正表现为中国的当代艺术一直很不成熟。我们曾经以为我们的一些做法是在跟国际接轨,为此一度"超越"我们的历史经验,并以为如此构造出的幻觉是真实的,但在逐渐摆脱幻觉之后,会发现它并不真实。

同样作为现实生活经验的一部分,传媒是我们不可回避也没有必要回避的客体,传媒与艺术发生关系,这是一个很有意思的课题。过去《北京青年报》也主办过新生代艺术展,但那时的状态还是分离式的,《北京青年报》只是主办单位,没有实质性地把媒介的因素植入艺术,反过来也没有实质性地把艺术植入媒介。但这个展览不同,它是双方对生活及历史经验的相互植入,彼此发生互动,会给我们带来很多的启发。我们以前认为媒体就是媒体,它与艺术没有太多的关系,但实际上,它与一些看上去同样没有"关系"的事物一样,切切实实都是我们生活经验与历史经验的一部分。这几年,我们也越来越感到这类资源的重要性。对艺术而言,应该考虑要用什么样的方式来构造我们艺术真实的历史。换句话说,身在其中,就应正面其中的一切事物,不应切断事物之间的联系。当然,对这个问题的认识是需要一个过程的,我只是强调我们是否已经接近完成这样的一个过程,假设有了这样一种"感觉",应该对我们目前阶段的工作是有益的。

如果九十年代初就提出这样的问题,也许很不实际,当时我们几乎都在扮演社会中的另类角色,从今天看,比较成熟的艺术家想问题的时候恐怕不必非从这个角度去思考,这个展览实际上是艺术家社会双向成熟

图 1-1 "北京青年报——传媒与艺术"主题艺术展现场，2002 年，中国国际展览中心。图片由艺术家王友身提供

图 1-2 《"北京青年报——传媒与艺术"主题艺术展》封面。图片由艺术家王友身提供

的一个例子。而对年轻的艺术家，你可以抛弃旧有历史，但你生活在现时历史之中，对生活现实的经验是不能被抛弃的，这是真实的，不管你如何国际化，回过头来，你会发现艺术真实的一面就在你的生活之中。从历史的整体而言，则要敢于复活，比如王广义的作品，他实际上没有回避历史，对他来说，历史是活的，历史的变化是有延续性的。当然面对历史的态度，每位艺术家可以是不同的，仅从一个方面去面对历史，或将历史决定论性质的判断运用到对艺术现象的判断中是不负责任的。

这次展览和当时的新生代展是有区别的，当时《北京青年报》是从媒体关注新闻的角度介入艺术，社会资源是互用的，这本身并没有什么不好。而从今天看，事情不仅如此，它实际表明，中国当代传媒本身有一

定的宽容度，这是我们过去没有正确意识到的一面，在国外它是很正常的社会现象。媒体与艺术的互动有其合法性因素在里面，它构成了一个完整的社会现象，这种现象跟历史有相当的关系，我们不能简单地把这种关系理解成体制上的转换关系，而要看到它是我们社会观念进程中的一个连带关系。要打破一种决定论。过去一切从决定论角度出发，形成了我们对目标的线性认识，这是虚幻的。我们曾不断在展览主题制订上采取终极模式，在选择艺术家参展时围绕着一些终极式的主题，造成艺术不约而同地去追逐一个模式，这在当代艺术的初级阶段是一个可以理解的操作方式，而当艺术从社会学的角度被界定是否成熟，就需要从我们生活的各个方面去认识。当代艺术的因素包含在生活中，包含在我们所做的每一件事情之中，艺术家

要面对现实，而不是面对虚幻。

这是一个历史的机缘，是水到渠成的结果，实际上一种艺术制度正在形成，艺术旧制度和新制度之间有过真空，这段真空期主要在九十年代中期，这之后开始发生一些变化，包括"上海艺术双年展"，柏林"生活在此时——中国当代艺术展""深圳当代雕塑艺术展"以及这次"北京青年报——传媒与艺术"展等，体现出艺术新制度正在建立的迹象。当然，我们还要超越这个意识，理性地去分析这种制度的建立是否会带来弊端，这样的分析也许为时尚早，只是我们要随时把握住我们艺术的态度并在某种程度上进行超越。我们不能再以线性思维的方式面对一切，过去我们一直用它去肯定或否定一切，这是不正确的。

社会性的误读是可能的，严格地说，误读式的评判并不重要，任何一个挑战式的举动对艺术界都是一种检验，作品的力量是重要的，它可能会改变一切，改变人们对一切已有事物和未来事物的看法。对此整体而言，误读并不存在。可能有的只是些个人化的判断，既是个人化的就会与个人化的复杂心态有关，中国艺术界的状况相当复杂，我

们要做的正是通过一个个行动去改变这些状况。我们可以不去考虑外部的个人化意识，中国艺术家也应逐步摆脱过去两分法的态度去面对一切现象的出现，这样才是真正的"为艺术而艺术"，个人化的复杂心态是中国当代艺术正常发展中的一个最大障碍。

我们现在做事情，一要考虑它的历史背景，二要考虑它现实的水到渠成，一个事物的出现不能理解成不可替代的模式，应该看到它给这类问题带来一次讨论的机会，如果艺术界对这些新鲜事物敏感的话，它会引发对许多问题的思考，这是它的意义所在。这次展览选择的都是相对成熟的艺术家，这与当时"新生代艺术展"不同，后者给人的印象是造就一个流派或一代人的概念，而这次则给人面对现实的感觉，我想这也是挑选成熟艺术家参与这次展览的一个理由。这个展览不是艺术史上的一个符号，而是艺术逐渐走入现实的一个过程。

就展览本身而言，它是艺术与传媒发生关系的一种展览形式，艺术与艺术之间的关系已经是我们经历过的事情，比如艺术家与美术馆之间的关系，艺术家与艺术机构之间的关系，等等。那么艺术与其他之关系是我

们尚未碰到的，艺术有一种与社会关系保持张力的作用，这种张力我们过去只是停留在虚幻意识的把握上，如何真正在社会关系中发生互动，是我们接下去需要考虑的问题。艺术与传媒、艺术与科学、艺术与生态等是一些相关的话题，艺术是有这方面维度的，这也是所谓当代艺术开放性的一个现实性体现。

艺术家的延续性在任何时候都应该是存在的，我看到这些艺术家面对新问题的时候仍然没有脱离自身的延续性，这很重要，它直接关系到艺术品的质量。艺术张力的进一步体现是每次展览的关键，它使人们通过各种各样的展览更深刻地看到每位艺术家自身工作方式和思维方式在不同环境和问题下的延续。

这是一个命题式的展览，成熟的艺术家不应回避这类命题，并在自身艺术建构的基础上体现其张力。有意提出命题只是一种形式，实际上有些艺术家已经在自己寻找命题，并且表现得相当出色，问题在于艺术家的状态应在主动或被动中都能表现自如，这很难。所以命不命题对艺术家应该不成为一个问题，如果艺术家面对来自社会的命题表现局促倒是很成问题，这反倒能检验出艺术家对待艺术的真正态度。这是个悖论，当我们思考这个悖论时会发现艺术家的问题究竟何在。

过去我们曾经面对很多虚假的问题，虽然某种程度这些"问题"都有它们一定的世俗化现实感，看上去很"真实"，但从理论上说，这都是些不能真正构成问题的问题，现在我们需要回过头来看看我们的历史，好好面对一下自身的现实环境及生活环境，设法把一些真正的问题摆在我们的面前。

2002 年 2 月 22 日

注释：

[1]原文载《"北京青年报——传媒与艺术"主题艺术展》，2002 年。《北京青年报》于 2012 年 3 月 5 日—8 日参加"新世纪首届中国报业博览会"，在中国国际展览中心举办"北京青年报——传媒与艺术"主题艺术展，参展艺术家包括姜杰、施勇、王广义、吴山专、王友身、朱加，展览邀请黄专为顾问，杨君为主持人。——编者注

黄专——一个冒险者的双重生活[1]

跟黄专成为朋友前，只在北京跟他匆匆见过一面。

见面之前，因为工作关系，读过他的一些文章，电话里采访过他，印象很好。

记得那是 2001 年 11 月。我忙着准备出国读书。突然接到黄专电话，说他和王广义想请我吃饭。

黄昏，北京百万庄附近一家酒店门口。一部豪华车停下，走出一个一头长发，看上去很有艺术家气质的中年人。笑容沉稳，似乎笑容后面还藏着什么，很深，很远。他淡淡地跟我握手。那是画家王广义。几分钟后，黄专也到了。他热情爽朗的笑声一下就弥漫了整个黄昏。他看上去年轻健硕，非常精神，笑容灿烂，很有感染力，跟我想象中的书斋学者完全不同。

大家边吃边聊，黄专不时谈起我写的文章。他说，写得非常棒！是他读过的媒体写得最好的关于当代艺术的报道。他不断说服我，请我出国留学前去一趟深圳，参加"第四届深圳当代雕塑艺术展"（中法合作）。他的真诚让我感动。我说，机票都买了。真

的好遗憾！

夜色中，黄专上了王广义的车。他探出头来，不断朝我挥手，挥手。

一年多以后回国，住在深圳。跟黄专怎么都联系不上。后来才得知，他得了癌症！不知生死。听到这个消息，我难过了好久。

转眼一年多又过去了。2004 年 9 月，我和先生在马来西亚海边度假，突然收到"黄专"的邮件，恍惚半天，才想起"黄专"是谁。

一个月后，黄专打电话约我一起前往深圳市美术馆，参加成都当代艺术家作品展开幕式。

人头攒动，一片问候寒暄声，令我想到商业场中的鸡尾酒会。正跟何香凝美术馆馆长乐正维聊着什么，一个看上去形容枯槁的人朝我们走来，一身黑衣，右手抓一瓶矿泉水，夹在腋窝里，脸看上去像是突然一场严寒或大火过后的植物。

"你好，许攀，好久不见。"他朝我伸出手，声音低缓，露出白闪闪的牙齿，笑容似乎显出一丝尴尬和羞涩。

我心里一阵难受，想哭。我紧握黄专的

手，半天说不出话来。

那天，黄专话不多。没听到那令人印象深刻的爽朗笑声。那天，我第一次亲身感受到他在艺术圈里的威望和人缘。

此后，黄专不时发给我一些很有意思的文本，大都是几年来他参与当代艺术活动的记录。每次从广州来到深圳，他都会给我打电话。邀请我到华侨城一起吃饭，喝茶，聊天；邀请我参加"当代艺术中心"筹建过程中的一些活动。他对建立中国第一个当代艺术中心的热情和投入深深感染了我。我答应他，中心建成后，很愿意为他们工作。

每次，我们总聊得很开心。看着他的外表，听着他不绝于耳的笑声，我时常感到好奇且惊异。但我小心不去碰触"那个问题"。

一次，我们正聊着什么，黄专突然抑制不住，哈哈大笑起来，"王广义当初跟我说，黄专，你干脆去研究非洲美术算了。你变得那么黑！"我忍不住"噗哧"大笑。"慢慢地已经褪了很多了。原来，朋友们经常开玩笑说，黄专，你笑起来特别恐怖：只看见牙齿闪闪发光。"黄专边比画边乐。他那样子，一点儿不像受过那么多病痛折磨的癌症患者，反倒像一场恶作剧中不小心赢了的孩子。

黄专终于从笑声中缓过劲来。我忍不住开口问"那个问题"。

"你感到过恐惧吗？你抱怨过吗？"

"我觉得自己已经很幸运了。我得的是白血病，治愈率只有40%。如果不做移植，最多只能活三年。移植舱很像太空舱，六平方米左右，在里面待了四十天，像坐牢一样。朋友们来看我，就在外面隔着玻璃看。我们那病房，其实是分等级的，要进移植舱，特别难。那些晚期的，或没钱、没关系，进不了舱的，看我们进移植舱，就很羡慕。进舱，其实是很痛苦的事情，但当时在那里，一进舱，你好像就高人一等。"

"那种环境下，标准都不一样。就像在监狱里，一个死刑犯，看见一个无期徒刑的，就很羡慕；无期徒刑的看见有期徒刑的，也很羡慕。我们当时就说，舱外的，差不多是判死刑的。进舱的，就算判无期徒刑的，至少还有希望啊。出舱了，就转为有期徒刑了。"

"痛苦和恐惧被你说得那么好玩。"我也禁不住跟他一起乐。

"我够幸运了！跟病友们一比较，你哪还有什么抱怨呢！人家也不是'地富反坏右'，凭什么就进不了舱，就得等死啊？！我的待遇是那个'阶层'里最好的。每天，有很多朋友来看我，特别好玩。"

"难道你总那么乐观？没有感到痛苦吗？"我笑不起来了。

"身体上的痛苦肯定有的。也有过几次抢救。在舱里，因为移植前要把我身体里的白细胞杀到零，每天吃40多粒药，恶心啊，完全控制不了。那段时间，人基本上处在半生半死的状态。病人吃了那种药后，有的要跳楼，有的要脱衣服，各种幻觉反应都有。我还好，就是做了一个星期的噩梦。那个时候，人的意识上可能有一种在地狱、阴间的感觉吧。但醒来后，感觉还是很好：太阳依旧照耀，亲人朋友们也都还在。但一到晚上，又进地狱了。"（笑）

黄专说得很细致、很生动。从头到尾，笑声不绝，像一个不谙世事的孩子，开心得像是在说别人的生死经历。主治医生说，黄专是他所有病人中治疗效果最好的，他开朗乐观的性格恐怕帮助不少。

那是我唯一一次问起他的生死经历。那次谈过后，我就释然了，也就不再问了。

今年1月，因先生身体和工作原因，我不得不再次辞别朋友们，跟先生一起到了美国。

此刻，大多数中国人还在过年。我坐在美国西部一个朋友家里，应杂志社邀请，整理出国前跟黄专的聊天记录。

美国朋友家的农场绵延几十公里，看得见她家几十匹马、上百头牛正在阳光下懒洋洋地吃草。天空那么高远，不知为何，那种清清爽爽的蓝天白云让我想起黄专的笑声。

"我所做的很多事情，不是因为理想，而是因为有很多诱惑"

许攀：中国第一个当代艺术中心就要在你的努力下建成了，很兴奋吧？

黄专：说不上，那都是商业说法。（笑）

许攀：你在计划书上说，要把"当代艺术中心"建成中国当代艺术的"航空港"。

黄专：那只是意象的说法。你可以认真看，也可以不认真看。我们现在不谈"中心"好不好？"中心"还没建成呢，还没弄成的事情，谈也没有意义。

许攀：你有什么顾虑吗？

黄专：还是不谈"中心"吧。现在谈"中心"不好，对我倒没什么问题，对很多人可能不太公平。以后也许会成为一个话题，也许什么都不是。

许攀：多年来，你一直谈建立"艺术机制"的必要性，现在，"中心"的建立不是可以让你试着去建立这个"机制"吗？

黄专：我也不知道。（很迟疑不定）我现在也无法解释当初为什么要答应他们（注：指何香凝美术馆和深圳"华侨城"）。

许攀：你不觉得，这可能是一个很好的契机？

黄专：弄得好，可以啊。（仍旧犹豫）但对我而言，任何一个制度，都必须要不断变化。建立起来，马上又得变化。

许攀：你似乎有担心，你担心什么？

黄专：我担心它"不变化"。我给"中心"搞了方案，我既希望它变成事实，又担心它真的变成事实。你想想，中外艺术家们来了，建立了"机制"，这"机制"可能又变成了新的权威，新的可以依赖的制度。这又有什么好呢？也不好。

许攀：你担心新问题出现。

黄专：一方面，我希望这个中心的建立，使以后的"生态"比我们现在的"生态"好。但又担心，如果它真的建立起来，恐怕新的问题又来了。

许攀：那就再去解决新问题呗。"中心"的建立，对中国当代艺术来说，总归是件好事。

黄专：是是。说起来，那些问题也不重要。（沉思）这里头，还会有很多把戏的。

许攀：什么把戏？

黄专：我是说，会遇到很多问题，甚至中途流产都有可能。

许攀：你觉得，可能导致它流产的原因，主要来自哪里？

黄专：各方面都有。"中心"这个目标太大了。

许攀：树大招风。

黄专：你要是关注的话，肯定会有很多把戏的。（禁不住孩子般呵呵乐起来）

许攀：那不正合你意？你说过，事情磕磕碰碰的，你才觉得刺激。

黄专：（笑起来）

许攀：几次听乐馆长感叹，太难了！太辛苦了！有时真想放弃，不做了。

黄专：是啊，我也劝她放弃。

许攀：劝她放弃？！那不是你期盼了二十年的梦想吗？

黄专：不！不！不！那绝对不是我的梦想！

许攀：你上次不是跟我说，期盼了二十多年的梦想终于要实现了？！

黄专：不！我的意思是，建立这个"中心"不是我的梦想。怎么说呢，我也说不好。我说的是，一些我一直想做的事情，我梦想要实现的。

许攀：什么样的事情？

黄专：会有很多"问题"的事情。（忍不住自己乐起来，似乎很为自己的回答感到满意、兴奋）

许攀：你是说，想借助"中心"，做一些你认为有意思、有"问题"的事情？

黄专：对！对！很难具体说。比如，通过你的能力，运用各种社会工具，使艺术按你的方式运作。

许攀：你觉得可能实现吗？

黄专：可能是一个理想吧。一天，"华侨城"老总任克雷问我，得病后，再来做这些事情，心态上有什么变化没有？我就说"四个字：不计成败"，这是我现在真实的心态。每个人的生活总要有个目标，跟社会总要发生一些联系。没有人希望自己在社会生活中是被动的。即便你在某一个阶段，或即便你一生都是被动的，但你一直都想争取主动，而不是被人主宰，被命运主宰。

许攀：你一直都想通过自己的知识构建，在一个行业里有主动权，让艺术按你的方式来运作？

黄专：是的。

许攀：就像你在深圳华侨城策划的"第四届深圳当代雕塑艺术展——被移植的现场"，有人说，那是中国本土第一个真正意义上的"策划人展"，而不是我们一贯熟见的艺术家的展览。

黄专：王广义说，那次展览策划，对艺术家

是一种"专制",对艺术也是一种"专制"。(乐)

许攀：你似乎很得意自己的"专制"。

黄专：真正好的艺术家你是"毁"不了的。黄永砯的那架"飞机"作品，集中了他所有的智慧、敏感和创造性。虽因政治原因被合作方——法国官方禁止展出，但我觉得那是他最好的作品。

许攀：你似乎很喜欢拿当代艺术做"测试"：测试我们的"社会机制"，测试艺术家的反应，测试公众的反应。你对艺术与"社会"的关联的兴趣似乎远远大于对艺术本身的兴趣。

黄专：是的。我把它叫作"社会测试"。我喜欢不时抛出一个东西，让社会去测试它。失败或成功，对我而言，都是有价值的。

许攀：迄今为止，成功的多还是失败的多？

黄专：可以说，到目前为止，我所做的事情基本上是失败的，没什么成功的。

许攀：那不是你个人的"失败"，那只证明了我们社会的宽容度，也正是你想测试的。

黄专：是啊，我无所谓成或败。我的朋友范景中有时就说我，空耗了很多精力。我也说

不清楚，我所做的很多事情，不是因为我的理想，而是因为很多诱惑，甚至我都敢于承认，因为很多名利诱惑。当然，我不会为了名利去做一些跟价值无关的事情。但我也不否认，很多事情是从名利出发去做的。我想，追求名利可能也是人的本能。但对可能失去或获得的，你要做一个判断。

"坑蒙拐骗的'策划人时代'"

许攀：策划人正变得非常时髦。那些策划人对当代艺术到底起了怎样的作用？

黄专：说穿了，只是多一个骗人的职业！现在在中国做策划的人，大都是搞评论或搞教育出身的，不像西方，有专门经过大学培养的策划人。本来是管理艺术或搞艺术教育的，现在异化成为"策划人"，获得了一种权力，并把这种权力"神化"，获得资本，去支配艺术。我对很多展览深恶痛绝，原因就在这里。

许攀：你在一篇对话里把策划人称作一种"国际公害"，对发展中国家尤其如此。

黄专：对对对对！是我的话！就那个意思！

它对艺术一点益处都没有，它制造了大量"明星"，吸引了大量资本，它的确也是个社会活动，也产生了很多广告效应，但对艺术没有什么益处。它绝对是一个谎言！是"历史决定论"的一个变种！

许攀：怎么解释"'历史决定论'的变种"？

黄专：就是自以为在创造历史，自以为代表了时代精神，自以为发出的是时代的声音。

许攀：你不觉得，现在到了"策划人时代"吗？

黄专：你只能说，这些人通过"权力"，靠坑蒙拐骗，支配艺术家。弄得越来越多的艺术家见面就谈：这个展览你去了没有？那个展览我去了。当然，我这样说，对很多艺术家不公平。很多艺术家通过展览，也做了一些好作品。但我真觉得，这个制度不好，完全可以废除。美术馆、批评家都应该是为艺术这个世界做后启蒙的吧。

许攀：但你不也搞策划，不也在其中"坑蒙拐骗"吗？（大笑）你不是也有点言不由衷？

黄专：是啊，别人都说，我的矛盾也太多了。有点言不由衷。（笑）但我认为，我还是跟那些人不一样，我没有坑蒙拐骗，我想真诚地做一些事情。这也是为什么这次我策划的艺术家论坛把题目定为"第一种声音"。

许攀：你是指，将在何香凝美术馆搞的第二届"学术论坛"？

黄专：是的。我总是很幸运：当我在想一个什么问题，很快就有一个条件让我能去实践它，不管失败还是成功。昨天，谷文达给我打电话说："这活动我来参加，该发什么言啊？"我说："你来做主持人吧。"他说："瞎扯！我怎么能做主持人！"他本能地反应说，那是你们策划人做的事！我说："这次，就你们艺术家来做策划人吧。"

许攀：你想重新让艺术家听到自己的声音。

黄专：是啊。现在，只听到策划人的声音，几乎听不到艺术家的声音了。艺术家的声音才是最重要的第一种声音。

许攀：你说，在这样一个所谓的"策划人时代"，艺术家该如何坚守自己？

黄专："真诚"和"良心"起作用。"真诚"和"良心"决定不了艺术的高低，但起码可以评定你的艺术。真诚和良心就是，你把艺术看得比策划人重要。

许攀：说起来简单，很难做到啊。

黄专：是。你把自己的艺术看得比"卡塞尔文献奖"重要，比"威尼斯双年展"重要，你可能一无所有，但你也可能因此成为真正的艺术家。

许攀：当看到一些人参加大展，一举成名，而后订单不断，功成名就，的确很难抵挡得住诱惑，尤其当你身处贫困、一文不名的时候。

黄专："功成名就"有两种：一种是虚名；还有一种人，的确值那么多东西。但我对很多功成名就者不敢再接受挑战，感到惋惜。

许攀：你刚才说，你跟别的策划人不同，不同在哪儿？

黄专：首先，我不在乎信息，作为策划人，这是最要命的！真的，我宁愿相信自己的直觉。第二，我讨厌时尚。现在的信息不外乎提供时尚，我策划的起点跟我的思考，跟我的思想有关，跟时尚无关。

许攀：有人说，黄专的展览就是"成功人的展览"。这是不是在批评你？（笑）

黄专：（笑）实际上，这就是骂人的话。（还在笑）从专业讲，就是"你不专业"，你只会做成功人的展览。成功人的展览最容易了——你不会有艺术质量问题嘛，很保险。

许攀：那你自己怎么看？

黄专：我觉得，那不重要。（沉默良久）

许攀：你不在乎别人的批评？

黄专：我最怕那种"范景中式"的批评。（说完自己也乐起来）

许攀："范景中式"的批评？

黄专：他是我十多年的老朋友，一个对我一生影响很大的人，一个思想家，一个有先知先觉的人。这个人太善良，一旦发现你有什么问题，他绝对不会说你，他总是用他特有的方式委婉表达对你的关注或批评。

许攀：说出来的批评你不怕，最怕不吭声的批评。

黄专：有些批评没有价值，他骂你，你不疼。

许攀："成功人的展览"，不存在风险。但你又说，你喜欢有风险、有挑战的东西。那不是矛盾吗？

黄专：你发现没有，我做的东西，它的风险都在"制度"上，不在"艺术"上。我的展览，严格地讲，是艺术上没什么意义的展览。这又从反面看出我对艺术的态度。我的展览，更多的是一种"生态"挑战。我不是艺术"界"里的人，我是很不专业的一种人。

"我从生理上厌恶当代艺术"

许攀：过去，当代艺术很难进官方殿堂，现在，好多官方美术馆都在搞当代艺术，似乎变成一种竞赛活动了。

黄专：你搞，我也来搞，大家都来搞，中国人最能耐的就是"复制"，最让人讨厌的就是复制得"变形"。对当代艺术，说句老实话，我讨厌透了！讨厌透了！

许攀：你如何评价现在的中国当代艺术？

黄专：从社会学角度看，八十年代的当代艺术是一个江湖，而且有义气；九十年代，还是一个江湖，但已经没有义气了。现在的当代艺术，也还是这样。说学术一点，可以说，已经没有文化的能量了。

许攀：你是指，不再具有八九十年代那种社会影响力？

黄专：我说的能量，是指改变人们的生活态度，改变生活规则，甚至改变一种趣味。这种趣味当然是好的趣味了。前不久，我在北京碰到一个朋友，是个画廊老板，德国人，叫亚历山大，我跟他说，我有个梦想，想把德国的博伊斯介绍到中国来。

许攀：博伊斯的艺术实际上就是社会学的艺术，正好跟你的艺术思想相似。

黄专：博伊斯认为，艺术就应该跟社会发生紧密联系，影响社会。中国现在有名的艺术家都是靠创新、靠时尚成名的，还没有出现精神反思型的艺术家。

许攀：所以，你希望把博伊斯介绍过来，对中国当代艺术产生冲击？

黄专：很希望吧。我接触很多成名艺术家，我觉得他们主要生活在表面，跟我一样，虽然我没成名。

许攀：人只有生活在社会底层，才会去拷问生活。

黄专：对。像我一样，已经饱食终日，衣食无忧，也就不大去想问题了。

许攀：还是有一些艺术家在真诚思考吧？

黄专：有一些，但很少。比如徐坦，看到他的作品，我就知道，他还在思考那些问题。但怎么说呢，有些思考的东西有时也被其他东西利用了。

许攀：被什么东西利用了？商业的，意识形态的，还是别的？

黄专：被一些策略性的东西、被一些策划人利用。当然，像王广义、张晓刚他们，都是好艺术家。但我觉得他们已经丧失了挑战的欲望，这是很可怕的！我跟他们讲过多次，说他们丧失了挑战欲望。他们也意识到了，但真要再动起来，没那么容易。

许攀：他们什么都有了，什么都不成问题了。

黄专：这恰恰就是"问题"所在。对还有挑战欲的人来说，他们会警觉。比如博伊斯，他也很成功，也很讲究生活，很享受成功带来的一切。但一回到工作室，他马上就成了把艺术放在第一位的苦行僧。我时常坦率地跟那些成功的艺术家朋友说，现在，你们丧失的是挑战的"欲望"，时间长了，恐怕你们连"能力"都会丧失。有些艺术家还是很警醒的，包括黄永砅。

许攀：除了那些功成名就者，还有很多在为生存挣扎、为艺术理想而活的人吧？

黄专：对。应该还有很多这样的人，但可惜我接触艺术家特别少。

许攀：作为评论家，接触艺术家很少，如何对当代艺术做评论？

黄专：我不是一个评论家，我没有评论过什么，我几乎不做个人评论，我只表达我的思考。

许攀：据说，去年搞中国当代艺术的资金至少有十个亿。当代艺术，现在似乎成了"香饽饽"。

黄专：我跟你说过，当代艺术已经不再具有批判性。过去，曾有一个美术馆馆长找我，要做当代艺术，我跟他说，你不要"叶公好龙"。如果说，过去当代艺术还算是一条"龙"，现在则是一条"虫"了，或者说是一个"宠物"

了，谁摸它，它就跟谁摆尾巴。

许攀：你对当代艺术那么失望？

黄专：我对当代艺术真的很厌恶！有时甚至是生理上的厌恶。原始意义上的当代艺术几乎没有了。现在那些争先恐后往当代艺术上贴的人，大都不是出于把当代艺术当"龙"看待。

许攀：那他们把当代艺术当什么？

黄专：那就很复杂了，几句话说不清楚，我早该逃出那个鬼地方了。

许攀：那为什么还没逃呢？

黄专：我不知道，我就在这个地方，可能有名利心吧。可一想，我还能得什么名利啊?！我也不知道，鬼使神差吧。

许攀：难道就没什么人在做一些有价值有意义的事情？

黄专：当然有，而且有不少天才的人在做当代艺术。我这种厌恶完全是个人经验。在这个领域，和我的朋友原则不符：很多人像狗一样说话，像狗一样做事。如果你连人格都

不健全，还在艺术圈混什么?！我在艺术圈看到太多这样的人了。

许攀：可能因为"急功近利"吧。但你说话也太狠了吧?（笑）

黄专："像狗一样"，不是骂人的话，是指不像有正常人格的人。在艺术界，你根本不值得这样！你付出的和获得的不成正比！

"我是一个有很多问题的人"

许攀：你那么讨厌"当代艺术"，但你的活动又始终跟当代艺术有关。

黄专：对我而言，当代艺术就像一个摆脱不了的"命"。不知道你有没有这种感觉：有些东西，你很反感它，但又离不开它，我不是指功利上的。就我这种品性、没有太多天分的人来讲，如果没有当代艺术，我的生活可能就更乱七八糟的了。

许攀：你需要当代艺术来平衡你的生活？

黄专：是的。我怕这样说起来，有些人把它影射到他们身上。其实，我不是指具体

的人。我觉得那是我的"命运"。所以，谈到当代艺术，我绝对不把它当作我的一个事业。比如，如果没有范景中这种精神朋友做参照，我可能会像很多人那样投入地去搞当代艺术，也可能名利双收，但对我而言，那是真正的失败。

许攀：真正意义上的精神朋友是一种激励也是一种点醒，无论他们在不在你身边。

黄专：我觉得这种精神朋友的存在，是一种无言的责备。我觉得范景中在我生活中甚至不是一个具体的人，"他"是一种东西，在牵制你。当你要失去理性的时候，"他"让你理性一点。"他"是我的一个平衡。

许攀：你似乎过着"双重生活"。

黄专：我一直都很矛盾，一直都有很多"问题"。我是一个有很多"问题"的人。比如说，八十年代，我就很想做一件事情：反抗文化，反抗专制。那时候，大家都感到受骗了，都想反抗，都在谈启蒙。后来我就发现，这里有问题了。（停了停）让我慢慢来谈。我当时就很想挣脱出来。西方哲学家波普尔说过，人有生日，我们都记得很清楚，但自己思想

的生日，恐怕没几个人记得。

许攀：你呢？记得自己的思想是什么时候诞生的吗？

黄专：现在想起来，我思想的生日应该是1988年。再具体一点讲，从读波普尔那本《历史决定论》开始。现在想起来，那时，你真的很紧迫地意识到，你想做什么事情，所以，思想应该就是那时候诞生的。无论从思想，还是从当时做的事情、追求的理想，1988年至1990年都是我人生最精彩的阶段。

许攀：那时候，《美术思潮》影响非常大。你是编辑之一吧？

黄专：一个偶然的机会，我成为《美术思潮》杂志的编辑。它是当时现代艺术最激进的三个传媒之一。那是一个起点，这个起点决定了我以后的"双重生活"。1985年，我去湖北美术学院读研究生。我开始过着很矛盾的生活：我学的中国画论非常传统经典，学术研究是很严谨的书斋生活。但我又经常参加轰轰烈烈的美术思潮运动。这种矛盾其实一直延续至今，构成了我长久以来的"双重生活"。

许攀：你生活的重心好像一直偏向激进活跃的社会生活。

黄专：书斋生活本来很安稳保险，我也喜欢我学的专业。但另一方面，有问题需要去解决。我想，应该还是我的一种世俗心吧。很难讲哪种生活对我好处更多。

许攀：搞当代艺术二十多年，对你来说，最有价值的是什么？

黄专：最有价值的就是认识了一帮朋友。其他的都是扯淡！我就是这么想的。只有那群朋友是活生生的，对我的生活真正具有意义。

许攀：得病后，是不是看淡了很多东西？

黄专：是啊，看事情淡一点了。另外，现在做事情，要做就要做分量大一点的，小事情，一点兴趣都没了。

许攀：生病这两年，对当代艺术是不是有不同看法了？

黄专：生病这两年我的变化特别大。我虽然一直跟大家保持着某种联系，但心态上，已经不想再介入当代艺术的事情了。以前，把一些事情看得很神圣，现在，喜欢做有趣味的事情。看起来似乎矛盾——做大事和做有趣味的事，但我现在的心态，能把它们结合得比较好。以前，别人就说我，做事情拿得起放不下。现在，感到自己做事比以前从容了。

许攀：每次你到深圳来，看你对"中心"的事总是很投入。

黄专：很多朋友都劝我，何必搞得那么累。我其实一点都不累，当事情做得轰轰烈烈的时候，可能是我心里最淡泊的时候。要我一天到晚坐在家里，假装淡泊，我做不到。

许攀：（笑）一个俗人？

黄专：对！超脱不了。要我做超脱的事情，很勉强。告诉你，我现在最喜欢做的一件事情，就是上课。我很投入，很投入。我正在上"中国艺术史"的课，看了很多书，眼睛很累，但很快乐。这才是我找到的比较踏实的一件事情。我觉得，这才接近范景中期望的生活。

许攀：是接近他的期望，还是接近你自己内心期望的一种生活？

黄专：对！对！接近我自己期望的生活。我真正喜欢做的事情，就是读书。能潜下心来读书，让我快乐。

"找我的人可能都视力不好，都是倒霉蛋"

许攀：为什么你一直强调在中国建立"艺术机制"的必要性？

黄专：我一直都觉得，中国艺术界缺的不是天才，而是一种有力的机制。

许攀：你从什么时候开始思考建立"艺术机制"这个问题的？

黄专：应该是从读了贡布里希的书以后吧，但是这样一个起点可能让我做了很多错事。1985年、1986年左右吧，我读了波普尔的《历史决定论》，对我影响非常大。

许攀：这本书跟你的内在精神经历有关吧？

黄专：是的。当时大家不都在谈启蒙吗？我就发现出现了一个悖论：搞现代艺术的人，每个人都认为自己代表艺术，都希望别人听他的话，那不就成了另一种形式的专制和暴力了吗？1985年，艺术实际上就是一种政治运动，我很快感到厌恶。波普尔的书使我豁然开朗。波普尔有个朋友，是搞艺术史的，叫贡布里希。范景中非常推崇这个人，翻译了很多他的作品。我们经常在一起，当时，我如饥似渴地阅读那些书。我的阅读经历非常"神奇"，我的问题都可以在我阅读的书中获得解释。贡布里希有个概念叫"名利场逻辑"，他说，所有藏在那些艺术大话背后的东西都跟人的名利心有关，他称之为"文化极权主义"。

许攀：你后来写了一本有影响的书《当代艺术问题》，是不是跟那段经历有关？

黄专：是。那时我读了很多书，也做了很多思考。那本册子是1990年跟好友严善錞合写的。我们俩都觉得，如果换了现在，肯定写不出那样的书。

许攀：你刚才说，"这样一个起点可能让我做了很多错事"，都做了哪些错事？

黄专：我做的事几乎没有成功的，总是不断做错事，不断失败。（笑）

许攀：说说看，都做了哪些错事。

黄专：1992年，鬼使神差，跟吕澎合作做事，一起搞了"广州·首届九十年代艺术双年展"，我写了篇文章《谁来赞助历史》。我当时想，当代艺术原来就是对抗，没什么出路，也许"市场"会是一条新的出路，能将艺术引入新的空间。第二届就由我来做了，但做到一半，老板就不投钱了，没做成。后来，我写了一篇文章，谈文化理想主义。我原来以为，"市场"会是一个解决问题的方案，结果发现，比原来的东西还丑恶。那文章等于是个决裂性的宣言。

许攀：那是你在当代艺术中经历的第一个失败，做的第一件错事？

黄专：当时刚到广州美术学院教书。到了广州，人比较浮躁，没有那一部分沉思冥想的东西了。

许攀：是不是跟广州，跟广东整个经济环境有关？

黄专：跟自己骨子里的东西有关。我跟你说过的：功名心。但骨子里，我对沉思默想的生活还是比较向往的。范景中一直在我的精神世界里，影响着我。

许攀：到了广州后，又做了哪些"错事"？（笑）

黄专：后来，就编《画廊》杂志。当年一起热火朝天满怀理想的朋友，都陆续分化了。1996年，我在中国美术馆策划的"首届当代艺术学术邀请展"，最后也没能成功举办。

许攀：为什么？

黄专：这个展览其实挺好玩的，它测试太多东西了。我所做的事情都是别人找我去做的，没有一个是我主动去做的，包括现在做的这个"当代艺术中心"。

许攀：但你在我们谈话一开始就说，你一直都想主动出击，不想被动。

黄专：对！对！这一直是个矛盾。我想做的事情，可能是我没能力去做的，我想通过一些东西来实现它们。当别人给我一些东西做，我就想，拿过来后，把我的东西放进去。

许攀：是不是你一直都这样：在被动中接受，再变为主动？

黄专：是的，一直都是这样！

许攀：怎么想到办 1996 年那个展览的？为什么没有成功举办呢？

黄专：投资商是个香港人，是我打过交道的所有老板中最厚道的人。他说想做当代艺术展览，跟我谈了几句，就决定要做了。我觉得，找我的人可能都"视力"不好，都是倒霉蛋。

许攀：（哈哈哈哈）你也太谦虚了。

黄专：不是。是真的，（也乐）都没什么好结果。那老板跟我谈妥后，我就提出，要做就在中国美术馆做。当时，我知道，事情肯定会出现波折。

许攀：中国美术馆几乎可以说是当代艺术的"葬身地"，但你就想"测试"一下。

黄专：是啊。我一直觉得，对这个老板不太公道。我坚持：一定要在北京，而且一定要在中国美术馆做！老板也答应了。但最终还是没能实现。

许攀：这结果是你期待中的？或是预料中的吧？

黄专：是预料中的，不是期待中的。我当然希望它开幕啦，哪怕开半天也好啊。跟你说个秘密，我这辈子，唯一一次为自己做的事情流泪的，就这一次！我从一开始就预料到结果了。我只是没想到，到最后一刻失败了。这就像你拿着一样东西，战战兢兢，拿了一年，快到门口时，摔了。就这种感觉！其实那件事情真有什么意义吗？也没有！

许攀：你做那些事情似乎像很多艺术家，想用自己的行为或作品来测试社会的底线。

黄专：我也没那么绝对，就是想挑战一下那种东西，可能跟我性格中的某种东西有关：喜欢让事情不太顺利。

许攀：（大笑）为什么？

黄专：我这样说，对不起很多人。（自己也乐起来）

许攀：你经常这样做事？

黄专：对。经常这样！喜欢让大家觉得，开始的时候，前途一片光明，然后，别别扭扭、磕磕绊绊的，我就觉得很有意思。事情要是一步就达到目标了，我反倒不喜欢。

许攀：你喜欢冒险。

黄专：是的，我特别喜欢在"社会"中冒风险。社会中的事情，越复杂，越刺激。

许攀：据说，当年你在何香凝美术馆搞的"学术论坛"影响很大。

黄专：那是我做的又一件失败的事。1997年何香凝美术馆成立，馆长乐正维找我，说想聘我做研究员，我稀里糊涂就答应了。我很好奇，也很纳闷：当时在中国，哪有国家美术馆敢搞当代艺术的？！从外面聘研究员，也是很超前的做法。

1998年，当我开始考虑为他们办"学术论坛"时，突然想：能否把各个领域的人重新聚在一起？从九十年代开始，这些领域就彼此没有来往了。大家各说各的，各干各的。于是，我搞了第一届"学术论坛"，这些人还真都来了，各界比较优秀的人都来了。

许攀：结果跟你预料中的一样吗？

黄专：反响是很好，但跟我预料中的不一样。大家各谈各的问题，我没有意识到，艺术已经不可能像八十年代一样成为中心，成为大家关注的一个课题了，它的社会影响力在日渐变弱。而且，艺术的视觉影响力正被一种消费文化、大众文化代替，这真是中国文化的悲剧。我后来还就此编了一本书《当代艺术与人文科学》。

许攀：所以，你觉得又是一次失败？

黄专：至少是我判断失误。

"一件事情的成功，很可能是志不同道不合的结果"

许攀：据说，去年你曾建议，把深圳所有地铁站点全部弄上当代艺术家的壁画，使之成为世界上第一个流动的"地铁美术馆"？

黄专：是。去年6月，乐馆长给我打电话，说深圳地铁经过华侨城有三个站，华侨城集团希望何香凝美术馆把它们搞得有艺术性。乐馆长来征求我的意见，我建议搞壁画。我还提出，最理想的是把深圳十五个站点全部弄上当代艺术作品。我对他们说，如果能那样，那就太牛啦！

许攀：深圳在经济上相当开放，在意识形态方面却控制得很严格，你偏偏想在这个城市的公共空间做大胆测试？

黄专：我是想冒冒这个险。当时，我对他们说，如果深圳不接受我这个方案，是深圳的损失，不是我的损失。你深圳哪怕做再多的文化艺术活动，都不如做这件事影响来得巨大深远。

许攀：但深圳华侨城集团还是接受了你的建议：请方力钧、王广义、张晓刚这三个目前中国最成功的当代艺术家为途经华侨城的三个地铁站做壁画。

黄专：但最终，他们做的方案草图还是被深圳市否决了！

许攀：所以我想，从一开始你应该就有直觉：可能会有问题。

黄专：是的。但给你机会，为什么不试试呢？

许攀：多年来，你在华侨城这块商业上极其成功的"小王国"一再搞当代艺术，也是基于你喜欢"测试"的心理吗？

黄专：这绝对是偶然。我没有选择深圳，是深圳华侨城选择了我。我在那里做的事情肯定让一些人讨厌，我都知道，但我不对这个负责。包括在华侨城搞"当代艺术中心"，我跟华侨城说，你们要我做什么事情，跟我谈清楚，我想做什么事情，我也跟你们谈清楚，他们接受了，虽然打了折扣，但基本上按我的想法来做。最后会搞成什么样，我也不知道。

许攀：你说，你不喜欢那里的文化，但你又一直卷入其中。

黄专：有一次我跟华侨城老总任克雷开玩笑，我说，意大利有个佛罗伦萨，可能他们的国内生产总值还没你们高。佛罗伦萨在中世纪是个很小的城市，但就因为出了个美第奇家族就不同了。在佛罗伦萨，这个家族可以说是个"影子政府"。就因为这个家族用三代人的努力赞助艺术，赞助公共事业，赞助当时的文艺复兴，佛罗伦萨成为世界名城，其地位写进历史经典。

许攀：你跟任克雷开玩笑，是不是想把深圳华侨城变成中国的佛罗伦萨？

黄专：（笑）当然，只是玩笑。我说，只要

你愿意，你们也许也能造就佛罗伦萨。我希望它能成，但我知道那是不可能的。

许攀：我一直很好奇，你似乎很能"脚踩三只船"，（笑）而船还总不翻。一只脚踩在当代艺术这边，另一只脚踩着中国官方美术馆的船，还有一只脚踩在中国企业家们那条船上。你如何能在三者之间如鱼得水呢？

黄专：还是我跟你说的，完全是偶然，我完全是被动的。

许攀：你们打交道时，是不是各打各的算盘，各怀各的鬼胎啊？（乐）

黄专：我跟你说吧，一件事情的成功，常常不是志同道合的产物，很可能是志不同道不合的结果，或者说，是志同道不合的产物。就是说，三个人有异议，但又可以找到共同点。但我觉得，找我来做，每个人获得的都不会是最多的利益。（忍不住又乐起来）

许攀：你也太谦虚了吧？（也大笑起来）你跟何香凝美术馆，跟华侨城合作多年了，应该知己知彼了吧？

黄专：其实，反反复复地，也没有很默契的

时候。严格讲，几乎没有默契的时候。但从内心讲，我很感激他们，起码感激他们对我的信任。

许攀：你们各自一定都获得了想要的东西，否则不会继续合作。

黄专：当然啦。（笑）"资本"的目的，就是获取最大利润。

许攀：你从什么时候开始思考艺术的"公共性"的？"公共性"跟"艺术机制"有什么关联？

黄专：2000 年，华侨城想搞"第二届当代雕塑艺术年度展"，我就提出"公共性"问题。我其实是受德国学者哈贝马斯影响。他认为资本主义文化是一种异化文化，他提出建立"公共机制"来遏制这种文化异化。我当时受他的思想启发，觉得中国虽然还不是资本主义，但很多迹象已经是资本主义，包括市场机制和大众文化的妥协，跟资本妥协、跟时尚妥协等。现在的当代艺术就更进一步了，完全成为时尚。

许攀："时尚"是贡布里希最讨厌的，他说"时尚"消磨了两种东西，一是艺术没有了价值，二是艺术没有了规则。

黄专：艺术没有了标准、没有了价值，这也是我讨厌的。当乐馆长找我，说华侨城想再搞第二届雕塑展时，我就想，要做就做一些有挑战性的。我提出，不要在何香凝美术馆做，我选了华侨城里一个很大的生态公园作为雕塑展的场地。后来我提出当代艺术的"公共性"，就是从那时开始的。

许攀：第四届雕塑展，也是你"把艺术变成公共性的"思想的最有名的实践。

黄专：艺术不应该只为美术馆、为一种运动、为艺术自身服务。实际上，我就是想在中国建立一种机制，让公众来判断艺术，包括从趣味、机制、生态上，都由公众来判断。

"起飞与移墙"

许攀：你最近给"艺术中心"收藏展写的前言，题目叫《起飞与移墙》。"起飞"是受黄永砯作品的启发吗？"移墙"来自什么样的意念？

黄专："起飞"是受黄永砯的启发。"移墙"来自多年前看过的一件作品：1996年，林一林在广州天河林和路做的作品，题目叫《安全渡过林和路》。他把一面砖砌的"墙"，不断从街的这边移动到街的另一边，一块一块的砖拆下、补上。"墙"一直是完整存在的，只是不断向前移动。那面"墙"，逐渐穿过车来人往的街道，到达街的另一边。

许攀：这作品听上去很像西西弗斯寓言：每天的生活就是不断把从山上滑落的石头推到山顶，生活就像一个每天重复的劳役。这个作品很像那个神话。

黄专：但我觉得，林一林的这个作品不是把每天的反复劳动当作一种劳役，当作悲剧。他想把中国的哲学移植到那个西方神话里：每天不断重复的过程中，肯定会留下一些东西。留下东西的过程中又不断有变化。它是一种黑格尔式的"确然性"，通过不断修正错误，提出问题，然后解决问题，使我们获得进步。

许攀：你对这个"移墙"印象很深，是不是因为它体现了你看待事物的一种方法？

黄专：是。这也许可以解释，为什么这么多年来我会这样做事情和思考。

许攀：那么，把"起飞"和"移墙"的概念用在"艺术中心"上，又做何解释？

黄专："中心"将来会如何，我一点也不知道。我对"中心"有个设计，这设计可能跟"中心"将来的样子完全不同。可能会像一架飞机，有人也许会说我在讲大话，对我来说，不是！至于"移墙"，对我来说，我们不断建设一种东西，又不断在拆除，让它变成另一个东西，不断在变。最终会变成什么东西，不重要。

许攀：对你来说，"过程"才重要。

黄专：其实，从一开始，我就像中国古人说的，叫"登岸舍筏""得鱼忘筌"。上了岸，就把船丢了；得了鱼，就把网鱼的竹篮抛了。你说，我老在提建立一个什么"机制"，"中心"可能也会是那个"筏"，它可能也会帮你实现一些东西。

许攀：然后，你就把它抛弃了？

黄专：（笑）

时间：2003 年夏天
地点：深圳
采访人：许攀
录音整理：许攀

注释：

[1]原文载《艺术世界》，2005 年第 3 期。——编者注

"艺术就是弄假成真"[1]

——"柏拉图"和它的七种精灵展预备研讨会纪要

赵汀阳以"柏拉图"为他十年来创造的哲理漫画的主人公命名，它实际上是一个开放的视觉理念。而"柏拉图"和它的七种精灵展则以现代七种视觉媒介方式（闪客、图片、影像、新闻、广告、玩偶、概念）展现当代人对"柏拉图"这一形象的多义解读，探讨其在大众文化、传播文化、实验文化和商业文化背景中的展开方式。展览于2005年9月23日和2006年3月20日分别在北京、深圳两地展出。

黄专：这个展览从名称上看，好像与哲学家有关，又好像与多媒体有关，实际上这两个都不是主要的。严格来讲，这不是一个关于哲学而是关于智力的展览，是一个智力与媒介关系的展览。上个月我在上海和赵汀阳聊起他的漫画，我觉得，如果把他的漫画作为引子，做一个多媒体的展览应该是件挺有意义的事。后来我们商量把他的漫画主人公叫作"柏拉图"。其实"柏拉图"这个概念不是一个哲学家的概念，因为柏拉图在那个时代实际上是一个智者，一个有智慧的人，不是我们现在意义上的哲学家，与科学化的哲学无关。

后来一聊话题就聊大了。现在中国的当代艺术，主题都是文化、时尚、社会、意识形态和城市等，我觉得我们可以做一个有关智力的展览。首先是赵汀阳的漫画提供了一个引子，大家都集中起来，等于做一个智力竞赛，或者说做一个智力游戏。然后选择了七种现代经常使用的媒介，它们和传统媒介没有关系，油画和雕塑这些都被排斥在外。原来还包括服装，后来觉得服装也是一个传统的媒介，就放弃了。最后确定了现在的七种媒介，以赵汀阳这个图像作为引子，它实际上提供了一个开放的观念。艺术家可以针对图像原型进行创作，当然也可以不用那个原型。这是一个应该首先说明的展览概念。其次是展览的呈现方式，也就是它的物质形态和空间形态。那天我和汪建伟、赵汀阳聊了一下，这个展览对艺术家唯一的限制就是媒体，譬如说王广义、刘治治只能在广告这个媒体范围内做，而汪建伟只能做影像。至于展览的呈现形态，我想有两种可能性，一种是有传统展览空间，一种则有可能不需要，完全看大家的作品方案。这应该是一个有无限多可能性的展览。

赵汀阳是我很喜欢的那类哲学家，我读过他的很多书。我觉得他的很多观念和我的比较接近，比如他的"无立场"，这是他的一个很重要的思想。按我的理解，"无立场"就是把很多与价值、理论有关系的东西先悬置起来，在一个智力状态下来思维和做事，不被表面上的"意义"遮蔽人的智慧。他自己认为这个观念与老子的思想有关，我发现它也很接近佛学唯识论对智慧的看法。当然也不能简单地说这个观念反对作品意义，它追求的是一种"智力的意义状态"或"意义的悬置状态"，这倒是我们做当代艺术需要的东西。

既然是一个智力展览，关于展览的呈现，我们也不追求有意义的场所。我原来有一个想法，就是把展览弄到监狱或医院等边缘空间，但我后来马上就否定了，因为这种追求边缘空间的想法本身可能就是一种"意义限定"。我们现在开会的这个地方要是合适，

也可以作为展场，但也不一定。有没有必要在一个物理空间上呈现，这其实是可以讨论的。这个展览在空间上应该有无限的可能，譬如王波认为他的作品在网上呈现就行了，那么他就不需要展览的物理空间；王友身可能就在《北京青年报》上做整版，他完全可以按新闻的方式来做，所以也不需要物理空间；刘治治的作品可以直接出现在一个真正的广告位置上，通过广告的操作方式来实现，可能也不需要物理空间；汪建伟、朱加和小崔他们这些做影像的艺术家，也不一定在展场呈现作品；UNMASK小组还可以把他们的玩偶拿到商场去卖，商场也就变成了"展场"；吴山专还可以找一群人坐在上海或舟山开会，等等。如果方案不需要物理空间，展场也就没有必要了，这完全根据大家在8月15日提供的方案来决定。

人的智力类型不一样，譬如王广义和汪建伟就完全是不同类型的艺术家；另外，智力也有年龄段的差异。这个展览参展者的年龄跨度大概有三十年，包括从五十年代到八十年代出生的艺术家，那么这个智力状态可能又呈现出一种新的关系，所以我觉得可能会产生很多有趣的东西。

最后一个问题就是展览的文本。一般展览必须有招贴和画册，但这个展览没有限定，可能做，也可能不做；不有意去做，也不有意不做。还是根据 8 月 15 日的方案来确定。

下面请展览图像原型的作者赵汀阳谈谈。

赵汀阳：我主要是想解释一下，让大家别对哲学有什么担心和误会。现在我们接触到的哲学主要是一些假哲学，是关于文献的文献的文献，说的都是别人说了什么，已经忘记我们原来要想的是什么，要说的是什么。真正的哲学是直接而生猛的，这一点与艺术大概能够合得来。按我的理解，哲学最开始的时候是要做两件事情(特别是希腊哲学)：一件是要把所有人，包括自己在内，都整成傻子；另外一件就是把假的东西给整成真的东西。这不是笑话，希腊哲学家相信只有达到"自知无知"，真正的思想才能够开始。不仅诡辩论者，希腊绝大多数哲学家的理论多半都是诡辩，他们可能是想通过试验如何弄假成真，真正理解什么是真的。

上回在上海跟黄专聊，他在汪建伟策划的展览上做了一个发言，我这是第一次听到他讲艺术的"不可拒绝性"，这个概念实在太好了。其实这跟哲学的想法很接近，哲学试图寻找各种各样的"不可拒绝性"，不管是不可拒绝地成真还是不可拒绝地成假。柏拉图的老师苏格拉底，他是这样做事的：找出一个问题，然后通过可怕的智力比赛式的讨论，把大家，包括他自己在内，不可拒绝地证明成傻子。尽管这样的结果不是太令人满意，但这个充满智力竞赛的过程却有着不可拒绝的诱惑力。

另一个事情就是把假的不可拒绝地整成真的。在数学、逻辑等科学领域会有绝对真理，但是人文、社会、艺术、政治和伦理，所有我们统称为文化的东西，它们本质上都是假的东西，或者说本来是假的，但是我们必须把它给整成真的。有很多本来是假的东西，我们一定要让它特别有吸引力，让大家都相信，最后大家忍不住喜欢，这个时候就只好接受这个东西，而且把它实现为社会事实，那么它就变成真的了，我称之为"事后真理"（逻辑和科学的真理是事先真理）。我们不敢怀疑或者不好意思怀疑的各种价值和制度都有一个由假变真的过程。

有时候我也看展览，但我是一个旁观者，旁观者有旁观者的感觉。为什么有的作品一看就会喜欢，有的看了没有什么感觉？我觉得是因为有些作品做得太"糙"，没有精心制造出来的作品逻辑，没有非让人怎么想的力量就没有足够的诱惑力和欺骗性，或者是黄专说的那种"不可拒绝性"，我们就不会把它当真。不被当真，就是失败。

再说说哲学，希腊人心中有大疑问，然后大家讨论，最后证明说"你也不懂，我也不懂"，这是典型的希腊做法，不懂就对了，虽然不懂，但是至少把各种流俗的意见都搞成愚蠢之见，从而发现了真正的问题所在。为了达到这个颠覆各种意见的目的，希腊人不择手段地发明了各种智力竞赛。诡辩术是那时非常出名的方法。芝诺有个米粒悖论：一粒米落地无声，那么两粒也无声，显然，一个"无声"加一个"无声"还是无声，依此类推，最后一整袋米，扔下去也没声。这在物理上是错的，但在逻辑上是对的，如果只知其一不知其二，就犯傻了。

希腊时候，哲学是一种生活方式。阿里斯托芬的喜剧《云》拿苏格拉底的故事说明了哲学是多么愚蠢又有趣的生活方式。苏格拉底被描写成专门教让人变成傻子的技巧。有个老头，儿子不学好，整天吊儿郎当的，因此特着急，听说苏格拉底这个老师不错，就想让儿子去学学，儿子不愿意去，说跟他能学到什么呀，父亲说："听大家说呀，你学完之后就会知道你自己是怎样一个傻子。"儿子学完之后就更完了，因为他学会了所有东西都是可以质疑的。于是他提议说，我们应该讨论通过一条法律，使儿子可以打父亲，而且大有理由，如此等等。真实生活中哲学家也是有很多笑话的，有个希腊哲学家在战争中被俘了，俘虏是要当奴隶的，奴隶主挨个问："你们会干什么？谁会当木工，谁会当铁匠？"最后问到了哲学家，他说："你们这里需不需要管理者？"按今天的话说就是"你们缺不缺领导"。

现代的哲学家们，按照希腊的标准恐怕多半是不合格的。即使像海德格尔，经常怀念希腊人会"思"，认为现代人不会，但他自己未必合格，他说事情说得那么费劲，这本身就不像"思"。真正的"思"表现在问题是高难度的，而不是文字是晦涩的。

黄专：我们遇到的多是念论文的哲学家，自以为是的哲学家，苏格拉底应该是最牛的哲学家，因为他有勇气首先把自己说成傻子。

赵汀阳：苏格拉底是西方哲学的第一伟人。他怎么做呢？他到处晃悠，看哪个人装着好像很聪明，就跟那人聊：哎呀，我傻，什么都不明白，你跟我说说什么是什么吧。人们就会挨个事跟他解释，看法多多。苏格拉底一步一步引他入套，最后逼得人说："哎呀，苏格拉底，我实在没办法了，我承认我是傻子。"苏格拉底会说："我也是傻子。"《柏拉图对话录》中的很多辩论，讲的都是这种故事。

黄专：苏格拉底，我觉得实际上就是聊。另外他也传教，他传的是辩论术。后来他学生的学生亚里士多德把它搞成逻辑学了，把哲学弄成一种专门的学问。所以我觉得前哲学时期，哲学表述的主要工具是智力，而科学的哲学中，这种成分反倒稀少了。

赵汀阳：真正的逻辑学也是智力活动而不是知识。我有张画就是画逻辑学的一个成果：集合论悖论。罗素讲的故事，说有一个理发师，特有毛病，他一定要给自己定一个规矩，他的规矩是：凡是不给自己刮胡子的人，他才给刮。然后他就为所有人服务。可是最后他发现了一个问题：给不给自己刮胡子？如果给自己刮，那么他就属于给自己刮胡子的人，按照规则，就不应该给自己刮；可是如果不给自己刮，那就属于不给自己刮胡子的人，按照规则就得给自己刮。最后他不知道应该怎么着了。

这个悖论通俗讲是一个关于自相矛盾的问题，这在数学、逻辑和哲学中都是最有挑战性的问题，它涉及整个知识基础，如果解决不好，知识基础就要出事儿。这个问题到今天也没有完美地解决办法。在这幅画里我开了个玩笑，给出了一个不合理但是完美的解决。那个理发师拿一个剃刀去刮镜子里头的胡子。既然可以画饼充饥，那么问题也可以假装解决了。

黄专：我觉得赵汀阳这幅画在艺术界属于智力水平挺高的！哈哈！

我想简单解释一下我的"不可拒绝性"。我是在视觉接受理论意义上来使用这个词的，它指的是艺术品与它的受众之间的某种关系状态。传统接受理论只考虑作品与观者的关系，而且主要是指与它预设的主动阅读观者的关系，但即便只看观者，作品面对的其实也有大量被动的和无意识的观者，更何况艺术，尤其是当代艺术的被接受需要一个复杂的社会生态，包括批评家、艺术机构、展览机构、画廊、策划人、赞助人以及拍卖行等，它们与艺术品构成的往往不是理论上的"阅读关系"，而是各种利益与非利益、文化与非文化关系构成的复合结构。这些决定作品的设计应具有一种既符合逻辑又符合情理的开放状态，使其与受众始终保持一种相互"不可拒绝"的能动机制，因为只有在这种能动关系中，作品才有可能产生意义，通俗点说则是"生效"或"成功"。"不可拒绝性"既反对强权接受（如专制或各种教化艺术），也反对纯粹主观表达（如各种艺术表现主义）。"不可拒绝性"既需要思想智慧也需要世俗智慧，是"真谛"和"俗谛"的结合，因此，智慧对形成作品的"不可拒绝性"而言，既是方法论也是目的论。你们可以对当代艺术的作品做个检验，无论作者的立场如何，艺术品质量高都首先因为它具有某种程度的"不可拒绝性"。

汪建伟： 其实我觉得想说的都说了。黄专做这个展览的想法，是上回我在上海的那个展览时开始浮现的。他和赵汀阳聊完了以后，打电话来，说要做这个展览，我是从中国当代艺术的大背景下来理解他的这个想法的。中国当代艺术基本上处在两大焦虑背景下：一个是西方的焦虑，一个是意识形态的焦虑。其实很多展览都是这两种焦虑的产物。我觉得在好长一段时间内，中国艺术家不是通过他的作品，而是通过或真或假的文化、社会问题和逻辑被外界认识的。真正关心作品中智力因素的展览是很少见的。

黄专： 他们不需要这个东西。

汪建伟： 对！在这种情况下，我觉得应该回到艺术家个人在想什么和怎么做作品这个问题上来。

黄专： 智力状况！

汪建伟： 我觉得它有两个问题：第一，八十年代我们拼命地读书，二十多年过去以后，我们应该回过头来想一想，我们可以梳理一下这段历史。第二，我觉得这十几年，中国艺术家思考的都是西方、对抗之类的问题，很少回到艺术家自身。黄专要做这个展览，我觉得他是想从另外一个维度来改变这种状态，这也符合中国现在的多边情况。现在大家总有一个幻觉上的"敌人"，好像没了"敌人"，我们的艺术基本上就没有存在的理由了。

　　我们在上海谈过这个事情，我觉得我个人的作品也在朝这方面努力，就是手段不一样，就像黄专说的追求作品的"不可拒绝性"。我理解他刚才说的那两句话，首先，他认为智力有不同的类型，我们这个展览应该包容不同的智力类型；其次，不同年龄段有不同的智力状态。有时候我们感觉到，好像老了才有智慧，年轻只有活力，其实我觉得智慧有不同年龄层面的智慧，这也是我理解的这个展览关于智力的理念。

　　刚才黄专说他担心被误认为"哲学的展览"，我认为他是在寻找另外一种可能性，这个可能性包括以什么样的方式来做展览，艺术家怎样对待作品，以及作品如何呈现，我觉得是这个意思，他选择了这么一个题目，是一个关于可能性的展览，而不是一个关于哲学的展览。

黄专：赵汀阳有一本书叫《论可能生活》，我们这个展览可以叫"论可能艺术"。

汪建伟：我看过他的《论可能生活》和《没有世界观的世界》。他有两个观点特别有意思：一是他引用艾柯的话，认为任何一个事物的周围，都可能是部百科全书，也就是说，围绕着任何事物都会有若干个可能性。这个展览也是同样的，这也正是它有意思的地方。第二就是"无立场"。其实这两者之间是有关系的，如果你先验地有一个明确的立场，你就可能用你的知识系统为你的立场服务，这样的话，可能会导致另外一个更大的、很糟糕的一种权力出现。刚才为什么说智力呢？实际上苏格拉底的那个时代，智力就是展示自己，而不是围绕一个先设的价值、为某一个集团利益服务，或者围绕某一个目的表现自己，这就是"无立场"。

黄专：就是不为什么观念辩护。

汪建伟：其实我觉得这两者就是这样的，可能这就是吸引我的地方。

赵汀阳：把假的整成真的，听上去好像有点在开玩笑，但它的道理其实很严肃，在这种状态下可以探索人的智力极限，做智力的极限运动，就像黄专说的，必须在作品中形成一种"不可拒绝性"。

　　大家常提海德格尔和萨特，他们总是对"存在"或"在"这样"终极的"事情感到惊讶，连终极的事情都想，果然大胆，人们容易被这种大胆征服。可是终极的东西用得着想吗？它只能这样，不可能是别的样子，又有什么可想的呢？维特根斯坦曾经嘲笑这种平白无故的惊讶，他说，一个东西必须有至少两种以上的可能性，你才能感到惊讶。比如说它有可能存在，也有可能不存在，你才能说："我对这种可能性感到惊讶！"如果统共只有一种可能性，那你惊讶什么呀？他说："我们对这个世界的存在感到惊讶！"这就很傻了，因为这个世界肯定是存在的，你还能假装它不存在？除非你能把这个世界弄得不存在，那个时候你才有资格感到惊讶！所以，真的东西不见得都重要，有些真问题其实不靠谱。

福柯和德里达，尽管也是很有争议的哲学家，但他们的许多问题是比较靠谱的。福柯发现人们通过一些知识、权力和制度把某些人定义为"精神病"，假如我们换一种知识和制度，就可以把另一些人定义为"精神病"。到底谁是"精神病"，要看这个社会奉行什么样的知识和制度。有一天我碰到一个精神病医生，我问他："你能不能告诉我，你们到底是依据什么把某人定义为精神病的？"结果这个哥们儿有点犯难，他说还真

没想过这事。他想了半天，严肃地对我说："我们把'与众不同'的人看作精神病。"德里达也看破许多问题，例如他发现人们最喜欢说要宽容，但实际上不知道什么是宽容。如果你觉得一个人可以宽容，这种宽容就没有分量，因为这个人是你本来就可以宽容的，所以，所谓宽容，只能是去宽容一个"不可饶恕"的人，这才叫宽容。可是既然这个人是"不可饶恕"的，那么就不应该被宽容。宽容一个人这样简单的事情都可能会令人陷入困惑。哲学玩的不是心跳，而是走投无路。

黄专：你讲的这些道理说的就是我想做的事。我们看王广义、张晓刚和岳敏君的画，老是满足于把他们归于"政治波普"什么的，老是看其作品的意识形态立场、影响和文化意义这些东西，但没有谁去真正分析他们的智力类型。我想做的就是寻找他们成功背后的智力因素和类型。

赵汀阳：我是一个行外人，我不知道你们画得好到底到什么程度。为什么广义和晓刚如此成功？是不是在于他们把假的东西做成真的？那些"文革"背景、革命背景，本来有些假，但你们不断地画，而且画得特别

迷人，让人忍不住去回忆，不断地回忆就把假的变成真的了。

王广义：他刚才说得挺好的。我就是这么想的，我要不这么想的话，也没理由弄到现在。

黄专：昨天我去见德国联邦艺术基金会的人，我大概谈了一下我们这个展览。一说到这个展览，她们的第一反应就问有没有外国艺术家？我说："没有！我做的展览基本上都没有外国艺术家。"这也是一个状态。现在中国有很多艺术问题都是外国人编出来的，比如政治、城市、异国情调等，我说我对这些一点儿兴趣都没有。我要做的是把真的中国给你看，不是因为跟你类型不一样，而是我的智力比你高。所以我做这种展览的一个理念，就是比谁智力高，我不谈别的。有的中国人为了讨好外国人就装傻，美其名曰"反智"，结果装着装着，就真傻了。

赵汀阳：好多年前有一篇刘恒的小说，叫《四条汉子》，里头有个老实人，他老婆说他："你怎么那么傻啊？什么都不争，老他妈的让人骗！"他说："我那是装的！"他老婆说："我就怕你装过头就装不回来了。"

王鲁炎："把假的做成真的"是一种普遍的社会存在。我认为，如果由假变真的"假"是真假，那么由假变真的"真"则是假真。也就是说，当我们"把假的变成真的"时，也可以理解为把"真的变成假的"。把一个"真的假"改变成"假的真"，改变的并不是"真"与"假"的本质，而是判断"真"与"假"的立场，或者根本就不存在绝对意义上的"真"与"假"，"真"与"假"是不确定和意义相互转换的。"真"在某一时刻既是"真"又是"假"；"假"在某一时刻既是"假"又是"真"。因此，由"假"变"真"或由"真"变"假"，不过是我们对"真"与"假"的个人判断和选择。从这一意义上来说，"真"与"假"是一种因人而异的存在，是由不同真假标准决定的存在，是诱使我们经常做出错误选择和判断的存在。

王友身：开会之前，关于这个展览我们也聊了好多次。我想整个展览会有着丰富的可能性，包括主题、媒介、表述和呈现，因为每个人和每个方案都有各种可能。

黄专：我们那天开玩笑，说可以做些智力封杀游戏，譬如我对汪建伟说："汪建伟，你可以做一个十五秒的空白录像作品。"赵汀阳说:"你可以把阿里斯托芬的《云》做成录像作品。"他就说:"完了,完了,这两个方案都做不了了。"这就等于我们在封杀你的智能,通过封杀激活你的新的智能,这的确是一个很刺激的游戏。

那天小崔问我们:"这个展览到底是怎么一回事?"汪建伟说:"要做成一个很智慧又不能特意智慧的展览,不能做得太傻但又不能太聪明。"

崔岫闻: 要做成一个不是作品的作品,既不能太像作品,又不能不是作品,总之不能刻意。

汪建伟: 智慧总是一闪而过的!我的感觉是不能陷入问题——包括智慧。追求智慧只是一个过程,不能把它又变成一种意义。我们老是在说"无立场",其实那个"立场"不是政治、文化、社会之类的东西,而是某种经验状态。

刘治治: 其实所有的结果都是看的人给的。

汪建伟: 展览的呈现方式也是包括几个方面,作为艺术家来讲,整个呈现方式和呈现过程都是智力的活动。心理学上讲的"疼痛",有的时候好像可以通过文字传递,但你传递的只是"疼痛"这个语言,"疼痛"本身是不能传递的。智力也包括如何寻找到一个合适的传递途径。我们那天还谈到,如果按这种逻辑发展下去,也许这个展览最后就做不成了。

王广义: 我觉得主要是要有能力把你要说的说出来,或者把你要做的做出来,能够做出一半,或者三分之一就已经非常不容易了。你要真正有智慧,就必须像柏拉图那样保持"眺望"的状态,别把"眺望"扔了。那是最好的!

王友身: 这一定是个有意思的展览。相对个体智力呈现的艺术家,黄专及组委会成员一定会很难!如表述展览主题、呈现方式等,有可能是对你们过去一切展览经验的反拨,同时也在测试你们的智力状况,它的高下决定着展览的整体质量,因为这必定是个策展人的主题展览,有意思!

黄专: 我的任务是把这个事给扯起来,如何完成和呈现是大家的事。汪建伟说:"你必须考虑布展啊,大家作品拿来,你要考虑这个问题。"我肯定考虑这个问题,但我考虑的是场地、器材、作品空间关系等硬件问题，如何呈现靠你们自己。另外，这个展览还有一种可能性，就是不需要展场。

崔岫闻：其实我对于提供一个方案这件事情——

黄专：你都觉得很傻？

崔岫闻：嗯。

黄专：那你就是无政府主义了。

王广义：提供方案是一个下降的过程。

崔岫闻：其实我觉得那还不是一个下降的过程。

王广义：你要不下降，就没有一个上升的过程，这是一定的。

崔岫闻：完了你再做回去。

王广义：那是你内心的一个下降的过程！

黄专：你们觉得按常规展览操作的方式就是智力下降，我不这么认为！

王广义：不，这不是智力下降，我觉得这是必要的一个下降的过程。艺术就像很多东西一样，必须有一个媒介，没办法，这是必须的结果，这个结果导致你下降，让更多的人去看，这就行了。但你保证你能"眺望"，而又必须有一个实证，有一个"事实存在"。无论方案写得多傻，你想的东西很高就行。

黄专：大家也可以看看这个空间，如果大家觉得这个空间好，我们就在这里做。如果没有人需要展场，那么这个空间对我们来说也就没有意义了。对我而言，我的义务已经完成了。你要我给十台电视，我给你了，那我就干完了我的事。如果最后有一个傻子要高价收购展品，那也没办法，但收了以后他以五倍价格卖出去，他又不傻了。我觉得可能性是无限的，都可以"弄假成真"。

刘治治：我突然想起，有一次有一个人想鉴定另一个人是不是脑子有病，就问了好多问题，比如说什么（我不会记数字啊），一万三千六百七十四乘以二万四千五百二十二等于几？然后那人连想都不想就说："二百五十三！"问完了以后，那个人说："那我再问你一个问题吧！"另一个人就说："你问吧！"他说："有一栋楼，一共有六层，每层有四个窗户，顶上还有两个天窗，请问看楼的那个老太太是哪一年死的？"这个展览就有点像这个故事。

黄专：刘治治，你介绍一下你自己。

刘治治：我就是一个平面设计师，平时就是设计海报这些东西。

黄专：你原来是中央美术学院的？

刘治治：对。

黄专：你和UNMASK小组的年龄差不多吧？

刘治治：我比他们稍微大一两岁吧。

黄专：不同年龄段的智力状态是不一样的。我跟他们那一代并不熟，包括 UNMASK 小组，其实对于我来讲，也是首次这么来挑选艺术家。我原先做展览的习惯是完全不选不熟的艺术家，但这个展览要呈现更广泛的智力状态，所以我觉得应包括他们这一代，我觉得他们这一代是特别复杂的。复杂在哪里呢，他们接受的东西比我们多得多，受左右

的影响也同样多得多。另外，这个展览原先并没有考虑架上绘画，或者说没有传统媒介，但我还是希望晓刚、曾浩和老岳都能参加，不过不能做架上作品。

岳敏君：我觉得你们把架上绘画排斥在外是很傻的。

刘治治：我想问一个具体问题，就是我能用赵汀阳先生的那个形象吗？

黄专：毫无限制。可用，也可不用，一切自便。至于这个展览需不需要一个文本，我觉得大家这次聊得很好，就可以算是一个文本。

时间：2005 年 6 月 23 日
地点：OCAT 北京展区
主持：黄专
出席者：赵汀阳、汪建伟、王广义、王鲁炎、
王友身、崔岫闻、刘治治、岳敏君、
张晓刚、曾浩、乐正维
录音整理：方立华

注释：
[1]原文载《柏拉图和它的七种精灵》，非正式出版，2006 年。——编者注

文化翻译与文化误读[1]
—— 黄专与谷文达对话录

谷文达是中国当代最具代表性和影响力的海外艺术家之一。二十世纪八十年代，他是中国"八五现代艺术"运动的代表艺术家，其活动及作品以本土文化反省为主题，成为中国现代艺术的重要章节。九十年代他赴美国后创作了《联合国》等一大批以国际政治、文化为主题的作品，气势恢宏，蜚声海内外。《碑林—唐诗后著》是艺术家从1993年开始构思创作，至2005年在西安的碑林工作室完成的另一组大型装置作品，历时十二年。作品以50块中国传统碑石为媒材，以50首唐诗的中英对译文本为碑文内容，通过语言轮番转译过程的"不精确性"，论证文化间的"不可翻译性"，揭示当代人类文化全球化过程中的种种困境和问题，作品具有艺术家惯有的史诗性气质。《碑林—唐诗后著》完成后只在澳大利亚、美国和中国香港进行过零星展出，这组作品在OCAT的展出是其有史以来最大规模的展示，展览以"文化翻译"为题，展览期间还召开了同名主题的国际研讨会。

黄专：这个对话我想从对你作品的批评开始，因为批评和对批评的反驳往往最容易接近问题。我想从批评开始是个好习惯，而表扬嘛，一般人都不会反驳表扬，所以表扬一般都容易把问题给掩盖起来。《碑林—唐诗后著》（图1）的创作是从2000年开始的吧？

谷文达：你是说制作吧？实际制作过程还要更早。

黄专：观念形成的时间实际上与《联合国》（图2）差不多？

谷文达：是！

黄专：这两件作品在观念上有联系吗？

谷文达：有联系，但方向不同。

黄专：这是在网上的一篇文章，不知道你看过没有，题目叫《中国符号的劳动竞赛：徐冰与谷文达》，王南溟写的。

图1 《碑林—唐诗后著》在 OCAT 深圳馆展览现场，2005 年。图片由亚牛拍摄

图2 《联合国—人间》在新加坡国家大剧院展览现场，2002 年。图片由谷文达工作室提供

谷文达： 哦，我没看过。

黄专： 我刚才不是说从批评开始吗，我想就以这篇文章为线索。文章我看了一下（我也才知道有这么一篇文章），写作时间是 2004 年。文章首先明确认为海外艺术家最近几年的成就都是打"中国牌"的结果。徐冰说："我是中国人，当然打的是中国牌，干吗非要我去打别人的牌呢？"而你也表示应该打"中国牌"。王南溟认为中国海外艺术家这种贩卖本土历史和民俗符号，以获取西方接

纳的态度是一种"后殖民主义"心态。什么是"后殖民"呢？国内与海外批评家的认识似乎不一样。高名潞认为"殖民主义"强调的是殖民者压迫被殖民者，而"后殖民主义"实际上是强调两者的互动性。"后殖民主义"不应该是一个被批判的对象，国内对海外艺术家的批评是文不对题。王南溟则认为我们对西方后殖民主义的批判"远远没有深入，应该继续进行"，这里涉及对"后殖民"的理解问题。我理解的"后殖民"应该有两层含义：第一层是政治学意义上的，指十九世纪"殖民主义"结束后整个世界的现状和格局。东西方和南北方的关系不是原来那种简单的压迫和被压迫的关系，它变成了一种新型的既互相依托又互相对抗的关系；第二层是文化学意义上的，就是萨义德（Edward W. Said）所谓的第三世界的"文化抵抗"，这是一个文化学的概念。我想听听你的看法。

谷文达： 这里面有几个问题我想澄清一下。首先，传统"殖民主义"和"后殖民主义"最根本的区别是：前者是以土地占领的方式达到殖民统治的目的，后者则首先是一种意识形态的占领。货币的占领、语言的占领、宗教的占领，它是一种精神空间的占领而不

再是一种领土的占领，这是"后殖民主义"的特点。第二，我想澄清一下您讲的萨义德的理论。萨义德是一个中东本位主义者，他所讲的"东方主义"并不包括中国、日本和韩国，而是指西方人眼中的中东文化——伊斯兰世界的文化，所以他也有偏见。第三，中国大陆学者对海外——不光是艺术家——的批评，这个问题要客观地解释一下，两边都有问题。如果你从一种偏见出发看问题，你就会忌讳使用中国的文化符号，使问题简单化。其实使用中国符号也不光是海外的问题，张艺谋影片的成功是因为运用了中国的符号；中国艺术家使用毛泽东的形象，也主要是在中国大陆而不是在西方生活的艺术家。实际上这个现象不仅存在于海外，简单地称之"为迎合西方的口味"和猎奇心，这种批评容易失之表面。

黄专：我是否能这样理解你的话：关键在于使用这些符号的心态、立场和问题出发点。

谷文达：没错！采取什么样的立场和用什么样的方法很重要，关键是如何通过你自己设置的问题将中国符号消化、转化为个性的表达。譬如说"碑林"的翻译过程就完全是一个崭新的发言方式，尽管它有唐诗作为背景，但通过我的"翻译"，它最后变成一个新的东西，一个融入个体创造的崭新问题。所以如果你老是怀有被侵略者的心态，类似鸦片战争时中国人的那种心态，你就会老觉得自己是弱者，自己会被人利用。假如你有足够的自信，这些问题本来不应该成为问题，如果没有自信，它就会变成问题。

黄专：的确，一个美国人拍一部西部电影，他也可能拍得很异国情调，但我们不会觉得他是在讨好东方人。但我的问题是："迎合"和"有自信"的界限在哪里？

谷文达："自信心"不纯粹是一个文化现象，它首先还是一个经济、政治现象。一个国家的经济、政治强大到了一定程度，这个问题自然就不存在了。文化之间的交流和渗透必须以实力为前提，中国真的强大了，"中国符号"和"中国牌"就不是问题了，我们首先应该从心态上做到这一点。

黄专：我们接着您这个话题讲具体的作品，因为不谈具体作品很难说清楚这个问题。这几年国内对海外华人艺术家的批评声越来越高。我也注意到，有些的确是从艺术自身来探讨问题，但有些是心态问题；有些十分严肃，有些则失之简单粗暴。

谷文达：这方面我要解释一下。刚才你说这个谈话最好是从批评开始，我也认为这是一个好的角度。我一向认为我完成了作品的制作，实际上仅完成了作品的上半部分，我的作品的下半部分是在它被呈现在公共空间后，由观众来完成的。所以，任何观众对我的作品的反应都应是作品本身的一部分，批评家的论述、收藏家的收藏行为也都是我作品的一部分，由此，我的作品才算是近于完成。

黄专：好！那我就继续讲。王南溟的这篇文章，我认为还应该属于希望认真探讨问题的那类，至少他详细了解了你的所有重要作品，首先他谈到了你原来在旧金山、后来在"广州三年展"做过的那件作品，他说："谷文达的《文化婚礼》是1999年旧金山现代艺术馆和亚洲艺术博物馆联合举办的被谷文达称为探讨多元化的社会现象的作品。他认为所谓多元化莫过于生理上的混血，不同种族的通婚典礼是最本质、最典型并具象征意义的。"

谷文达：我的确认为生理是本质的，是第一自然；文化是我们的第二自然。

黄专：他提到："争论了一百年的中西文化问题，在我们的当代艺术家作品中演绎出了这样的仪式，这也是我们以往的文化学只关心如何区分中西文化的不同特点，而不在动态的文化中去研究文化的变异状况所导致的结果。所以理论上的落后直接导致了艺术家创作方法上的落后。"他认为你把这样的问题简化为"仪式"，这不是动态地理解文化的态度。这种受制于西方"东方主义"的思维方式，只能使艺术家采取中西两分相加这类的文化图解模式，它是离开了中国动态文化的"唐人街文化"，这种文化的特征就是给西方人说过去的中国故事。

谷文达：首先我有两点不清楚：第一，什么叫"动态"？他没做解释。第二，什么叫"唐人街文化"？第三，这件作品的创作过程并不是那么简单。这件作品有一个出发点：《纽约时报》有一篇很长的文章谈到成吉思汗，并且说在现在的世界人口中，十个人里面就有一个人有成吉思汗的基因，这是基因的扩张，基因扩张是强国扩张的一种方式。

黄专：的确，他的"汗国"是由他的几个儿子继承，并分布在欧亚大陆的。

谷文达：其实我当时思考的问题不仅仅是东西方的文化，而且包括中国文化在历史上的扩张。当时的扩张不光是文化的扩张，还有基因上的扩张。所以，那篇文章才引起了我的共鸣。我的那件作品就是针对这个问题做的，我不知道它是属于"动态的文化问题"还是"唐人街文化"，我不太理解。

黄专：针对海外华人艺术家的批评，我觉得还是一个互相交流、理解的问题。前几年没有这个问题，是因为交流不多，这几年交流多了，这个问题才出现，我觉得这也是件好事。下面再具体讲讲他对《碑林—唐诗后著》的批评。

他了解了很多《碑林—唐诗后著》的背景，包括你是怎么准备、怎么制作的，以及译本来源、展览计划等。他还是做过一些研究的。他认为这件作品跟徐冰在1991年做的作品《A，B，C...》有相似性，就是找中、英文翻译中的荒谬的地方。他对这两件作品有一个共同的评价：

当一种语言本身还能作为沟通和交流的时候，它被用于跨国交流，并在实际上使人们始终在做出一种辛苦的工作，就像将唐诗译成英文那样，有了不同民族语言之间的转译系统的深入展开，这种展开的过程肯定有着文化上的误读。但问题在于我们从哪些方面去重新检验它的误读状况，那是一个问题的所在和提出问题的由来，而不是将原本已经进入交流的那部分用一种造假字、伪字的方法让它回到不知可否的状况中去，以此下定误读的决心。谷文达将英译唐诗的读音用中文标示，而使其正常的英文阅读无法正常地展开，和徐冰的方法让原本足以能交流的部分也变得不能交流，这种"小淘气"的作风在我们的艺术家作品中一用再用，一发不可收拾，然后就越"小淘气"越无法去提示一个更有意义的观念。只是因为西方人对于中国文化的了解依然在做简单的"东方学"想象而不是动态文化的深入了解，所以他们就会对这种游戏感兴趣，以至于认为这种作品体现了中国文化和西方文化交流过程中的意义，而不知道如果真的要讨论文化交流并认为这是一个"问题"，那就应该是由更复杂的研究去体现，而不是这些"小淘气"的东西。

谷文达: 的确是不容易将十二年的"持久战"做出简洁扼要的陈述和解释。我要强调的是"误读"是根本性的创造，"基因"与"嫁接"是创造的根本，古今中外都是如此。尽可能避免或减少学科间、文化间、种族间、地域间和时间之间等的"误读"，也许是史学界、教育界所追求的"理想"。他在讲误读，而他对我作品的解释本身就是一种误读。我的整个翻译过程不是希望造成他所说的误读状态，相反，我是希望揭示这种翻译性误读中存在的启示性问题，让这个问题变得清晰可解：将意译的英语唐诗，音译为新的现代汉语诗歌，它同样是诗歌，是完全可以阅读的新意诗歌，跟误读没有关系。我这里想提出的问题是"文化翻译"有负面和正面两种功能，负面可能是误解，因为从一个文化到另一个文化，不可能存在百分之百的理解。但是，我想强调的是误读的平衡作用——误读也会创造出新的东西，比如意大利空心粉就是误读中国面的结果。所以误读是有创造

性的。

黄专: 你这件作品是积极地看待误读还是消极地看待误读？

谷文达: 我认为误读是当代文化中一个最重要的创造基因。你必须误读，必须是有目的的误读。

黄专: 主动误读！

谷文达: 不要认为我们不能完全翻译另外一种文化，不要因为害怕误读就放弃翻译，其实有意识地误读可以使误读变成一种创造性的基因。这是后现代、后殖民主义时代一个最重要的动因，整个当代文明就是用不同文化对老殖民主义文化不断误读产生的结果。从这个角度看我的这件作品是一种积极的误读。

黄专: 但是在你的文章中，你又提到"通过这种误读的翻译来表达文化交流的不可能性"，这是什么意思呢？

谷文达: 我说的误读包括两个方面：一是它可以造成某种程度的创造性——它有百分比，比如 50% 或 30%；二是不可交流性。《碑

林一唐诗后著》既强调了误读的创造性，又提示了翻译误读造成的文化困境。

黄专：他的批评里面还有一个问题：他认为中西交流中间的误读问题，只能通过真正意义上的学术研究来解决，不能通过《碑林一唐诗后著》这类视觉化的手段来解决。

谷文达：为什么要解决呢？为什么不能用另外一种方法解决和提示呢？视觉作品提示问题的能力，把误读作为一种积极的因素来再创造的能力，也许是任何研究无法替代的。

黄专：他对你的作品的积极评价来自你那件1993年在美国展出的作品《血之谜》（图3）。他是这么评论的：

> 谷文达的这件泛隐私的作品获得了一种艺术家的创造力和敏感度，而且是作为一名男艺术家强行介入女性领域的一次行为，并提示了性别之间的隐私保卫在女性中的现实状况，因为如果是一位女性艺术家做这件作品，那肯定是被作为女权作品而备受称颂。这也是在潜意识领域，性别资源不能共享的一个案例，也因此使谷文达的作品有了颠覆性。

图3 《血之谜》，1989—1992年创作于美国纽约，装置艺术，16个国家的60位妇女的亲笔声明、故事、诗歌以及她们的经血，以邮件方式邮寄给艺术家参与亚、澳、美、欧的巡回展。图片由谷文达工作室提供

但是他在积极评价你这件作品的同时又认为，你后来做的《联合国》反倒把你原来作品的含义削弱了。他是这么描述的：

> 谷文达用人发做作品的意义是将头发进行了一个泛种族的利用，就像他将女性月经血进行泛隐私化处理一样。只是当我们提到谷文达对人发材料的利用是什么遗传基因、克隆技术时，我们又可以知道谷文达真是一个不怕出洋相的艺术家——一个曾经想挑战西方也挑战中国的艺术家，已经转变成既想如何在西方被承认，也不想在中国情境中做一点颠覆性的工作。

他认为《联合国》并没有实现你挑战西方的愿望。

谷文达：他也许对《联合国》在世界获得的反响了解有限，《联合国》挑战了很多世界问题。这件作品的主题是直接针对文化霸权主义、种族主义的，在美国、以色列、波兰、瑞典都引起过强烈反响。我想稍微说一下《血之谜》在美国的反响，当时有一个美国大学教授找我要幻灯片，因为他在讲授女性主义艺术的课程，他以为我是女艺术家。这个课程讲完后他告诉我，这个课程很成功，这时候我才告诉他我是男性艺术家。所以说带着一种偏见去理解事物，就会出问题。

黄专：还有一个问题可能是你不太愿意回答的。在使用文字和文字的改造上，你这件作品和徐冰的《新英文》之间，在出发点、方法、结果和观念、思维上有什么差异？

谷文达：对英文进行这类翻译不是一个新东西，从中国与西方接触伊始就一直存在。中国在三四十年代已经有这个方法了，比如我在八十年代初开始创作的一系列伪字、错字、漏字与此类主题的大型水墨画，亦不是完全独创的无历史承继的。古人的伪字、假字早有存在，关键在于好的艺术是对现存文化的一个挑战。而我这件作品的出发点是方法论意义上的：唐诗来源于古代诗人的想象力，我的作品则是靠变意译为音译的方法来形成诗歌，它借助的是机械的"想象力"。

什么是"机械想象力"呢？就是通过设定一个音译的方法和规则来达到一种特殊的想象力。我想最重要的是，它使翻译过程由简单的语言问题转换为一个文化问题。一般翻译也会涉及音意同译，如可口可乐、麦当劳，但我的工作是想通过语言的翻译提示出一个文化问题，它通过颠覆古代诗歌的翻译过程使我们重新认识翻译问题。

黄专：从表面上看，能不能这样说，徐冰是以比较积极的态度来做中文和英文的嫁接，而你则是从消极的方面来揭示这两种嫁接的负面影响。

谷文达：我想回到刚才的那个问题。误解表面上是消极的，但通过误解来创造新的东西又是积极的，这个过程一定是有消极和积极两个方面，所以我想做一个平衡，但我这个诗歌最后的结果应该是积极的。后现代、后殖民主义时代的创造，一定是一个混合的结晶，因为纯粹基因已经是不可能的了。古代才有纯粹基因，譬如唐代的文化。

黄专：唐代也有外来基因。

谷文达：也有西域的东西。所以从这个角

度来说，永远没有一个纯粹基因，所以"误读"这个词本身就有问题，"误读"问题本身也许就不存在，你说哪一个是准确的阅读？基因就不是一个纯粹的基因，怎么可能有纯粹准确的阅读？

黄专：现在我们就谈一下对这一件作品的学术意义上的研究。我没想到"文化翻译"这个展览题目会引起文化界或者历史学界的一些反应。我跟巫鸿先生谈到"文化翻译"这个概念时，他说这个概念实际上文化学界讨论了很久，他推荐了刘禾，说她是专门研究中西文化比较的，建议以这个题目开一个文化界、艺术界共同参与的讨论会，我想这也许是你这件作品的一个没有预想到的延伸。"文化交流"和双向"文化翻译"的问题，近十年来才成为中国人关注的问题。十年前，我们也会谈文化交流，但那时主要是被动接受的问题。

谷文达：那时候还没有彻底开放，还没有形成一种不同文化交流的基础。那时中国的文化冲突主要是传统文化和当下文化之间的冲突。现在随着中国的强大，一种国家主义或者民族主义的情绪在扩张。中国人理解西方和西方人理解中国的方式都发生了变化。

黄专：你的有些作品引起了西方的争议或反感，那也是一种反应，它也可以改变西方人看中国的惯常思维。

谷文达：让西方人重新理解中国靠两个因素：一是作品中的中国思维方式；二是作品提出的问题。比如"经血"和"头发"，在东西方文化中具有完全不同的媒材意义，西方人看你的作品时首先会想到你的中国身份，他自然的反应是你是中国文化的代言人或布道士，是来向西方做宣传的。

黄专：他不会认为你是想与他平等讨论问题？

谷文达：所以作品除了有中国因素外，更重要的还是确定一个大家都关心的当代问题，超越狭隘的民族性问题，消除观看者的心理障碍，将问题由异域观看变成一个大家都必须关注的共同问题，只有这样才能让西方人感觉到你的问题对他的本位文化也是个挑战。

黄专：你认为这才是一个达到平等交流的方法？

图 4-1 《联合国—美国纪念碑》，1995 年创作于美国纽约，装置艺术，混合人种的发墙、发砖、发毯，展于纽约无名画廊。图片由谷文达工作室提供

图 4-2 《联合国—中国纪念碑：天坛》，1997—1998 年创作于美国纽约与中国上海，装置艺术，1586cm×610cm×396cm，以 18 个国家的 250 家理发店收集来的人发编织伪汉英文合并体，伪汉语、英语、印度语和阿拉伯语的发墙构成。装有电视荧光屏幕的桌椅是中国明代风格，展于美国纽约 PS1 现代美术馆。图片由谷文达工作室提供

图 4-3 《联合国—千禧年的巴比伦塔》，1998—1999 年创作于美国纽约，装置艺术，以 18 个国家的 350 家理发店收集来的人发编织伪汉英文合并体，伪汉语、英语、印度语和阿拉伯语的发墙构成，2287cm（高）×1037cm（直径），展于旧金山现代艺术博物馆。图片由谷文达工作室提供

谷文达：很重要的方法之一。一个中国艺术家仅仅运用中国符号作为投机策略，永远不可能获得真正意义上的成功和认可，只有包容了中国和西方共同的当代问题，才有可能挑战中国也挑战西方。

黄专：这是你的目标？

谷文达：这是我的目标。我想至今为止，没

有一件作品能像《联合国》（图 4）这样包容这么多的文化和这么多的人种。现在世界各地已有三百多万人包含在我的作品里面，我想这是前所未有的。中国艺术家在海外有三种选择：第一，纯粹成为中国文化代言人；第二，放弃自己，完全西化；第三，做两种文化之间的交流。我想超越这三种选择，《联合国》做到了这一点，不光是两种文化的交流，我把所有的文化都包含在作品里边；而且不仅是文化，也把所有人种都包容在里面了。这实际上是我的一个野心。所以我做《联合国》，只有一个是做我自己，那就是它的中国部分，其他都不是中国。

黄专：你在联合国实现了吗？原来打算在联合国做吗？

谷文达：我不在联合国做，因为联合国是个政治机构。很多人都问，我的《联合国》

是不是得到联合国组织的资助？其实这件作品跟联合国那个机构没有任何关系，所以这件作品也没有受联合国政治上的制约。做这件作品是一个漫长的过程，而且一直是开放性的，因为世界一直在变。我举一个例子，1999年我做了一件有所有国家国旗的作品，现在又增加了好几个，因此它也一直在变，根据世界政治、文化的版图而变。作品的最后结果应该是一个庆典，当然，这个庆典与人类命运的现实是背道而驰的，现实是分裂的，而《联合国》幻想的是世界大同，因此它只能是一种理想主义，一种乌托邦。

黄专：谈到你这件作品，我就想起国内一位学者的观点，他叫赵汀阳，也是我的一位很好的朋友。我看你的作品和他的著作之间有某种共鸣，当然这种理解不一定正确。他研究的领域很广，有一个领域是政治哲学，最近他写了一本书叫《天下体系》，基本理论是西方人思考世界的方式和中国人思考世界的方式是不一样的。西方思考世界是以国家为单位，像美国这种国家，好像在推崇一种"普世价值"，但它的所有行为都以国家利益为前提。从历史上看，西方政治学几乎从来没有思考过超越国家的世界模式，马克

思可能有这么一种想象，但并没有一个完整的蓝图；康德曾经设想过的世界也只是一个类似联邦国家的东西。

谷文达：柏拉图也讲过"理想国"。

黄专："理想国"，对！但是这些都没有一个具体的方案。他说现在世界的格局都是由这种以国家为单位的模式构成的。欧盟希望创造一个地区性的超越国家的模式，但实际上从政治经济单位来讲，还是以国家为主体。他也提到"联合国"，他说联合国表面上来讲好像是为全人类设计的一个机构，但骨子里还是以国家为单位的世界性组织（organization），而不是世界性制度（institution），所以它不可能从政治结构上超越国家这个概念。他认为中国人在先秦时形成了一种叫"天下"的观念，只有这种观念的某些因子可能可以用来思考超越国家性的世界体系。你的《联合国》中包含了对这类问题的思考吗？

谷文达：我思考过。

黄专：一个超越国家的文化模式？

谷文达：能够超越文化？

黄专：超越国家！

谷文达：不可能，只有等到人类消亡前夕，在灭顶之灾来临时，他们才可能聚集起来。除此之外是不可能的。联合国实际上是英联邦的发展，英联邦实际上是一个工具，一个武器，一个统治被占领国的武器。联合国是罗斯福创造的，他当时的目的只有一个，就是通过联合国来控制世界。"联合国"是一个美妙而虚幻的光环，本质上是西方文明支配世界的工具。

黄专：你为什么要使用这个概念？

谷文达：刚才讲了，我的《联合国》只是一个乌托邦，因为我知道现实和它是完全相反的。联合国的大同，哪一天实现呢？只有在人类行将毁灭的那一天。

黄专：你这个乌托邦有没有中国文化的影响？你是一个中国传统修养很深的人。

谷文达：如果有可能是无意识的、潜在的，我自己都无法把它清理出来。但有一点我可以很清楚地说：实际上我的《联合国》，也是我的"野心"，就是作为一个中国人用自己的文化去理解其他文化、占领其他文化，

这是我比较诚实的回答。我在意大利做这件作品时，意大利艺术家就说："这件作品应该是由意大利艺术家来做，而不应是由你来做。"用意大利人的头发，用意大利的文化，却由中国人做出来，意大利人通过我理解了自己的文化，尽管也许是"误读"。所以很多美国评论家认为这件作品实际上是一种文化沙文主义，它也是一种"侵略"——通过文化占领文化，我就是这个意思。

黄专：国内批评界对海外艺术家还有一个批评：你们的作品不关心中国本土具体的政治、社会问题，总是喜欢围绕那些宏大的文化叙事。

谷文达：美国人也问过我同样的问题："为什么你的作品里不再批评中国了呢？"我在中国时的作品，就是以批评当时中国的文化专制为主题的，我的回答很简单："我生活在美国，我对中国现实的体验已是间接的了，我直接体验到的当然首先是美国的政治问题，或者多元化的文化问题。"你明白我的意思吗？说我们只关心宏大问题，关心人类的终结问题，这是因为我们生活的基点已经不是在一个固定的地方了。一直在移动，使

我们无形中有一个宏观和运动的角度，这就是霍米·巴巴（Homi K. Bhabha）说的"第三空间"。我们这些人不生活在一个具体的地方，在这里待两个月，在那里待两个月，最后形成了一种浏览性的文化视野，这是一种客观的现实。

黄专：记得萨义德说过："大多数人只知道一个文化、一个环境、一个家，流亡者至少知道两个。这种多重视野使他产生一种知觉……它是游牧的、去中心的（decentered）、对位的（contrapuntal）。但每当习惯了这种生活，它撼动的力量就会再度爆发出来。"我想我们对海外中国艺术家的了解也许也应该有一个更开阔的视野！

最后，我想说对《碑林—唐诗后著》这件作品的另一种感觉，可能是一个玩笑性的幻想：如果二千年后的人见到这件作品会做何感想？我们现在去发掘考订二千年前的东西，甲骨文也好，青铜器铭文也好，我们会有一个心理前提，我们认定那一定是当时人生活和观念的真实记录，不管是宗教的、神话的，还是战争的、军事的，这是考古学的一个基本前提，如果没有这个前提，考古学的合法性就不存在了。六朝丹阳陵墓有一个华表，它有很多碑刻都是反字，为什么是反字？史学界做了很多解释，马衡、卫聚贤，到现在的巫鸿都对其进行过解释。有的认为完全是技术原因，当时的拓印技术不发达，所以人们都是浅拓印，就是浅表拓印，拓印以后就看拓印的这一面，就像我们现在的版画一样，不像唐代的拓印可以直接拓印在正面。另一种解释是与当时人的观念有关：碑文是给阴间的人看的，所以必须反刻，这些解释我们觉得都有合理性。

当代艺术大多采用易逝材料：像博伊斯的油脂，奎因（Marc Quinn）的血浆，而你的《碑林—唐诗后著》采用的则是永恒性材料，用中英对译和你自创结体的书法来制造这么一个我觉得有点荒诞的实体，它记录的不是一个真实的事件，一种普遍现实使用过的观念，更不是一种真实使用过的文字，它只是某种个体观念的产物。说得更玩笑一点，它只不过是我们这个所谓"观念主义"时代的一种"胡闹"。设想一下，如果两千年以后，所有关于这个时代的文本记录都不慎消失，而你的"碑林"肯定仍然长存于世，后来的人们该怎样解读你的"文化翻译"或"文化误读"呢？他们会不会真的将"谷氏楷典"

155

视为一种使用过的文字进行考证呢？历史也许永远都是真实与荒诞的混合体。这虽然是个玩笑，但我还是想问，你有没有考虑过这个问题？

谷文达：中国历史上的石碑实际上就是一部文化史，加上这组"碑林"，它的历史会变得更加特殊。为什么不这样想呢：它记录的就是在二十世纪、二十一世纪实实在在发生过的文化冲突事件！

时间：2005 年 11 月 10 日
地点：深圳 OCAT 展厅
对话人：黄专、谷文达
录音整理：方立华

注释：

[1]对话应《美术研究》之邀进行，收录本文编时有所修订。原文载《美术研究》，2006 年第 1 期；黄专，《艺术世界中的思想与行动》，北京：北京大学出版社，2010 年，第 232—243 页。——编者注

走出集体主义的民主幻想[1]

刘礼宾：看你的简历知道你在 1982 年毕业于华中师范大学历史系，你的专业和美术领域有一定的距离，是怎样的机缘使你接触到了当代艺术？

黄专：我从小就喜欢画画，大学毕业分配到山区教书，那几年基本上是封闭状态，唯一可以交流的是诗人王家新。王家新是武汉大学中文系毕业的，上大学的时候是一个风云人物，毕业分配时由于种种原因和我分到了同一所学校教书。他后来调到了北京，在《诗刊》杂志社工作。和他的交流使我对现代艺术有了一定的认识。1984 年前后我认识了皮道坚老师，这给我提供了接触当代艺术的一个契机。当时我想考研究生，通过皮道坚先生的介绍，我考取了阮璞先生的研究生。

刘礼宾：这样说来，"八五美术新潮"这段时间你在武汉，阮璞先生的研究方向是中国古代美术史，你对当代艺术的兴趣是怎么培养起来的？

黄专："八五美术新潮"我只是参与者、旁观者，没有资格评价它。"八五"本身不是一种很规范的称呼，"八五"的下限是 1989年的"中国现代艺术展"，那么它的上限是什么？其实 1979 年的"星星画会"应该是中国现代艺术的发端，而"八五"只是它在逻辑上的延续。

1983 年前后，周韶华先生把彭德调到了湖北省文联，让他组织创办一本刊物——《美术思潮》。皮道坚先生把我推荐给彭德，《美术思潮》的最初编写我参与了，皮道坚和彭德是主编。1984 年《美术思潮》第一期试刊，那一期是严善錞编的，我作为"责任编辑"出现，这样我就和当代艺术有了关系。

刘礼宾：把"思潮"作为刊名就是一个很有意思的现象。

黄专：周韶华先生主持文联工作，起了很大作用，在意识上他有自己的独特贡献。周先生在湖北制造了一种气氛，把一些人组织起来，使当时的湖北与众不同，而且比较偏重于理论。当时湖北的活跃不局限于美术领域，哲学和诗歌领域也很活跃。当时形成了一个小圈子，大家互相沟通。现在来看，沟通的层次不是很高，但是那种关系很融洽。

另外，彭德坚持要建立一种新型的文化形式，所以要破除很多东西。当时的理论很多：从启蒙主义到黑格尔主义，再到后来的非理性主义，比如尼采哲学。彭德本人偏重理论，《美术思潮》试刊的时候就涉及了"三论"（信息论、系统论、控制论一类的理论），其实当时的思想是比较杂的。在当时的条件下，可以用作"武器"的理论都会被拿过来用，目的就是革命——把中国看成一个整体对象，不管是传统文化，还是当时文化内部的一些现象，还有一些现实压力，都是我们革命的对象，我们把它们视为一体。"敌人"其实很虚幻，当时简单地认为美术界之所以出现现代的专制主义是因为有传统的专制主义，现在看来这种想法有些简单了。

刘礼宾：《美术思潮》是"八五美术新潮"时期的"两刊一报"之一，开始编辑工作的时候是怎样一种思路？

黄专：其实当时没有严格意义上的目标。我上大学的时候，中国文化就在经历着一种启蒙性的变革，我们的根本出发点就是剔除旧的专制文化，至于要建立什么东西大家都不

清楚。具体到当时的美术领域来讲，有"星星画会"这个基础，1984年前后各地都有新的思潮，《中国美术报》《江苏画刊》《美术思潮》合称为"两刊一报"，其实它们之间没有太多的联系。《中国美术报》比较偏重于"运动"的报道，《江苏画刊》比较平衡一些，《美术思潮》想在理论上有所建设。

刘礼宾：具体到当时的实际工作环境，又是怎样一种情况？

黄专：很辛苦，经费也不多，每一期的编辑费只有三十块钱。我们找到一家很小的地方印刷厂，那里印刷费比较便宜。因为我们这个杂志赚不到什么钱，工人都不愿意加班，我们就用自己的钱请他们吃面。老板喜欢艺术，为了取得他的支持，我们给老板挂了一个"责任编辑"的名字。那时候大家有一股热情，就是很简单的一种想法。

刘礼宾：除你们几人外，参与《美术思潮》编辑的理论家还有哪些？

黄专：有几批人。我和严善錞属于第一批，后来祝斌、李松也调过来了。外地来的人也很多，栗宪庭参与过，邵宏和杨小彦也参与过。彭德有一个优点，他的思想很开放，经

常请外面搞理论的来编辑《美术思潮》。可惜的是，1987年这个杂志不得不停掉了，一个原因是环境压力，另一个是经费问题。另外就是在文联内部做这件事情压力很大。要了解当时湖北美术界的情况，有三个人最有发言权，那就是周韶华、皮道坚、彭德。我当时的状态类似你现在，就是帮他们做一些具体工作，但是在那段时期，我的思想也出现了变化。

刘礼宾：能具体讲一下这种变化吗？

黄专：1986年前后我有一个转变，这种转变和我结识范景中有关系。我大学毕业就认识了严善錞，我俩一直保持着一种阅读上、研究上的合作关系。我记得当时我读的书很乱，康德的书也读，柏格森的书也读。我通过严善錞认识了范景中，他那个时候正在做引进外国美术史研究方法的工作，认识范景中使我看到了一种新的民主思想。

刘礼宾：你说范景中使你看到了一种新的民主思想，也就是说，你在此前坚持的是另一种"民主"思想吗？

黄专：在此之前，我认为通过引入一种新的文化，冲击旧有文化就可以达到民主，但是我逐渐发现这种想法太简单了，新的文化也可能导致专制。当时中国现代艺术理论界和美术界的一些现象不容乐观，我甚至有些厌倦。

刘礼宾：你见到了什么现象？意识到了什么问题？

黄专：当时的条件下，就当代艺术来讲，已经分成了南北两部分，北方有"北方艺术群体"，比如王广义、舒群、刘彦等一批人。南方又分为两部分，一部分是杭州的张培力他们创建的"池社"，另一部分是厦门的黄永砯。但是无论南方北方，还是"大文化""理性主义""时代精神"等一些词汇笼罩着中国美术界。

刚开始的时候大家可能有一个共同目标，后来变得"山头"林立。"北方艺术群体"表现得较为明显，他们当时提到了"反对形式主义"，鼓吹"内容决定形式""大精神"，鼓吹用一种"形而上的东西"替代一切，在革命初期来看，这好像是一个很糊弄人的目标。后来发现了很多问题，其实和当代艺术的目标是相违背的。因为他们提倡的东西并不能解决根本问题，仍然是一种很整体的东西，这样只能用一种新的专制主义替代旧的专制主义。当时美术界还有一个理论来源是李泽厚的《美的历程》，他的"积淀说"也是一种很完整的黑格尔理论模式。当时还有一种感觉，就是理论、运动都过于浮躁。

刘礼宾：采访之前我刚好看到你的一篇文章《中国现代美术的两难》。你在这篇文章里面集中阐释了对当时美术界的批评。"我称为现代美术的形而上学倾向有这样一些基本特征：首先，它认定艺术的本体意义在于它传达的是某种属于人类的、永恒超验的文化精神——这种精神是绝对的理性力量还是某种来自我们自身的'生命力'的冲动，抑或是与我们民族'本土精神'紧密相连的'灵性'并不特别重要——重要的是，这种精神总是由每个时代中少数走在历史前列的贤哲所代表显现的。美术的病态和衰落反映了我们民族时代精神力量的衰落。因此，美术的现实使命和崇高目标是高扬人类的理性精神，这种使命从根本上讲是哲学（形而上学）的而不是艺术的……不能帮助我们达到这个目标，相反只能妨碍它的实现，所以，我们至少应当避开对艺术的'纯语言'或'纯形式'的探究。我想借用波普尔批判历史决定论时使用过的两个名词，把上面的

表述概括为'艺术的整体主义'和'艺术的本质主义'。"你的整篇文章都运用波普尔的哲学理论来阐释你的批评，矛头直接指向了当时美术界的"理性主义"。

黄专：1989年高名潞把这篇文章发表在《美术》杂志上，而且发在了很重要的位置上，他在理论上表现出了包容性，因为我所说的一些问题正是他在倡导的。

记得一位哲人说过一句话："人的生日大家都记得，但是人思想的生日很少有人记得。"我很清楚地记得我思想的生日。1988年我到杭州开一个会，当时范景中送给每人一本小册子，介绍波普尔的《开放社会之父》，我又买了一本《历史决定论的贫困》，在飞机上读完了。读完以后我恍然大悟。当时我有一个"结"：我参与当代艺术，可是我为什么要参与？我看到的理论家、艺术家都雄心勃勃，但都很封闭。我当时感觉不可思议，我们不是要"民主""自由""平等"吗？不管后来我怎么看波普尔，我在当时确实受到了震动。我感觉到不可以抽象地看历史，必须进到历史里面去，通过个案研究才能明白历史到底是一种什么东西，通过历史研究建立的历史感和一种抽象的历史感是

不一样的。

当时我在杭州和杨小彦、邵宏等人有几次碰面，那时候达成了一种共识，要建立一种批判性的、分析性的理论体系。其理论基础来自波普尔，美术史则表现为贡布里希的美术史方法，有些人说我们是"贡派"，那时候思想就比较清晰了。从那个时代开始到现在，我的当代艺术的理论基础基本上没有大的变化，《中国现代美术的两难》其实是当时思考的一个总结。

刘礼宾：这里面蕴含着你所说的新的民主思想？

黄专：波普尔在他的书中讲得很明确，那种"整体主义"只能导致历史决定论——人可以认识历史规律，设定历史规律，设定历史目标，这个历史目标是一些先知领导人民来实现，这最终必然导致专制主义。在当时的美术界，这种现象非常明显。八十年代有两种思想潮流，一种是黑格尔式的理性主义和柏格森式的非理性主义，另外一种是解构主义等一类后现代的思潮。我们的主张介于两者之间，针对解构主义，我们强调历史的客观性；针对历史决定论，我们强调"试错"理论，强调历史不可能有它的目标，我们强调历史的"或然性"。我们承认历史是进步的，但是我们不相信历史有先验的规律。

刘礼宾：我在采访的时候曾经从三个角度接触到对集权思想的批判，你从理论上反对"本质主义"和"理性主义"，有的艺术家从地域讲对"北京中心"的不适应，有的艺术家直接指出，北京当代艺术的领导人当了领袖以后，也会是非常独裁的！

黄专：这种理论只会导致专制，不会导致民主。他们只能导致"皇朝"更替，而不是民主，不会导致一种新文化形态出现。启蒙时代可以使用两种武器：一种类似法国的斗争模式，用武力和直接的社会对抗解决问题。还有一种就是利用"集权主义"和"整体主义"的思想，这种思想来自德国哲学。如果没有波普尔的话，或许我也会觉得"集体主义"和"整体主义"是一种很有用的东西，我也会认为只有"改朝换代"才会有民主。

刘礼宾：可以具体谈一下范景中对你们的影响吗？

黄专：思想上对我影响最大的一个人就是范景中。他是一个非常开放的人，对于名利场的东西他比较厌恶，也从来不承认他参与过"八五美术新潮"，其实他的思想通过我们折射到了"八五美术新潮"之中。他总是劝我们说：名利场诱惑太大了，会使我们放弃很多有价值的东西。我们有的听了，有的没有听，当然这是一个个人选择的问题。从人格上讲，可以使我起敬的人就是范景中。

刘礼宾：八十年代后期有一个非常重要的命题是"哲学与艺术"的关系问题，你在最近的一篇文章中提到，八十年代，艺术成为社会学的工具。你如何看待用"运动"来界定"八五"？

黄专：哲学其实也变成了社会学的工具。用"运动"界定"八五"本身就是一个很革命的想法，起初这也是我参与当代艺术的一个动因，但是后来我发现，"革命"是不对的。我后来喜欢波普尔所说的渐进式的改革，反对革命。其实波普尔是揭露专制制度最深刻的一位哲学家，他尽管是位物理学家，但是他的哲学理念完全没有过时，很多西方社会的模式都是按照他的模式建构的。那时候我们的呼声很小，影响不了什么，但是从内心来讲，我们强调任何人都不要以掌握历史规律自居。当时我们认为民主社会的敌人就是各种类型的集体主义、本质主义和"革命思想"。波普尔曾经说过一段十分精彩的话："所有革命都是要人牺牲的。但是任何理论只要要人牺牲，它就可能是一种坏理论。"其实这种思想在当时是很难被人接受的。

刘礼宾：在地域关系上有没有感觉湖北是"地方"而北京是"中心"？

黄专：北京是中心，当时确实有这种感觉，北京的几个大腕确实如雷贯耳。我和他们在价值观上有一致性，我也一直关注当时的活动。但是从心态上讲，我从来没有感觉自己是"八五美术新潮"的一员。到现在为止，我还认为栗宪庭是一位很完整的人，他的身上没有很多分裂的东西。他对艺术作品的感觉，他的理论风格我都很欣赏。当时《中国美术报》发表了我和栗宪庭的一段对话，这段对话挺有意思，体现了两种思想的交锋。栗宪庭坚持"大文化精神"，我提倡"分析主义"。

刘礼宾：值得注意的是，你这段时间还一直坚持对中国古代美术史的研究，并在1993年出版了《文人画的趣味、图式与价值》一书（黄专、严善錞著，上海书画出版社，1993年12月第1版）。

黄专：文艺复兴时期就有两种人文主义：一种是沉思默想的，一种是积极进取的。在我身上，这两种东西都在发挥作用。当时我们生硬地运用了"情景理论"分析文人画，走出了一条新路，现在看来，研究基础还是比较薄弱的。当时潘公凯也比较欣赏我们的研究，鼓励我们做潘天寿的研究。在那种情景下，心态比较矛盾：一方面我们想进入历史，学一些真正的本领；另一方面，我们觉得当时的文化启蒙还有一些问题。我们的工作好像是分裂的，但还是有联系，在精神指向上有关系。总体来讲，和范景中的理论影响有密切关系。有了分析能力才可能批判，才可以自由穿梭于各个领域。八十年代对我来讲就是一个思想训练、分析训练的过程。

刘礼宾：八十年代你编辑《美术思潮》，从理论上接触当代艺术。1989 年你参观了"中国现代艺术展"，看到了真正的作品，那是怎样一种感觉？

黄专：那些作品我已经比较熟了，编杂志的时候已经接触到一些，但真正见过的作品不多。我当时感觉最好的是展厅二楼的作品，那些作品比较出色，艺术语言、想法都比较成熟。比如王广义、丁方、耿建翌的作品，

徐冰的《天书》、方力钧的素描都在二楼。三楼全是水墨作品，感觉就比较弱。

展览开幕之前开了一个会，会议开得很有戏剧性。高名潞主持会议，与会人员争论得很激烈。我当时提出了一个问题："一位艺术家能不能既做文化斗士，又做艺术家？"我怀疑建构在某种思想体系中的艺术。

展览的场面很混乱。会议中间冲进来一位"剑客"，头上扎着绿头巾，拿着剑挥来挥去，说这是一个很封闭的展览。肖鲁开枪的时候我也在，当时感觉一楼就是在制造事件，好像是有预谋的，气氛很紧张，总觉得早晚会出事。当时我也知道，艺术在中国发展到那个阶段，也只能那么做。

刘礼宾：参加那个展览你最大的收获是什么？

黄专：通过参观 1989 年的"中国现代艺术展"，我认识并结交了一些艺术家，和艺术家建立一种关系，这很重要，并且那种感情不是建立在利益关系上的。我们各地来的人都住在中央美术学院地下室，我记得我与黄永砯、张培力、王广义、舒群等人的见面应该都是在那个时候。那时候只要是搞当代艺术的，就是同志，没有敌人。尽管那是一个

草率的时代，但是有很多实在的东西是有意义的。

刘礼宾：1989 年之后，王广义到了武汉，和你接触比较多，他的"波普"转向和你的理论主张有联系吗？采访他的时候，他曾提到他读到了贡布里希的书，看到了"图式修正"这个概念。

黄专：他的转变确实发生在湖北，但是具体影响很难讲。武汉本来就是一个人来人往的地方，可以结交很多朋友，彼此会相互影响。王广义来到武汉以后和艺术家的交流不是太多，只是和我与严善錞、魏光庆的交往比较多，很谈得来。湖北艺术家是比较注重技术的，他们的波普也是一种很技术的"波普"，他们当时为什么选择"波普"，和王广义是一种什么关系，现在大家都避而不谈，我想相互之间应该有影响。其实我觉得中国的"政治波普"是对"波普尔主义"的一种"变种"理解。

刘礼宾："政治波普"艺术家也使用了"历史分析"的方法。

黄专：有些人认为创造一种符号就可以创造一种新的历史。我认为任何历史符号都是具体历史情境的产物，是人为设定的产物，其实没有历史必然性。"波普艺术"在中国是一个怪胎，它起的作用和在西方所起的作用完全不同，在中国，波普艺术变成了一种解构的东西，成为进行历史批判的东西。

八十年代，劳森伯格在中国美术馆举办了一个展览，但是当时我们对展览的理解是错误的，所有的解释都和艺术家的本意相反——不把他的作品理解为"波普艺术"，而是理解为一种"反抗的艺术"。中国观众觉得把一堆垃圾放到中国美术馆很开心，从达达主义、无政府的角度去理解劳森伯格的艺术作品。我看了那个展览，感觉没有那么简单，我集中读了一些关于波普艺术的文章。我在当时提出，中国如果真正要消解和反抗什么东西，必须从消解"意义"开始，反意义和消除意义本身也是一种意义。那篇文章叫《波普的启示》，发表在 1985 年的《美术思潮》上，这应该是国内最早谈论"波普艺术"的理论文章。

刘礼宾：1992 年你参与了"广州·首届九十年代艺术双年展"的策划，为什么想到用商业运作的模式来组织一个展览呢？

黄专：1990 年的时候我就到了广州。当时美术界很消沉，美术活动基本没有，许多美术杂志都消失了，许多艺术家、批评家出国了，基本上没有什么活动空间。运动过后我倒是很平静，因为那个运动本来就和我关系不紧密。后来我对那场运动开始厌恶。那几年表面看来很平静，其实私下还是有很多活动的，比如王广义当时已经开始画《大批判》系列，他已经开始尝试着面对商品社会，我也开始接触一些不同信息。我当时就想：可能商业可以使艺术活动合法化。

刘礼宾：为什么想到商业呢？和大的社会环境有一定的关系吗？

黄专：那个展览是吕澎发起的，他来广州找我商量，当时我的想法也正经历一种转变，一种价值上的转变，感觉纯粹用"运动"来推动历史发展是不可能的。八十年代接触国外艺术家的作品全是靠画册，连他们属于哪一流派都不知道，更不懂西方艺术世界的社会运作模式。后来慢慢了解了一些信息，通过这些信息，我认识到西方是一个很商业化的社会，有基金会、画廊、美术馆等一些机构。为给这个展览造舆论，我们还编了一本杂志《艺术·市场》，我写了一篇文章叫《谁来赞助历史》，现在看来都是些一厢情愿的幻觉。

"广州双年展"是由两种幻觉组成的，一种是市场幻觉，一种是批评家、策划人可以左右市场的幻觉。其实策展人没有那么大的权力，当时也根本没有艺术市场，其实就是忽悠了几个老板，但是确实是第一次调动社会力量，至少调动了几个收藏家和老板。

时间：2005 年 12 月

地点：北京

采访人：刘礼宾

录音整理：刘礼宾

注释：

[1]原文载《艺术世界》，2006 年 2 月号。——编者注

先锋城市需要先锋艺术 [1]

问题：这次展览名为"亚洲交通"，作为深圳站的策展人，您如何诠释这个概念？

黄专：这是要在全球化的趋势下，通过亚洲国家的交流，寻找亚洲人的共性。通过巡回展的新鲜形式，在澳大利亚、新加坡、中国、韩国、泰国、日本等国家展出，达到交流和了解的目的。

问题：在经济全球化的背景下，很多人都在反对文化的全球化。在您看来，亚洲艺术在全球化中的位置是怎样的？

黄专：经济全球化并非意味着文化全球化。亚洲在世界几大洲里，文化是最复杂的。亚洲经济政治的发展，也改变了以欧美为中心的世界，亚洲在文化上的位置正在重新确立。但是亚洲人没有鲜明的意识，没有找到文化的真正立足点，我们希望通过展览发现亚洲。亚洲文化需要建立自己的引力中心，从而更好地在平等的态势中构建与西方的对话和交流。

问题："亚洲交通"展被誉为最具争议性特

质的国际巡回展。这种特质源自其别具一格的展览形式和理念。它在每站加入当地的内容，在深圳站是如何体现的？

黄专：每到一个地方就加入当地的艺术家，每一站都是新展览。深圳站加入了广州和深圳的艺术家，深圳站名为"视觉隧道"，是速度与探索，表现了广州、深圳等城市的特点。展览中，杨勇做了一个车站装置，体现了深圳这座城市是没有根的，是一个起落点。杨国辛用素描的办法复制延长的桥，表现现代化进程中交通的概念发展。

问题：从展览作品可以看出，广东艺术家作品关注社会生活问题，技术性很强，而参展的国外艺术家关注人道主义等大范围问题。

黄专：这与文化传统有关系，当代艺术不能挑战两个东西，一个是人本，一个是法律。西方的艺术价值基础是人本主义，但是中国的当代艺术没有遵循这一点，这在广东也演绎得比较厉害。广东艺术家的作品更多是靠非艺术的因素来做，重技术化和国际化，国际上比较流行的作品可以得到很好的仿制。

问题：在经济的强势支持、文化的开放状态下，广东地区当代艺术的发展是怎样的情态？

黄专：我觉得，中国当代艺术有四个生态区：北京，上海、浙江和南京，西南包括成都和云南，珠三角地区。珠三角当代艺术发展与经济商业联系紧密，与人民的生活居住关联的作品比较多，多反映人口移动问题、吸毒等社会问题，与意识形态的关系比较弱。如今深圳正在创造一种新文化，当代艺术是其中的重要因素。

问题：在"亚洲交通"展中，不少作品涉及社会敏感问题，批判的特点很鲜明。在您看来，批判是否成为当代艺术的灵魂？

黄专：如今对批判的理解歪了。作品很轰动，引起反响，就被误认为是批判。"亚洲交通"展在上海站有件作品，让岳飞墓前跪着的秦桧站了起来，这违反了中国人的道德伦理传统，而作者却认为应该尊重人权，这种批判完全是制造噱头。批判应该是广义的，针对具体问题，问题如何产生，追根溯源地批判。还有一种是制造气氛，每个人通过作品对自己的生活起到提示作用，对生活有新的观察和创新，批判平庸生活和惰性思维。在这次展览中，杨勇的作品把深圳作为"车站"的装置就是提供了一种批判，即它为何只能是人来人往的地方？

问题：在人们的意识里，当代艺术是在玩概念，晦涩难懂，是象牙塔里的小众艺术，您提出让当代艺术走入大众，其意义在哪里？

黄专：当代艺术不可能像流行音乐、好莱坞电影一样为大众理解，它超越大众的思维和理解范围。可以说，一旦大众接受，它就不是当代艺术了。但当代艺术提出的问题会给大众以启示，一个城市没有先锋艺术的概念是很可悲的。

时间：2006 年 1 月
地点：深圳
采访人：王恒嘉、邓妍

注释：

[1]原文载《晶报》，2006 年 1 月 11 日 B8—9 版。——编者注

江湖——为中国当代艺术寻找一种精神归宿感[1]

薛莲：为什么起名"江湖"？

黄专：一是我想为中国当代艺术寻找一种描述自己独立立场的语汇，第二我希望为中国当代艺术寻找一种精神归宿感。"江湖"是一种比喻性描述，是一个中性词。

薛莲：您说"江湖"作为中国社会一个庞大的次文化资源库，一直以来为民间、文人甚至官方文化广泛使用和消费，成为一种影响至今的特殊的民间意识形态。中国近百年来的现代化过程并没有为中国社会仿制出一个西方式的市民社会（civil society）和公共空间（public sphere），这里，"西方式的市民社会和公共空间"指的是什么？

黄专：这是哈贝马斯提出的概念，指一个独立于政府、体制等的带有批判、调节、融合作品的公众空间，比如工会组织之类。

薛莲：您说"中国不可能出现西方那类主流化和体制化的当代艺术的社会土壤；中国当代艺术与本土主流意识形态的批判性的紧张关系将长期存在（因为没有这种紧张关系，它的逻辑合法性就会丧失）"，这是因为中国当代艺术是舶来品吗？那么中国当代艺术的"逻辑合法性"靠的仅仅是中国当代艺术与主流意识形态的紧张关系吗？

黄专：中国当代艺术史没有艺术史的传统，不能完全说是舶来品，应该说是一种艺术形式的借用。中国当代艺术不是从体制内生长出来的，所以当它从地下走向民间的时候，它与体制的关系会更加复杂。中国的当代艺术处于一种主流与边缘之间的"游离"状态。我个人希望中国的当代艺术能保持这种游离的状态，这与市场无关。在中国变成主流是一件非常"危险"的事情，这是一把双刃剑，一旦当代艺术被主流收编，就会自觉把一些危险的东西抛弃而渐渐变成一种"无害"的东西，这从根本上来说就失去了存在的意义。

薛莲：如果艺术的江湖是一个封闭的江湖，不进入主流意识形态，不进入国家性公共传媒，不进入公众系统，不进入大众消费市场，不进入体制，那么艺术的社会批判性又体现在哪里呢？公众从哪里知道这些艺术呢？您曾经说过，要获得批判性，非功用性的批评家和知识分子就要远离大众传媒，那如果他们都远离了大众传媒，他们的批判性又如何传播和发挥作用呢？

黄专： 声音有两种：一种是面向大众，有社会扩张力的声音，另一种就是发出一种声音就可以了，有没有社会影响力不重要。

薛莲： 有人说，中国当代艺术正在从地下化、国际化、商业化走向金融化。据说现在的艺术市场很像当年的股市，也正是有当年炒股的人在炒艺术品，凭借的全是自己的操盘经验。国内资金也大量涌入艺术品市场，有新闻说有温州商团正打算大规模投资艺术基金，有人说，这会使中国当代艺术与本土主流社会发生更直接的关系，从而摆脱江湖兄弟会的模式，摆脱依赖外国体系的后殖民化模式，进入一种金融资本和市场消费引导的模式。那么中国艺术的"江湖"形态是否会就此改变呢，从而进入一个被艺术市场消费引导的有序的艺术品生产—消费—再生产的模式？

黄专： 在商业社会方面说，是可以和国外等同的。资本是很强大的，资本面前没有敌人。但是资本是不分国界的，所谓的被国外体系引导的艺术创作时代已经过去了，现在真正优秀的艺术家都不再是这样了。我倒是觉得国内资本进入太晚了，导致一些很好的作品流到国外去了。但留在国内意义也不大，我这里策划的"创造历史"展览，有些作品从国内收藏家那里就拿不到，反而是国外收藏家有明确的身份意识，懂得艺术品、艺术史，对专业性的展览会很重视。

时间：2006 年 9 月
采访人：薛莲
电话采访

注释：
[1]该访谈为薛莲在《艺术世界》所做的"江湖"展专题中的部分内容。——编者注

要警惕自已，不要做一个职业策划人 [1]

八十年代种下的是龙种，
收获的却是跳蚤

谢湘南：现在回顾八十年代，似乎是有点年纪的人的一种时尚，你觉得这里面是什么原因呢？现在好多人反思，不仅是"八五美术思潮"，而且包括整个八十年代的文化生态，但也只是把当时的一些现象说出来，没有人去深究其中的原因。你做这个现代艺术回顾展（创造历史：二十世纪八十年代中国现代艺术纪念展，2006 年，深圳）的目的又是什么？

黄专：根本的原因是时代的任务不一样了。八十年代是中国文化由专制走向现代文化的一个过渡阶段，启蒙与反叛是它的主要任务，这样的任务不可能由某一个领域完成，对这一点当时大家有一个共鸣。那时对中国现代专制文化的反思不仅仅是针对刚刚过去的"文化大革命"，也包括对整个二十世纪中国文化性质和建设的反思，很显然，这种反思不可能由某个单独领域完成，这是第

一。第二就是当时大家都是以西方的思想和现实作参照的，在那样的目标下，不可能产生什么民族主义，当时的任务主要是反叛和启蒙，而思想资源只有一个，就是西方各种形式的现代主义理论。九十年代以后，中国的文化任务被完成经济指标替代，全球化使中国的现代主义历程发生了变化，最突出的就是文化问题边缘化和各个文化领域的专业化，每个领域都不再追求整体的文化目标，思想家也大都开始变成专业学者。像诗歌、文学、哲学、音乐这样一些在八十年代与现代艺术共生的文化领域不再有共同的语言，对启蒙任务就更不可能有共同兴趣了。艺术界更是这样，随着与市场和国际的所谓"接轨"，大家在文化目标上开始分道扬镳，这不仅使中国知识界、思想界和文化界丧失了某种综合判断能力，也使得联系这些领域的人文价值基础迅速地"空洞化"。当然，九十年代思想资源和信息资源极度丰富也使中国的思想课题由原来仅仅针对本土文化的反思扩展至对西方文明的反思，民

族主义啊、后现代主义啊都随之产生，它构成了与八十年代完全不同的一种思想场景，很难简单地说是一种进步还是一种退步，也许只能看成一个文化的自然反应。九十年代以后，中国思想界、文化界和艺术界的确有意识无意识地放弃了很多东西，现在看来还是值得重新反思的。重新认识八十年代也是中国文化自身的一种本能反应，所谓回忆其实就是一种选择，回忆也是一种文化态度。开句玩笑：八十年代种下的是龙种，现在收获的却大多是跳蚤。

谢湘南：放弃了很多东西，你指的是什么东西？

黄专：基本的人文价值。八十年代中国现代艺术有三笔遗产：政治上的批判意识、文化上的启蒙主义和艺术上的独立探索精神，它们现在已被政治上的犬儒态度、文化上的消费主义和艺术上的"国际风格"代替。我们反对文化上的历史决定论，但一种完全没有目标、没有方案的工作其实就是人为地取消了工作的价值。一种缺乏方位感、没有精神沟通的文化是非常可怕的。

谢湘南：就是说大家都处在一种盲目，或者说躁动的状态。你想用这个展览来批判或揭示那些没有展开的问题？

黄专：对。

消费时代把一个革命的时代强奸了

谢湘南：你策划这个展览的灵感从哪里来？是受《八十年代访谈录》这样的书影响吗？

黄专：我没看过这本书。其实口述史美术界很早就在做，1995年我在编《画廊》的时候，就做过"八五十周年"专号；中央美术学院的尹吉男教授也一直在做现代艺术口述史的搜集工作；《艺术世界》从几年前也开始做八十年代"口述史"，每期做一个人，有的是艺术家，有的是批评家，也有些当时杂志的编辑，我觉得这些构思都挺好。但现在的"八十年代热"有两个值得我们警惕的倾向：一是将八十年代理想化，好像那是个极度开明和自由的时代，文化界甚至有人把它比作德国第三帝国前的"魏玛时期",这是一种非历史的想象,1982年至1983年有清理"精神污染"运动,1987年至1988年有"反资产阶级自由化"运动,这些除规模不及"文革"外,政治上的严酷程度一点也不逊于"文革";二是将八十年代时尚化、庸俗化和娱乐化,仿佛那是一帮精神贵族和理想主义者的娱乐活动。我做"创造历史"这个展览与其说是在赶这种所谓时尚,不如说是想去批判这种时尚。现在艺术界展览特别多,各种名目的个展、双年展,大家看得起腻。八十年代展览也很多,那个时代经济很差,展览做得很粗糙,看展览都是坐火车,但每去一个地方、每个展览都会带给你新鲜的感觉。为什么会有这么大的精神反差呢?做这个展览花精力最多的是收集展品。大部分收藏家要么一口拒绝,要么是谈很多你不能达到的条件。你看,一个消费时代就是这样把一个革命时代给强奸了。不过这事反倒让我感觉很刺激,我这个人一辈子就喜欢干些比较刺激的事。(笑) 当然,最后展品大部分还是来自艺术家的自藏和管艺、尤伦斯基金会这样的专业收藏家和机构。

做展览跟写论文一样,是我的一种思想方式

谢湘南:我在网上看到一篇文章,说你是一个机会主义者,作为批评家和策展人,似乎只做"成功"艺术家的展览,而这种成功更倾向于艺术家作品的市场价值而非文化价值,对这一批评你怎么看呢?

黄专:我没读过这篇文章,所以不知它的具体意思。对于"成功"艺术家的展览,我首先有两个疑问:首先,什么是成功艺术家,画卖得好就是?陈逸飞的作品价格很高,可我从来不认为他是一个成功的艺术家。其次,问我为什么老是做成功艺术家,我的展览里面也有大量没名没利的艺术家呀,我常说我不是严格意义上的策划人,为什么呢?因为我一直把做展览看作一种思想方式,而不是一种社会活动,虽然它只能通过社会活动实现。我想一个问题、写一篇论文,首先是要有一个我感兴趣的题目,其次要有我熟悉的材料。我是从八十年代走过来的人,身边熟悉的就是这些人,不能说你成功了,我就不用你了,这个从逻辑上讲是不成立的,

我认识的就这么些人，我的思想问题都与他们有关系，这个是第一点；第二点还是要具体分析，不能一概而论，比如做深圳地铁壁画，我为什么要用这三个艺术家，很显然没有这三个艺术家，它就不能成为一个事件。如果是找三个年轻的艺术家做地铁壁画，这个事情就不成立，你明白这个意思吗？我为什么老觉得自己不太像一个策划人呢，主要我这个人的性格不太喜欢了解新信息，这是一个很麻烦的事情。

谢湘南：现在策展人是一个很时兴的职业，刚才你讲到你是把展览当作自己的思想方式、当作一个著作来做，那你对现在的"策展热"怎么看？策展人之间是否已形成类别或流派，有没有方向？

黄专：人类每个时代艺术的社会运行模式都不一样，我们这个时代偏偏就有这么一种模式，这是你没法回避的。这种模式对艺术是把双刃剑，策展人这个队伍当然也是泥沙俱下，我没法做出评判，因为我从来没有进入专业策展人的队伍。我也知道有些好的展览，没有策展人是不可能实现的，但大部分的展览，恕我直言，策展人大多是可有可无

的。还有一种呢，就是在大多数情形下，策展人与艺术家是一种主仆关系，这个更不正常。正常的关系中，双方首先应该在人格上是平等的，我不是耸人听闻，听说有些大腕国际策划人口袋里有本花名册，而有些艺术家穷极所能就是想着如何进入那个花名册，这就太惨了，有点"奴隶制"的味道。我的很多展览都是跟朋友聊天聊出来的，比如"柏拉图"和它的七种精灵展就是我跟赵汀阳聊天聊起来的。对我而言，跟志同道合的朋友聊天是形成思想的最好途径，而人的思想可以有各种表述方式：可以写成文章，可以做成节目，也可以做成一个展览，情况就是这样。所以从严格意义的职业策展人来讲，我不合格。有些艺术家一跟你谈话就变成"奴仆"，我一见这种情况就不会再跟他聊了，当然有些策划人可能喜欢这种类型的。

要说中国的专业策划人有什么流派大概还谈不上，不过或许可分为两类：一类是精通外语和西方策展制度、可以游刃于国际潮流间的策划人，如果你看他们在做展览了，那大多是海外大腕策划人、馆长之类到来的信号，这类可称为"国际派"；另一类不说也知道啦，就是那些不谙外语和国际规则的

"本土派"啦。

谢湘南：你觉得策展人会成为一种制度吗？

黄专：已经是一种制度了。在西方，大概也是八十年代以后的事，它与整个西方现代主义体制的形成有关系，严格来讲，从历史角度看，这个体制与现代性的原则是相违背的。现代性的原则强调艺术家作为个体的重要，但这个制度恰恰否定了艺术家作为思想主体存在的必要。西方博物馆、拍卖行、画廊、传媒、策展人这样一个完备的体制是否有必要照搬到中国，我觉得是个值得讨论的问题。而我自己则一直在警惕不要做一个职业策划人，尤其是它会给你带来很多非分的利益和荣誉时。

要真正表达思想不要到电视上去

谢湘南：那你有没有总结一下自己做了多少个展览？哪些展览对你而言会有不一般的记忆与意义？

黄专：没有，其实好的没几个。不要说好的，就是在过程中觉得实现了自己想法的其实都很少，没有几个是完整的。我对展览有一个评判标准：哪个展览的问题最多，哪个展览对我的价值就最大。展览对外界有多大影响、有多少报道，这个倒不是我的指标。比如 1996 年那个展览被叫停了（"首届当代艺术学术邀请展"，1996 年，北京），那是个失败的展览，但对我意义很大。

谢湘南：你现在经常奔波于深圳与广州，你对这种生活状态满意吗？

黄专：不满意。我也想慢慢改变，处理各种关系也不是我的长处，但是要做这么一个机构（OCAT）呢，很多事情又没办法回避。我也想慢慢退出来，但现在还不太可能。现在的生活不是我喜欢的方式，特别是很多场合要去露面，我是尽量避免，这不是我喜欢的。上次《艺术世界》一个记者采访我，我说，做中国知识分子，第一条就是要抵制成为公众人物的诱惑。这真是中国知识分子面临的一个当下问题，先别说大话，什么社会批判啦、什么启蒙啦，首先要抵制成为一个公众人物，因为现在在中国，成为一个公众人物其实是一件很糟糕的事情。

谢湘南：为什么呢？

黄专：因为成为公众人物你就不能按你的思想来说话啊，那样的话，语言还有什么意义呢？对我而言，不能按自己想的去说是件特别难受的事情。我做一个展览，杂志要采访，那我没办法，因为你做了事情你不能装清高，就好像这个事情跟你没关系。但我是尽量避免，做了事，大家怎么看、怎么评论都行，没必要自己再去说什么。中国现在很多文化人在传媒上很有名气，成了公众人物以后，他自然而然就放弃了很多东西，说话的方式变了，甚至性格都会变，你看他在电视上说话的神情举止，那种夸张的口吻，我觉得那是被传媒逼出来的，这的确是一件很要命的事。

谢湘南：那你是不赞成学术的大众化，甚至娱乐化，比如像易中天这样的所谓"学术明星"的？

黄专：你说的那是另外一回事。我说的是中国知识分子在目前传媒体制中的思想表达问题，为什么我会特意提到中国知识分子呢，西方也有很多知识分子上电视，像英国的BBC，他们做过一个不错的思想家的系列节目，克拉克也在电视上讲文化史，这也许与西方电视节目有某种相对独立性有关，既不依附主流意识形态，也不依附商业意识形态。但即使这样，西方很多思想家和艺术家，像哈贝马斯、布尔迪厄、博伊斯、汉斯·哈克都警示过电视传媒作为资本主义的信息体制对独立思想的毒化和扼制作用。在中国情况更是这样，电视这种传媒体制要么使思想表达变形，要么使它稀释。电视的媒体性质决定了它不可能成为独立知识分子的思想表述渠道。传播思想有很多途径，主要看你自己的智慧。

谢湘南：就是说你是绝对拒绝上电视的。

黄专：我还是上过电视的，像中央电视台做张晓刚的节目，作为朋友，那没办法，不过我上电视讲话，尽量讲自己想讲的话。我也上过电视的当，采访一两个小时，结果摘了两句话，没头没脑地放在上面。所以我觉得电视带有某种强奸性，是个很糟糕的媒体，最好你干脆就不跟它来往。还有很多国外的传媒，采访的时候也是只言片语，我觉得这个还不如做个展览放在那里，大家怎么说都可以，你说机会主义也好，理想主义也好，都无所谓。我也看电视，我也喜欢看娱乐节目，但是我觉得如果真正想表达思想，就不要到电视上去。

2006 年

注释:

[1]原文载黄专，《艺术世界中的思想与行动》，北京: 北京大学出版社，2010 年，第 244—249 页。——编者注

历史不能忘却，也不能被误读[1]

张琳：这次展览是否是回顾八十年代的首次大型展览？可以和我们谈谈您为什么要策划这个展览吗？

黄专：我想应该是的。八十年代在当下成为一个十分时尚的文化命题，很多人都在用现在的话语重述那个年代。但实际上这里隐藏着两种对八十年代的误解：一种是把八十年代理想化，认为那是一个开放、自由的年代；另一种是认为八十年代是十分激进前卫的时期。对于经过八十年代的人来说，八十年代并没有太多自由可言，虽然在民间有很多民主的东西在生长。到了九十年代中国真的走向开放时，一切都变了。八十年代遗留的问题我们还没有解决，消费文化兴起后产生的新问题又摆在眼前。从这个角度来说，八十年代的一切都被尘封了。

张琳：我们一直认为八十年代是开放的年代，这种观点看来是错误的？

黄专：对，那时并非如此。八十年代是一个破坏性的年代。现在我们用消费时代的眼光去诠释过去发生的一切，它的历史价值和历史记忆都已经被误读。因为我经历过那个年代，所以我希望大家能看到最真实的一面。历史不能忘却，也不能被误读。我想对于西方人来说，可以参照 1968 年法国"五月风暴"以及美国六十年代末七十年代初反越战运动来理解中国的这段历史。它们有点类似。八十年代的十年与"文化大革命"完全不同。在"文革"时期，任何思考都不能在公共空间内存在，八十年代后情况好转，但是整个文化环境并不轻松，社会政治文化环境也十分严酷。整个八十年代有两个著名运动：1982 年的"反对资产阶级精神污染"和 1987 年的"反对资产阶级自由化"。九十年代后，我们拥有更多空间，一切又陷入消费主义的泥潭。

归纳起来，我认为当代艺术在八十年代的三个特点是政治上的批判主义、文化上的启蒙精神和独立艺术的方向。当代艺术在当今的三个特点则是政治上的犬儒主义、文化上的消费主义、艺术上的国际风格。

张琳：您的意思是，比起今天的社会开放程度，"文革"结束后的八十年代所进行的开放其实是十分缓慢而有限的，而现在商业文化成为社会文化主导，从另一方面又对人们形成了极大的束缚？

黄专：现在我们拥有了更大的自由度，但也有更多的诱惑摆在人们面前，大家丧失了专注的能力。我认为有一个很大的误会是，人们总是用是否受到控制来衡量自由，大家以为政府已经放开了开放的尺度，所以艺术创作比原来自由得多，但实际上，市场和商业利益使得人们根本得不到自由思考的空间。在我看来，现在是市场而非政府在影响和限制着人们的自由。当然，另一方面大家对于政治的态度比以前成熟。

张琳：我们知道您一直在中国当代艺术批评方面发表自己的看法，新的消费主义或者说艺术市场如何影响中国艺术界？

黄专：我认为现在中国出产的艺术根本没有真正的想法或内涵，商业就是一切。同时我们的艺术界又在与国际接轨，变得越来越国际化，所以真正象征中国的艺术似乎已经消失。现在留下的是一种温和、无刺激的艺术。

张琳：艺术在八十年代更加纯洁？

黄专：不是。这种想法过于简单。在八十年代和现在，我们都有许多问题要面对，不能简单地评价八十年代好或者不好。我们需要反省历史，思考当下。我们应该把这两段历史结合起来，寻找艺术的方向。

张琳：许多艺术家在1989年前后离开了中国是吗？

黄专：是的。陈丹青、艾未未、蔡国强、谷文达、王度、严培明、郑康洁、张宏图、吴山专、秦玉芬、关伟、朱金石、黄锐、王克平、倪海峰、刘小仙等都在1979年至1989年离开中国。

张琳：策划操作这样回顾八十年代的展览是否经历过一些困难？有没有在审查上遇到什么难题？

黄专：没有经过什么审查，没有人对此质疑。但我花费了相当大的精力在收集作品上。八十年代的作品基本上有三个去向：一是被国内一些收藏家收藏；二是在一些艺术家的朋友手中，这些人持有很多原作但不想公开自己的身份，因为现在中国的保险业还不完善，同时市场又太过于火热，很多事情就比较敏感。所以除管艺之外，我没能得到更多的帮助。另外还有一些作品在乌里·希克（Uli Sigg）这样的国外收藏家手中，由于费用的问题，我并没有向他们征集作品。第三个去向就是一些艺术家还保留着自己的小部分早期作品，所以有部分展览作品是向他们借的。

时间：2006 年 12 月
地点：深圳
采访人：张琳（Lynn Zhang）

注释：

[1]原文载 http://new.artzinechina.com/display_vol_aid263_cn.html，现网站已无法打开。主标题为编者根据访谈内容添加。——编者注

被跨越的身体[1]

黄专：你多大岁数？

向京：1968 年出生的。为什么要问年龄？

黄专：年龄对艺术家来说是第一要素，也是谈话的基础。

向京：真的吗？那我要打破年龄，打破性别。

黄专：你看 YBA，英国青年艺术家那一代人，六十年代初出生，1988 年开始做"冰库"展，1997 年做"感性"展览，"完全成功"大概是九十年代。

向京：我一直听说"完全成功"这个词，什么是"完全成功"？

黄专：这是一个很世俗层面的词，指公共曝光率、作品价格及艺术史上的评价。我不是评价他们的年龄，为什么说年龄重要，我们这一代人，中国与西方的反差非常大，与西方艺术家做的基本上不是一个事情；你们这一代这种区别就小，有某种同步。

向京：这样的变化还是取决于之前的铺垫吧……

黄专：这个事情可能有两个原因：一是信息，我们那个时候接收信息本身就慢一些，接收信息的方式也不一样；现在接收信息没有时间差距，思维方式也差不多。但我觉得总的来讲，你们这一代算是我们这一代和后面那一代中间的过渡吧。这个不是贬义，就从人本身来讲，这个年龄其实是一个比较尴尬的阶段。

向京：怎么讲？

黄专：你看你的作品，前几年主要做青春嘛。现在你做的明显和青春关系不大了，但又不是完全的不青春。你自己觉得自己的年龄尴尬不尴尬？

向京：没有啊，我还觉得年龄正好，又不老，各方面都正好。我特别害怕变成一个特别知道自己在干吗的人，害怕变成一个既得利益的守护者。以前我大部分时间挺茫然的，现在好像脑子清楚一点，自我感觉也开始好起来。

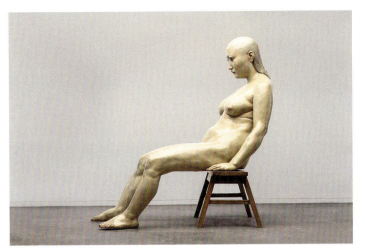

图 1 《你的身体》，向京，2005 年，玻璃钢着色，270cm×160cm×150cm。图片由艺术家提供

图 2 《你呢？》，向京，2005 年，玻璃钢着色，414cm×154cm×164cm。图片由艺术家提供

黄专：你的"清楚一点"是从什么时候开始的？

向京：从做 2005 年个展吧。就是冯博一策划的那个展览，从做那个展览起，我学会用一种很强烈的意识做事，当然做完之后脑子更清楚了。

黄专：我还是想问，那个时候多大岁数？

向京：也就一年前吧。

黄专：你觉得你的成熟在那个个展里是以哪件作品为标志，还是指整个展览？

向京：是跨越吧。我觉得整个展览都跨越了，对一个艺术家来讲，不能用某一件或某两件作品来代表，比如一两件作品有超状态的发挥，特别好，但肯定要一个系列，一批作品做出来，才能更清楚地把问题讲出来。

黄专：但我觉得你那个展览里的作品属于两种完全不同的类型。

向京：对，但这两种不同的类型不过是两种不同的叙述方式，是两种不同的说法，指的东西还是一致的。

黄专：我觉得你那些人群——着装的、有社会身份的，还是和原来的联系多一点，就我个人来看，《你的身体》（图1）是一个标志性的转折点。

向京：肯定是！百分之百！

黄专：它剔除了很多东西，很多青春期的东西。剔除后并不是说就没有这个题目了，而是整个方法转化了。你觉得你那个展览整个是个转折，我觉得这一件转折性更强，甚至另一件裸体的作品《你呢？》（图2）也不如这一件，《你呢？》还是有叙述的因素。

向京：做《你呢？》是在《你的身体》后面，我是想超越《你的身体》的某种东西，做没做到见仁见智吧，但对我来说意义非常不一样。很多时候——包括在生活里也是这样——你想要寻找的一种表达是发不出声音的，但如果能把力量凝聚起来，把这个声音发出来，就是一种成长，发出来之后，这个坎也就跨过去了。《你的身体》真的是一个很本能、很天性的身体里生发出的作品。我的认识、我的经验到了那种程度，憋出那么一个作品，我一直想超越这件作品。

黄专：这可能只是一个旁观者的看法，我觉得这件作品对你和对中国当下的艺术都有某种绝对的意义。一个是对你个人来说，就过程而言，它剔除了很多东西，具有某种纯粹性，或者说，对你个人而言是一种方法上的突破。这个方法不是说技术上的，而是说你整个看世界的方法有一个突破。原来有很多叙事和表现的痕迹，希望用一个媒介来表现某个东西，但在这件作品里，很显然不需要特意靠这种媒介来转换，有些东西它自己就在那里了——它有一个自足性在里面。我

讲的纯粹性是说这件作品不需要任何意义背景，你没有让它去附着意义或表现意义，但是它呈现了某种东西。这点是很多艺术家一直在追求但一直没做到的。所以我感觉那件站着的作品含有某种叙事性，包括她的姿态、表情、性别。这件作品你反而没有强调性别，没有强调青春、时间这些东西。

向京：《你的身体》对我来说是第一人称叙述方式的开始，我在做这件作品的那段时间的确生活特别封闭，这种本能就这么蹦出来了。我特别希望这种第一人称的叙述方式能更加明确。在新的展览就准备做一批更纯粹的女性身体的作品，而且我就是想超越，越过这个坎，就又会有一种蛮释放的感觉。

黄专：还有一个很重要的就是体量。你原来其实不太关注体量。有人认为，空间和体量是区别古典雕塑与当代雕塑的重要依据。

向京：原来是没有勇气，没有信心。

黄专：再一个，这件作品中的矛盾特别突出，性别和去性别——我不想说她是中性，但是你肯定想做某种去性别；再就是特别感性和特别理性，特别矛盾地扭合在一起；它是一

种纪念碑式的表述，但是又特别突出性别器官。你原来的作品没有这种矛盾，比如你那件穿黑色衣服的人《全黑》（图 3），也表现了一种矛盾，但是比较外在和视觉化，时间、运动都是形式上的，但是这件作品中的矛盾不管是你有意设计的还是最后呈现的，作品中的分裂性，不是通过一种外在的视觉的方式来表现，是自身存在的，不需要去说明。好的作品可能都有这种矛盾，它本身在结构上就有这种矛盾。

向京： 对，你用"结构"这个词很好，我在慢慢地掌握这个东西。一件作品并不能说明问题，为什么我要做群雕，因为我一直很想做结构的，这个结构不仅仅是一个展览现场、布展或是什么，而要看出成长的阶段。可能是我看电影、看文学的东西比较多，我感兴趣的是那样一种结构关系，叙事当中呈现出来的一种层次。慢慢能把这种东西做出来的话，会特别有意思，比做一个像《你的身体》这样的作品要强烈多了，只是我现在还不能在雕塑上琢磨出来，也在慢慢试吧。

黄专： 我觉得这种内在结构上的矛盾是一件好作品的基础。就说达明安·赫斯特

图 3 《全黑》，向京，2005 年，玻璃钢着色，170cm×46cm×71cm。图片由艺术家提供

（Damien Hirst），我们现在对他有很多误解，那件《鲨鱼》（*The Physical Impossibility of Death in the Mind of Someone Living*）的翻译也有问题。那件作品的矛盾在于把一种非常感性的、生物化的主体和完全极少主义的结构扭合在一起。他的作品都有这种特征，包括《药》，都是把极端感性的和极少主义结合在一起，使作品结构既是生物性的、感性的，又是形而上的、分析性的。这种自在的矛盾性并不是通过造型元素，而是依赖视觉元素的质料本能表现出来的。你的作品中这样几个视觉元素我不知道你怎么理解：一个是身体，一个是性，还有一个是感官（这三者容易被混淆，其实是三个完全不同的元素）。你做作品的时候是怎么考虑这些元素的呢？

向京：你说的每样东西我都考虑到了。你说得对，我以前的作品感受性居多，对形象敏感。《你的身体》就像一个蓄谋已久的东西，里面有很多认识上的和观念的部分，并且我希望真切地呈现它们，直接面对它们。

黄专：你原来的作品中没有这类元素，包括做处女也好、做青春也好，你还是想表达一种比较外在的东西。这种身体、性和感官性的东西在你原来的作品中起码不是很突出。但是这件作品中都有了。

向京：这件作品遭遇太多的喜欢的确是因为它本身的感官性太强烈了，的确很少有人能做出这种强度的作品。

黄专：身体和性只不过是你视觉上的诱饵？

向京：当然不是。但它们成为视觉上的诱饵也是我没办法左右的。

黄专：你觉得这是一件好事还是坏事呢？

向京：对作品来说是好事啊。而且这也是一种挑战，不管对我还是对观众来说。

黄专：有一个你没法回避的问题，你觉得你和让·穆克（Ron Mueck）的作品有什么区别？

向京：我觉得完全不像，很少有人问这个问题，我自己倒是想过这个问题。

黄专：起码有几个外在的因素是一样的，充分的体量、传统的方法……

向京：可惜我没有看过他的原作，我买到他的两本画册，看过之后觉得完全不一样。

黄专：他也是用很传统的方法，也做龙骨，也不用模特，虽然他不是学院出身。不管外在形式还是制作方法，你们都有雷同。

向京：首先他做的是一个很逼真的人，我就不是啊，至少不是一个客观的人。

黄专：也不啊，他做的那个蜷曲的人《亚当》也不是完全按模特做的，他可能找过模特，但后来抛弃了。

向京：就是那个巨大无比的男孩吧，我觉得那是他最好的作品，还有一件《我死去的父亲》，这两件我比较喜欢。他还是追求一种逼真性，当把这种绝对逼真的事实变成艺术呈现在美术馆时，谁都会震惊。我的东西是我眼睛里看到的世界，带有非常强的主观性，用不用模特都没关系，这是一个态度问题，或说是视角问题，我所有的东西就好像是通过一双眼睛看这个世界。另外也许因为我是中国人的缘故，中国整个大的背景太苦难、太复杂了。穆克的作品技术太惊人了，掩盖了他作品中空洞的东西。尺寸改变观念的意义并不大，只是让你觉得他手工性的不可思议，把他的技术剥离开，你去看他的作品画册，就会看出很多破绽，我觉得这是他的一个问题吧。我和他想找的内核是完全不一样的。

黄专：你做这件作品之前没有看过他的作品吗？

向京：没有。

黄专：你们的相似性……这应该是一个经常被问到的问题吧？

向京：很少有人问，我还从来没想过我和他有什么相似。

黄专：起码从充分的体量和制作方法上看。

向京：我认为制作方法上不一样，他是很制作的，我是很手法的。

黄专：你不是也制作吗？

向京：他是制作，比方说皮肤、毛发做成一种很逼真的感觉。

黄专：那你用着色……

向京：可你觉得我着色像人的皮肤吗？他上色是为了逼真，我上色是为了一种比真人的皮肤更像皮肤的感觉，是你觉得的那种，而不是你看到的那种。

黄专：我觉得这种理性成分……

向京：我觉得这是感性成分吧。

黄专：你是希望人们看到的不是它像皮肤，而是它包含的东西。

向京：我希望作品给观众带来更多心理映射的东西，是反映之后再意识到的，不是说直接看到。他那种是很西方的理解世界的方式，而我是希望有一个转换，从很主观的角度去反映。

黄专：这些作品和你的学院教育有没有关系？

向京：肯定有关系，如果没有这种学院的经历，也不会对写实的、现实主义的东西有这么本能的兴趣，而且压根也不会有这种技术吧。当然，最终能做出这样的作品，起决定作用的不是学院的训练，学院的特征是标准化与狭隘的审美模式，而从审美角度来说，我是坚决反对学院派的。

我特害怕和搞理论的人聊天，语言上弱势，完全没有一种理论框架。

黄专：我觉得还好啊。还是要回到年龄的问题上。我为什么说年龄有一个绝对的意义，这个年龄不是说 70 后、80 后这类粗糙的社会达尔文主义的定义，而是指一个年龄段的人，他们所受的教育完全可能体现在作品中。所以我为什么说你们这一代人的年龄尴尬呢，你们后一代人完全放开，接受信息就行了。而你们这代人，知识和教育还在起作用，这是最大的区别，但是信息对你们也有很大作用。实际像八十年代以后的人，只靠信息就行了，不需要靠传统的教育，不需要知道有些东西是怎么来的；我们这一代又把教育看得特别重要，排斥信息，把传统看得特别重要。比如听摇滚，我们这一代必须知道第一个弄摇滚的是谁，而八十年代后的一代只要知道现在谁最火就行了。

向京：这么说起来我更像上一代人？

黄专：你觉得信息对你重要还是知识对你重要？比如"感性"展，你是为了了解它的来龙去脉、它的方法，还是呈现视觉上的效果就够了？

向京：我想知道它的来龙去脉。我当时在美国看"达达"展览的时候，就特别想知道是什么促使这么革命性的运动产生，并在后面分成几个分支发展成其他的现代艺术类型的。

黄专：这就是我所说的知识谱系的东西。那你还是比较重视知识。

向京：可以这么说吧。

黄专：那我想知道你这件作品中知识是怎么起作用的。

向京：它使你多了一些认识世界的维度，从而加速作品的个人化过程。知识积累到一定程度后，成就了我这个人内在的东西，然后这种东西"砰"炸了一次，就像超新星的诞生一样。当你知道了西方艺术史的基本线索——西方文化的发展脉络性、逻辑性很强——就可以从浩瀚海洋中找到非常特别的几个。当代艺术大概也是这样，只是数量上更多些，我就研究个案，挑些我喜欢的艺术家琢磨。有段时间比较关注国内的展览，自己觉得感兴趣的尽量去现场看，还曾经走访一些艺术家工作室，表面上是很谦虚的样子，其实是在找问题，这里面的导火索是我对当代艺术有太多太多的困惑，就想找到一条线索，应该做些什么？所以我说这是个蓄谋已久的作品。最后我想就应该回到原初，做一个纯粹的人体，抛开很多策略性的因素，甚至观念主义的因素。我做了那么多年，从来没有正儿八经做我觉得真正意义上的女人的身体，这个想法后来看起来反倒特别观念，有的时候是需要憋，憋了才能成长。每做一次个展，就会成长，问题全出来了。

黄专：还有一个女艺术家不愿回答的问题，你喜欢哪些女艺术家？

向京：没什么不愿回答的。辛迪·舍曼(Cindy Sherman) 和南·戈尔丁 (Nan Goldin)。因为我听摇滚，所以帕蒂·史密斯 (Patti Smith) 和珍妮斯·乔普林 (Janis Joplin) 对我的影响都是一样的。前两位可能是因为和我做差不多的视觉艺术，对我的影响可能比较直接；后两位是精神部分的影响吧，我喜欢她们那种理想主义的成分。

黄专：六十年代？

向京：对，六十年代。珍妮斯·乔普林完全是六十年代的，帕蒂·史密斯现在还活着，一直像一个老革命一样，不停地唱，但精神上还是六七十年代的。

黄专：你觉得你这种趣味方式是你个人的还是你们这一代人普遍具有的？

向京：我几乎不想代不代的问题。因为每个人都需要努力，自己集中精力好好努力是最重要的。在中国乱七八糟的东西太多了，都不够努力。

黄专：在中国做艺术家好吗？

向京：太好了！在中国做艺术家是最最幸福的了。虽然国家和百姓仍然十分贫困，但你看世界上没有哪里能像这里给予艺术那么多的源泉和资源，这么复杂的生态，还有力量，没有一个地方能给艺术家那么大的空间，艺术家从各方面来说都是获益者。

图 4 《彩虹 (II)》，向京，2006 年，玻璃钢着色，175cm×107cm×138cm。图片由艺术家提供

图 5 《保持沉默》系列中的《处女》系列，"唯不安者得安宁"个展现场，北京民生现代美术馆，2016 年。图片由艺术家提供

黄专：它需要敌人就有敌人，需要利益就有利益。因为艺术是需要敌人的，在中国各种敌人都有了。

向京：没错，而且从各个层面，教育、社会、家庭伦理各角度，都可以找到各种各样需要对抗的问题。

黄专：我的感觉是你后来做的作品还没有超越《你的身体》。我特别失望的是在MOCA 看到的那件《彩虹》(图 4)。

向京：为什么失望？

黄专：我觉得好像又回去了。

向京：我觉得往前走了很多了，你只看了一件嘛。

黄专：为什么要坐在气球上？

向京：你为什么要知道是不是在气球上，气球没什么意思。

黄专：你这个人坐在椅子上我就不好奇，这种元素在你的作品中很多见，比如像浴缸啊……

向京：你觉得一个人躺在浴缸里和坐在气球上一样吗？

黄专：从意义结构上是一样的，你想营造一种外在的元素来加强表达。从这个意义上我觉得这是一个退步，又回去了。你原来的作品中还有一些因素，比如《处女》系列 (图 5)，作品中包含着一些问题。但是《彩虹》这件有点趣味化——我当然不希望我们的谈话对你以后的判断有什么影响，但是为什么我那么强调《你的身体》这件作品，一个旁观者和创作者对每个作品的判断肯定是不一样的，从我的角度来讲，想从系列中看待作品所处的地位——这样看来，这件作品中的这个因素是你在《你的身体》中剔除掉的。

向京：《你的身体》里的纯化的意义恰恰是我在之后的表达里打算放一放的东西。外在元素和情境设定倒是我一直感兴趣的，包括你们所说的叙事性、情节化，但是趣味化是我很抵触的东西。

黄专：那个气球就很趣味啊。

向京：怎么说呢，你趣味地去看就肯定会变成趣味。

黄专：而且你还把它弄成亮的。

向京：这个……我当时倒是有点含糊。可能在个展上，一批作品放在一起，我想说的那个意思会更清楚一些。单看一件的话，这件是太过可爱了。

黄专：对，"太可爱"是有问题的。

向京：这个展览里，我的确需要一个特别可爱的东西。只能说等作品全拿出来再看吧。

黄专：当然和原来那种浴缸、卫生间的作品意义肯定不一样。我要说的还是一个意义因素，你希望增加人体的因素，但人体对你来说不是一个题材，基本上不过是一个媒介。穆克还是希望用身体表达某种东西，比如他做《父亲》，很显然人体对他来说是一个意义元素，但人体对你来说就是一个媒介，一个附带的东西——也不准，就是意义本身吧。突破以后再怎么弄的确是一件很麻烦的事情。

向京：我很看重一个持续性。一个人要超越自己是很困难的，要持续不断地成长和进步也是很困难的。不管是我自己还是对此感兴趣的人，我们只能共同期待，等我把这些东西一层一层慢慢揭开。我想我已经超越2005年个展的状态，我现在脑子里就像有一盘棋一样，每一步我都想把某个问题尽可能说清楚。如果不说清楚，肯定会不断地有像你这样的疑问，甚至我自己都会有强烈的疑问，我会不知道自己想说什么。今年这个个展，我想把一个局部挖透，想建立一种结构。譬如看电影，进入一个局，慢慢找到线索，每个人根据自己行走的路线了解整个的结构。这只是我做艺术的一条线，以后还会有其他部分。我希望有可能把这些慢慢地串起来，做成一个大的结构。

黄专：还有一个话题是性，就我对你的了解，你是一个对性不敏感的人。女艺术家做性的作品，譬如芝加哥（Judy Chicago），她采用的是一种社会化的方式，一种意识形态的方式。而辛迪·舍曼对性就很暧昧。另外翠西·艾敏（Tracey Emin），她完全把性作为一种个人的东西，甚至是种策略，是种很自私的策略，她不会为整体考虑。我觉得像你这样的对性就不是很敏感。

向京：在性的问题上，男人获得了过多的权力，每个人对性都有自己的成见，大多数人只是屈从于社会的目光。不过你往后看吧。对我来说，只能先把自己的话说出来——现在还没有自觉的作品，但首先绝不会把性作为武器。我以前是有些抵触这个，抵触的原因是我不大能接受现有的对性的看法，但现在我发现想超越就只能去面对，然后才能超越。

黄专：我觉得你作品中有性器官却没有表达性。

向京：因为我是女性，这是女性的看法。而且我作品中很重要的部分就是对性意义的新的解释：性器官不是为了呈现给男人看的，它只是一种存在。男人看了并没有觉得有性的意味，是因为它丧失了符合预想的理应提供的诱惑，这只是我的某种态度。我觉得一些女艺术家只是拿性、拿器官这种东西作为一种策略，呈现的仍是一种被看状态。

黄专：对于芝加哥、辛迪·舍曼、翠西·艾敏这三种类型，你怎么看？辛迪·舍曼也玩一些象征游戏，而翠西·艾敏对性是很自私的。

向京：我觉得南·戈尔丁的态度是我最喜欢的——包括她对两性关系的态度——她就是面对它，你就能感觉到存在的艰难。她是拍照的，拍身边的人和乱七八糟的事物，拍自己的生活。和荒木经惟一样，她天生具有某种深刻的东西。她就是拍、拍、拍，不停地拍。我不知道怎么形容南·戈尔丁的这种艺术，她敏锐但又超越了个体对事物初步的本能反应，她不是把艺术当成一种什么特别的东西，当她不得不面对生活的时候，她就不得不拿起她的相机。我觉得这点特别可贵，这里面包含了很多东西，是一种绝对个人化的立场，它超越了简单的价值判断。

为什么看到她的东西我会觉得特别棒呢？我觉得性这个东西大多时候大部分人是不能面对的，性只是生存的一个部分，它只是话题当中的一个禁忌而已，尤其女性面对这样的话题，明显处在一个被动的位置。我认为芝加哥也好，翠西·艾敏也好，她们都采取了一种比较直接的方式去做，我先不去评价她们作品的深度，也不管她们是策略还是抗争，从艺术语言上对我来说都太简单直白了。至少我不会用这种方式去对待性这个题目。

黄专：我刚刚说你对性不敏感，实际上是说你的作品对性采取的是中立态度。譬如《你的身体》这件作品，人对性器官的感觉无非就是两种，一种是感官上的刺激，还有一种是你的价值判断。芝加哥的作品，她的这种感官表达具有明确的意识形态色彩；而你的作品中性是暧昧的，是一个单纯的视觉元素。

向京：我觉得这只能说明男人还不习惯这

种讲性的方式。我并不暧昧。记得八十年代还是九十年代初的时候，我第一次看林白的小说，我从来没有在国产的小说里看到性被描写得这么坦白，这种坦白甚至带来一种美感，我觉得这样一种态度很可爱。

黄专：你的这件作品其实是很自然主义的。就像学院里画模特，给她摆了一个比较暴露的姿势，可能开始这个模特很反感这种动作，但时间长了以后，她会觉得这个动作具有某种挑衅性。这种姿态本身有种挑战性。

向京：首先，我做这个姿势肯定是预先想好了的，这就像模特的挑战一样，对我来说也是一种挑战。挑战在于等到别人看到后的反应。

黄专：对模特而言这是一种反思，把你想看的东西投掷给你，然后知道你在想，这是一种很高级的思维。我不知道你的作品中有没有这种思维意识。

向京：暴露生殖器只是这件作品呈现的女性的一个元素，其实诸多元素都在作品上面。当时我是想做得非常坦白，打开在你面前的一个女性人体，就这么一个意思。如果我重新再做这个东西，我可能会做得更复杂一点。对我来说那个阶段是一个跨越。其实我是一个不去面对太多事情的人，可面对了就会跨过去。

黄专：很纯粹地做艺术，是这个意思？

向京：以前艺术是在我身体之外的一样东西，我想办法去够到它。后来觉得其实艺术就是纯粹地从自己身体内部生长出来的东西，所以我一定要和艺术融为一体，在融为一体之前，你必须去面对和接受太多以前不可逾越的东西，包括刚才讲的对性的一种态度，这些东西都是要重新思考的。而且我特别高兴看到作品后续的、意料之外的观者的反应，譬如说，主要是男的啦，就觉得这特恐怖。

黄专：特怪的感觉，我觉得这是很奇怪的。

向京：对，会不舒服，这让我倍儿爽，哈哈！

黄专：但你又用了很多压抑性的东西，譬如光头、中性的躯干、伤疤啊……

向京：没有啊，我觉得男人看女人总会用性的渠道，对我来说，女人身上的一切都是故事，不仅仅是性，性对我来说甚至都不是女人身上最重要的一样东西，我就想改变这样一种看法。因为我觉得每一个女人身体上的全部都特别让我感动。

黄专：那这个故事是怎么产生的？

向京：曾经有人这样问我："你为什么会做这么具体的一张脸，在这样的脸上做这么具体的一个表情？""完全可以做得抽象一点，一个纪念碑式的女人整体。"我就对他们说，我是一个对内容感兴趣的人，要的就是具体，是暗藏在她身后的全部内容在说话。

黄专：也就是说一个伤疤也带着故事？

向京：我觉得任何伤疤都是有故事的。因为伤疤比较直观，人们一看到它就会觉得是出了什么事。一旦具体了，很多人就会去猜，很多人都问我这伤疤是什么疤，是阑尾炎，还是剖腹产……也有人说这脸的表情是惊恐、无助、无奈……反正会有很多形容，我就喜欢这种感觉，每个人会根据自己的经验去里面寻找可阅读的故事。

黄专：我觉得这件作品对我来说，最吸引我

的是充满了矛盾性,譬如躯干很自然主义而眼睛又很抽象!

向京:对,因为我这个都是编的嘛,里面抽象的成分比较大。

黄专:你以前做的小孩叙事性很强,但这件作品带有更多的直观性,如器官元素、姿态啊,都有很强的挑战性,你的作品呈现女性的器官,有些是很被动的,而这件是主动的,很挑衅、很直观,也许就是你说的故事性。另外,我觉得这件作品好的地方就是:她是以很纯粹的方式做出来的,她避免了很多社会性、意义性元素的干扰。我为什么说气球会有一定的干扰,因为它是一个特别有象征性的东西。《你的身体》里唯一的这个凳子,凳子是没有任何象征意义的,这两个元素是完全不一样的。那这个凳子是现成品吗?

向京:那个凳子是自己打的,因为没有合适的。

黄专:你是不是一直避免用现成品?

向京:也不是,我其实有一段时间用过挺多现成品的,但我后来发现这种东西一定要先去除。我想把这种纯化的雕塑语言先说好,以后再说。

黄专:那你现在是拒绝用现成品。

向京:我是从语言上去考虑的,因为现成品真实的材质放在手工做出来的雕塑里会给人一种很奇怪的感觉。我相信在类似让·穆克的作品里应该是没有问题的。

黄专:他也从来不在真人身上翻模的,他自己也雕塑。

向京:但他作品的制作感很强,也精细得不怕现成品的干扰。他掌握的是一种很高明的制作方式,为了做得逼真,但我觉得他的东西语言弱,我是很强调语言的,比如一个叙述方式,哪怕是一个语气。

黄专:是指专业的雕塑语言是吗?

向京:还不是雕塑语言,比方说你用一种现成品,这也是一种语言啊,只是看你要不要用了,我考虑这样问题比较多,包括怎么着色等,所有的一切都是为语言服务的。我觉得在让·穆克这种类型的艺术里,他只有几件作品可以谈得上语言这种高度,大部分都只有很好的制作手段。不过最后的结论还是应该等我看到他的原作再说。

黄专：你是否迷恋雕塑的手艺？

向京：也不是，一开始的时候我是有点迷恋的，这个东西当你亲手去做完，直观性特别强，就好像你跟一个人形容另外一个人。你拍照片给他看，那是一回事；你用嘴说去形容一个人，那又是另外一回事。我开始是陶醉于这样的一种途径，而且我觉得这东西不可替代，我比较喜欢这种不可替代的感觉，没办法找到另外一种方式去替代这种感觉，用手工一点点做出来的这样一种方式，就像一个絮叨的人。

黄专：这个是很传统的。

向京：对，这是从传统来的。

黄专：那又联系到另外一个问题，观念主义已经突破了制作，不需要去制作。

向京：你还可以反突破啊。

黄专：反突破是什么意义呢？观念主义超越很多，包括古典艺术中基本的艺术伦理：艺术应该是艺术家自己的制作。

向京：去个人化？

黄专：不光是去个人化，而是完全由人家制作，不管是机械的还是人工的，指认它是我的就是我的，譬如安迪·沃霍尔是去个人化，而达明安·赫斯特则完全是借他人之手。

向京：如果只是单轨道发展，艺术早在杜尚把小便池放到美术馆就到了尽头了。人类的智慧必须把艺术带到更远。理性是很可贵，但在艺术中，仅有理性和逻辑是可怕的，所有这一系列，包括现代主义时期还有很多，在我看来就是艺术史上的实验阶段，走着走着就走到头了，又会去找其他的路。反正在我心里，我觉得任何一种方式都可以是艺术，不是观念以后就不能做手工的东西，我自己是这样的一种概念。当代性是指发现当下社会的问题，反映当下人的一种精神状态，这个指向性最重要了，用什么样的手段我觉得不重要。我总觉得影像从艺术角度来说是很高级的一种东西，它的语言太混合了，我从这儿学习得更多。包括考虑问题的一种方式，描述和叙述的一种方式，我会觉得它的那样一种还原是特别复杂的，它可以有很多的层次，作者可以建立一个迷宫，一个结构，它不是像观念主义那样直接告诉你一个答案——你知道一个答案就够了，你听到这个作品就够了——它对事物的呈现是非常复杂的，你可以按照你的路径在里面找，我觉得这样一种转换方式特别有趣。我现在所做的部分特别小、特别狭窄，因为雕塑技术上的阻碍太多了。

黄专： 那你以后会尝试其他方式吗？

向京： 会啊，我一直在尝试，只是雕塑对我来说是条主线，雕塑做不了就会用其他方式去补足，但是我没有那么多的能力去把什么事都做好，所以还是以雕塑为主吧。只是说另外的兴趣始终存在，比方说文字，我特别喜欢文字中的结构性。

时间：2007 年 1 月
地点：广州番禺
对话人：黄专、向京
录音整理：向京

注释：

[1]原文载《全裸 ——向京 2006—2007》，非正式出版，当代唐人艺术中心（北京），2007 年；黄专，《艺术世界中的思想与行动》，北京：北京大学出版社，2010 年，第 250—263 页；吕澎主编，《女性的自在——向京艺术档案》（当代中国艺术家档案丛书），北京：中国青年出版社，2013 年，第 99—116 页；《向京》，载《向京文献集》，北京：中信出版社，2017 年，第 632—653 页。——编者注

自由主义与公共艺术[1]
——黄专、隋建国、邱志杰在线对话录

邱志杰：我们现在的局面简直是一个隐喻：几个企图讨论公共艺术的人，正在为通过网络聊天软件搭建公共讨论的平台而瞎忙，情况有点像京剧《三岔口》，在黑暗中摸来摸去，有时候能碰上一下。纽约曼哈顿这边的高楼太多，我在二楼找免费的无线网络，几乎有种在井底晒太阳的感觉。

黄专：北京和纽约，这更像是一个在世界两极、时空倒错的对话。我想谈论这个问题有两个背景：一个是艺术史的背景。一方面，中国当代艺术获得了越来越多的公共发展的空间，导致人们更多地思考当代艺术在公共空间生存的问题，例如当代雕塑通过各种房地产项目愈来愈多地进入了中国传统的公共空间；另一方面，九十年代末，中国行为艺术中的所谓"暴力化倾向"导致了艺术与公共社会的紧张关系；最后，艺术资本化和市场化对艺术个性主义产生了严重的干扰。

另一个是思想史的背景。与同期在中国思想界出现的"新左派"和自由主义之争有关，传统自由主义在冷战结束后遇到了前所未有的挑战和困境，这种困境同样表现在经济转型中的中国，在各种社会矛盾中，一种建立类似西方式的"公共领域"的政治诉求被提了出来。这些困境也表现在中国当代艺术中，产生了诸如下面的问题：在获得相对自由空间的同时，当代艺术有没有进行真正意义上的公共性对话的可能？在中国如何真正建立起艺术的公共领域和公共制度？

邱志杰：哦，因为涉及了行为艺术的暴力化倾向，所以拉上了我是吧。当时我似乎扮演了始作俑者和辩护者之一的角色。这些背景是很具体的中国情景，所以我们在这里讨论公共空间的时候和欧美社会有很不同的语境。

公共经验的问题在所谓的行为暴力化倾向的讨论中表现得非常尖锐，这是现代艺术运动以来艺术家和公众分离的倾向的一个极端情景。一方面有部分艺术家只有左

倾思想，把干预和介入社会现实当作创作的理所当然的一部分，或者是创作的最终目的，或者是创作的延伸；另一方面，又必须不断对抗艺术的庸俗社会学理论，防止艺术成为艺术形态附庸或者实用主义的工具。而惊世骇俗的行为艺术个案，往往是奇异地同时引用这两种话语：一方面强调其介入和干预社会的权力意志；另一方面当它与社会伦理发生冲突的时候，又马上会提出艺术的独立价值、自由表达权力之类的神话作为挡箭牌。

黄专： 将公共艺术置于自由主义这个问题框架中来讨论，因为八十年代以来的艺术启蒙运动一直奉行一种原教旨的自由主义，它以个人主义的价值诉求保持着与中国政治与社会的紧张对抗关系。在这样的情境中，自由主义与公共性的各种复杂问题，被简化成两种不同意识形态的对抗。九十年代中后期，当代艺术在中国本土获得越来越多的公共生存机会的同时，又卷入了各种国际机会的诱惑和巨大的资本旋涡，艺术家个体经验在公共空间中的自由表达变成越来越复杂的问题，现代主义提倡的极端个人实验与公共经验、公共空间、公共领域的矛盾才变成一个新的问题。

当然，使用公共性、公共领域这些概念，我们会面临一些语义上的危险。有些中国学者认为，中国并不存在一个西方式的市民社会或公共领域，国家与个人之间并不存在一个阿伦特假设的"圆桌"或哈贝马斯幻想的"交谈"机制，体现在当代艺术中就是个人化的艺术试验和社会的直接冲突。艺术中反对庸俗现实主义的斗争，也从动机上变得越来越复杂。

艺术自由主义在中国的当下情境中，有时成为艺术实验的纲领，有时成为机会主义的幌子，或者吸引资本关注的噱头。现代主义试验与公共领域的这些矛盾，成为我们观察九十年代以后当代艺术不可回避的新视点。

邱志杰： 关于暴力行为艺术的问题，我认为和公共艺术的问题是需要一起解决的。正因为我们缺少可以介入讨论的公共艺术实践，缺少讨论的公共平台和空间，极端专业化的实践才被不恰当地使用为公共经验，引起公共伦理和个人意志之间的激烈冲突。一方面强调个人创作者的权利，一方面又强调这种权利中社会价值的一面。艺术家没有错，艺术家当然要做最惊世骇俗的实验；政府也没有错，政府当然要捍卫主流价值观，否则艺术家们在日常生活中也会受损害。是我们的展示制度这个梯度没有建立好。从专业到大众，应该是一个渐进的层次，但以往这个层次被误解为主流与另类、合法的与地下的斗争。在媒体时代又过于直接地置于大众事业，冲突就在所难免。

专业性能使艺术家自我捍卫，也能帮助他们进行自我约束，要求他们保持低调。但是现在，艺术家不是以专业性来进行自我辩护和自我约束，而是用非常粗浅的、西方化的人权观念以及言论自由的观念作为辩护的话语。这种辩护其实是很弱的，实践上起不了保护作用，理论上也同样没有辩护功能。因为政府同样可以引用同一些人权话语说：你们这么做伤害了广大人民群众的自由。你如果是实验，就不见得一定是艺术，要经过多年的沉淀，才会被认为是艺术。这不能由艺术家自己认定，否则每个人都有权利那么做。

黄专：自由主义与公共领域的矛盾正是从这个地方产生的。一方面，自由主义成为任何极端艺术实验的价值基础；另一方面，自由主义又必须承担公共性义务，必须保持艺术作为一种人类行为的公共界限和公共伦理。这个问题在现实中最终也许只能演变成为一种权力的博弈，艺术毕竟不同于医学和其他科学实验，在封闭的实验室就可以解决，它几乎必然保持某种公共底线。

在中国由政治社会转向经济社会、集体社会转向个人社会后，这些矛盾变得更加具体。关键是，个人艺术实验与公共利益之间的这种博弈关系是由什么力量来制衡或决定的呢？

邱志杰：艺术实验的纲领，有时成为机会主义的幌子，在艺术史上应该说是屡见不鲜的，很难完全避免，名利场逻辑下的竞争机制，本身也是艺术生产力的一种。有时候从投机出发，也可能确实有创造性，也可能最终证明有其社会价值。所以，从动机出发提出的批评恐怕解决不了这个问题。

我认为一个比较理想的制度，应该是成梯度的。我确实不认为以艺术的名义就什么都可以做。一个作品出来要历经多年，大家才能知道它是不是好的艺术，在这一点被证明之前，它最好只在小圈子里出现，不要搞到大众层面上来。

中国最早展出有尸体的作品的策展人

是我，但那是个地下展览，是给专业圈子看的，所以可以没有顾忌地尽量尝试。你甚至都不知道这样做是不是艺术，你也可以去做，因为这是社会实验，思想观念的实验，这个不是给大众看的。

专业的、圈内的就要尽量激进、实验，这些实验要经过选择、经过沉淀，最后才能放在美术馆中给公众看，一个公众展览就要合法。我的意思是需要建立一种两极化的，并且在中间存在着过渡层次的艺术生产制度。有极其激进的实验，必定是鲜为人知的，大众媒体忽视，但是专业圈子的艺术家、批评家非常关注的。同时也应该有相对公众化的艺术市场。在画廊里面收藏家能看到的，依然是私人对私人的关系，但已经相对公众化一点了，在进入市场之前，批评家的意见和圈内专业人士的意见已经参与进来了。由收藏家那里出来再进拍卖行，所谓二级市场，就更公众化了。然后艺术市场里的作品进入美术馆，那就完全公众化了，这时就可以和公众的观念去对话。

另一方面，今天出现的越位局面也和大众媒体时代有关。大众传媒把对待娱乐的热情放在这些另类的艺术现象上，导致本来不准备放进公共空间的作品，不由自主地进入了公共视野。大众娱乐媒体的介入，在专业艺术圈和大众之间搭建了直接的通道，而在我看来，这是危险的。

黄专："两极化的艺术生产制度"是一种理想化的模式，但判断哪些是纯粹个人实验的艺术，哪些是用于公共交流的艺术，这实际上只能是一种理论上的假设。谋杀可以在完全私人的空间中发生，但是通过公共传媒，它必然会成为一个公共的事件。何况艺术实验毕竟不同于科学实验，完全的专业化只能改变它的本性，艺术的本质是公共化的，交流是艺术经验得以完成的最终手段，所以"两极化的艺术生产制度"也许只能是一种一厢情愿的理论空想。

邱志杰：我同意这不是理想模式，但这是目前在欧美国家运行的现实模式，不是空想，不过，它只是最不坏的模式，事实上也常常坏掉。英国艺术展"Sensation"在纽约展出时，艺术家以大象粪便做作品，市长就把展览停了。黄永砅在蓬皮杜艺术中心展出昆虫也被查封了。往往也还是不能完全避免冲突的发生，那么，问题是不是可以落在：多大范围内的人被假定为理想观众？而这个理想观众的设计，是由谁来做出的？

隋建国： 公共空间实际上是一个三方平台：艺术家、公众和政府（以及资本权力）。艺术家制造话语契机后，对话的形式才能产生。政府往往会采取强制的方式。强制方式也是对话方式的一种。强制实施之后，影响会很快传播到社会上，有些时候反而会扩大对话的影响面。而民众的声音只有通过媒体才算表达出来。极少情况下，民众才有机会用选票发言。一般情况下，三方同时登台的可能性不大，往往总有一方处于潜在状态。

黄专： 我们讨论了自由主义原则中个人经验的公共表达问题，接着隋建国的话题，我们还可以讨论在公共空间如何进行公共艺术生产的问题，在这个领域，自由主义与公共领域的冲突更为直接，这种冲突涉及政治、宗教、性别以及经济利益的关系。在中国当下的情境中，支配艺术的力量除了政治权力还有资本权力，中国不存在真正意义上的公共艺术空间，在某种意义上，中国房地产楼盘在这些年提供了一种类似公共领域、公共空间的灰色地带。我们举一些事例。1998 年起我在深圳华侨城策划的"当代雕塑艺术年度展"，以及后来几届的雕塑展，都是探讨实验艺术在这些灰色地带生存的可能性。它所产生的博弈关系，更明确地展示了以自由主义为原则的艺术实验与公共权益的关系。2001 年"被移植的现场——第四届深圳当代雕塑艺术展"，黄永砯的作品《蝙蝠计划》被法方粗暴删除甚至使这种冲突上升到国际政治领域，当然这个事件没有削弱这件作品的力度，相反使它在更大范围内产生了深刻的意义。这当然是艺术实验与公共领域冲突的一个比较积极的例子。但当代艺术与哈贝马斯理想的"交谈"在当代艺术的公共化过程可能产生吗？更进一步地说，中国当代艺术在建立中国公共领域和公共体制中有可能产生作用吗？艺术自由主义有可能从一种狭隘的本质主义演变成一种真正具有公共交流功能的视觉实验吗？这些可能是另外一种理论空想。

这方面的例子，我想举隋建国在上海浦江华侨城所做的《偏离 17.5 度》公共艺术计划，这个计划很容易使人联想到博伊斯在"第七届卡塞尔文献展"所做的作品《七千棵橡树》。后者更强调艺术的独立价值，前者则更强调对公共领域的协调性干预。

邱志杰： 以您的经验，深圳华侨城或者房地产、楼盘中的会所这些地带和以往的政府提供的地带，比如机场壁画，有什么区别？机场壁画时代，公众当然没有机会介入讨论，但在华侨城模式中，企业在一定程度上代行了政府的职能，公众在这个模式里也未必有参加讨论的机会。比如顾德新的"苹果"引发了争议，这个差别在哪里？

博伊斯的种树计划，从形态上一开始就涉及发动群众认养这些树，后半段又涉及这些被认养的树在世界各地的播散，应该说也是一个在设计之初就预想了公共交流的计划，个人意志在这里是启动公共对话的一个道具。他的遗憾在于，这些树和石头在卡塞尔成为奇观之后，认养的层面多发生在艺术圈内。今天的普通民众很难联想到当年卡塞尔的那个奇观，而在艺术界内部人士身上引起的反应则是不同的。

黄专： 八十年代首都机场壁画事件只是一个公共空间的装饰者在美学尺度上与官方和大众的冲突，而顾德新的"苹果"和深圳华侨城地铁壁画则是当代艺术主动植入公

共领域的试验，它具有某种强制性。它挑战的对象既有政府审查制度，也有公众审美趣味，更包括建立中国公共艺术制度和公共艺术领域的这类超出个体艺术实验范畴的东西。这些挑战是艺术家在个人实验室中无法实现的。

邱志杰： 在上海浦江华侨城模式中，老隋预留的公共讨论的空间在哪里？老隋的退休计划就是那个铁丝上面裹上漆之后越来越大的计划，从出发点来说可能是更个人的。但是从个人出发，事物所拥有的感人的力量可能会是普遍的。我比较相信这样的东西出现在公共空间依然会有力量。我完全相信它能打动一个个具体的人，那么这一个个具体的人的总和和我们讨论的"公众"的区别，两位老师是如何设想的？

在《偏离17.5度》中，美感可能发生在全局想象中，也就是一种规划者的美感。对于不能获得这种全局规划视野，也没有权利去穿透所有预设的空间，更没有机缘去经历漫长的完成过程的一个浦江华侨城中的行走者，这种对话只能是在话语的领域进行的。

也就是说，老隋构造的不是博伊斯式的视觉奇观，而是话语传奇。用话语传奇把具

体空间点化为一种公共的精神空间，这在传统文化空间的营造上是普遍使用的方法。比如西湖十景，很大程度上是由民间传说、文人诗词制造出来的一个话语空间。在西湖十景的形成过程中，民间一代代的集体创作起了很大作用，虽然最终的定稿经常是由皇家的权力审定的，可是一旦通过审定并获得普遍认同，它也会变成新的公共知识，并且表现出构建文化认同与生活方案的能力，和经济上的活动力。

隋建国：《偏离17.5度》这个计划有意识地减弱了视觉方面的因素，所以只有在规划图中，它的视觉效果才是完整的。这种个人营造的传奇能否为社区民间接受，具体到生活在社区当中的个人会怎样发言也还未知。好处是，这都会成为展开对话的契机。作品的时间跨度太长也是一种冒险，会有很多偶然因素插进来。

邱志杰：从这个角度看，这个计划很核心的点将出现在计划与规划的未来冲突上。现在呈现的第一个和规划的关系比较平和，未来可能引发的冲突才构成它进一步成为公众话语的机缘。初步阅读的时候会产生一种错觉，认为这是和规划的合谋，但事实上，未来生活在这里的人们在执行中计划会不会有效使用，构成了潜在的戏剧性。

黄专：这正好说明老隋的作品和博伊斯的区别，博伊斯的作品最后的资本化结局，可以说是当代艺术面临的另外一个悖论。当代艺术与资本的博弈关系是当代艺术中最深刻的公共意义之一。在中国，在缺乏真正公共空间的前提下，房地产资本控制的有限空间可以成为我们进行这种博弈的最为现实的棋盘，如果我们在这里斤斤计较谁获益更大，也许并不明智。我设想的就是，首先是挑战的姿态，同时是智慧的周旋。在这个意义上，隋建国的《偏离17.5度》与博伊斯的《七千棵橡树》相比，可能具有更大意义上的反资本化、反市场化和反收藏化的挑战潜能。例如，隋建国的方案中有涉及介入公共交通和私人宅院的标点，遇到这种矛盾时，协商、交谈就成为艺术与公共领域发生关系的主要手段，艺术的公共意义正是在这种协商中得以呈现的，但房地产商也完全可以通过新闻噱头和招标拍卖等商业手段使艺术侵占私宅的矛盾成为新的利润增长点。在这种博弈中去判断胜负，也许是历史才能回答的问题。

邱志杰：隋建国的《偏离 17.5 度》是出现在一个公共生活空间，而不是艺术展，在这个意义上，个人作为启动公众对话的道具的前设空间本来更为广阔。顾德新的"苹果"和深圳华侨城地铁壁画的强制性既是针对政府审查制度，也是针对公共审美，在这里，华侨城的资本力量因为一些具体的个人因缘站到了艺术家这一边，但是在更多的情况下，资本是不是在代行本来由政府执行的职能？

黄专：隋建国的《时间的形状》和《偏离 17.5 度》与顾德新的"捏肉"和"苹果"，也许可以从正面来说明你的两极化的理论。前者最多只能在展览空间呈现，而后者却可以延伸到无边的公共领域。当然它们的形态和空间延伸，也能制造更多的意义或问题。《偏离 17.5 度》是一个在规划中就预设矛盾的方案，但它最终希望成为这个公共空间的有机部分。而"苹果"在北京藏库、在深圳华侨城公共广场和在上海国际艺术博览会上，会有完全不同的含义，它也是个人实验产生公共效益的积极的例子。我想在这样一个情境中，自由主义也许会成为建立公共领域的一种积极力量而不是一种对抗的艺术。

邱志杰：但如果这么来预支未来的力量，是不是就进入了一个诡辩：只要时间足够长，执行时的风险就够大，强行插入的权力够猛，放进一个什么做法，其实都会是一样的？

隋建国：但设入什么样的形式也很不同，作品形式上针对的是建筑和规划的空间。如果只是考虑时间，也就简单得多，比如我的身体每年去一次。

作品的风险在于，一旦产生僵局，也许可以另找空间实施，但实际上，看起来很长的时间资本并不足以支付从头另来的成本。

这个作品不可能作为一个方案存在，它必须在实施中存在，而且必须达到一定规模才算完成。所谓预支未来是从作品构思与方案的层面来看。而作品对于实现规模的要求（比如方柱实现的数量，柱网覆盖的社区面积），使得每一次周期性的实施都具有向未来储存的性质。这种储存要至少二十年，即柱网至少覆盖五分之三的社区面积，才会有效。

邱志杰：规划其实从来都是不可能的，城

市建立之初，雄才大略的规划者必定要遭遇现实的熵增。企图成为公共经验的个人想象，都会面临这种变局，但是变局恰恰是戏剧性的源泉。所有的长期建设都有这种风险，完成当然不是由个人控制的，个人的意志在这里是一个用于碰撞的原始力量。

隋建国：我设想过一个保险的方案：就是先把我前五十年放进去，但是，那样缺少挑战性。

邱志杰：我们在多大程度上能够把变局消化在计划中，可能也直接关联到它在多大程度上成为一种友善的公共对话姿态。

隋建国：同意。也就是说，我以什么来说服社区成员。当代艺术的热度和经济效应给了我一个说服民众的背景，个人生命的投入是另一个背景，剩下的就是艺术的魅力，即社区生活空间需不需要这样的艺术。作品总体上的弱视觉化，使得我可以避免与整个社区对话，而是直接与规划、建设和管理方进行，只是就单个柱体，会形成我与个体的社区成员之间的对话。

黄专：自由主义与公共艺术也许是未来若

干年内中国当代艺术中一个真正的硬问题，这个问题比中国当代艺术如何占领国际高地、如何占领资本市场更为深刻。中国当代艺术由地下走到地上、由对抗到博弈、由个人实验室走向政府展场和更为广阔的公共领域，它既是开放文化的逻辑结果，也是更多新问题产生的逻辑起点。在这里，我们要面对的是本质自由主义和普遍自由主义的结构性危机，它与当代艺术被政治权力收编、向大众文化和资本权力妥协一起构成当代艺术的诸多矛盾中的两极，为此，我们也许需要构造一种更加新型的自由主义，一种多极的宽容的自由主义。它改变的将不是艺术本身，而是我们的制度环境和文化场景。

邱志杰：我的两极论方案是准备承认两极的不可协调，所以只求在两极中插入过渡层次，以求相安无事，各得其便。黄专的"新型的自由主义"方案，是更理想主义的。但是在多大程度上，我们只是规避了鱼死网破式的正面冲突，而采用了更高级的穿针引线、借力打力的策略？是不是只是因为我们今天的某些位置使我们有能力调用更有力的资源，包括权力和资本？那么这种"新型的自由主义"就只是能量更大的原始自由主义？

关键在于，我们如何将对公众需求和社会责任的合理的理解，内化为自由意志的努力，并与收编及妥协加以区分。

相关信息链接：

1. 黄永砯的《蝙蝠计划》：这是以 2000 年中美南海撞机事件为题材的艺术方案，2001 年参加中法合作的"被移植的现场——第四届深圳当代雕塑艺术展"，因法国有关政府部门的干预，最终被迫撤出展览。

2. 博伊斯的《七千棵橡树》：德国艺术家博伊斯在"第七届卡塞尔文献展"上展示的大型公共艺术作品，以在卡塞尔城区种植七千棵橡树和树立七千块玄武岩碑为内容。由于工程浩大，延自艺术家身后才得以完成。

3. 深圳地铁华侨城段壁画工程：2004 年由黄专策划，在深圳地铁华侨城段三个站点安置中国当代艺术家王广义、张晓刚、方力钧的三幅大型壁画，这是有史以来中国当代艺术真正进入中国公共空间的第一项实验工程。由于未获深圳政府有关文化部门的同意，壁画延至 2006 年才在深圳地铁进行了短期展示。

4. "上海浦江华侨城十年公共艺术计划"：2007 年由黄专策划，在由意大利城市规划师和建筑师设计完成的上海浦江华侨城进行。计划包括每年一度的大型公共艺术展和隋建国的《偏离 17.5 度》，这件公共艺术方案以偏离上海新浦江城规划坐标 17.5 度的方式，每年在一个设定的固定标点安置一块铸铁立方体。立方体安置与城区各类建筑及公共空间、私人空间的矛盾成为方案预设的公共问题。

（1.《自由的有限性》，邱志杰，北京：中国人民大学出版社，2000 年；2.《第二届当代雕塑艺术年度展》画册，何香凝美术馆编，香港艺术中心，1999 年；3.《点穴：隋建国的艺术》，黄专主编，广州：岭南美术出版社，2007 年。）

时间：2007 年 11 月 5 日

地点：黄专、隋建国于北京，邱志杰于纽约

对话人：黄专、隋建国、邱志杰

整理：方立华

注释：

[1]原文载《读书》，2008 年第 2 期。——编者注

剧场、话语反控制与艺术人道主义 [1]

黄专: 你一直是一个公认无法定义和归类的艺术家。我从你的工作语汇中找到了一个比较中性的词: 剧场。在我看来, 这个概念在你的作品中有两层含义: 一层是物质性的含义, 从古希腊开始的"剧场"都是由舞台、后台和观众席三个部分组成, 这是一种物理层面的结构, 你的很多作品也呈现了这样的物理结构; 另外一层是隐喻性的含义, 是由舞台构成的话语结构。我想你可以先谈一下"剧场"在你整个工作语汇中的含义。

汪建伟: 2000 年我做了《屏风》(图 1), 严格来讲, 这个作品是我的"剧场"的第一个实验, 但那个时候"剧场"概念还不是很清晰。我从古希腊的剧场得到两个启示: 一个是它跟莎士比亚戏剧之间的区别。古希腊的剧场在今天不应该被看作一种"表演", 它实际上更多跟公共、政治有关。希腊的剧场不仅是将制作好的戏展示给观众看, 在那个地方, 通过辩论, 让公众投票选出他们认为最能代表人类价值也许是更重要的事。我在读美院的时候, 读过古希腊悲剧作家埃斯库罗斯的《阿伽门农》, 当时我并没完全读懂, 后来才逐渐理解它的含义, 它有两种意义, 一种是要维护社会公正与秩序, 一种是提出人类在维护社会公正中是否有道德底线。这两种相互矛盾的东西被同时呈现。另外, 从空间结构上, 古希腊的舞台跟中国的完全不一样, 它是观众在上面, 演员在下面, 呈扇面形状。中国的剧场舞台是高于观众的, 因此剧场跟观众之间的关系是完全不一样的。那个时候还建立了"第四面墙"的概念, 指的是面对观众的空间, 这也就奠定了我们所有传统的戏剧空间的基础。另一个启示是古希腊剧场跟中国的观看现场不太一样, 我是在 1996 年拍《生产》(图 2) 时

图 1 《屏风》, 汪建伟, 多媒体剧场, 2000 年, 尺寸可变

感受到这种不一样的。中国观众在看戏的时候都处于一种非常世俗的状态，比如他们有嗑瓜子、大声谈话等举动，没有仪式感。后来我觉得"剧场"真正有意义的地方在于它是一个转换与制造意义的现场，就像在德波（Guy Debord）的《景观社会》里面，他修正了马克思主义关于资本主义社会的看法，认为资本主义社会从一个物质的商品社会转换成一个制造景观的社会，这跟鲍德里亚（Jean Baudrillard）关于图像和世界的理论有关。我觉得我就是在这样的背景下逐渐发展出了我对"剧场"概念的思考点。回到"剧场"，就是这次我要在 OCAT 展出的《征兆》（图 3），这是我创作的一个很关键的转折点。戏剧、空间、电影和历史，以前完全以线形结构来排列，在这个作品里面，我想让它们完全失去彼此之间的界线。

我觉得阿尔都塞对意识形态的分析，其实跟德波的《景观社会》有一致的地方，阿尔都塞研究的是意识形态作为国家机器和物质性实践，德波阐述了物质化系统制造出来的是某种景观的替代物。实际上，我们必须回到图像制造和意识形态的关系里面去，而且我觉得意识形态的文化有一个很核心

图 2 《生产》，汪建伟，1997 年，录像。图片由艺术家提供

图 3 "征兆：汪建伟大型剧场作品展"现场，2008 年

的东西，就是它使个人生存的现实环境和想象中的环境得以相互置换，转化为一种想象性关系的表现。对于我来讲，这些知识也是不断地发展出来的，并不是按照某种正确的时间和逻辑产生的。比如说关于幻想性系统如何建立，它与意识形态和宗教是什么关系？从费尔巴哈（Ludwig Feuerbach）对基督教神学的批判，认为宗教是在利用上帝的幻觉来替代现实本身，到马克思认为世俗基

图4 《循环·种植》，汪建伟，1994年，行为、照片，尺寸可变。图片由艺术家提供

图5 《生活在别处》，汪建伟，1999年，录像。图片由艺术家提供

础自身的相互矛盾和自我分裂是同样重要的基础，即宗教与意识形态的双重关联。这样我们就不难理解为什么意识形态是一种与真实和科学知识相矛盾的幻象信仰系统，并且通过那些实践过程将人建构到这套系统并与之关联起来。最初我拍《生产》的时候，开始注意到一种关联的场所，比如话语的现场是如何建立的，如何在谈话和场所展开。后来逐渐地，我意识到"剧场"里面如何制造景观，如何转换，重叠空间的概念逐渐形成。可以这么说，观众跟景观、跟看得见与看不见之间会形成一种关联，这也就是我的"剧场"概念的开始。

黄专：福柯有一个概念叫"知识考古"，我想或许我们可以以这种方式来讨论你的工作。我们首先搁置追究你艺术作品的意义或正确性这类问题，而是从源头上找到形成你工作方式的知识机制和条件。如果你作品的历史从1992年的《文件—事件》算起，那它就是我们知识考古的源头，看能否在这个线索里找出一些逻辑。1993年你创作了《循环·种植》（图4），记得当时我在《画廊》上为这件作品做了一期"装置点评"，我对你作品的最早批评也是从那个时候开始的。我觉得那个时候，你的作品探讨的都还是一般知识论、知识结构一类的问题。到了1996年后的《生产》《生活在别处》（图5），探讨的问题就延伸到了空间的政治、历史属性及意识形态关系这类问题上了，你开始产生了一种对书写历史的怀疑，开始考察一种在意识形态中形成的历史，但这种考察的兴趣似乎并不旨在追究历史的真伪或历史的本质意义，而在于考察这类历史形成的知识条件，你试图撇开所谓图像意义的追问，着重通过知识环境和话语支配过程来还原意识形态历史的形成过程。

从2000年的《屏风》开始，你的作品已

图 6 《隐蔽的墙》，汪建伟，2001 年，现场、表演、声音，尺寸可变。图片由艺术家提供

经具备了一种明确的方法论，它建立在几个不同的知识结构中，其中一个就是你对阿尔都塞意识形态理论的理解。阿尔都塞对马克思主义意识形态理论的贡献在于，阿尔都塞认为意识形态的关系虽然是一种幻象性信仰系统（按照恩格斯的说法是一种"伪思想"），但却是建立在具体的物质实践基础上的。阿尔都塞研究的不是这种"伪思想"本身，他认为即使是"伪思想"，本身也可以具有很严密的逻辑，比如神学。阿尔都塞感兴趣的是制度、国家机器的物质化实践，这种实践在某种意义上是一种无意识的意识形态。

一个人受意识形态的控制，最后形成了一种生理反应，正是对这种生理反应的追问使你刚才说的空间概念变得有意义。"剧场"是在一个虚拟状况下来完成一种现实生产，如果将具体的剧场空间挪到生活空间中来，那么整个生活也就变成了剧场。你在很多作品中对历史的考察并非一种真正意义上的考古，比如说在 2000 年的《屏风》里，你穿插了《韩熙载夜宴图》这个历史文本，记得你说过，在那里面你感兴趣的不是历史的真实，而是它的"漏洞"，你希望用"剧场"这种虚拟空间的方式来展示窥视与被窥视之

间的某种权力关系。我觉得正是从这个作品开始，你在非常自觉地抛弃对意识形态的伦理判断或者真伪判断，着力建构一种考察性关系，这种关系是你的"剧场"的基础，实际上"剧场"是为这种关系提供了一个续接的空间。2000 年的《隐蔽的墙》（图 6）是这种现实意识形态考察的延伸扩展。记得有一个关于这件作品的采访，你谈到作品中共唱《国际歌》的德国观众的政治身份很容易区别，拿着歌单的是西德人，没拿歌单的是东德人。这就是意识形态的历史记忆对人的塑造作用：对于西德人而言，《国际歌》只是另外一个世界的经典文本；对于东德人而言，则是他们生活的一部分。你的剧场提供了一种虚拟的意识形态现场，使我们能够更容易察觉平时不易看出的"空隙"，我对这样的方法也特别感兴趣。通过"剧场"来塑造一种观察性关系，这种"关系"对你而言，

是一种方法还是一种价值判断？

汪建伟： 在九十年代初的一段时间里，我没有做任何作品，我回到自己特别不熟悉的领域，读了大量科学方面的书，这些书我以前都没有读过，它是被排斥在艺术经验之外的，从情感上来讲，我也对这些书没有正确的判断。但那个时候我有一种很初级的想法促使我去读这些书，我在想，这部分的知识对于我是否有意义？在阅读的过程中，你发现了在艺术之外的世界，你获得了一种方法，就是在其他众多知识的参照下去观看艺术的可能性。并且你会认识到艺术知识只是人类全部知识的一部分，你学会了在一种知识共享的基础上去看问题，包括艺术。同时，是什么理由导致我们拒绝用人类的全部知识和经验来判断艺术的？这样做的理由是什么？我找不到答案。确切地讲，我的方法论是在那个时候建立起来的。如果我们承认艺术经验和知识经验是人类全部知识经验的一部分，那么为什么人类的其他知识和经验不可以作为艺术的和文化的经验呢？我觉得这是我的一个特别重大的改变。而且在这个阶段，有很多来自科学的方法论对我影响很大，比如微观物理学中的波粒二象性和互补

原理，这个简单的理论实际上给了我们一个非常深刻的方法：世界可以在互补和矛盾中去被判断。这样的方法论不是来自哲学，而是来自自然科学，也就是说，我们不应该拒绝其他知识给我们带来的观看世界的方法，对我而言，这是很重要的转折。这样的方法是否可以作为艺术的经验来判断？从那个时候起，我就对仅仅在艺术史的线索中去寻找思维方式不感兴趣了。

这同时涉及当代艺术的方法论，我们是在什么样的背景下来接受当代艺术的一整套方法的？是否西方的整个当代艺术史以各种样式和形式告诉我们的关于当代艺术的经验就到此为止了？我们是否有可能在方法论意义上产生新的艺术实践？既然自然科学和其他的知识带给我们这么强有力的方法，我们是否也可以按照这样的方式来思考艺术问题？1992 年，我做《文件》（图 7）的时候，开始尝试完全使用另外一种方法。其实到现在我仍然很难判断，这种背景下产生的行为事件是否叫"艺术"？对我来讲，是否叫"艺术"也不重要了。我不想说我想建构一种"新艺术"，因为我在否定一种东西的时候，不能把我做的工作当成是对那种

图 7 《文件》，汪建伟，1992 年，装置。图片由艺术家提供

东西的新的注解。这个过程可能就像你说的，它完全是另外一个系统，一开始的时候停留在方法论层面，它首先拒绝被艺术史系统解读，比如视觉、象征性、暗示、语言逻辑、材料的关联……凡是我认为是从这些系统而来的经验，基本上就被我阻挡在我的创作之外了，这是一种非常极端的实验。到了1994 年，我意识到这个过程已经完结了，也就是说，在方法论意义上的实践已经没有问题了。同时，我发觉如果用其他的知识系统来支持我的实验，比如用元素概念替代材料，这样概念就在不断发展。我想我还只是注意到了物质的自然属性和物质属性的转化，没有注意到它的社会属性以及它的共时性，这直接导致了《循环·种植》的产生。

"剧场"的概念从那个时候起，对我而言就是一个"关系"的概念。紧接着我做的就是关于场所的调查：为什么人在特定的场合说话？为什么只有在特定的场合说的话才是真理？为什么一个完全没有话语权的人要到特定的场所寻找他人的话语？为什么在一个场所里面很有话语权的人到了另外一个场所就丧失了话语权？我举个例子，我拍《生产》，去过一个地方，当时有很多村和乡的干部，他们一到茶馆，话语规则就有些变化，你带来某些信息，才会保持某种权力。你没有信息，就会丧失话语权。另外，这些话语没有真伪之分，他们每天都用他们的话语在那个地方发布各式各样的消息，有信息的人就是在空间中最有权力的人——不管信息真伪。我很同意你刚才说的"真伪"的问题，证真伪是很传统的思维方式，真正有意思的是根据福柯的理论，为什么此时此刻这种话语会出现？为什么只有这些话语，它们是怎样被制造出来的？这些才是重要的问题。当时"剧场"的概念在我脑子里还不是很强烈，我想的都是"关系""关联"。我觉得波粒二象性和互补原理对我影响很大，我开始尝试在作品中从这个角度来考虑问题，比如空间的方式、材料的方式和观念的方式，我考虑的是它们是否可以在相互矛盾和相互抵抗中被展开。按照我们的艺术史，是要把所有的材料调动到"最佳状态"并用以支持某一种观念，我觉得这只是一种方式。我想，一种相互抵消和相互不可能的关系是否也可以建立起一种方式？

我始终警惕在我的作品中出现某种起支配作用的东西，因此我的作品始终"不好看"，始终无法被读解，当一种会起支配性的因素，比如"深刻性""悲剧性""趣味性"出现时，我就会非常警惕，我就会在我的工作范围之内去阻止这些倾向发展，在一个作品中出现某种支配性，就会产生某种秩序化符号，实际上我们就又回到传统的认知方式上去了，制造的是一个"感人的""深刻的"作品，这是我不愿意看到的。我觉得我作品中一个很重要的东西，就是作品的暧昧性，我不是简单地制造暧昧性，我希望让它呈现出可被过去的经验所判断的那个部分，同时我又用一种方法去拒绝全部被正确地识别。

比如说我的"种植计划"为什么要放到农村而不是在自己的家里进行？虽然说这是我汪建伟的一个作品，公众看到的是一个农民在承包的土地上种麦子，这两个东西都存在。这也就是我的作品所要展示的，即当两个东西都在的时候，怎么来解读这种"都在"的现场。

还有，我一直在考虑如何观看的问题，我始终认为"剧场"的观念实际上不仅仅是景观和观众的关系，也有相互转换和共享空间的意义。为什么古希腊的戏剧跟莎士比亚的戏剧不一样？就是因为前者的戏剧跟观众之间不是只有一种关系。古希腊的戏剧有观众投票的部分，这样的行为被带入剧场，观众的态度和选择增加了剧场的概念，实际上戏剧跟观众之间并非只有一种关系。在德波的《景观社会》一书中，他对景观与公众关系的阐述修正了马克思关于商品与社会关系的理论，同时将意识形态问题并置在一起。我想"剧场"这个概念也应该放到景观社会与公众之间的关系这一层面上去思考。

黄专："关系"这个概念很重要。你对于"剧场"的定义里还有一个非常重要的概念

"非场所"，我想这个概念描述的是"剧场"关系的不确定性。一个剧场包括一个后台，这个后台可以是广义的也可以是狭义的，包括编剧、导演或化妆室等，它是一个密谋或支配性的空间，舞台则是"严肃"的言语行为的表演空间，即福柯讲的"陈述"的场所，一种可供话语分析的场所，观众席则是观看和接受的空间。剧场的古典关系是：主动的是前台，前台是主动的呈现，观众是被动的接收者。"非场所"的概念颠覆了这类空间关系，展示了这些关系的互换和互为控制的悖论性现实，2005年你在上海做的展览"间·隔"，就非常能体现这种"非场所"概念，你把整个建筑工地、电梯和一些未成型的场所都变成展览空间，打乱了主动和被动的关系。

汪建伟：在做《屏风》之前，整个当代艺术关于空间的界线很清楚，一个是展示空间，一个是传统戏剧空间。甚至艺术的形态与场所的布置都很准确，在《屏风》之前，中国当代艺术中还没有直接把作品放到剧场空间中去的，我认为并不是简单地移动作品位置就可以称为"剧场"，有些作品不是放到任何一个空间都合法的。首先，我要建立

剧场这个概念，也就是要改变当代艺术的话语方式和物理性系统；同时，我也要警惕它仅仅是反抗某种话语体制的自然有效性；另外，如何保持空间的双重性而不陷入仅仅一次的线性位移？我不需要先赋予一个"剧场""当代艺术"的定义，我也不想修正剧场的任何传统属性，所以《屏风》选择了北京的一个儿童剧院（北京七色光剧场），它就是一个简单意义上的剧场，刚刚建成，还没有被使用，没有太多的文化附加值，我当时要解决的问题是不要让它体现出过多的属性。

黄专：一旦进入某种特定的专业程式或学科场所，你就会被那里的语境或秩序控制。

汪建伟：我不知道你还记不记得，有一年夏天我们去日本东京参加一个展览，主办方组织我们去看展场，进去以后，里面的冷气非常舒服，而墙上没有任何作品，倒是在角落里有一个工作人员，我们还以为那个人就是一件作品，你当时说了一句话，说"在这个空间出现的任何一件东西都有可能是一件作品"。也就是说，这个空间完成了它的属性控制。我当时选择剧场时，也面临同样

的问题: 如何在摆脱一种控制的同时变成另外一种控制的产物。就是在寻找一种中间状态的关系。比如说我没有选择大的剧场,而这个剧场的空间有 500 平方米,300 个座位,它的历史和生产方式已经决定了它的空间有明确的文化属性,比如一说小剧场,就一定"前卫",这完全是双重误读。我选择了一个儿童剧院作为我的作品的剧场,是因为它本身没有太多的属性。

黄专: "前卫"现在也变成了一种专业程式,也会被它的特定机制所控制。比如博物馆、双年展现在都已经成为某种专业秩序的控制机制。你追求的"非场所"是否在力图进行某种专业"反控制"?

汪建伟: 如果你仅仅是去做一个"反控制"的作品,实际上你就成为这个控制的一部分,这也需要警惕。我拒绝选择一个完全没有属性的空间,这个空间有一个基本属性,它是一个传统剧场,有公共性,而我不对它做任何修改,当时它给我的感觉就是,它提供了一种与社会发生关系的连接点,我要选择的就是这样的空间。进一步,我不需要它有过多的属性,否则它会形成一种控制,会让

人认为在这个空间出现的就一定是传统的或者当代的东西。另外,还有一种所谓西方的非场所的控制,就像 loft、工厂、街道等,这是一种反博物馆、反体制化的体制。我觉得对于这两种控制,不是说站到一方就可以对另一方构成意义。

这就是我选择一个儿童剧院的原因: 第一,它符合剧场的基本概念,在这个意义上,我不用对它做任何修正; 第二,它可以连接公共空间,这里有一个认知学的经验,公众到这里来看戏,没有任何预设,他们只是来看,但不会认定会看到什么类型的戏,我觉得以这样的经验来连接公众是最合法的。

黄专: 你之前描述过录像作品《征兆》中有几组关系?

汪建伟: 四组。我去了柏林,看了两次场地,开了一次关于"话语"的研讨会。四组关系就是从中逐渐剥离出来的。这里的"话语"不是我对"话语"的讨论,而是西方对中国的认识,我把它梳理成四个板块: 第一个是关于古代历史,是西方对传统中国的想象; 第二个是从推翻帝制到新中国成立这一阶段,是一个无政府主义的、军阀混战的民国

时期；第三个是到了 1949 年，这是一个很大的转折；第四个就是改革开放的阶段。在研讨会上，我明显感觉到，不论是学者还是艺术家的谈论，都是在演绎自己对中国这四个阶段的不同程度的认识，基本上不是知识性的，而是经验的、演绎性的。在《征兆》中，我并置了这四种按照我的方法论结合起来的关系，局部的正确性放在一起就无法判断其正确性了，只是一种背景。另外，判断一个局部的正确性，需要很多关联性的经验。"并置"符合我的方法论的"在场"，但"在场"的关系并不决定唯一的结论，所以，整个现场既保持了一种关系的现场，同时它们之间的位置与空间关系又在不断改变，你很难获得某种唯一性和肯定性的结论，而且我质疑这种结论。我一直在坚持不断地提问，而且保持有能力去提出问题。对于我们的知识系统，我们停止提问的指数很高，我们在任何一个问题面前都可能停止，我们停止追问的事情太多了，这就造成了一个完全没有质疑的世界，我觉得这是很可怕的。当可以用其他的知识和经验不断地对一个世界提问时，这个世界的漏洞就会出现。

黄专：我觉得《征兆》是你作品中最重要的一件，它比较完整地体现了你的方法论和反控制原则。"征候性阅读"是阿尔都塞创造的一种文本阅读方式。原来我们观看作品，都是寻找文本反映了什么、揭示了什么，这种阅读的前提是肯定文本都是作者主观意识的产物，但它恰好忘了所有写作都是受某种特定意识形态控制的，这才是阅读的前提，我们要追究文本说了什么，更要追究作者为什么要这样说和还没有说出的东西。文本中存在着大量的"空隙""省略""沉默"之处，它们并不是主动修饰的需要，如"弦外之音"，而是作者受意识形态控制所无意识说出或无法说出的东西，这才是真正的批评要留意的"征候"，因为只有它才能提供关于意识形态的真实知识。《人质》就体现了这种类型的阅读。你在里面首先塑造了一组标准的"工农兵"，他们象征、代表着某种无个性的秩序和权力，接着你构造了比这个标准低一层的群体性的阶级形象，一般意义上讲，前者代表了或者标识了后者，但在剧场中，这种代表与被代表的关系被你置换成某种控制与被控制的关系，或者说互相控制的关系。你还塑造了阶级敌人的形象，阶级敌人与工农兵之间原来是对抗性关系，而在你的作品中，他们也被某种互相制约的关系所控制。这件作品提供的正是在意识形态历史中经常被我们忽略的很多"空隙"。《征兆》建构的关系更复杂，还包括你刚才讲的对西方看中国方式的呈现。

我觉得这些都是你的"剧场"的精华所在，你通过构造关系来反控制，并不揭示或反映什么，而是通过"关系"制造事件，通过事件进行阅读。

汪建伟：你说到"沉默"，我觉得有两种"沉默"，一种是"只能这样"的沉默。我在1995年刚刚读到阿尔都塞的书时，很兴奋，我跟王广义说过我对"征候性阅读"的理解，我觉得他就是使用了这种"只能这样"的沉默表达法，他"只能这样"，是什么导致他"只能这样"？是什么使得他只能以这样的方式来展示世界？这就是真正的意识形态文化，到现在我都认为这些被遮蔽了，"政治波普"把王广义的这一部分遮蔽了，随后所有对王广义作品的读解都加深了我的这种判断，实际上，我们可以用"征候性阅读"的方式去解读他的作品。

黄专："政治波普"是一种典型的反映论

式的阅读，在这种庸俗社会学的思维中，王广义的作品是显现不出它的真实价值的，这类评论无法对他的作品进行"征候性阅读"，更无法提供我们进行这类创作的多重意识形态语境和动机，它只能使作品中"沉默"的东西永远"沉默"。你一直不愿意被归类、被定位，这是否也包含你对这类解读的拒绝？

汪建伟：你说得对。另外一种"沉默"是观众与作品之间的沉默，这里面需要很大的知识结构来架构，我觉得中国的"沉默"是整个教育系统对当代艺术的沉默，对文化读解的沉默，和整个媒体与艺术家、观众之间关系的沉默，在如此大的沉默背景下，公共经验与作品之间很难建立一种解读关系。这也是一种悖论，我认为当代艺术与传统艺术有一个很大的区别，是它企图在公共经验上与观众建立连接，如果不解决这一点，博伊斯说的"人人都是艺术家"就只能永远是神话，因为这句话会导致艺术家处于神的地位，而其他所有人处于更不利的位置。那么怎么打开公共经验？这里面如果有如此庞大的"沉默"，就是说公众没有机会使用自己的经验来跟当代艺术产生关联，他们被控制在只能使用被"沉默"隔断的经验之中，而他们又无从得到当代艺术语言的经验，因此他们永远无法与作品产生真正意义上的关联。

黄专：这种话语控制很有意思，观众到一个当代艺术展场看展览，一开始是惊讶，后来看多了，慢慢地就觉得这是合法的了，这种合法性会导致一种阅读惰性，它使观众不再去追问当代艺术合法性背后的东西，这就非常可怕了。当代艺术一开始是想跟观众互动，结果却将观众拦在对它的解释范围之外，这也是一种虚假的合法性所构造的专业话语权力。古典时期的观众是被动的阅读者，现代观众似乎成了主动的阅读者，但正是当代艺术这种合法性，反倒阻隔了艺术与他们生活的关联，他们接受了某种自由的权利。我觉得反倒是这种专业话语权，使当代艺术丧失了它的开放性和自由性，这真是一个悖论。

汪建伟：这种归类直接导致观众更加奴役化。因为当他们处于不了解或不尊重当代艺术的情况下，他们还保有一种陌生感，一旦他们停止观察、停止判断，给了对象合理性，就是一种奴隶行为了，这是很荒谬的。

黄专：这个悖论永远存在。

汪建伟：我最开始注意到这个问题，是在日本北九州的一个跨学科讨论会上，这个会议把两个完全不同学科的人放在一起谈自己的工作，公众可以自由使用自己的知识来提问。我当时以为这种方式可以建立当代艺术与公众经验之间的连接，但后来发现了两个问题：第一，各种领域的人在各自学科经验内谈可能性、不确定性问题的时候很精彩，且非常专业，但是封闭在各自学科内部，一旦两种不同领域中的人用两种不同的知识来谈跨学科的可能性、不确定性时，彼此马上降下自己的专业性，好像都要使用非专业的话语，用很初级的、常识性的经验来谈跨学科的问题，这样的话，就使知识综合沦落至一种不专业的层面。第二个问题是，所有不同知识领域的学者在谈到中国的时候，也都放弃了自己的专业性。

黄专：你觉得你的哪些作品涉及这两个问题？

汪建伟：比如《种植》。在这件作品中，我把自己的经验以及艺术家身份都放到一个公共经验的位置，使其丧失某种特殊性，以打开"其他"经验可以阅读的可能性，包括作品发生的现场、它的发生方式，以及如何去阅读它。比如这次在上海做的《人质》，也许有人会问，为什么要出现装置？是为了展示材料的多重关系吗？其实是否是"装置"对我来讲并不重要，我使用了很多与认知有关的方法。

黄专：影像部分与装置部分是什么关系？

汪建伟：它涉及的是物质化结构与影像的关联能否展开一种现场对话，这是一种双重的暧昧。首先如果我把空间分隔为两个相对独立的区域，很容易让人感觉到一个艺术家是做影像的，另一个艺术家是做装置的，展出的是两个没有关系的艺术家的不同作品。我把空间做成容易造成并置效果的空间，就迫使观众去想，两种没有同构性的作品为什么是同一个艺术家的作品？另外，我是将空间建立在展览与剧场之间，我觉得"关联""关系"有很重要的特质。以前我们认为有关联的东西才能放在同一个现场，但"关系"也包括"矛盾""互相排斥""互相不搭界"，就像我们可以说"男女关系""同志关系"是"关系"，但"敌我关系"不也是"关系"

吗？甚至更极端的说法是"没有关系也是一种关系"。我想知道的是能否在现场建立这样的关系层面，这也是控制与反控制、场所与非场所的一种实践。

我觉得《征兆》是我转折性的作品。首先我必须面对如何制作一个"关系"影像。我自己被《征兆》的拍摄搞得焦头烂额，在整个准备、拍摄过程中，不但我自己一塌糊涂，所有的工作人员也一塌糊涂。要使四组人的表演完全变成一种共时性表演，当时摄影师甚至找不到机位，灯光不知道如何设置，演员不知道下一步如何迈出去，怎么来拍这样的东西。后期剪辑的时候也疲惫不堪。我的很多技术性的东西都是在拍《征兆》时获得的，当时我想一个历时和共时共在的影像如何被观看，《征兆》是四组人之间不间断的、始终相互的关系，我觉得在《征兆》以前，我的影像艺术一直在进行一种关系—非关系的实践。

黄专：《征兆》的意义是多方面的。我觉得现在整个当代艺术批评领域中，还没有形成对这种作品的解读机制，这是个很大的问题。如果建立了这样的解读机制，整个批评界也会往前走一大步。

汪建伟：与"征候性阅读"相关的还有两个因素，如何保持某种不完全的阅读。在我的作品中，我希望让某一部分征候发作，让另外一部分受到限制。这是我反过来读王广义作品的理解，"为什么只能如此简单？"没有人提过这样的问题，反而我们更多想展示我们有"反映"问题的能力，当我们没有了这样的能力之后，我想我们会有一种新的能力。

黄专：当代艺术也是一个"熵增"过程，当自由不再受限制，它的能量很快就会耗散，而旧式的批评方式正在加剧这种消耗，这很有启示意义。

让我们回头谈谈博伊斯。我一直觉得整个当代艺术史是以博伊斯划界的，在他之前是"前博伊斯时代"，在他身后是"后博伊斯时代"。博伊斯提出了很多问题，他有两重性，一个是他完全打乱了原来意义上的当代艺术的反映论式批评和从杜尚开始的哲学意义上的实验性，他的创作盛期与阿尔都塞、福柯理论的产生是同步的。他一生进行的也是对现实世界的话语权力批判，他运用了很多手段去揭露现代国家制度、教育制度、环境制度的反人性本质，他把艺术提升到与同时代人类学和社会学相同的高度。但他的知识构成是非常古典的，他欣赏的艺术家是达·芬奇、歌德，他信奉的哲学是十九世纪斯坦纳的人智学，他信仰的宗教是萨满教。我觉得这一点正是博伊斯的矛盾所在，他把艺术提升到人类学和社会学的水准，这与达·芬奇将艺术提升到科学水准的贡献是一样的，都是他们之前的艺术没能达到的高度，但同时博伊斯的矛盾性也在于他保持了某种古典情愫，这种古典情愫是他最大的尾巴，这个尾巴强调了人性的超验性，而这种超验的、普遍意义上的人道主义正是阿尔都塞和福柯批判的东西。博伊斯扩展的艺术概念有两个含义：一个是"社会雕塑"，力图打破专业化和体制化了的艺术门类，最大限度地提升其公共活动能量；另一个是"人人都是艺术家"，将艺术作为一种普遍的、民主性的创造力，这种艺术人道主义就是他的古典主义的尾巴，正是它极大地限制了他作为当代艺术家的开放性。

人类认识自己的最大悖论是：每个人都是有局限的，但人在认识自己时总是希望找到一种超越局限的东西。古典时代人找到的代用品是"上帝"，到了康德，他开始企图将这种局限变成一种关于事实确证性的知识基础，他首次认识到人作为动物的最大特性是认知主体和认知对象是一体的，人通过自己的组织性行为来获取认知，但这种理论并没有解答一个人怎么能够超越自己的局限去认识自己，最后他也只有保留"物自体"这类形而上的神话。福柯要揭露的就是这类神话，他认为人只能在自己的局限中认识自己，任何超验性认识主体的设想都无法提供确证性知识，由此他也反对普遍绝对意义上的人道主义，因为这种以虚假的想象作为伦理目标的理论只能导致两个结果：一个是专制主义，另一个是无政府主义。从这个意义上来讲，福柯对人本科学的批判、阿尔都塞对意识形态权力的批判和波普尔对历史决定论的批判有着异曲同工之妙，他们都指出了抽象人道主义的危险：它常常成为专制主义的帮凶。

博伊斯抽象的艺术人道主义的局限影响着博伊斯时代之后当代艺术的走向：一个是当代艺术并没有摆脱现实权力的控制，反而成为更加社会化的控制系统（如博物馆、双年展、策划人等）和更加完备的资本操控系统（艺术市场、拍卖行等）的奴役对象；

一个是当代艺术日益走向犬儒化和非人文化，艺术不再真正思考和探讨与人有关的问题，而重新成为由特定技术系统控制的专业性实践。中国当代艺术正在通过所谓国际性成功走入这种控制系统。

汪建伟：现在已经看到博伊斯"人人都是艺术家"这句话的漏洞了，他坚持超验的部分，就会最终走向建立一个新的上帝的系统，这也恰恰是阿尔都塞批判的意识形态的最大问题所在，即成功地通过物理化实践把一个个体的结构性的和想象性的系统进行替换。博伊斯的意义对我来讲，很重要的一点就是他不拒绝任何一种经验和知识可以跟艺术产生关联，解决了这个问题以后，他就认为在很大程度上，所有的人也可以跟当代艺术产生关联。但当他说"人人都是艺术家"的时候，即他的人道主义落实的时候，又潜在地否定了这个东西，这也是福柯反对的，这里面暗含了一种话语权力，我觉得这句话应该改成"人人都可以不喜欢艺术"，这才是真正的人道主义。我发现以人道主义作为谈话内容特别招人喜欢，"人人都是艺术家"首先是被控制在艺术家手里的。

黄专：福柯、阿尔都塞、波普尔并不是人道主义的反对者，他们要揭露的是传统人道主义的控制本质；他们也不反对对真理的追求，而是反对将真理绝对化，我们只能通过排斥谬误、反抗控制或试错性的知识实践才能慢慢逼近真理。为什么我们习惯说"正确"的话？因为"正确"的话背后往往潜藏着某种权力的影子，它给我们一种虚幻的安全感，却将真实掩盖起来。相反，有时"错误"的话反倒可以让你摆脱某种控制，我们需要通过说错话的实践来慢慢靠近真理。抽象的艺术人道主义正是在制造当代艺术合法性的同时，将一种新的控制系统强加给了我们。

汪建伟：伦理姿态往往是建立话语权力的征兆。我更愿意从一种关系的角度去谈知识、权力和控制的循环。艾柯说过，围绕着任何一个事物的都有可能是一部百科全书。就是说谁有权力，谁就决定了他和其他事物关联的合法性，最后就变成如何去争夺这种合法性。我觉得今天我们深陷对这种合法性的争夺，就像布尔迪厄所说，他说现代社会最大的暴力就是对合法性的争夺。当一个个人的意识形态消失以后，你会感觉他的这句话越来越准确，知识本身已经退到其后。在

我的词汇中，我会经常使用的一个词就是"合法性"。

黄专：今天在展厅，我问你录像艺术在今天是否已经获得了某种"合法化"，我们要考察的是为什么在今天录像艺术被认为是合法的了？这个过程是怎么形成的？

汪建伟：我觉得我们需要对微观话语进行考古。比如今天我们谈到"录像装置"，在很大意义上，这四个字组成的词已经是合法的了。但它有两面，一面是相对于专业性来讲，这种合法性不是问题，但当代艺术仅停止在这个意义上是没有意义的，就不合法；但对于观众，因为他们被"沉默"控制，他们就认为这种合法是有意义的，甚至很前卫、很有批判性，这就是悖论。所以，艺术家需要有一种自我批判和知识系统来对这样的微观话语时刻保持警惕，并保持起码的道德底线，不为这种空间差去获利。

黄专：对，艺术家需要反抗这种专业的"微观话语"。

汪建伟：最近我听到两个非常有意思的说法，即"我看不懂"和"我懂了"，这里面有

太多的微观话语分析，二十多年前，当你面对他人说"我看不懂"，意味着你要拒绝这个社会。

黄专：这就是所谓"身份权力"，比如在"八五"时期，你首先要学会"哲学腔"，才有资格谈艺术。

汪建伟：对，今天说"我看不懂"则变成了另外一种身份权力，意味着这些东西已经解决了。我觉得这又回到了"熵"的起点。如果在当时你说"看不懂"，那是拒绝进步；而如果是今天说"看不懂"，实际上是新的一轮知识出现，又变成另外一种权力身份了。

黄专：所以我觉得我们应该从这样的角度来理解对艺术的批判。

汪建伟：对于"剧场"，我思考的是：一、它能否提供一种与其他知识形成对话机制的空间；二、在这个空间，因为它有可能跟其他知识产生关联，就会带来一系列话语机制的变化，围绕这些变化会产生技术、艺术上的综合。综合的艺术形式早已有之，比如电影、戏剧等其实就是综合的艺术形式，但我们今天说的"综合"，是来自不同知识领域的方法论和新的媒介的综合。

黄专：尽量做到不让人给你下定义，这反倒提供了艺术批评的可能性空间。你的特点就是对所有的控制都保持警惕，受控制几乎是不可避免的，但一个人需要保持某种状态来反对以"控制"的方式说话，这是最难得的。

汪建伟：我的作品始终强调的是，任何一个因素都不可能只具备单一的属性，比如身体——生物意义上的身体、社会属性的身体，我们可以共时性地使用不同的概念。在我的作品中，我不愿意呈现某种支配性的视觉倾向，因此我的作品也不可能被支配性地阅读，实际上我的作品是一种遮蔽性呈现，抵消、平衡、共享。在《征兆》中，我的质疑点是：意识形态作为文化可否被读解，还是只能作为政治符号和某种阶级的特殊信仰被读解？最后，我要强调个人意识形态的重要。它相对于我们今天这个过分强调集体与主流的社会现实，波粒二象性及互补理论让我从自然科学中接受了相互矛盾的和悖论的世界观，那么，我不认为我们应该拒绝跨学科给我们带来的可能性。

黄专：人要习惯腹背受敌，真正的批判者不可能只有一个敌人。比如说萨义德，他既是以色列的敌人，也是阿拉法特的敌人，因为这两者都是他批判的对象。每一种真正的批判一定是双重批判，"腹背受敌"其实是一种最好的批判状态。在你的作品中，我们可以读出"微妙"之处，读出很多"空隙"，因为你预设了很多"敌人"。有时候审美是你的敌人，你要警惕画面太漂亮了；有时候你要面对专业技术的诱惑，要警惕做得太机智了。中国很多年轻艺术家，本来有不错的素质，但总是被小聪明牵着走，禁不起"机灵""精彩"和被人赞赏的诱惑。

在中国的哲学中，我觉得老子比孔子厉害。老子彻底怀疑知识，他认为只要有智慧的地方，就不可能有"道"，这比佛教高多了。佛教是要追求智慧，老子却要警惕智慧，因为智慧会遮蔽我们对"道"的体悟，所以他说："绝圣弃智，民利百倍。"孔子企图用一种伦理知识来指导日常行为的对错，而老子认为孔子的"礼"是不能读的，一旦知

道了"礼"，也远离了"道"，所以他说："失道而后德，失德而后仁，失仁而后义，失义而后礼，失礼者，忠信之薄而乱之首。"真正的智慧不能说也不必说，所谓"道可道，非常道""知者不言，言者不知""大音希声""大辩若讷"。这跟维特根斯坦讲的"沉默"还不一样，维特根斯坦讲的是某些我们无法认识的东西我们无法讲，老子则是说没有什么是需要我们认识的，沉默不是因为无法认识而沉默，而是一旦"认识"了，就离"道"更远了。当然，这容易走向神秘主义，但老子对知识的理解应该是达到了最高的层次。"沉默"包括两种：一种是"不可言"，一种是"不能言"。老子强调的是前者，而我们在经验世界里经常遇到的是后者。

时间：2008 年 5 月 14 日
地点：深圳
对话人：黄专、汪建伟
录音整理：王景

注释：

[1]原文载黄专主编，《剧场：汪建伟的艺术》，广州：岭南美术出版社，2008 年，第 28—56 页。——编者注

展览想呈现历史的复杂性[1]

周彤宇：工业革命对你个人有什么影响？

黄专：我们这代人对工业革命的印象是很复杂的，它既是一个科学和现代化的过程，也是一个社会主义理想化的过程，我们是以一种批判资本主义的方式来建设资本主义的，这个和西方人理解的工业革命不一样。我们受的教育告诉我们：工业革命和社会主义是一体的。这种观念是以一种集体主义的方式灌输给我们的。

周彤宇：是不是这就是为什么你在展览里强调视觉的政治史？

黄专：工业革命对我们来讲是一个充分政治化的概念，一个理想化的概念，就是说在我们的印象中，它既是真实的又是不真实的。

周彤宇：所以这个展览不仅在谈工业革命，也在谈政治革命、社会革命？

黄专：对，这是它的复杂性。它不是一个单纯的技术性的历史。

周彤宇：通过这个展览你想告诉观众什么呢？

黄专：我想告诉观众工业革命在中国历史中的复杂性。这个复杂性使我们无法用一种单纯的道德态度去判断它。不能简单说中国的工业化和现代化是好还是坏，是进步还是倒退，是资本主义的还是社会主义的，是东方的还是西方的。因为它本身历史的复杂性使我们无法找到一种可以固定观看的视野。这个展览是想呈现这种复杂性。

周彤宇：为什么选择曼彻斯特？

黄专：这里有个偶然因素，这个方案原来是提交给"圣保罗双年展"的，后来他们认为我们的艺术家都已参加过那个双年展，按规则不能再参加了，所以我就放弃了那个展览；偶然性是我认识了你和壮（John Hyatt），使展览有了与曼彻斯特城市大学合作的机会，这也为计划带来了一个更具戏剧性的机会，赋予它更多重的意义，对于整个课题有点睛的作用，这个地方因素无形中为展览提供了一个更具说服力的背景：在一个工业革命的发源地，在一个诞生了马克思主义的地方，我们如何去观察一个非西方国家在追求现代化和信仰马克思的历史中发生的奇异变化。

周彤宇：你感觉西方的观众会对这个展览有什么反应、想法？

黄专：我希望改变西方一般观众对中国和中国艺术的印象。中国当代艺术给西方的印象都是神秘的、东方化的、意识形态的和纯政治的，这个展览希望使西方观众认识到，我们有我们的工业化历程，虽然这个过程和西方的有很大的不一样，但中国人和西方人在现代化中遇到的问题和焦虑是大致相同的。中国不是一个神秘的、纯粹封闭的和符号化的国家。这个展览希望提高西方人理解中国的能力和智慧。

周彤宇：你怎么看待和壮的合作？

黄专：我虽然无法与壮直接用语言交谈，但他给我的印象是一个西方知识分子型的艺术家，有知识分子气质，这是我主要看重的。另外，他是从反思现代化的角度来看待这个项目的，这和我的出发点是完全一致的。只不过工业化在西方面临的问题和它在东方面临的问题不太一样，反思的角度也有所不同。他认为现代化带来的主要是环境问题，而我想探讨的是中国现代化过程的种种复杂的思想性和视觉化问题，它的精神后果。

时间：2008 年 8 月
采访人：周彤宇
录音整理：周彤宇
电话采访

注释：

[1]标题为编者根据访谈内容所加。英文版载 *The Art Book*，2009 年 2 月第 16 卷第 1 期，第 15—16 页，原标题为 *Children of Different Revolutions*。——编者注

我是怎样做"视觉政治学：另一个王广义"展的[1]

问题： 您曾说 2008 年 OCAT 主办的几个大型个展并不想局限于艺术家及作品本身，而是希望找到一个梳理中国当代艺术的方法，"视觉政治学：另一个王广义"应该说是实施这一想法的典型案例，可以具体谈谈吗？

黄专： 最近两年，中国当代艺术中有一个"去历史化"的现象，它表现的是一种历史怀疑主义的态度。

所谓的"去历史化"有几个表征：第一，否定中国八十年代以来的现代主义艺术史对当下的意义；第二，使用"偷梁换柱"的方法混淆问题。譬如把艺术资本化问题与评价"八五新潮"艺术家在逻辑上混淆起来。2006 年我们举办了"创造历史：中国 20 世纪 80 年代现代艺术展"，2007 年尤伦斯当代艺术中心（UCCA）举办了"'85 新潮：中国第一次当代艺术运动"展，之后的评论中有的就借 UCCA 的商业性质来否定这类展览。当然，UCCA 本身的确属于商业机构，尤其是从它后来的发展看，它的趣味的确是商业性的（如最近他们和迪奥合作的那场

秀），但是从那个展览来讲，他们还是希望严肃地梳理中国当代艺术史的，很多人有意无意地把这两者混淆起来，借以否定对中国自身历史的这种学术梳理。

这种现象有什么问题？首先，不承认中国现代艺术有自身的逻辑，实际上就抽掉了中国当代艺术存在的历史合法性，使我们无法自问为什么中国会产生当代艺术这类问题，这是中国艺术走向世俗化的必然结果，现在甚至很多参加过"八五"的人有时候也采取这种态度。

其次，中国的艺术批评一直都在坚持一种"反映论式"的批评，在八十年代，它体现为对中国旧有意识形态的一种简单的启蒙性的批判态度，用一种现实主义替换另一种现实主义，这种批判态度在当时的背景下有其历史价值和合理性。但是九十年代以后，在更为复杂的艺术生态中，这种方法在中国并没有得到转换，特别是中国当代艺术中一些更为复杂的政治命题，仍然被赋予了一种"反映论式"的解释。这种"反映论"遵循一种柏拉图式的理念逻辑，它简化了艺

术的文化和社会功能，将艺术自身的复杂逻辑通通简化为政治逻辑。这种理论缺陷不仅使中国当代艺术与中国思想史发展相脱节。这就使得中国当代艺术重新处于一种工具化的状态，我称它为当代艺术的"重新工具化"，它是由反映论逻辑导致的一种艺术与现实、批判与批判者之间的共谋关系。表面的对抗姿态已无法掩盖其内核的空洞，道理很简单："反映论"就是一种"工具论"。

另外，中国政治史和艺术史中长期存在的"道德主义"的美学标准也常常影响着我们的批评，譬如近期流行的反"艺术资本化"就是把艺术与资本两个问题混淆起来进行的一场空洞的道德批判运动。西方从柏拉图开始，道德主义一直是极权主义的逻辑基础，道德、正义成为获取权利的工具已是屡见不鲜的历史惯例，这也应该是我们在艺术生活中警惕的现象。所有这些构成我们现在思考中国当代艺术的基本情境。

为什么选择王广义这样一个主题，并且在这样一个时期做这样一个展览？

王广义是二十世纪八十年代以来最活跃、最具挑战性的当代艺术家之一，但他又是一个充满矛盾的人，他所有的艺术经历，所有的作品和所有的世界观都充满矛盾，他的艺术是特别典型的中国式"文化矛盾"的产物，但同时他的挑战性表现在他对任何固定化的思维或者工具化的思维一直保持警惕。八十年代以来，王广义有很突出的一点，就是他从没有在国内做过个展，而他的同辈艺术家，甚至他之后的艺术家都有很多类型的个展。为什么他没有做个展呢？表面上看这是很偶然的现象，也许与他的这种思维有关：他觉得个展容易导致某种概念化的定位，而他的东西有时的确无法用通常流行的批评话语定义。在考虑这个展览时，我也体会到这种复杂性，的确对他进行任何性质的历史定位，都会显得力不从心。但从现实情境看，现在做这样一个展览，还是有它的意义的，这种意义甚至有可能超出对王广义个人艺术价值的判定。

第一，王广义本身就是一个历史人物，他本人就是一个活的历史。他几乎参与了中国现代艺术史所有阶段的工作，并且在每一个阶段都提出了他自己独特的问题。如果我们真的要从一个具体的个案恢复我们对于写作自己历史的信心，他是一个非常好的个案。

第二，他在这段历史中是最具有历史学

价值的人物，但同时他又是在历史中被误解最多的人物，这就构成了做他展览的双重性。我们可以从挖掘他的双重性来重新恢复我们对于历史的判断，这也是选择王广义做展览的比较重要的动机。

第三，在所有误解中，最主要的误解是对他的方法论的误解。王广义作品真正使用政治符号是从"后古典"时期开始的，此后他就变成一个以使用政治符号见长的艺术家，但在中国特殊的批评语境中，使用政治符号很容易被当成一种简单的政治批判姿态或被归类为意识形态异己者，而这一点恰恰最容易掩盖他使用政治符号时的方法论价值。他后来的"波普"是希望借助中国的政治历史符号与西方商业符号的并置来摆脱某种简单的政治姿态。但在"政治波普"的归类中，这种使用政治符号的智慧，或者使用政治符号的方法论含义被大大地简化或者遮盖了。在"反映论"的解释中，中国当代艺术使用政治符号丧失了它的艺术史意义，这是需要非常小心对待才能厘清的复杂学术任务。

王广义使用多媒体（非架上）的方式进行创作的线索，实际上更能够体现他的方法

论特征，但由于这类作品很少在国内展出而处于零散的、没有历史清理的状态，这又变成了另一种被遮盖的历史。

这正是做"视觉政治学：另一个王广义"的基本动机。当然，做这样的展览很复杂，其中穿插的问题太多，要思考如何通过展览形态和文本形态来呈现我们的思考，一种复杂的历史逻辑只通过一两件作品是根本无法呈现的，艺术史特殊的历史逻辑和情境才有可能。同样，一个有史学价值的艺术家会有他独特的个人问题和情境，所以做这类个展，首先得考虑用什么方式寻找和还原这些问题与情境。

近期对王广义的负面评价大量增加，这也是我重新思考这个人物的动机之一。这些大量的负面批评无非有以下几个方面：

第一，雷同性。一个艺术家20年画一种类型的作品，这对谁来说都是一个问题，这是艺术家最容易遇到的诘难：画了20年，你为什么画？

第二，政治态度。他是一个善于和传媒打交道的艺术家，传媒是他传达自己思想的特殊渠道，所以有些记者会觉得采访他很困难，要么被动地听他说，要么被他的问题牵

着走。这是一种能力，但它也容易致伤。我对他有一点比较认同的是他对西方的态度，在艺术上他一直希望自己和西方保持某种距离，这一点在他还没有获得世俗意义上的成功时就是这样。举一个简单的例子，1989年，他的《大批判》刚刚在武汉完成时，美国学者安雅兰（Julia Andrews）为写作她的"中国艺术与政治"的专著到中国来收集资料，看到他这批作品后就提出想拍照，对于当时还没有在国际上真正引起关注的中国艺术家而言，这无疑是个机会，但我记得当时他就只说了一句："你是被我允许拍照的第一个西方学者！"我觉得这是一种姿态，也是一种立场。对他来说，西方的学者并不比来自中国的批评家更重要。每次有新的作品，他首先请他的朋友过来看，他觉得能够理解他的也就这么几个人。他在接受访谈时也谈过："其实作品就是给几个人看的，要说给圈子看，都有点假。"他就是这么一个艺术家，把自己朋友的判断，看得比西方的判断更加重要。他对西方艺术体制的态度有着某种"敌意"，某种程度的不信任感，这是一个根深蒂固的事。他对于西方的这种态度，其实是他艺术态度的延伸，不能简单地

看成狭隘的民族主义。他对待西方的态度其实和他对待所有事物的态度一样：都希望保持某种"挑战性关系"。所以他并没有把西方当成单纯意义上的敌人。

第三，关于作品的价位。对于王广义作品价位的批评，与刚才讲的中国式的道德主义的批评有关，就不多谈了。

问题： 回到"视觉政治学：另一个王广义"这个展览，您刚才谈到他有很多架上和非架上的作品，但实际上这次展览只展出王广义的非架上作品，为什么做出这样的选择？其次，您在文章题记里提到这么一句话："他不关心作为政治的艺术，只关心作为艺术的政治。"这其实是您对博伊斯的评价，您也把这句话用在王广义身上，把王广义与博伊斯并置，能不能从这个角度展开谈谈您的观点？

黄专： 我首先回答后面的问题。在这样的情况下做一个艺术家的展览，肯定需要有一个基本的定位，这句话是我思考王广义艺术的逻辑起点。王广义是中国使用政治符号，或者说运用政治资源最为典型的艺术家，也是因此被误解得最为严重的艺术家。

中国当代艺术的历史与中国政治历史的结合程度比西方国家紧密得多。八十年代做现代艺术的时候，最基本的起点就是搞启蒙运动，所以为什么八十年代艺术家与思想家、文学家会有那么密切的联系，就是因为当时大家做的是同一件事，就是启蒙。当时争取的是人的基本思想权利。简单地讲，中国现代主义艺术的历史和中国现代政治的历史是完全同步的，这点与西方艺术史和政治史的关系不同，康德确定现代性的原则之一就是艺术的自律和独立，所以西方艺术家在使用政治资源表达艺术问题时，不会发生在我们语境中的那种误读。

在八十年代参加现代主义运动的时候，王广义并没有使用政治符号，大多数使用的是古典绘画符号，甚至民俗符号，直到"后古典"时期才开始使用政治符号，但政治符号或政治资源的使用主要还是方法论上的考虑，而非简单的政治对抗姿态，在中国这种特殊的政治和艺术环境中，对于一个大量使用政治资源和政治符号的艺术家，对他进行正确的判断的确是件不容易的事。

九十年代初在很多艺术领域的确有过一阵结构主义潮流，如王朔的小说（痞子文学）、何勇的摇滚，他们的确在政治上有消解意识形态的动机，但能不能把王广义的《大批判》简单归为这一类型呢？我觉得这是对他的艺术进行史学判断的一个基础，他使用政治符号很显然并不是像后来的艺术家那样把"政治"当作一个简单的消解对象，他对中国革命史有很深的研究，所以我觉得他使用政治符号应该有比简单地消解历史更为复杂的动机。

问题：他是用他所经历的历史来指导他的视觉创作？

黄专：对，他是把它当作一个艺术问题。我把他的方法归纳为"无立场"，不是指他对政治问题没有立场，而是指他不对政治课题做简单的伦理判断和意识形态判断，从而使他在艺术中的政治表达方式具有更大的开放性。这个结论不是我的主观想象，是通过阅读他的大量文本，通过对他每一个艺术阶段的逻辑发展的研究以及我和他的交往得出的答案。

我从王广义个人的逻辑、智力，以及他对艺术的基本理解中得出这个观点。这是一个历史学的结论，虽然我的文章不能完全算是历史学的著作,但我希望从历史学的角度梳理他的艺术。关于王广义艺术思考的起点,刚才也讲了,中国艺术和政治的关系使我觉得必须在他身上找到一种新的判断方式,这一点我觉得他与博伊斯有相似性。博伊斯有很多作品在我们看来是一些政治行为,譬如,他成立大学生自治委员会,引导大学生罢课,这些好像都是政治行为,但是这些行为后来所产生的整体效果,远远超出了对大学教学体制本身的冲击,它变成一个文化事件。又譬如,他是最早的绿色和平组织成员之一,但是后来他又退出来,因为他觉得那个绿色和平组织太政治化了,在他看来以艺术的方式思考这样一个政治题目,也许比把它作为一个简单的政治课题具有更大的政治能量。博伊斯还有一件行为作品,在"五一"节游行队伍的后面清扫垃圾,也是在提醒人们政治行为的有效性是有限的,它不能真正使人变成一个完整意义上的政治人。

亚里士多德说过,人都是政治的动物,什么意思呢?他是说人必须在与其他人的关系中成为一个真正意义上的有理性知觉的人。在人的关系中最重要的是政治关系,它不是我们现在所理解的狭义的政治关系,而是广义的政治关系;不是简单的党派政治关系,而是更广义的人本学意义上的政治关系。比如我们对自然的态度,对道德判断的态度,对某种制度的态度,都可以构成政治关系。处理这些政治关系可以有很多方式,比如参政、竞选,甚至用暴力推翻一个政权。博伊斯找到一个成本最低,又可以最有效益地重新建构人的政治价值的方式,那就是艺术,他把艺术人类学化。

回到之前的问题,我应该选择做一个什么形态的展览?我可以做一个全面的个展,包括他所有的作品,但我想在目前的情境下,做一个全面的个展反倒会遮掩很多东西,我做了一个我认为是理智的选择:挑选那些不为人知的、大家没有把它当成他的艺术主流的多媒体(非架上)作品,这有很大的风险。为什么要把这类没有经过历史梳理,又很少引起批评关注的作品当作主线呢?理由上面讲了,我认为它们在更大的程度上体现了他的方法论逻辑,我们要重估他的历史价值,就必须重新找到一个估计的方式,并且找到一个重新估计的对象。

当然这类作品的收集也很难,很多都已

经散失了，比如最早的一件作品《易燃易爆物品》，很多作品都是展出一次就毁掉了。另外一个更大的困难是这些作品没有一个完整的图录，也没有评价，它的批评史几乎是空白的，在它们与《大批判》的批评之间建立一种理论关系，其实也很困难。他做《大批判》作品的思维比较有逻辑性，但在做这些多媒体作品的时候，大多是根据每一个展览的具体情境设计方案，自身的逻辑性反倒不那么强。对我来讲，找到这个逻辑是对它们进行解释的基础，一个批评家的义务也许是在于此：批评不应该是纯主观地解释对象，也不应该是为了某些目的夸大它的历史地位，或者是颠覆人们对它的理解，他需要确实地在艺术作品之中发现一些逻辑，如果找不到这些历史逻辑，也就丧失了批评的资格。刚才讲了评价《大批判》作品和多媒体作品之间的逻辑，以及了解王广义多媒体作品自身的逻辑，幸亏他是一个比较有语言能力的艺术家，他留下很多文字，此外，我对这些作品也很熟悉。再者，除了《唯物主义者》那批雕塑外，这些作品基本没有商业价值，这就可以使我在对这些作品进行批评时完全撇开市场的因素。

展览的呈现分为四个单元，或者说四种逻辑：第一是"危机预感"，呈现的是他对政治现实和艺术现实之间关系的一种基本的心理判断方式。第二是"体制研究"，呈现他如何采用一种非常中性的态度来研究体制，它是解决在当代艺术中，中国人只能说自己的事这样的现实。"体制研究"的对象既包括中国，也包括西方，比如对"VISA"体制的研究，它是对普遍性的隐性权力机制的研究，有点像福柯的工作。VISA不仅是中国的事情，而且是世界所有国家甚至整个人类的事情，所以这项研究具有人类学的价值。另外，他对医疗体制的研究，也是一种双向批判，"体制研究"包含的内容很丰富，是一种人类学意义上的批判。第三是"唯物主义神学"阶段，重新回到对自己意识形态历史的批判。第四是"冷战美学"，重新回到一种跨国界的思考。这件作品是从前年年中开始做的，在我构思这个展览的时候还没有完成。这件作品为展览做了一个完整的结尾，如果没有这个单元，展览在"唯物主义神学"阶段结束的话，那就很可惜了。现在我们会发现这个艺术家从中国问题的思考走向世界，又从世界走进中国，最后回到一个对世界的思考，逻辑就更丰富也更完整了。这个展览很幸运，之前他完全没有跟我商量过，做这个展览策划时他才跟我提起这批作品。我不知道你们看过收租院的展览没有？它是一个"情境式"的展览，他就想做成那种展览，因为中国人有那种历史经验，有点像自然博物馆的展览。

问题：展览中《冷战美学——躲在防空洞中的人》和《冷战美学——防空洞剖面图》这组作品的展出效果就很像自然博物馆的展览，是所谓的"情境式"的呈现？

黄专：对，后来王广义又把作品简化了，把背景剔除。展览最后呈现的是一个文本《视觉政治学：另一个王广义》，方立华和王俊艺花了很多的工夫，这里面每一个环节构成了思维的完整性。当然展览在技术上也有很多需要克服的东西，譬如早期的作品怎样恢复，四个结构之间是怎样的关系，在展厅里怎样实现，这些具体问题太多了。第一个展厅的《易燃易爆物品》，当时就不是一个完整的作品，这件作品是王广义在珠海家中创作的，当时做得很随意，我也只看过几张照片，他到武汉的时候，这批东西就扔掉了，

这次复原效果还不错。在武汉做的《温度计》，我是看过的，很小的一件作品。这些作品都非常好，现在看起来像大师的作品，特别是像博伊斯的作品，但这些只是出于他当时的一种冲动，做完就扔掉了。后来他想依照展场的需要恢复，但觉得不理想还是放弃了，现场只用照片呈现。还有一件作品是《卫生检疫——所有食品都是有毒的》，1996年曾经在我策划的一个展览展出，这次复原倒是挺理想的。

问题：可以谈谈展览中如何把握作品与空间的关系吗？

黄专：这个展览是何香凝美术馆第一次使用所有展厅举办一个艺术家的个展，这给了展览很优越的展出条件。何香凝美术馆的建筑风格也很适合举办这样的大型回顾性展览，我们基本上按照四个单元设计展览线路和流程，每件作品又考虑了它的独立呈现，王序为展场做的整体展示设计也十分清晰精准地传达了展览策划理念的史学特征。

这个展览对于我来说也是一种思维训练：怎样富于逻辑地清理这样一个艺术家的艺术，怎样对他进行史学意义上的判断和解

释。我再三强调这是我看到的另外一个王广义，不一定是一个真实的王广义，有历史研究价值的人物肯定有多面性，我只是从我个人的角度提供一种解读。

对王广义的任何解读也许都用得上里尔克 (Rainer Maria Rilke) 的这句话："荣誉归根结底只是围绕着一个新的名字聚集起来的一切误解的化身。"

时间：2009 年 1 月 17 日
地点：深圳
采访人：骆思颖、方立华
录音整理：骆思颖、方立华

注释：

[1]原文载《当代艺术与投资》，2009 年第 3 期。——编者注

西方艺术体制的衰落及我们的问题[1]

《中国艺志》记者(以下简称"记者"):听说 10 月您参加了在伦敦举行的中国当代艺术峰会,请介绍一下具体情况。

黄专:伦敦成立了一个中国艺术基金会,召集西方一些博物馆、学者和中国的学者一起开了一个会。会议表明西方的博物馆或者说知识界开始出现一种焦虑,就是怎样真正了解中国。我的印象是,西方知识分子已经开始觉得理解中国对他们来说是件很重要的事。这个会反映了西方关注中国当代艺术层次的提高,这是我唯一比较深的印象。现在的问题已不仅仅是中国怎么看西方,而是西方怎么看中国。在这个会上,他们(西方学者)总问这样的问题:你们总说我们歪曲你们(当代艺术),把你们政治化,那你们的艺术到底有没有一种独立的美学呢?

记者:会议是否讨论出了这个问题的答案?

黄专:没有答案。我觉得这些问题中国人自己还没弄清楚,毕竟中国当代艺术的发展只有二三十年的时间,现在正处在一个胶着状态。最开始(当代艺术的发展)是中国人看西方,他们怎么做我们学着做;后来西方试图用他们的方式来看中国、理解中国。现在出现了这样一种状态:西方不知道怎么理解中国,中国现在也看不懂西方,但是双方又都觉得对方很重要。所以现在的问题不再是双方需不需要思考对方,而是如何思考,如何超越陈旧的中西二元的思维模式,建立一种"你中有我、我中有你"的镜像式的互相观照方式。

我有个基本的判断就是:西方的整个艺术体制正在经历某种衰落。

记者:为什么这样说?

黄专:我们来谈谈这种衰落,双年展是一个标志。双年展是西方战后艺术体制的一个轴心,这个体制反映了整个西方文化、经济、社会,也包括思想模式,最主要是思想模式的衰落,而最近几届的双年展正逐渐显现出某种思想的贫困或衰落。

这种衰落是以观念的陈腐化、体制的极权化和媚俗化为征兆的:

第一，双年展这种体制的历史观念和知识系统已无法适应日益变化的世界文化格局。西方的双年展迄今已有一百多年历史，但当代意义上的双年展是从战后才开始的。像威尼斯、卡塞尔、圣保罗等展览体制的基本历史观念有两个出发点：第一是西方"延续性"和"周期性"的历史观，它认定当代艺术是一个在欧洲历史中延续并且具有周期性的现象，双年展或五年展这种轮回性的模式设计正源于这种历史观念，它带有历史决定论的性质；第二是双年展体制的设计也是战后冷战思维的产物，而这个思维的价值基础是欧洲中心主义，准确地说是西欧中心主义。

战后尤其是八十年代后随着东欧集团解体、多元化历史观出现以及全球化文化的兴起，这种欧洲中心主义的历史价值观开始逐步衰落，对它的最早反思来自哲学界、思想界和知识界，也普遍地反映在西方政治思维和经济生活中，但可惜这种文化思维和结构的深刻变化并没有反映到双年展这种艺术体制上来，它依然延续了欧洲中心主义，延续了周期性的历史观和冷战思维。虽然从九十年代开始，也就是从奥利瓦（Achille Bonito Oliva，1993 年威尼斯双年展策展人）开始，威尼斯双年展第一次接纳了中国［那次展览的主题是"文化游牧主义"，一个有点多元色彩的口号，与同期由扬·荷特（Jan Hoet）策划的具有明显欧洲中心主义色彩的文献展比较好像有些变化］，但实际上它并没有改变西方理解东方的方式，他感兴趣的仍然只是他需要的东西——一个东方性和冷战性的中国，"政治波普"和"玩世现实主义"正好契合了这种趣味，中国最终还是作为一种冷战的后续模式被接纳的。应该说，一直到现在，这种思维都没有发生根本性改变。去年的卡塞尔、威尼斯好像都加重了中国的分量，但也没有反映出什么新的思维，而且由于艺术家的选择掺入了西方收藏家的因素，这种选择的客观性更值得怀疑。总之，在面对复杂的全球文化变化时，西方双年展体制已经丧失了原有的思想能量和精神活力，无法应对，这种基于思维模式上的局限使他们既不可能真正理解欧洲以外的事情，甚至也不可能认清自己。而中国这种新元素的加入不仅没有给它带来任何新的活力，相反使原来的一些漏洞更加明显。

第二，是这个体制设计本身的问题，开

始慢慢走向极权化。

西方当代艺术体制设计的初衷也许是民主式的，但这种设计的价值基础源于欧洲中心和冷战思维，而这种单一的、历史决定论性质的价值观本来就天然地具有某种极权性质，尤其是八十年代随着策划人制度的确立，它的历史进入所谓的"策展人时代"后，西方的艺术体制就逐渐走向官僚化、极权化。

现在操控整个西方艺术机制的因素很多：基金会、博物馆、艺术市场等，但最关键的是围绕双年展形成的以策划人为主体的艺术权力制度，策划人被赋予确定展览主题、性质、结构、规模、参与者等几乎所有游戏规则的权力，他不仅成为艺术的裁判者，也成为西方艺术体制的合谋人和艺术资本的利益相关者。这种体制悖论性地改变了当代艺术的民主性质。

记者：那也就是说策展人制度设计本身就存在问题？

黄专：对。这种体制中日益庞杂的组织机构和复杂的权力关系，加剧了这个制度的衰落。策划人权力的日益膨胀，使得每次展览策划人的挑选都演变成一种权力博弈，而思想能量的衰竭使所有的展览主题几乎都变成一种形式主义的程序。展览主题可以大到包容任何东西，它的空洞性也就无法避免了，结果是：要么作品沦为主题的诠释工具，要么主题成为与作品毫不相干的赘物。

当然，我们不否认好的策划人会对一个艺术家或展览产生一些积极的影响，但现在看来，问题已不再是某个具体策划人好坏的问题，而是整个制度本身已无法承载当代艺术实验性的要求，它不仅无法为当代艺术提供革命性的动力，反倒成为其限制性的力量。策划人和主题性的双年展已经变成体制化的、毫无生气活力的行尸走肉，当代艺术沦为策划人权力操控的循环演出。这就是双年展体制设计的问题所在。中国很多有才气的艺术家沦为对策划人察言观色的"双年展艺术家"也是这种制度的直接后果。

记者：那整个西方艺术体制走向没落的最后一个表现是什么？

黄专：第三个是整个西方以双年展为核心的艺术体制开始逐渐媚俗化。所谓媚俗化就是向商业和大众传媒全面妥协，很多画廊、收藏家通过各种渠道成为各类双年展的操盘手，这恐怕已经不是什么秘密了。

卡塞尔展览的"革命时期"（我是指五十至七十年代，尤其是博伊斯时代），所有艺术家对大众传媒都保持警惕甚至批判的姿态。但现在所有展览都离不了与大众传媒的共谋，双年展和新闻传媒之间在制造新闻噱头和大众偶像的方式上已具有了广泛的默契。新闻已经成为干预艺术和改造艺术的一种有效力量，当代艺术日益沦为时尚产业和大众消费文化的原料。聪明的艺术家现在更习惯与记者打交道，这是一种更为方便和快捷的生效方式，它甚至造就了大量专业性的"新闻型艺术家"，这样的人在中国也越来越多。

这三点预示以双年展为核心的西方艺术体制的某种衰落，它已经丧失激活思想的可能性，不具备任何挑战性。

记者：那反观中国当代艺术，最大的问题是什么？

黄专：中国当代艺术最大的问题是对双年展体制的依赖，对西方权力的依赖，到今天参加双年展仍是艺术家成功的主导标志。双年展在西方已经开始衰落，但在中国仍然是玩得起劲的时尚把戏。

九十年代后期，中国当代艺术开始以某种程度的官方认可为前提的体制化过程，而这一过程恰好伴随着艺术的市场化过程，这就造成中国策划人制度与西方的一个很大的不同：策划人和商业体制、政治体制高度结合。策划人大多也是"批评家"、画廊老板，甚至可以同时是美术馆或拍卖行的"顾问"，这种情况在西方没有，而这种现状只能带来一个结果，就是中国当代艺术不再具备任何独立性和公信力。当国家开始把当代艺术作为建立国家文化形象的一种必要补充时，当代艺术的合法化过程也就必然地隐藏着更为深刻的异化性，即当代艺术的重新工具化。

记者：中国当代艺术在学术批评体系上是怎样的，是不是和西方有很大不同？

黄专：我们基本上还没有形成自己独立的批评系统。中国的现代艺术批评体系是在八十年代艺术启蒙运动中形成的，它有两个基础，一个是政治批判意识，一个是道德化的思维方式。而它的方法论基础是反映论，认定艺术的功能是反映现实：一个作品一定是某种现实事物或思想的反映（无论赞颂还是批判），它否定了艺术有比"反映"复杂得多的自身逻辑和功能。在中国有观念艺术，但没有关于观念艺术的批评，就是因为这种反映论力量过于强大。在八十年代反抗主流文化时，这种道德取向的批评的确体现过它的革命性，但简单的政治化、道德化批判的陈旧方式不仅为西方曲解中国留下话柄，而且极大地限制了当代批评的开放性格和话语疆界。

记者：艺术批评的政治化、道德化是指什么呢？

黄专：将所有艺术活动都解读为政治和道德性行为，但有时艺术的逻辑和政治的逻辑恰好是没有关系的。我最近研究王广义，发现他的"无立场的"艺术逻辑就是被"政治波普"这类反映论式的批评方式和政治逻辑掩盖了。而关于张培力、黄永砯、张晓刚的作品阐释也大多存在着这类方法论遮蔽。

记者：这两年随着艺术市场的火热，艺术评论界对艺术资本化的批评也越来越多，您怎么看？

黄专：这也是批评的道德化惯性所致，我称为"伪道德主义"。从去年开始，批评所谓中国的艺术资本化就成为一种潮流，希望用批"资本"为自己博取道德高位，也许无可厚非，但这已与真正的艺术批评无关，而以道德的理由来诋毁八十年代这批艺术家，借此否定八十年代，就让人不得不怀疑"项庄舞剑"的真意。历史上，道德主义经常是权力游戏的一种策略，否定历史往往折射着某种无法明说的现实私欲。

当代艺术的体制化、时尚化、新闻化是比艺术的资本化严重得多的问题。艺术的资本化影响的只是艺术的外部环境，而前者则可以改变当代艺术的本性。资本是中性的，无所谓好坏。哈耶克说过，资本是人类发明的最伟大的自由工具。以道德姿态批判艺术资本化，说得好听点是不得要领，说难听点就是别有用心。

记者：回到我们最开始说的话题上，您觉得伦敦的这个峰会对解决中国当代艺术当前的问题有什么意义？

黄专：西方各大美术馆馆长或东方部的主任基本上都出席了这个峰会，一些对中国感兴趣的高端学者也出席了。从名单来看，我认为它还算是个严肃的会议。乐观点想，这也许是一个迹象，说明西方的知识阶层开始意识到他们的问题，意识到他们在看中国时思维上的问题。在某种程度上，它也意味着仅仅由西方收藏家和策划人主宰中国当代艺术形象的时代的结束。

中国人现在还没有自己描述自己的能力，但你首先要有这样的意识：中国当代艺术首先应该是"艺术"，是人类智慧的一个类型，对于艺术而言，重要的只能是"艺术"，不能简单地把它看作任何形式的文化或政治工具。当代艺术存在的唯一理由是它为人类提供了其他领域无可替代的视觉智慧，至于这个智慧可以用来干什么，那是另外一回事。

记者：能谈谈目前的金融危机对艺术的影响吗？

黄专：这次金融危机对艺术，尤其是对高热不退的中国当代艺术是件好事，它本身也许与艺术无关，但对被市场弄昏了头脑的人来说也许是一剂解毒药。艺术与市场本来就不应该是现在这种关系，它被过度夸张和扭曲了。一个人吃错了药，现在无药可吃了，反倒可以逼他停下来去找其他的药方。

时间：2009 年 1 月

地点：广州

注释：

[1]原文载黄专，《艺术世界中的思想与行动》，北京：北京大学出版社，2010 年，第 291—296 页；朱青生主编，《中国当代艺术年鉴 (2008)》，桂林：广西师范大学出版社，2010 年，第 1—6 页。——编者注

非专业的哲学和非专业的艺术[1]
—— 舒群、黄专漫谈录

一、非专业地谈论哲学

黄专：谈论你的艺术也许应该从古希腊开始，记得你说过你的"理性主义"是从清理古希腊开始的，但你似乎只关注了苏格拉底的传统，忽略了那个时代中的许多其他传统，比如说以普罗泰戈拉为代表的"智者"，在当时就是完全可以与苏格拉底和柏拉图抗衡的另一种传统，他们反对将智慧、真理和正义、伦理、善这类价值的问题混为一谈，热衷于纯逻辑的辩论，他们中有的人（如特拉西马库斯）甚至最早看透了"正义"的强权本质，用现在的话说：他只相信智慧而不相信主义。你看这是一种很当代的思维吧（苏格拉底贬斥他们为"诡辩派"，但他其实从他们那里偷学到很多诡辩的技巧），可惜苏格拉底、柏拉图获得独尊地位后，智者派就消失了。

舒群：对，本质主义和整体主义延续下来了。从巴门尼德开始，经苏格拉底、柏拉图传到

基督徒手上，最后在新教伦理那里发展为现代资本主义精神。

黄专：不过，后来在"智者"的影响下产生了西方的怀疑主义传统，直到近现代，又通过马基雅维利和形形色色的解构主义复活了。当然，整个西方的理性传统还是以苏格拉底、柏拉图为主导的，尼采反对的也是这个传统，在他看来，希腊真正有价值的遗产不是正剧，不是喜剧，而是悲剧。他的日神和酒神都是讲悲剧的，很多人理解他的日神是理性主义，也就是把这两个东西给对立起来了，这是不准确的，在他看来，日神和酒神都是非理性的，只不过前者制造幻觉而后者沉迷放纵（这是周国平提示的）。

舒群：一个是梦，一个是醉。

黄专：梦、醉也是一个方面，可能日神是整体性的，酒神是个体性的。

舒群：对，对……是的。

黄专：你们当时那个思想组合（"北方艺术群体"）对"理性主义"的理解，在我看来其实也是各取所需，广义呢，他对超人有一种强烈的感性理解，"理性"对他而言是一种机锋而非信仰；任戬是一个本土主义者，理性主义也许就等同于东方神秘主义；刘彦的思维有分析色彩，能上能下，能雅能俗，真谛俗谛兼修；你按西方人的分法，大概算"刺猬型"思想家，属于义无反顾、当仁不让那种，不过都是讲精英、讲超人，有一种掌握真理的傲慢。

舒群：实际上主要是尼采对我的心理状态有一个支撑，但是作为文化方案，我觉得尼采不能直接解决中国问题，尼采面对的时代课题，很像设计史中威廉·莫里斯（William Morris）面对的时代课题，主要是反对大工业化机械生产带来的"人"的失落。而我们中国面对的时代课题，就当时来说，我觉得还是需要一个黑格尔式的整体。因为从柏拉图到黑格尔的形而上学是西方思想史的一条主线，经过这种体系化思维方法的训练，西方知识界形成了秩序的观念。而中国没有经历这个理性化过程，所以这样一来，中国始终是"天人合一"。

黄专：你的这种整体主义思维实际上是一直支配着中国知识分子的东西，是中国二十世纪知识分子理解与世界关系的一个基本逻辑：中国缺乏什么、该拿什么来，从康有为、孙中山到胡适、鲁迅、毛泽东，都是这种思维，这是一种二元论推导出来的逻辑，也许并不真实。日神、酒神这种东西古代中国也有，中国什么东西没有呢？理性？也有，但只是伦理理性，它没有上升到一个形而上的高度，也不一定，宋明理学就是一种形而上学，朱熹他们搞的就是宇宙论，虽然借助的本体是伦理理性，就是儒教的实践理性，但他构筑宇宙模式时，其实也有非常严格的秩序观念、整体观念，这种理性训练中国人也有，格物致知什么的……

舒群：存天理，灭人欲。

黄专：当然，你把理性和工业时代的问题结合起来谈，这个古代中国肯定是没有。但是这个东西中的每一种成分其实中国也都有，比如对技术的崇拜，虽然中国的价值中有否定技术的成分，但中国也有自己完整的技术流程，要不然中国怎么会有科学史呢。在术数方技里面，在中国的炼丹术、占星术里面，实际上它都有，所有这些因素都有。但是二十世纪，中国知识分子始终有一个幻觉，总觉得中国落后，总是认为缺什么东西，他们老在找缺环。你这个思维实际上也还是在找缺环，因为中国是农业社会，是没有理性思维的。

舒群：没有工业流水线，没有工业总图。

黄专：只有含情脉脉，实际上这也是一种想象性理论，但在八十年代的确能蛊惑人心。

舒群：你说不是实践性！不是话语实践。

黄专：所以为什么说，它到了九十年代，遇到市场、名利场这些话语实践后就不再生效了，它说明"理性绘画"这类理论设计在八十年代的有效性并不是来自理论上的正确，而是来自政治上的正确，作为中国知识分子的一种惯常思维在那个时代它的确很有魅力，有蛊惑力，有宣传效应。

舒群：你的意思是说，它只满足"兴奋灶"，不具有任何操作价值。

黄专：我一直在思考二十世纪中国知识分子的思维是怎么由集体主义走向个体主义的，像胡适这种人，虽然从价值观上讲他是个自由主义者，但理论思维还是集体主义的，这是个悖论。当时他不思考整体的中国，不思考二元文化这些东西，他没法说话，没有话语权，但这样一思考，就很容易变成一个本质主义和整体主义，变成波普尔说的"乌托邦工程"，变成极权主义的温床。原来我们只懂得只有解放全人类才能最后解放自己，那是马克思的逻辑。现在我们认识到正确的逻辑应该是：只有解放自己才能真正解放全人类（当然，也许真正解放了自己就不需要解放全人类了）。我觉得你思维流程的变化很有代表性，开始讲绝对精神、终极归属，中间又经过分析哲学、科学哲学，但最后还是回到某种形而上学的思维轨道，这个过程很有意思。

舒群：我大量的阅读，实际上与当时跟你的争论有关系。争论完了之后，我就感觉实证主义这块、英美分析哲学这块我很缺乏。

黄专：实际上，八十年代你有逻辑训练，但没有分析训练。分析这个东西很残酷，残酷在哪里呢？分析主义把乌托邦的东西给具体化、微观化了，而乌托邦恰恰是禁不起这类分析的，当然，人可以有甚至必须有乌托邦这类东西，有时是一种战略需要，有时是一种心理需要，但你得放下来，因为乌托邦一经分析就没了，但我觉得有乌托邦不是问题，有的人一辈子怀抱乌托邦，也可以从事严格的分析，海德格尔就是这种人，他有乌托邦，但他也可以做分析。

舒群：就是维特根斯坦说的那个"原子事实"，我觉得你们就是能把每一颗螺丝钉都拧牢，你别给我废话，说了半天，你是个泡，是个气泡。

黄专：维特根斯坦分析的是语言，而我们要分析我们的认识。维特根斯坦的《逻辑哲学论》第一章列了很多命题：世界就是发生的一切，世界是事实的总和，世界不是物的总和，世界是原子事实的存在。你的"原子事实"就是从它那里来的？

舒群：是，就是从那里来的。

黄专：一层一层就推到了。

舒群：就是一个事件。

黄专：维特根斯坦的贡献也许并不是解决问题，而是提出问题，你的很多早期笔记有《强力意志》的影子，是不是也有点模仿他那个体例？

舒群：有一点，当时就是模仿。

黄专：特别是在九十年代，是不是就是想使思辨更清晰一点？

舒群：当时知识圈都迷维特根斯坦，觉得维特根斯坦很神话啊！而且你看他那些一段段的文字，让表达不至于刻板。

黄专：其实他是为了逻辑，你把它看成了警句，警句的魅力就很大。

舒群：我确实感觉它有警句感。

黄专：最近我恰好读了一本亚科·欣蒂卡（Jaakko Hintikka）写他的传记，说维特根斯坦那种格言式的文体并不是表达风格的有意选择，而是因为他有读写障碍症，他表达不清楚，他的语言能力很差，他力图摆脱这种精神痉挛。

舒群：这个好玩。

黄专：这本传记很短，但写得非常精彩，讲他虽然出身名门但从小就很自卑，他的两个哥哥都是天才却因为达不到父亲的要求而自杀了。这种压力促使维特根斯坦选择了建筑这样一门实用性专业，设计庄园什么的。

舒群：后来设计飞机，是个设计师。

黄专：后来还是对哲学的兴趣促使他赴英国拜罗素为师。

舒群：故意把他往神话渲染嘛，而且说他的读写障碍症已到了没法忍受学生在他对面看着他的程度，他看见面前有人就受不了，所以学生都必须趴在地上，他背朝着学生坐在那里絮絮叨叨地说。

黄专：有个哲学家朋友跟我聊起维特根斯坦时说："黄专，你们艺术界智力也不算低，为什么老提波普尔，他可是个二流哲学家。"哲学界判断哲学家的地位大概主要根据他们研究的项目，维特根斯坦研究语言，属于元学科，波普尔的科学哲学、政治哲学属于分支学科，实践性太强，纯度不高。但就思

想魅力和对历史的影响来讲，起码在八十年代，波普尔对中国艺术界产生的影响比维特根斯坦大。

有个公案，收在波普尔的自传里，讲他和维特根斯坦的，这也许是批判理性主义和分析哲学最有名的一个公案。有一次波普尔听维特根斯坦讲课，好像是讲语言的自由性，两个人大概有一个辩论，后来维特根斯坦恼火了，指着波普尔的鼻子说话，波普尔就说让我给你一个答案吧："自由就是你的指尖和我的鼻子中间的距离。"这种世俗智慧的段位太高了，也许哲学家的伟大是可以用不同标准衡量的，尼采一生也许没有完成过什么像样的哲学命题，但你能低估他的影响吗？（这个故事的正确版本是，他们讨论了哲学问题是否仅仅是语言问题后又涉及道德问题和道德规则的有效性问题："维特根斯坦当时正坐在火炉边，烦躁地摆弄着拨火棍，有时像用指挥棒一样用它来强调他的论点，他挑战地说：'举个道德规则的例子！'我回答说：'不要用拨火棍威吓来访的讲学者。'这时他勃然大怒，扔下拨火棍，猛然冲出房间，砰地把门关上。"[2]）

舒群：伟大……实际上哲学界喜欢往神话上弄。

黄专：维特根斯坦创建了一个体系，解决了很多艰深的纯哲学命题，这的确伟大，但这是在哲学史中的伟大，我想对文化史的贡献，很难说哪个比哪个更伟大。

舒群：我觉得你们从工具主义的角度思考这个问题，必须有一个通行的工具，当场导致民族命运改变了，实际上波普尔起到了这个作用。

黄专：不是说我们每个阶段都要做这种比较，但至少在八十年代，对我们而言，波普尔就比维特根斯坦有效。对一个艺术家来讲，维特根斯坦可能比波普尔更重要，但对完成历史课题来讲，波普尔对当时要解决的问题更有效，就像针对你们思维的那类问题，比如尼采的超人哲学、黑格尔的绝对原则或本质主义、集体主义等，波普尔肯定就比维特根斯坦有效，这里就有个思维时段的问题，它有一种历史有效性。没有"放之四海皆准"的理论，反过来说，每种理论都有它独特的历史有效性。

舒群：当时我读了波普尔的《猜想与反驳》，启发非常大。

黄专：他自己就说他的哲学是一种"行动的哲学"。

舒群：你批我的那个角度，告诉你是怎么一回事吧，我当场豁然开朗，这真的是立刻起作用。因为当时小严（严善錞）老批本质主义、整体主义，我搞不懂他说的是什么意思，但看了《猜想与反驳》《历史决定论的贫困》，我明白是什么意思了，当场搞通了。

黄专：历史有效性和在哲学史上的地位大概不是一回事，当然有点偶然性的原因，他跟贡布里希是朋友，他对艺术的影响力和这个也有关。实际上，"情境逻辑"是波普尔提出来的，后来贡布里希把它变成了一个艺术史的概念："名利场逻辑"。当然，他从贡布里希那里也得到了很多东西。

舒群：我觉得你们是有一点感情上的……

黄专：对！你对信仰的东西肯定会有一点感情上的依赖。

舒群：但实际上我特别理解哲学界那帮人，

他们那个东西多多少少有点从审美的角度看这个问题，比如说甘阳，他也是这样，也是对波普尔不屑一顾，对伯林啊，怎么样……

黄专：他们大概认为哲学也分贵族和贫民，海德格尔、维特根斯坦属于贵族，解决的是哲学史上的元问题、根本的问题，波普尔大概就属于贫民，那个"世界3"解决的问题太小了。我倒觉得他的"世界3"也许不是一个纯粹的哲学命题，还是个历史命题、政治命题、文化命题。他不满分析哲学和逻辑实证主义把语言作为科学的根本问题，认为科学哲学关心的不应是语言的意义而应是认识的真伪，他的猜测证伪法（试错法）点中了绝对真理的要门。当然，当时最能刺激我们神经的还是他对"历史决定论"的批判，它提倡了一种和你们完全不一样的"理性"，一种实践论意义上的批判理性："乌托邦的理性主义是自我毁灭的理性主义。无论其目的多么仁慈，但它带来的结果不是幸福，而只能是那种在专制政府下生活的可诅咒的常见困难。"他主张渐进的社会方案，反对革命。你可以想象，八十年代这些话对我们确有棒喝之功。解决哲学问题和解决历史问

题有时也许真是两回事。

舒群：我觉得这是对"自我中心主义"的一种批判，"乌托邦理性主义"其实就是"自我中心主义"的"超自我"表达。但如果艺术家想让自己的工作起到干预社会生活的作用，就一定得从这种自我中心状态中解放出来，对这个问题的提示，波普尔的作用太大了，他治疗文化神经官能症、治疗野心家，因为所有的文化人几乎都是野心家，而且我们当时的野心太大了。但看完波普尔的书以后，觉得我们的野心完全是精神病状态，都是扯淡，是吧？一下子觉得这个不得了，这个作用太大了，而且当时如果没有和你们争论，我不会看波普尔的书。

黄专：他讲的都是和社会生活有关的道理。

舒群：对，他要你看到客观，看到你之外，看到他者，我觉得这个太重要了。由于受波普尔的影响，当时你们的工作对美术批评的专业化产生了巨大的推动作用。实际上你们提示了范畴、范畴意识和分门别类。

黄专：当时我们有个很朴素的想法：文化的事我们要有"撒手锏"，你不能光靠花拳绣

腿。记得八十年代，范景中经常嘲笑那些喜好建立体系的理论家和运动领袖，他说，那种体系我们一天可以编它四五个，但我们不能那样干，那样干缺乏文化义务感。我们当时有个名词叫"体系崇拜者"，把你们也归入"体系崇拜者"：中国怎么样，西方怎么样，我们要建设什么样的新文化，这种都叫"体系崇拜者"，是一种"大词文化"。

舒群：但是我慢慢地自我批判，把它粉碎了。

黄专：现在看来，八九十年代之交的中国，需要的既不是纯粹的哲学问题，严格讲也不是纯粹的文化问题，它需要的就是一个思维方式的变化，一个可以解决问题的智慧，需要一些真功夫。其实需要的就是这么点东西。

舒群：而且当时受你们的影响，好像也与赵冰有点关系，因为我们经常找他去做"裁判"。

黄专：我们都把他当作有"撒手锏"的人嘛，他是建筑师，懂结构，这就是撒手锏。但他也有创造体系癖，中部崛起什么的还是大词思维。为什么我们那几年没搞运动呢？因为每个人都在练"撒手锏"（我是练得最差的

一位），就是有个可以拿出来的东西，独门暗器，不露声色的，当时幻想的是这个东西。崇尚智力，这大概也算是传承了"智者"派的传统吧，哈哈！

舒群：所以我当时印象最深的就是你的"有感情，没技术"，我一直用到今天，有时我就跟学生说："你别给我废话，你这个是有感情，没技术！"想法挺好，你的几次棒喝对我的转型起到了巨大的催化作用，一下子让我醒悟。

黄专：你是个比较敏感的人。

舒群：不然我不会跨越那么快！你提示了我。我一看，哦，这个事我没占上风嘛，我必须得考虑考虑。

黄专：我觉得在整个中国，八九十年代最有意思的事情是思想上的这种搅拌，这个其实比创几个画派有意思，我们当时对编个画派什么的特别鄙视。

舒群：很可笑的。

黄专：我们倒不是说编得对不对，我们觉得那需要的技术含量太小了。

舒群：那个严格说来是个弱智游戏。

黄专：什么××一代呀、什么后什么呀，有一点智力的人一晚上可以编好几个，把这些东西拿出来宣传，还争专利，的确不算是什么高端的游戏，当然历史有可能还真认这些。所以那时我们觉得赵冰最起码懂建筑，有一门独门暗器，独门暗器平时是不会用的，独门暗器是救命的，有时是到快死的时候才会拿出来，也有可能一辈子都用不上，但它有个最大的功用：证明这个人的段位。

舒群：小严跟我讲过，他说一个学派就得这样，一旦哪个学派出来了，你就过来噼里啪啦，他是黑格尔，你这边黑格尔专家就噼里啪啦，他是康德，专门研究康德的就噼里啪啦……最后把他干掉。

黄专：但首先要把个人问题解决好，成家才能立业。还有一个就是，思维训练太重要了，思维训练和掌握知识至少同样重要，比如说有人也用图像学，但过不了"综合判断"那一关，就前功尽弃了，所以潘诺夫斯基说用得不好的图像学就像占星术。你有个词叫"文化底板"，有什么样的底板就印出什么样的东西，有的五光十色，有的是黑白灰。

舒群：这里可能有一个卡西尔说的"扩大认识论"的问题。你们当时的意思就是如果不扩大认识论，严格说来这个问题你是不能谈的，你根本不具备谈的资格！他用那个286处理器，如此低端的一个处理器，你怎么处理呢，根本处理不了，关键在这里。首先必须升级，之后你才能处理这个问题，所以为什么那个时候我大量阅读，实际上是受到你们的刺激，我就拼命地阅读。

二、非专业地谈论艺术

黄专：人活到一定程度，看人生就像过眼云烟，舞台上所有乱哄哄的东西的背后，最有魅力的还是思维的乐趣，很少有人能持续二十年思考一个东西，你是这种人，这就有价值了，二十年思考一个题目，这不是每个人都能做到的，这个东西自然会有魅力，清理这个东西就有了史学的价值。当然你还有一个东西，你毕竟是一个艺术家，你有制造图像的本领，这样就出现了思想、语言和图像的关系问题。解释思想和图像的关系大概有三种办法：第一种是古典主义的方式，图像学的方式，思想和图像严格对应，新柏拉图主义就使用这样的方式。它以象征逻辑为基础，"羊群"代表什么，"翅膀"代表什么……这种对应是一种宗教性和历史性的对应。第二种是浪漫主义的方法，比较抽象，贡布里希很刻薄地描述过这种方法，他说有一次有一个老师带一帮学生去参观 MoMA，老师指着一堆泥土大谈它背后的宇宙世界，浪漫主义的图像解释基本上是靠语言，漫无边际地把它联系起来，这种联系是无限性的（语言学家说的能指、所指不对位、无穷所指等）。第三种呢，比较特殊，就是指你这种类型的艺术家，包括像席里柯（Theodore Gericault）这种，他的确是有形而上学的逻辑思维，并落实到一种具体的空间表现，对这种图像的解释只能介于前面两者之间，这种解释非常难。比如你那个宇宙图像是从哪里来的，它既不可能严格地按照古典图像志的方法解释，也不能完全像浪漫主义那样解释。你也借用了十字架，但肯定不像《圣经》那么严格，基督教图像使用十字架，在什么地方、什么空间、什么位置，跟《圣经》是必须严格对应的。在你这里，十字架只是一种精神的抽象替代物，但又不像浪漫主义使用的符号，这里说的浪漫主义是广义上的，包括抽象绘画都属于这类。你那个六角结构，我不知道和毕达哥拉斯讲的那种"数"的观念有没有关系？

舒群：我觉得应该有些关系。

黄专：这种东西有某种任意性，但是它同时受某种隐性文化的规范和暗示，现在很少有这种图像学，所以写你的难度就在这里，要对你的知识、阅读有一定的了解，你既不是把它当作主观情绪，也不是当成一个严格意义上的《圣经》图像，这个中间哪些可以构成解释的基础，的确是个难题。比如你的教堂，我不知道你是不是受到斯拉特斯堡大教堂的影响？

舒群：好像不是，我后来才发现的。

黄专：按你的说法，表达思想是不需要具象的东西的，对任何含情脉脉的东西你都排斥，你把它们称为"情态写作"，像"四川画派"，就是典型的移情，农业社会的东西。你认为"理性绘画"才真正进入"意态写作"（∞写作）和"语态写作"（零度写作），这是一种方法论和语言学的解释，是一种很有意思的历史划分。但严格讲，按你的理论，你实际上应该有两个方向的选择，一个走向抽象，一个走向概念艺术，但你却找了条象征主义的路子，找了半抽象教堂这个象征母体，这个怎么解释？

舒群：好像对我来说，不能走向硬边那种……纯粹的蒙德里安那种，我觉得要是走到那儿，那种精神直观就没有了，就是说那种直观的威压感没有了。需要陌生化的体验，也就是说它像个黑洞一样，让你在这里止步，我觉得像蒙德里安的东西就不会是一个黑洞啦，就变成了一种控制力。

黄专："精神直观"，这个词很精彩。你就是要保持原型，保持最低限度的感性原型，就是有一个造型，不能走到完全冷抽象，你的图像对应的是这种考虑。蒙德里安也是由具象走到了抽象，但你的东西从一开始就选择了这样一种有感情基础的图像。

舒群：对，始终保持这样一种感情基础，如果丢掉了这种感情基础，就不是我要的那种东西了，所以我觉得还是因为我有这种神秘性。

黄专：但你选择教堂还是跟你对"理性"的抽象描述有出入吧？

舒群：它里面有神秘啊，所以我不把理性看作一种操作层面上的工具理性，而是有点像一种权威的东西，一种原则，一种很绝对的东西。一旦像蒙德里安那样，我觉得会成为另外一种世俗化，因为它很明晰嘛，它是可掌握的，但是黑洞是不可掌握的。

黄专："绝对原则"早期，比那个教堂早一点你画了些几何体，这些几何体的意念是从哪里来的？

舒群：我觉得几何体和现代物理学、东方神秘主义有很大的关系，当时我也是因为接收到一个东西的刺激，就是在《信使》杂志上看到一个阿拉伯建筑，它就像我的"绝对原则"的一半，我就把那一半变成了一个整体，我当时看这个特别有感觉。

黄专：这个题材你画了几张？

舒群：当时连续画了八张。

黄专：都是一样的？

舒群：不一样，但只是建筑结构有所变化，

在这个里面的，比如说天体和十字架都差不多。

黄专：八张就留下一张？其他的毁掉了？

舒群：都毁掉了，我想这些还是可以再复制的，当然不是有意毁掉的，因为时间太久了，丢盔卸甲的，最后回去找的时候也都没了。

黄专：素描那批是在武汉大学画的？

舒群：对。

黄专：后来九十年代的《绝对理性的消解》呢？

舒群：我觉得可以这样来整体地理解，具体地一一对应，对每一个符号做明确的分析，我觉得很难。

黄专：对你的图像进行分析的难度就在这个地方，它不完全像古典图像学，但它又抑制任何随意的情感宣泄。

舒群：当时我是这么想的，为什么我总盯着天体这种图像呢，实际上，当时崔健不是有首歌叫《一无所有》嘛，我对那种"一无所有感"特别有感觉，这是一种普遍的体验，

比如说，它首先表现的是拒绝！像《父亲》啊、何多苓画的《春风已经苏醒》啊，一个小男孩爬墙头啦，总而言之，拒绝它！这种东西，它是一个家园，是一个很温馨的家园。那么我们当时感受的是"一无所有"，家园已经不存在了，所以画的就是荒原逻辑，但荒原逻辑推到极端，我觉得就是天体图像，变成了无机物的一种图像。当时为什么把这三个综合在一起画了一个网状结构，然后把那个天体的球面……接下来再画一个十字架，我觉得有点鬼使神差，说不清楚，但是画完以后，就觉得对！我说："成了，就是它！"哈哈……我记得当时我画完就立刻打电话给卡桑，说："卡桑，你快来，我成了，你快来看。"

黄专：这个是在北京画的？

舒群：在长春！我记得卡桑来了以后就在那儿看，不说话。我感觉如果一张画里有东西，不是立刻能说出来的，当时她看了以后目瞪口呆，足足有半个小时，就是说不出话来。我问："怎么样，我是不是成了？""嗯"，她点头。广义当时看这张画也是足足看了半个小时不说话，我问："广义，什么感觉？"广义抽烟，不说话，反复看，我说我想达到

的就是"无感"，让感觉消失。

黄专：你的思维可以找到这么具体的对应图像也是很幸运的。

舒群：我之前画了那么多，像《无穷之路》，感觉都不对，但这张画出来，我一下子就觉得成了，我要的就是它，有时候这种感觉也蛮神奇的。

黄专：所以说思想跟图像的对应，有些东西真的是解释不清楚，它有神授的成分，博尔赫斯有一首诗名字就叫《关于天赐的诗》。

舒群：真是有点那种感觉啊！因为卡桑画那种徒手的东西画得很好，她不大看得上我的《无穷之路》。

黄专：你那个《无穷之路》说得好听点，就是孟禄丁当年的那个水平，当然思维比他要抽象一点，但是想法也就到那个《亚当夏娃》的水准，从图像水准来讲，基本上就是那个段位，用你的话说，处于"情态写作"与"意态写作"之间。

舒群：因为以前我老忽悠卡桑，说她多天才，她一向不太看得上我画的那些东西，突然我

画出《绝对原则》来，她一下子就蒙了。

黄专：九十年代中期，你又把那些东西拿来重用，就是《同一性语态》，比较以前你去掉的是什么东西呢？

舒群：当时画那些东西，我是有一种赴汤蹈火的感觉的，一种涉向彼岸的整体情绪，觉得这个剧场是这个民族必须接纳的，我当时有一个幻想，就是把整个长安街变成全部都是我的《绝对原则》，一个高大的墙壁，像纳粹的建筑似的。

黄专：你当时理解和宣扬的绘画"理性主义"就是文化精英主义、极权主义，你的性格中有极权主义的基因，幻想当牧羊人啊、超人啊，波普尔的猜测是对的：绝对理性主义的政治表现就是极权主义！只要把人间秩序幻想成绝对真理和天意，那就肯定会导致极权。

舒群：当时我幻想的就是这个事，我想如果能把整个长安街哗的一下，变成《绝对原则》，不管什么样的一个结构，我设想的应该是水泥基础的那种壁画构成。

黄专：1992年"广州·首届九十年代艺术双

年展"前后，你的思维是不是就发生了某种变化？看你这段的笔记，阅读范围、思考方式和逻辑似乎都有变化，你对"绝对原则"的崇高性有了怀疑，不能说完全走出了崇高，但起码你觉得这种思维不是一个开放的状态，你有了某种反思性，记得你曾把它描述为"神圣的下降"，这是怎样的一个过程呢？

舒群： 这个时期，我把它当作一个历史的客观存在，经过分析哲学的洗礼，"绝对原则"或者逻各斯之类的意象已经不再是我要捍卫的东西了，而我只是把它当作一种客观的存在，一种以历史文化遗产的形式持存的客观存在。当代那种东西太琐碎了，或者说太个体化了，这样一来，我们面对历史的时候就不敢去注视它，这其实也是一种心理衰弱症，或者说是一种弱智状态。

黄专： 你的图像历史和其他艺术家不太一样，像王广义，他每个时期的风格和问题都有某种明确的图像对应性。但你的三个时期的图像：从《绝对原则》到《同一性语态》，再到现在的《象征的秩序》，从语言学角度讲几乎没有变化，要是没有你自己的文本阐述，任何人都不可能察觉到它们的图像差异，除

非一些很细微的技术和结构变化，你几乎没有留下让别人理解这个思维变化的机会，那么复杂的思维逻辑变化和几乎一成不变的图像之间的这种关系，应该怎样说明？

舒群： 我觉得第一个阶段，是我本身沉浸在这个状态中，我把这种东西当作一种命运，不是我个人的，我甚至认为是全人类的集体命运；等到了《同一性语态》，我实际上是把这个东西当作一种客观的东西，我跳出来看它，把它当作一种历史，一种知识考古学的课题；而在《象征的秩序》这个阶段，我实际上已经不把那个"绝对"当作控制论意义上的"理性"，而是把它当作"发生认识论"意义上的"对话着的逻各斯"了，在这个意义上，理性已由"独白"的逻辑转换为一种"复调"的逻辑，在这里，"绝对"是一个象征性交换物，它隐喻着"符号之镜"背后的未思之域。

黄专： 为什么又画了那批素描？

舒群： 这个好像没有一个明确的想法，但每一张我都画了一幅素描，我设想这个素描不是草图，而是一个独立的作品，好像是心态上的变化，我觉得第一个阶段还是一种浪漫

主义的，第二个阶段更单纯、更客观、更提炼，我不在对象之中了。而第三个阶段是物我两忘的，对象中有我，我中有对象，物我浑融的状态，所以还是有一种移情在里面。

黄专：比第一阶段要抽象一点，比如十字架符号没有了，你的那张《绝对原则消解》是有意脱离这个阶段吗？

舒群：对！

黄专：一个心理问题解决了，好像这段历史就翻过去了。

舒群：对，也就是那个剧场像是"三座大山"的感觉，我是只骆驼在承担嘛。

黄专：这些如《巴黎圣母院》都是有原型的吗？

舒群：对。

黄专：第一阶段呢？

舒群：第一阶段没有，只有想象。

黄专：如果按这个逻辑讲，你的感情更真实了，有知觉了，和感觉世界的东西有对应了！

舒群：我觉得第一个阶段还稍微有点表现主义的味道，画起来是一气呵成的。

黄专：《一种后先锋主义？》是什么意思啊？

舒群：我可能还是觉得当时的先锋主义是一种犬儒主义的东西，比较粗糙，我还是觉得它比较个体化，是一种没有超越自我的混乱的表达。

黄专：这种图像有分析的成分吗？悖论空间？

舒群：像埃舍尔那种？没有，那种不是我要强化的，我强化的还是一种直观，这种直观一定要模糊，比埃舍尔的东西要模糊，那个完全变成数学分析式的东西了。

黄专：最后这个重画的阶段呢？

舒群：针对性不一样了，批判的东西不一样了，我是用象征的秩序来对抗符号的秩序的。

黄专："象征的秩序"还是个理想的东西，"符号的秩序"就是世俗世界的东西了，也许你的出发点不单是批判消费主义，它还是个精神治疗，形而上还是你的精神归属。你最后阶段的文字比较少，我对你整个思想逻辑比较感兴趣，我觉得我可以抓住一个脉络，但思想和图像对应的问题好像还是不太容易理解。你拿的永远是一把剑，只是对象不一样。

舒群：对，就是我的态度不一样了，有点像杜尚的现成品，我始终是在拿一个现成品，第一个阶段，我的情绪创造了一种东西。

黄专：不是啊。杜尚的现成品变化也很大呀，第一次是小便器，第二次是车轱辘呀。我的意思是他的形态是有变化的，但对于你来讲，八十年代、九十年代、二十一世纪，你拿出来的都是"小便器"。

舒群：某种意义上可以这样说，但我可以用解释学的方式使之发生变化。

黄专：是不是可以这样说，你做的就是一件事情：创造一种只属于你个人的图像，图像背后心理活动的变化就交给文本写作了（你是我见到的唯一一个二十多年没有中断做读书笔记和理论写作的艺术家），你是不是很依赖写作？这样看你实际上就又像是一个概念主义者。

舒群：我觉得确实不是一个事情，归根结底在于我的立场不一样了，就是我看这个东西的感觉不一样了。

黄专：图像对你完全是个私密的东西吗？你不需要公众去揣摩吗？

舒群：不，我觉得我的阐释非常重要，如我的访谈、我的对话、我的演讲，也是我作品的一部分。比如我在这个时段对我的作品做一次演讲，第二个时段再做一次……我认为我每次演讲都会让大家信服。

黄专：你的独特性在哪里呢？按照你的思维，如果你是一位西方艺术家，你无非走这两条路：一条是抽象主义画家的路；另一条是概念主义艺术家的路。但恰好这两条路你都没走，你在思想上完全是个概念主义者，但你的作品甚至你的画法都很古典，这就是你的独特性。

舒群：第二个时段我把它当作一个客观的对象，与我无关的文本。但第一个时段不是，它是我的"狂想曲"，所以更多的是想象力的，和我的情感、内心体验的关系巨大。所以从这个意义上来说，我可能在做一个自我克服，自我治疗。

黄专：解释语言和图像的关系无论对哲学史还是艺术史都是道难题，你的艺术为这道难题增加了一个个案。怎么解释这个关系是一件比理解你的思想线索更难的事，因为你毕竟是艺术家，如果是位数学家、哲学家或作家，画些草图只是写作的附属物，可以和文字没有关联。比如卡夫卡，他画了大量的速写，画得很好，和他的小说里面的时间、空间错乱的感觉完全一样，但没有谁把它当作艺术品去解释，因为没有必要，他是个文学家。但是你必须解释它，因为你是艺术家，你必须承担为它在艺术史中进行解读的义务。蒙德里安从树到方格子，它们和形而上的抽象命题有一种形态上的一致性：既是象征主题，也是神秘主义意向。但你的图像变化太少，从"绝对原则"到"走出崇高"再到你最后一个阶段的"象征秩序"，基本上都是复制，这样，我们也许只有从心理学上解释你的这种无变化的变化了。

舒群：复制后，我的理解不一样了，我再看它本身不一样了。比如《同一性语态》这个阶段，我还没有超越理性主义，但到了《象征的秩序》，完全没有理性主义，我把它当成一个缺席者的召唤，像博伊斯说的："我们今天应该重新上与神灵，下与动物、植物、自然，有一个交感、互动。"比较接近萨满教。

黄专：我尝试做出这样的猜测，你的思想逻辑和图像逻辑的演变轨迹是：八十年代艺术对你而言是建筑想象性整体文明的工具，九十年代它变成了一种语言分析或精神治疗的药方，现在它又似乎变成了理解消费文化的某种批判性中介，但贯穿始终的是理性主义这个形而上主题，虽然"理性"在不断走样。

舒群：对，或者也可以这样说，我所做的工作始终是一种自我治疗或自我克服。我在画画的时候，对别人怎么看画出来的东西不感兴趣，比如我画一个东西可以把我的精神病治好，我就去画，我就可以从精神病中解放出来。

黄专：可你不是关在精神病院里的病人，而是一个与文化有关的行动者，你的言行都在影响文化。

舒群：或者把它叫作一种自我批判，自我调整。

黄专: 八十年代你的图像和理论对艺术和文化都产生过某种覆盖性的影响,后来你似乎退出或者说游离于艺术名利场之外,但你个人的思想史和艺术史并没有终结,只是它的历史效应已大大减弱,你觉得这是历史的问题还是个人的问题?如果艺术史把你当作一个对象,它该如何定位?如果我们能够找到一个解释你的思想和图像逻辑之间关系的新方法,也许这种定位就会容易些。对你来讲解释这种逻辑很简单,就是自我治疗,其他的都是效应史。但把它作为一个艺术史的课题来书写,就必须找到一些和思想史、视觉史同时有关联的元素。你个人的艺术史我称它为"图像的辩证法",这是一种历史学的划分,希望能够以此清理出你的思想脉络和问题脉络。从时间上就是三段:第一个阶段 1983 年到 1989 年,主要就是生命哲学、存在主义和文化整体主义的东西,或许还有泰特文化环境论的影响,什么北方呀、南方啊,就是这些东西构成的。到了九十年代,掺入了分析哲学、逻辑实证主义、结构主义、后现代之类的东西(如福柯的话语权力理

论),当然中心是对语言的思考,中间还包括对西方马克思主义、法兰克福学派这类政治哲学的理解,甚至接触到更为微观的设计史和市场理论这样一些完全实践经验的学科。这个阶段复杂点,但思想逻辑还是很完整的,里边还是有一条主线的,就是对理性主义的向往,对形而上的向往。第一阶段是整体理性主义或者集体理性主义;第二阶段是分析理性主义;第三阶段就是个人理性主义了,试图把"理性主义"改装成一种对付消费主义的防身利器,精神旨归仍是形而上学。

舒群: 但我自己在这时已经不用理性来命题了。我读了鲍德里亚的《象征性交换》以后,有了这样一个感受,我觉得是对消费社会的超越,因为消费主义都是符号的秩序,是我们常识的一部分,是大家生活的工具。但象征秩序呢,是一种缺席的,在常识秩序中找不到的东西,是一种虚无的东西。

黄专: 就图像来讲有点以不变应万变了,我觉得写出来也许更有意思,因为之后没有改变,只是又拿来用,这个我觉得挺当代的,是一种"自我挪用",哈哈……波普主义是

挪用他人的，你是挪用自己的，把它变成新的语言。也是因为有两个机缘吗？两个展览需要你复制作品。

舒群：对，《绝对原则消解 2 号》和《同一性语态》，不过不都是复制。2006 年在你那个"创造历史"的展览上是复制的；而在 2007 年费大为那个"八五新潮"的展览上参展的是 1992 年的原作。2006 年那个复制后，那种感觉就不一样了。比如王川那个复制就没有注入新生命，因为他自己没有感觉。但我再画这个的时候完全不一样，就是不断地凤凰涅槃，我的那个个体化崩溃了，又再生了一个个体化，就是这样一个过程。

黄专：这两年我通过写艺术家重新阅读了很多东西。在中国艺术家中有很多喜好阅读的人，像黄永砯、吴山专、汪建伟、徐坦、张晓刚等。汪建伟阅读很广泛，但他和你不一样，他的思维很开放，没有一个中心逻辑，他对理论有一种"王广义式"的实用主义倾向，就是为解决具体问题而阅读，所以和他对话有一种实践的乐趣，你还是比较中古气质的。你的底版部分还是比较古典的，但它与你那个超人部分的关系很难琢磨。

舒群：但我丝毫没有觉得画画与我不相关。

黄专：我记得你之前找过我，说那是你最痛苦的时候，你说你有了抑郁症，甚至都想到了自杀。当时我还劝你写作，不要画画了，你后来说想来想去还是想当画家，从整个"理性绘画"的实践看，你还是个好画家。

舒群：我觉得我摆脱不了这个，如果写作，我反而觉得这什么都不算，我觉得那些东西必须要用图像推出来，这才是我最终的目的。

黄专：你本质还是个艺术家。

舒群：最终的感觉，这还是一种命运，你不能脱开这个命运。

黄专：你得抑郁症那个时段就什么也不画了吗？但你画出《红色毛泽东》又是什么意思呢？

舒群：我觉得是把我内心的紧张克服的过程，通过一种最原初的……因为当时我找不到感觉，在视觉图像里找不到归属感，我画教堂的时候已经很压抑了。

黄专：你当时拿《单色工农兵》来我这里的时候，我一下子蒙了，不知道你要干什么，最坏的我都想过，猜测你是不是想卖画，到现在我也不知道怎么判断你那一段。你是不是希望找到你原初画画的一种感觉？我叫"回到原点"，有时这是一种心理需要。

舒群：我在 1996 年画了最后一张教堂，就是《同一性语态》这个系列，我当时走进画室看到这幅画的时候有一种巨大的痛苦，感觉荒芜、一无所有，拿起画笔的时候内心是混乱的，所以我必须逃走，坚决不画了。

黄专：这个《加减乘除》和《同一性语态》是一起的吗？

舒群：在《同一性语态》之前，在"消解"之后。

黄专：那《加减乘除》是什么样的想法呢？

舒群：我觉得这个阶段倒有点像蒙德里安的东西，有点冷抽象，也有点像波普的感觉。

黄专：不画画有几年了？

舒群：差不多有七年。

黄专：你得抑郁症是哪一段？

舒群：我刚放下画笔后去做公司，突然找到感觉了，做设计觉得了不得。但到了 2002 年，

又觉得做设计也没感觉了，那个时候就得了抑郁症，直到 2004 年，我最强烈的绝望也是在 2004 年，于是我来找你，你是我的稻草啊。

黄专：那个时候我也刚刚从病中恢复。

舒群：我想如果我继续做设计，就又和在画室里的感觉一样了，成了"荒原"。

黄专：关键是"工农兵"这些东西和你当时的状态隔得太远了。

舒群：当时我只是觉得我必须画画，但画什么我还不知道，那个时候就想起我小时候画报头。

黄专：画得非常好，但感觉完全没有逻辑，当时我觉得我完全没办法判断。

舒群：说得严重点，那时我要么画画，要么就自杀，所以我只能选择画画，呵呵。

黄专：写你的评论得找个心理医生。你的心理自我治疗过程真的很难解释。

舒群：艺术家可能比较"痉挛"，过于锐感，纠缠在一个点上，不能解脱。艺术家可能不

那么容易从自我中抽离出来，被自己控制住了，但也不会总这样，在心理危机出现的时候才会这样。当你又找到一个"安全港"时，你又不一样了，相对地回到一种常识状态。我一直纠缠在感性与理性之间，我也脱不了感性，不然我最后画得会和蒙德里安的方格子一样了。我们是不一样的，他的很明晰，但我的相对来说比较晦涩；蒙德里安的东西很美好，而我的很绝望。诺瓦利斯说："哲学就是满怀乡愁，到处寻找家园。"我每次画一种画，都是一种找到家园的感觉，如果画没了，我的家园也没了。

黄专：从这个意义上讲，你其实是一个很现代的画家，就是很人本，你的命相属土，需要根的那种，你是仁者，"仁者乐山，智者乐水"嘛，你必须有个依靠。（对身边的助手讲："舒老师也许不是大艺术家，但肯定是大哲学家，因为哲学家是喜欢思考但又需要根的人。"）

时间：2009 年 2 月 6 日
地点：深圳
对话人：舒群、黄专
录音整理：石弘

注释：

[1]原文载黄专主编，《图像的辩证法：舒群的艺术》，广州：岭南美术出版社，2009 年，第 3—18 页。部分访谈刊载在《信息时报》，2009 年 6 月 28 日 C12—C13 版。——编者注
[2]见卡尔·波普尔，《波普尔思想自述》，赵月瑟译，上海：上海译文出版社，1988 年。——编者注

关于"万曼与中国新潮美术"的访谈[1]

问：我们准备了一些简单的问题，希望黄老师能谈一下。那么首先请问黄老师对于万曼先生的艺术有何看法？

黄专：我对万曼的了解可能还不如你们，对于这样一位对中国现代艺术有着很大贡献的人，如果随便地谈论他的艺术和成就，我觉得不是十分合适。对于他这样一位有特殊成就的人，如果没有深入了解就冒昧地说些什么，是很不严肃的，所以我在这里可能没办法具体谈他的成就。

问：黄老师一直关注中国二十世纪八十年代的艺术文化现象，万曼先生也是同时期来到中国的，您能谈谈您的看法吗？

黄专：我的确一直在思考这个问题，我在2006年做了"创造历史：中国20世纪80年代现代艺术纪念展"这样一个展览后，就一直关注"八十年代的遗产"这个主题，思考这个历史时期对于我们有什么样的意义。八十年代，我们思考过形而上学的问题，后来中断了，现在再去考虑这个问题还有没有

意义？当时的运动思潮在1989年突然中断了，这个中断是人为的，这是大家都知道的历史事件。到了九十年代，中国当代艺术的景观都改变了，所有的问题似乎都消逝了，或者说是封存了。2006年我做了"创造历史"展，2007年费大为做了"八五新潮"展，在社会上引起那么大的反应，我认为是大家还不理解八十年代对于我们意味着什么。这包含了很多问题，其中之一就是八十年代我们接触到的西方和九十年代的有什么不同，八十年代接触的西方，或者说吸收的西方信息整体来说还是封闭的，虽然已经改革开放，当时最主要的方式是通过画册和书籍，现在大家都熟悉的"威尼斯双年展"，我们当时只能通过资料了解。而当时的浙江美术学院(现中国美术学院)起到了很大的作用，我们一直考虑要将浙江美术学院作为一个个案，因为不论是二三十年代的现代主义运动，还是八十年代，浙江美术学院的作用都非常大。一个原因是浙江美术学院一直有林风眠带来的"艺术至上"的传统，其次是在八十年代，浙江美术学院买了两套现代艺术

的图书，这是一个偶然，也是一个必然，这批书对于现在一些毕业于浙江美术学院的知名艺术家影响都很大。当然还有一个重要的原因就是当时的浙江美术学院接纳外国学者和外国艺术家的帮助，这和其他学校都不一样。

问：您认为这些是万曼先生到浙江美术学院的原因吗？

黄专：是的，万曼先生会到浙江美术学院来绝不是偶然，他的终身事业落脚到浙江美术学院，这是两方的需要造成的。评价他的艺术，我希望能结合当时的背景来谈。当时的浙江美术学院已经有了"八五新潮"的"池社"和"新空间"展、赵无极的油画训练班，虽然当时的浙江美术学院没有像北京那样的地缘优势，但它当时培养的现代艺术家的人才是最多的，当时的浙江美术学院在对传统的继承和对西方现代主义选择性的吸收上，有自己的特点。所以当我看到这个展览的标题"万曼与八十年代美术新潮"时，就觉得十分准确，将万曼先生的艺术与当时的美术新潮结合起来研究才能真正认识它的价值。万曼先生不同于一般的西方艺术家或

中国艺术家的是他有"两个本土"，这点他自己也说过，不过"两个本土"并不仅仅是说他在八十年代到这里建立工作室，事实上，五十年代他已来中国留学，受过中国文化的影响。刚才我看他的草图的时候，看到他将作品放在西湖上的方案，这其实就显现了他"双重本土"的特性，我觉得他在这个方面的特殊经验造就了他的成就。另外，他将壁挂材料与中国人的一些物质观念结合，比方说生物材料的结合就体现了这种"双重本土"的特质，虽然我们还没有看到他的作品中采用生物材料，但是他对自然材料的运用显然启发了很多人，像现在的梁绍基用蚕茧、谷文达用头发、墨锭、茶叶等，他们作为万曼先生的学生，正是继承了万曼先生将观念和形式结合的思想。他将传统材料直接转化成当代作品的思想为我们提供了一种非常开放的艺术观念。

问：那么您认为万曼先生当时来到中国有何特殊意义呢？

黄专：中西方文化交流基本分为三个阶段：传教士阶段，从十四世纪利玛窦到中国传教开始，这是第一阶段。十八世纪这种交流进

入汉学时期，西方学者开始从研究中国古代经典、语言文学入手研究中国文化，这是中西交流的第二阶段。在这两个阶段，西方人都是用"理解性同情"的态度来看待中国的，他们觉得中国和他们的文化同等重要，甚至更加重要。二十世纪中叶后，西方汉学进入以美国为中心的中国学阶段，这种情况才发生了转变，这主要是从美国人开始的，他们对于中国的现代政治、经济采用一种区域研究的态度，将中国文化视为一个西方文化的"他者"，将其作为完全另类的研究对象，尤其受当时冷战意识形态的影响，这种研究变成了一种文化偏见。比如当时占主流的"冲击反应论"，就是这种观念的产物，它认为中国近代进入现代化的发展完全是由于西方的推动产生的。但八十年代中期以后来到中国的一批从事现代艺术的西方人，像莫妮卡·德玛黛（Monica Demattè）、戴汉志（汉斯，Hans van Dijk）和凯伦·史密斯（Karen Smith），似乎恢复了"理解性同情"的态度。这些人来到中国是出于对中国文化的热爱，他们希望在这种文化氛围中继续自己的艺术。他们和当年的汉学时期的西方人一样，是以"理解性同情"的心态来中国从

事艺术活动的，当然最早的是万曼先生，最为特别的也是万曼先生，他觉得他对中国传统艺术和现代艺术都有着某种天然的义务。我没有接触过万曼先生，但是从大量的文献资料中可以看出他应该是这样一种人。

问：您认为这是万曼先生的成就之一？

黄专：是的，我认为西方与中国当代艺术的关系是一个很重要的课题，而在研究这个课题的时候，万曼先生显然是很重要的。他对于中国八十年代的艺术有很大的贡献，他是中国八十年代的遗产的一部分。而九十年代后再来到中国的西方人，有些态度就改变了，有些成为在中国行使西方权利的策划人，有些则成为中国艺术品的商人掮客，在这里我就不举例了。与这些人相比，万曼先生和他那些对中国现代艺术怀有"同情性理解"的同道就显示了他们更为可贵的一面。

问：九十年代后来到中国的西方人开始改变"同情性理解"的态度，您认为这是什么造成的呢？

黄专：其实我也一直在想这个问题。当然，冷战结束是一个大的国际背景，西方人认为

中国会像苏联一样解体或走上西方民主体制的道路，但是事实上并没有发生。一方面，九十年代重新开放以后，带有偏见的西方政治家和策划人有机会来到中国；另一方面，随着西方世界格局的变化，西方艺术开始显露衰败，他们需要吸收新的因素。但是，当他们把眼光投向中国时，引起他们关注的仍然是各类与冷战思维同步的政治性图像。与这些西方人看待中国的态度相比，你们就可以看出万曼先生的价值。

问：那么您认为在这个时期办这个展览有何特殊意义？

黄专：最近几年，随着中国的强大，西方对于中国当代艺术的态度正在发生微妙的变化，越来越多严肃的西方学者开始真正从学术角度关注中国，他们在重新评估和看待中国当代艺术的性质、价值和成就。在这样一个变化的时期举办这样一个展览，我觉得显示了策划者的敏感，它必将积极地推动这种转变和发展，因为这个展览展示的正是中西方平等的文化和艺术交流历史中的一个个案。

时间：2009 年 9 月 9 日
地点：杭州
采访人：林昶汶、李甸

注释：

[1]原文载施慧、高士明，《万曼之歌 ——马林·瓦尔班诺夫与中国新潮美术文献集（上）》，杭州：中国美术学院出版社，2011 年，第 113—115 页，标题为《黄专访谈》。——编者注

如何运用研究影响现实
——AAA访问黄专 [1]

《美术思潮》

问题：您本来学习中国美术史，您研究的重点是什么？

黄专：我研究生学习的专业方向是中国画论，大量的还是阅读文献，魏晋南北朝以来的古典文献。我的研究课题是李日华，当时在湖北的严善錞研究的是董其昌，这两个人物很好玩的。我们当时的兴趣为什么在明代？就是觉得明代很像我们所处的时代，社会与制度全部重新洗牌，翻天覆地，所有思想混杂在一起。我的毕业论文写的就是李日华，后来得"吴作人基金奖"就是靠这篇论文。

当时能够得到的西方研究中国古代艺术史的资料不多，《新美术》介绍高居翰（James Cahill）他们的几篇文章，洪再新到九十年代编的一部《西方学者的中国艺术史研究》文集，了解西方大概就是通过这几本书。当时我的导师阮璞先生是比较反感我参

与现代主义运动的。其实我老师是典型的二十世纪初的知识分子，他早年在国立艺专是学油画的，早期画得很前卫，画马蒂斯、野兽派，后来就专门做学问了。他是滕固的学生，他的艺术思想是从滕固那里来的，滕固是中国第一个留德的艺术史学者。他当时希望我不要参与这些运动，主要觉得这个太耗精力了，所以他对我参与编辑《美术思潮》什么的都不太赞成。当时的确有这种心理矛盾。当然，八十年代中期，我也接触了范景中和他们的学术团体，这两个原因使我在心理上一直保持着与"八五新潮美术"运动的距离。1989年我去北京看"中国现代艺术展"，见到了王广义、舒群、黄永砯、吴山专、张培力、高名潞等人，当时只感觉气氛特别紧张，开枪、闭馆什么的，乱哄哄的。

对这个展览，我心里也特别复杂，对当时的那种集体主义方式很不习惯，1988年我就写过一篇文章《中国现代艺术的两难》，批评中国现代艺术的集权特质，1989年"中国现代艺术展"不过是将这种特质

场景化了。

问题：您最初是怎么参与《美术思潮》的？

黄专：我大学的专业是历史学，但一直对艺术史感兴趣。1982 年大学毕业，我被分配到一个地区师专当老师。后来认识了皮道坚，他当时在湖北美术学院任教，他是我第一个艺术史的老师。1984 年，彭德也从一个地区调到湖北美协，筹备《美术思潮》，当时周韶华在组织这个事情，但是他具体不负责编辑，具体负责的就是彭德和皮道坚，彭德是主编，皮道坚是副总编，在皮老师的推荐下，我开始参与编辑。我记得最开始就我跟严善錞两人在编，还有已在美协工作的鲁虹也是最早参与的编辑，后来祝斌、李松进来了，再后来栗宪庭也参与编辑。当时我一边在郧阳师专教书，一边参与编杂志，1985 年考上湖北美术学院的研究生后也一直参与这项工作。由文联主持、《美术思潮》参与做的第一个展览活动是"中国画邀请展"，这当然与周韶华的兴趣有关，当时谷文达和国画界很多年轻的现代艺术家都参加了。严善錞是浙江美术学院（现中国美术学院）77级版画专业毕业的，他跟浙美系的王广义、

黄永砯、吴山专、谷文达保持着非常紧密的联系。当时《美术思潮》上严善錞跟黄永砯的那个对话，使我们很吃惊，他们思考的问题已经走到后现代主义那一步了，我觉得严善錞在这里面起的作用非常大。其实想起来，那两年变化很大，1987 年左右我通过严善錞认识范景中，思想发生了很大变化，开始以科学哲学的方式思考现代问题，同时继续古代研究。

严善錞在当时的作用有点像王明贤在北京的作用，他把很多不相关的人串起来了。我 1982 年在华中师范大学历史系读书，还没毕业，林志就从浙江美术学院分到华师筹备艺术史系。我当时在学校也喜欢画画，所以经常做展览什么的他就来找我，说他是浙美毕业的，韩辛当时也很激进的，然后就介绍了当时分到湖北画院的严善錞，我们在一起聊起来很投缘。那时就是读康德的三个批判、黑格尔的《精神现象学》《历史哲学》什么的，读得人天昏地转，那个时候还真是下了一点功夫。后来读书范围就慢慢扩展到海德格尔、尼采。很奇怪，那个时候我对尼采不感兴趣，可能跟每个人的性格有关系，像舒群他们读尼采会很亢奋，我跟严善錞

有同样的感觉，当时读尼采就是不太喜欢，还是喜欢逻辑性比较强的东西。当然还读了"走向未来"丛书之类介绍"三论"（系统论、控制论、信息论）的书、《历史表象的背后》《新史学》这些东西，但是我们当时对特别新的学问反倒有意保持距离，对经典的东西兴趣多一点。后来认识范景中后就主要读波普尔的科学哲学、政治哲学和贡布里希的艺术史。

九十年代初，吕澎、严善錞组织了一个研究王广义的项目，1992年出了一本书《艺术潮流中的王广义》，那里面我没有写文章，但严善錞那篇写得非常好，他完全用波普尔"情景逻辑"的方法来研究王广义，我认为到现在为止也是最好的批评文章之一，他把王广义作为历史人物来写，写得非常生动，他用的完全是另一套方法，不再是哲学方法。当时周彦、祝斌和侯瀚如都写过文章。

吕澎1992年在广州筹划双年展，这个双年展也多多少少受到波普尔"情景逻辑"理论的影响，旨在替代八十年代抽象的时代精神理论，当时编《艺术·市场》也都把这些理论用上了。实际上当时既不懂消费主义，也不懂市场理论，完全套用波普尔和贡布里希的名利场逻辑来解释当代艺术的现象，这已是九十年代以后的事情。

问题： 比较具体地说，《美术思潮》是什么时候开始的？编辑部的情况是怎样的？最后为什么停止了？

黄专： 开始筹备应该是1984年，出版试刊用的那个白封面是很少有的，那是1984年还是1985年，我记不清了，大概正式出版是在1985年，试刊是严善錞编的，那里面好像还介绍了"三论"。我编的是第二、第三期。

当时的办公室就在湖北省文联办公大楼的五楼，《美术思潮》的办公室很小，旁边还有一个小房间，里面摆了一张小床，给外地来的编辑休息。因为当时彭德还算是外面聘来的编辑。我也在里面住过一段时间，条件很简陋。

我印象中，第一期的稿件有些还是自己写的，第二期投稿的就很多了。我编的第二期是关于"第六届全国美展"的评论，包括王广义的处女作都是在那个时候投的稿。当时国内有两本介绍现代艺术的地方刊物《美术思潮》和《江苏画刊》，《江苏画刊》创刊时间比较早，八十年代中转变编辑方向。《美术思潮》一开始浙江这一块的稿件主要是由严善錞组织，哲学界、文学性的稿件主要是由皮道坚来组织，实际上张志扬、鲁萌、邓晓芒这几位哲学家都参与了写作，北京那边主要是由栗宪庭组织，后来陆陆续续地像周彦都开始投稿了。彭德办刊思想很开放，四处物色编辑和作者，每一期都会通过讨论确定一个主题。彭德设计了栏目，但不是太固定，有一个栏目叫"理论信息"，每一期负责编辑的人都必须在文联图书室翻阅大量的杂志，汇编新信息，并且不限于美术，也有哲学、人类学和文学等，只要是我们觉得属于当代思潮的都会采集。

当时中国现代美术的两刊一报各有偏重，《美术思潮》比较注重思想性和研究性，《中国美术报》主要是报道，有大量的非常快的信息，《江苏画刊》可能处于这两者之间。这在当时大概也没有一个规划，是自然形成的。

《美术思潮》讨论问题总希望有一个思想史的问题在后面，比如介绍谷文达的那一期就请张志扬写文章，这种组合为艺术提供了一种开放的理论背景，你们可以看到每一期都是这样，也有很多外领域的投稿，几乎每一期都有。后来还设了一个"理论奖"，获奖的很多也不是艺术界的。

编辑费一个人一个月三十块钱。印刷是在一个很小的街办印刷厂，而且当时还是铅排，前面两期是彭德自己设计的，后来请了现在在深圳的陈绍华设计封面。因为彭德也会画点画，所以有时候版式都是他自己排，当时没有专门的设计人员。

问题：1986 年至 1987 年出版，然后就被停刊了。

黄专：据我了解，可能有两个原因：一是 1987 年反精神污染，当时文联的确有些压力；另外一个原因可能主要还是经济上的，因为当时文联每年只能拨少量的经费做这本刊物，后来不再拨钱。应该这两个原因都有。

《波普的启示》（1986 年）和《中国现代美术的两难》（1989 年）

问题：劳森伯格的展览大家都说是很重要的展览，但是真正写关于这个展览的文章的不算太多，您写了一篇《波普的启示》。可不可以给我们谈一下当时的观点，以及现在回看这个展览有哪些影响？

黄专：当时的新潮美术是一个很具"中国特色"的现代主义运动，它的主流方向是政治性或意识形态的启蒙和反叛，理论依据是黑格尔式的理性精神和时代精神。高名潞提倡的理性主义和栗宪庭提倡的大灵魂都具备这种宏大的、本质的、整体的理论特质，这是一种历史决定论思维模式的文化方案，其实当时很多艺术家都很敏感地意识到这种方案的"集权"本质，像张培力、吴山专、黄永砅，甚至包括新解析都以不同方式讨论过这种完全偏离艺术方向的哲学化运动，他们希望把观念主义的一些语言形式引到中国来以改变这种现状，当然，当时也有"纯化语言"这类很浅层次的理论意见。我当时也意识到需要一些修正性的理论和方法，介绍波普主义依据的就是这样一个背景。

1985 年劳森伯格的展览进来以后，在当时的语境下，大家都将它看成一个破坏性、反抗性的艺术。中国美术馆以前展出的都是官方绘画、主流绘画，突然一堆"垃圾"也可以当艺术品，大家除了震撼，最多的理解是把它视为一种达达主义式的破坏行为，对波普主义产生的社会、思想背景，它在西方现代艺术上下文中的位置，尤其是它作为一种解构性的力量对中国现代艺术运动现状和性质的可能性影响都还没有展开思考。所以，在 1989 年"中国现代艺术展"的时候出现那么多完全没有逻辑的行为艺术，完全破坏性的场景，我觉得多少都跟误读劳森伯格这个展览有关。

了解波普主义是什么东西，你得了解劳森伯格在波普主义中的位置，因为他实际上不是完全意义上的波普主义，他甚至否认过他与波普主义的联系，他的艺术还有美国抽象表现主义的影响，包括对物质材料的使用都是很语言化的，跟安迪·沃霍尔纯粹图像复制性的波普主义还不一样。所以，我当时想，如果这个展览是一个安迪·沃霍尔的展览，那中国人会怎么反应？可能一点反应都没有。为什么就是劳森伯格？所以，这个偶然性太大了。或者如果拿一个琼斯（Jasper Johns）的展览，可能中国人的反应又不一样，当时中国人看到这堆"垃圾"放进去就觉得开心，从来没有想这些"垃圾"是由哪些哲学和传统导致的。开始，我是想翻译介绍波普主义的东西，我觉得赫伯特·里德(Herbert Read) 在《西方现代艺术简史》中的介绍比较简单。当时中国已开始改革开放，通货膨胀很厉害，也有了商品经济、市场文化的问题，但是基本上还没有进入消费社会，不可能有这种关于大众文化的思维，所以，当时思考的主要是波普文化为什么会突然在西方艺术史中成为一个章节，它有可能给我们现代艺术面临的问题提供哪些意义，这是我最终写那篇东西的动机。

同时，我也想把这个任务和我们当时的古代研究联系起来看——文章下半部分就谈传统精英性文人文化如何向世俗文化转向的问题。这两个主题一般人看觉得莫名其妙，但实际上，在当时中国艺术的当代情境坐标中，中西和古今是交替存在的两个问题，所以，当时对这样两个问题的思考就在这篇文章中聚到一起了。

当然，祝斌、鲁虹后来写文章，认为这篇文章影响了后来的湖北波普运动，我说那倒不一定，湖北的艺术家当时可能还没意识到波普主义能够对现代主义艺术起什么作用。实际上，当时我正处在一个思想转折期——到了写《中国现代美术的两难》时，借助波普尔的《历史决定论的贫困》和《猜测与反驳》，我的思想才真正清晰起来，这篇文章是从一个更大的思想史范围来谈中国现代艺术面临的两个问题：一个是中国现代美术的整体主义、本质主义和集体主义的集权本质，第二个就是提倡从思想史、艺术史的线索全面理解西方。前一篇文章的写作时间是 1986 年，后一篇文章是 1988 年。在 1987 年至 1988 年，其实中国现代艺术自身的很多问题都已经暴露出来了，这两篇文章严格来讲是我那个时间阅读思考的一个结果。

《波普的启示》发表于 1986 年，而波普主义真正影响中国表现为九十年代初以王广义为代表的中国波普绘画，这本来应该是一个解放性的观念主义思潮，但因为它很快被批评家归纳成"政治波普"这样的意识形态运动，并很快成为国际接受的后冷战艺术标本，而丧失了它自身作为艺术解放力量的特质，这是中国艺术史上十分吊诡和可惜的一章。

问题：《中国现代美术的两难》里面的观点，

您现在回看觉得是不是还成立的？

黄专：当然，这篇文章是对当时中国现代艺术问题做出的一个反映，从七十年代末到八十年代末，中国的文化、艺术问题发生了很大变化。启蒙主义初期，主要是寻找西方思想资源来反叛传统政治体制压迫和思想束缚，后期很显然出现了启蒙方案自身的反思问题，艺术界以理性主义、"大灵魂"为主流的思潮是一种历史决定论、本质论性质的理论方案，它提倡的整体主义、集体主义文化观具有以新集权替代旧集权的特性。当时艺术界群体林立，既有启蒙、反叛的性质，也有中国民间江湖传统中山寨、丐帮的特征，我那篇文章大概就是对这些内部问题的清理，我觉得我在文章中提及的问题现在并没有过时。

"中国现代艺术展"的功过是两面性的，功的部分是在一个非常极端的情况下，中国现代艺术突然有了一次整体展示的机会。弊的部分就是它把所有的问题简化了，这意味着它掩盖了很多问题，中国现代艺术变成了一个简单的对抗运动，变成了一个单纯的意识形态行为，它自身丰富的学术性全部淡化

了，自身的问题都没有了。

在上次 MoMA 中国现代艺术文献编辑讨论会上，我说 1987 年在中国八十年代的现代艺术运动中有非常重要的节点意义，但谁也不提。1987 年是这个艺术运动内部交锋非常激烈的时候，所以你们收集文献要体会这个东西，实际上张培力、吴山专、黄永砯，包括后来王广义提出的"清理人文热情"，都是从不同角度力图反思"八五新潮"，反思它那种集体主义和纯粹哲学化的运动方式。

"中国现代艺术展"以后，由于后来的政治变故，政治对抗重新成为中国现代艺术的主题，一直延续到九十年代初栗宪庭推出"政治波普""玩世现实主义"，这一政治主题又和西方当时的后冷战思想合流，成为西方看待中国艺术的主流眼光。在我看来，至少这个主题应该结束了，或者应该在新的思想背景和理论高度上来进行研究。我觉得我这篇文章在那个节点上也许也有一点反思作用，如果说这篇文章有什么阶段性作用，那就是它表明起码我们还有另外一种看"八五新潮"的眼光。除此之外，在当时那种亢奋的情境中，它是不可能产生什么影响

的，事实上它也真的没有产生什么影响。

这篇文章发在 1989 年高名潞做编辑时的《美术》杂志上。这一点我也挺感谢高名潞的，严格来讲，这种针对他的文章他都发表了，这是一种理论气量。在八十年代，正是这种宽容的气量支撑了当时的运动，不像现在的杂志，只能容忍与其观点相同的文章。所以，我觉得这也算是八十年代"八五新潮"的一种精神遗产。

人们一直认为湖北理论很强，当然认为湖北在现代艺术运动中算是一块，一个是当时有《美术思潮》，另一个是当时湖北的学术团体除了艺术界的皮道坚、尚扬、彭德外，还有哲学界的张志扬、鲁萌和邓晓芒等，湖北那种理论风气跟这个可能也有关系。我们几个年轻一点的在编《美术思潮》时主要是辅助性地做些工作。另外，我印象中这个理论团体与本地的美术运动好像关联也不大，这也算是个特点。1987 年举办的"湖北青年美术节"，其实跟《美术思潮》没关系，至少我理解是没有太大的关系。我个人没有直接参与。前几天彭德还说，我们到现在都没有一张全一点的合影，当时根本不会想到这个问题。当时湖北最全的合影大概就是我

1990 年离开武汉时举行的一个送行聚会上拍的，基本上算是"全家福"。

研究和翻译

问题：当时您跟范景中周围的人还有一个团体。

黄专：也不能叫"团体"，就是志同道合的几个人一起，一些同人。当时浙江美术学院办了两本杂志《美术译丛》和《新美术》，北京的中央美术学院有《世界美术》，有人问"资讯"和"知识"的区别，我就开玩笑拿两本刊物举例，说《世界美术》是提供资讯，《美术译丛》是提供知识。《美术译丛》的翻译以介绍西方艺术史传统为主，基本上都很有质量，范景中先生在八十年代的工作基本上也是围绕着这本杂志。《美术译丛》当时是非常有影响的，后来被砍掉了，就留下了《新美术》。

问题：那个时候大家在不同的地方，您在武汉、邵宏、杨小彦在广州。你们之间的交流与合作是怎么样的，是通过书信还是什么？

黄专：前面讲了彭德这个人思想很开放。《美术思潮》基本上每期都请外面的编辑，栗宪庭当时在编《中国美术报》，也过来编过一段时间。后来也请广州的邵宏和杨小彦编过一期，我们认识就是在他们俩去武汉编《美术思潮》期间。

我记得当时还有一条线索，就是李媚。她是在中国摄影界最早进行现代主义宣传的人，当时她在深圳编《现代摄影》。1987年左右，她在杭州组织开了一个摄影会议，是当时杭州一家摄影出版社出钱。范景中当时组织西方艺术史翻译，很多书也是这家出版社出版的，包括《艺术与错觉》和《图像与眼睛》。当时这家出版社的主编跟他们关系很好。这个会议外界很少有人知道，就是研究现代摄影，包括介绍布列松。我当时写过几篇关于摄影的文章，关于埃里克·萨洛蒙（Erich Salomon）、布列松、麦蒂斯，都是因为跟李媚的这个关系。这个会议讨论的是摄影，但是也给我们提供了见面的机会。

我们当时就在设计一些文化和学术的纲领，当时想了几块，首先当然是翻译。我个人觉得，在中国的八九十年代，不光是艺术界，就整个中国的学术翻译而言，范景中组织的西方艺术史的翻译水平应该是最高的。这项学术工程到现在还在做。后来，贡布里希把他几乎所有的书都捐给了中国美术学院，也说明他认可这件事情。我觉得这个艺术史翻译工程应该在中国当代艺术史上有隆重的一笔，虽然也许它没有像其他理论那样影响过中国现代艺术的实践。

第二，我们想在一个新的基点上重新做一些我们自己传统的研究，但那时候视野是比较狭窄的，当时美国的研究我们知道一点，像罗樾、高居翰、方闻、李铸晋、何惠鉴的研究，我们都能通过《新美术》零星地接触。1989年上海书画出版社的卢辅圣组织了一个董其昌国际研讨会，我们对外界的研究有了更直观的印象。当时想把中国古代史的研究提到一个高度，当然我们那一代人局限比较大，没能做到那一步，在这个计划中，我和严善錞完成了两本书《文人画的图式、趣味和价值》和《潘天寿》，试图运用贡布里希的一些艺术史理论来重新研究中国的文人画艺术，水平还是很初级的，但范景中给了很大的鼓励。现在我的很多学生，他们慢慢地开始继续做这一块的工作，也就是如何在世界视野中研究中国古代和当代艺术。

我现在开了一门课，叫"中国艺术史学史"，其中很重要的部分就是讲西方怎么研究中国，从传教士阶段、汉学阶段，一直到中国学研究阶段，我让学生去找这些资料。实际上这也是我们一直以来的理想，就是用现代的视野重新对中国古代艺术史的研究做一个整理。后来我和巫鸿相识，我也获得了一些更新的思维和方法，我觉得我们现在可以更好地从事这个工作。现在条件好多了，可以在更大、更开放的范围去做。

第三个也许不是当时我们计划中的主要部分，就是如何运用我们的一些研究去影响现实，影响现代或当代艺术，这个工作的影响可说非常小，是一般人几乎不会提及的影响。2008 年我应约为费大为在尤伦斯当代艺术中心（UCCA）组织的"'85 新潮：中国第一次当代艺术运动"展写过一篇文章《作为思想史运动的"八五新潮美术"》，将影响八十年代中国现代美术运动的思想分为四个板块，波普尔的科学哲学、政治哲学和贡布里希的艺术史思想也是一块，不过是潜在的、隐性的和有更深意味的一块。

时间：2009 年 9 月 17 日
地点：深圳 OCAT
采访人：杜柏贞、翁子健

注释：

[1]访谈为香港亚洲艺术文献库（AAA）为"未来的材料：记录 1980—1990 年中国当代艺术"做的专访，原文载 www.china1980s.org。标题为编者根据访谈内容所加，原标题为《黄专访谈》。——编者注

王广义 vs 黄专 [1]
—— 中道与"施工精神"

非阳光下的命题

苍苍： 今天会上你没发言，为什么？

王广义： 今天会上我特别失语，我就想我是什么样的人。我突然想明白，对我而言，在小范围的聚会上，各种线索交叉混乱的时候，我可以说出很华彩的东西，但是坐在那儿很正式地讨论，要符合极其线性的逻辑的时候，我突然没感觉了。要介绍我的作品，我都不知道说什么。

黄专： 他是靠机锋表达的，不了解他的人，完全不知道他在说什么。他就是这种思维。我觉得这是一种语言性格，像我俩谈展览也有很多争论，我们的逻辑也不一定是真逻辑，但已经习惯这么说了。

苍苍： 现在能讲讲你的那件作品（长春一汽生产的红旗—金龙轿车等比大小的模型）了吗？

王广义： 这个车最初是响应毛的动议"走向工业革命"做出来的，但工人在实现它的时候揉进了传统文化。在我内心当中，这是和我最相关的。我就回想我走到现在，还是小时候的经历影响最大。当代艺术呈现的精神，有的是在阳光下讨论问题，对人类进步有意义，但我还是喜欢更内心的，这个能让我产生幻觉。

苍苍： "阳光下"的命题指什么？

王广义： 那些具有政治正确性的命题，对我来说，都是阳光下的命题。阳光下的命题不能引起我现在创作的欲望。别人可能用阳光下的命题来描述我的作品，但我内心感受真和那个没关系。艺术家创作的理由我觉得还是挺奇怪的一个东西。在一个很阳光的环境里，我特别没感觉。

苍苍： 那这个作品和主题是怎样一种关系呢？

黄专： 这个展览按照主流意义评判应该是个很糟糕的模式，因为它犯了三个"忌"，其中一忌是"主题先行"。它的积极意义是，我选择这些作品还是有一个标准的，就是被选择的作品存在某种中立性，某种去立场化的地方，某种开放性。就是因为它们不是为这个展览做的，而有某种可以拿来用的东西。比如汪建伟对于观礼台的研究做了好几年，可能就是他自己艺术本能的兴趣，和王广义是一样的。我和他聊了以后，让他给个方案，他说没有方案，但我就觉得这件作品有我需要的性格。这件作品放在这个空间，和在他的个展上呈现的逻辑完全不一样。说艺术家服从这个展览只是一种字面上的表述，它也是朋友聊天聊出来的，既不是利益的产物，也不是服从的产物。

苌苌：你说逻辑发生了变化，就王广义的作品而言，你能解释一下这种变化吗？

黄专：在他的个展里，他的逻辑和2001年开始做"唯物主义"是一条线索。他的"唯物主义"是一步步走过来的，最开始，他是要去掉他的《大批判》里的二分法，还是使用《大批判》里的形象，最后他就觉得和这种形象还是有某种粘连的。这是我理解的，

其实我也没和他深入聊过为什么突然用工业产品来做作品。他完全在他的逻辑里，比如他为什么关注到"金龙"这个词，我想是因为他一直关注"人民"的概念。我在这里面得到一种症状阅读，这是我的一种过度解释，但对他来讲，在他的逻辑里，他一直强调他做的作品是和人民有关系的，如果这个产品真的是苏联人做好送给中国的，可能对他来讲，一点意义也没有。

王广义：对，没有意义。

黄专：他为什么加入模特？他使用波普不是一个战略，他使用波普是一种机锋。有了模特以后，突然有些东西像王广义的作品了。

苌苌：但这次这个展览，他去掉模特了。他刚才跟别的记者解释的理由是不想干扰旁边人的作品。

黄专：干扰别人是个表面理由，加了模特就使得这个问题变得混乱了，因为又扯上消费时代的线索了。

王广义：对，我这个作品内在的逻辑已经很复杂了，是各种思维线索交织在一起的

产物。

黄专：作品好坏不是我选择的第一着眼点。可能某人的作品更好，更像当代艺术，但选作品的时候，我把这些元素剔除。比如说，隋建国的作品在阿拉里奥画廊展的效果特别像北京气氛下的一个作品，每个音箱都在响。但我觉得在这个空间，要喇叭就是错的，他也同意了。

王广义：就是说，仅保持一种基本的混乱。

展览文本是个大杂烩

苌苌：既然明了"主题先行"是一个忌讳，为什么还要犯呢？

黄专：我觉得值得犯。后来它也成了一个很特别的展览，大家来了以后，发现"国家遗产"是个假名。我不知道世界上还有没有人这么做，这个文本就是大杂烩，艺术家的方案和他们的视觉档案其实也没有联系，好像有个哲学背景，为什么选三位哲学家，也是因为某种程度上他们有综艺的性质。赵汀阳一直提倡"无立场"，汪晖被大家划成左

派，他一直在辩解。我看他主要在写现代性的复杂，选的作品比较中性，哲学家可能都不太知道我的使用方案，但对我来说一点都不重要。这个文本严格来说是很混乱、没有线性逻辑的。

苌苌：但仅此就好了吗，不作为一种文化的历史记忆吗？因为历史书都被修正过，还指望文学和艺术来还原真实呢，这样不是让展览更有意义吗？

王广义：说历史记忆就给简单化了，不足以来说这个事儿。

黄专：这个展览还是很典型的艺术思维方式。我们的艺术表述如果把它功能化的话，就太弱智了。刚才一个记者问我，你这是不是后现代主义方式？我说还真不是，我本人还真不喜欢后现代主义方式，但他这个解读让我觉得很有意思。所有人说展览主题先行，历史不像历史，艺术不像艺术，我都把它当成褒义词来听。这种经验是我以前做展览从来没有过的。从来没有这么没有逻辑地做一个事情，可能这个题目太容易把人框住了。

莴莴：你要解释很多来打破框架，那为什么还要起这个题目呢？

黄专：最开始起这个题目的时候，我只是提到"遗产"，我觉得它是个中性词，你怎么想都可以。后来我们与《读书》杂志合作组织讨论会，偶然提到"国家遗产"，都觉得这个说法显得更深刻，很雄性，有种性格立场在里面，很难拒绝。

王广义：对。我记得在机场，我说，你要不要"国家"俩字？你不要的话，以后我做作品，我就用"国家遗产"。我觉得很有意思，其他像"文化遗产"什么的都太弱。

黄专：实际上是从它的词性上对它感兴趣。我觉得这样挺好，这个展览的多义性就是从这里面来的。其实我研究的对象涉及的主要是思想，你没法判断。

王广义：就像《圣经》，我们怎么判断呢？它是无法证伪的。我最近翻《圣经》的原因，就是我想找到冷战最古老的根源，结果我真在《圣经》中找到了。《马太福音》第 10 章第 36 节，"人的敌人是你家里的人"。人类历史也是一个互为敌人的过程，就是由这句

话导致另外一句话——所有关于哲学和政治的本质问题是寻找敌人。引用《圣经》和引用《论语》是一样的，你不会犯错误，是不能被证伪的。

艺术是被时代塑造的

莴莴：下午会上有人说展览"去政治化的政治""去立场的立场"，你是怎么想的？

黄专：不一样，他们有某种被迫性，因为他们的政治概念太狭隘了，想跳出这个东西来谈。但如果政治是个开放的概念，就不需要"去政治"。我的出发点是"中道"，来自佛教思维的概念，它是为了破除人类认识事物中的障碍。中国讨论宇宙本体，老子是最具有玄学色彩的，他说"道就是无"。庄子也讲道，他讲的是自然之道。为什么中国人会吸收佛教，因为有些问题我们自己解决不了，佛教给解决了。佛教里有一个心无宗，认为万象都是幻化的，都是心想出来的东西，就把这个世界到底是有还是无的问题给破了。但同时就生出一个新的执着，就是对"空"

的执着。所以后来在中国就发展出"中道"，就是说你判断有的东西的时候，不要执着于它的非有。你看到那些把世界看空看无的人，也不要和人家争论到底是空还是无，这两种都是执障。佛教讲的就是人怎样破执这个道理。为什么佛教里出现禅宗，它是违反人的逻辑的，谁都可以当禅宗，跟骗子差不多。禅宗用一个非常具体的非常容易被误解的东西来破执，比如讲"麻三斤"。只有中观，这是我信仰的看世界的方法，这相对无立场的立场，针对的问题不一样，但这个思想也是存在问题的。

王广义： 它不能推动社会进步，推动社会进步的一定是在逻辑的线性里，可能也是中国和西方的差别。西方修摩天大楼修到一个引以为豪的地步，中国现在也是执着于这种"施工精神"，这是推动社会进步的本质环节。而中国智慧和"施工精神"是没有关系的，它很高，但它是另外一个事。现代化进程和国家强大，还都是"施工精神"的范畴。所有发达国家，严格来说，都是二三流人群居住的场所，因为二三流人群对"施工精神"相当执着。所以现在中国知识分子内心很困

惑，很高端的智慧不能探讨，它有一种自明性。你有这个想法就有了，但是不能追问。

黄专： 一个艺术作品永远是社会化的，比如我们研究表现主义的艺术家，在十九世纪，好像觉得精神病和表现主义有联系，这在现代是很符合逻辑的，当然和弗洛伊德有关系，就是觉得所有没有办法解释的，一定和他的心理活动有关系。但后来，你会发现这也是个误区，永远不可能找到一种精神类型是和它匹配的，中国人讲画如其人，这个对应的也是个假命题。艺术家真的怎么想，是被历史决定的。当代艺术恰好看破了这个东西，把艺术家放到一个不重要的位置，它有时候有种天然的反抗，有时候不反抗，可能觉得这个东西的效果比我说真话更好。比如凡·高，他可能会想，你们为什么误解我？我割耳朵和画画有什么关系？所有那些不可说的秘密，在我看来都是执，艺术家是被时代塑造的，所以波普尔讲，遮蔽之下的描述，遮蔽之下你必须解释。曾肇的《不真空论》，就是说你把空当作一个真事情，执着于空，也是不对的。所以我想，说穿了，我们从事艺术是有幸也是不幸的，它让你

获得自由的时候，你必须符合它的一些规则。如果我是个思想者或者哲学家，没有物质的东西做支撑，可能会找到默契，可能会想得更深，我可能会变成一个高人，但这也是很可怕的事情。

2009 年

注释：

[1]原文载《Hi Art》，2009 年 11 月。本文仅收录访谈部分。——编者注

在语词、意识与艺术之间 [1]
——关于徐坦"可能的语词游戏"展策划以及丛书编辑的谈话

1．文本与丛书

黄专：丛书的编辑问题实际上涉及展览如何做的问题。我觉得我们之前编辑的艺术家学术展览丛书中的几本，方法都不太适合你这个展览，所以需要考虑一种新的编辑方法。比如张培力的作品具有某种相对独立性，所以他那本书可以按编年方式来编，对各种图像技术参数进行严格记录。但你的很多录像作品，本身都与方案"文本"相联系，图像、文本和现场的其他因素具有混合性特征。

王景：他的很多作品不是单独的，而是项目型的。

黄专：对，所以无法简单地把这些东西罗列出来。据我的了解，你的作品大概可以粗略地这样划分：1992 年到 1996 年为一个阶段，基本上是在国内活动，也就是"大尾象"活动的时期，作品主要针对本土问题，采取的是一种"街垒式"的方式——我是按照作品的性质和意义来分的。1997 年以后，我觉得

关于图像、文本以及它们之间关系的作品多一些，强调观念，但也和之前有联系。到了 2005 年，就开始了"关键词"项目，是吧？"松了"这个展览，谈了 100 个常用词，是"关键词"项目的观念起点，是吗？

徐坦：其实那个时候已经做了一些采访了，开始思考如何使用这些采访。到了《100 个常用词》的时候，想法已经开始明显，那个时候"常用词"指的是"流行的和重要的词"，后来觉得"常用"限定性太强了，是一个比较狭窄的含义，就用了"关键词"。

黄专：现在我还是先从编辑丛书的角度来梳理一下。就我的粗略了解，从作品的类型来分，1992 年到 1996 年，作品基本上是装置、现场，比如说作品《广州三寓路 14 号的改建与加建》，里面的图片元素都是与文本材料相关的。1997 年以后在国外做的作品，文本运用方式似乎有点不一样，比如"关键词"项目中的录像、图片主要与"词语"这种概念文本有关了。你作品中的文本材料与

视觉材料有一种复合性的关系，不知道能否找到一种更合适的方式来做这本书？

徐坦：如果只关注"关键词"项目这部分来做——我估计到了OCAT个展的时候，"关键词"项目应该有一个阶段性的总结了。我倾向于将"关键词"项目作为主体，前面的作品作为一个浓缩的背景，因为"关键词"项目已经开展五年了。

黄专：可以，原来我想着也像张培力那本书一样，将你之前每个作品的视觉和文本元素提取出来，当然提取的是另外一些性质的元素，比如《无题——做梦的猪》，就要把"知识就是力量"这句话的语义来源及意识形态历史清理出来，像二十世纪五十年代中国就有《知识就是力量》这样的科普杂志，它如何构成一种权力话语形式，还有作品中使用的典故——"庄周梦蝶"，都可做一些语义学的梳理。在这里可以保持一种客观主义的态度，严格按照作品背景文本来做。在你的作品中，"文本"很重要，它构成作品的一个基本的意义网络，就像"剧场"构成汪建伟作品的意义结构一样，能否围绕这点来着手？如果将"关键词"之前的作品只作为背景的话，也还是需要对它下功夫，要对每个作品做文本元素的提炼，实际上这有点像在做"关键词"，有没有可能用这样的方式来构成一个文本？

徐坦：在《新秩序》中，也用了三十多条类似口号的文字……

黄专：这与以后的作品有贯穿之处。我觉得只靠图片或者DVD的图像记录，没法完全包容你作品的信息——我编辑丛书的想法实际是非常古典的，我觉得"画册"保存当代艺术信息的力量其实很弱。保存信息有几个方面，一个是现场记录，使用材料、空间、技术参数等；另一方面是它的一些背景性的资源，即构成它逻辑性的内核，这方面只有在大量研究的基础上才能获取。现在已经不像传统编辑画册的时候了，只要有精良的作品图片和背景就完成了。保存当代艺术作品的信息有很多技术问题，比如说张培力在OCAT个展的那件作品的实现过程本身就可以编一本书了，他之前的作品，其实还没有完整的"现场"的想法，到了《阵风》，尤其是OCAT的这个个展，就真正在考虑空间作为"现场"意味着什么这样的问题了。

最开始他有三个方案，我跟他讨论了很久，过程很有意思。在这三个方案中不断地升华出"现场"和影像构成的关系，这个关系有很多就是"逻辑""观念"的问题，比如在OCAT展厅的现场，仅仅是调灯光，就花了很多时间。还有就是多频录像和单频录像的关系，声音与无声的关系等，实际上在这个展览策划过程中，我感触最深的就是构成他逻辑思维的整个过程也都是"现场性"的，没法记录，后来我写文章的时候，才大概陈述了为什么从三个方案中选了最后呈现出来的那个。所以我觉得一个当代艺术的文本最后保留的信息很微弱，只是保留了一个"画面"。你的作品，很多逻辑都是隐性的——包括使用的很多文本，当然有些可以通过交谈来呈现，交谈本身有一种游走性，游走性本身也是一种作品方式。但是有什么方式可以大量客观地保存这些信息呢？我想了最笨的方法，就是对每个作品进行信息提取，我是倾向于这样，"关键词"项目可以作为重点，前面的作品，特别是与"关键词"项目有关系的我称为"前史作品"，可对文本和图像、场景和材料、影像与被采访者的多重关系进行比对分析——有几个比较重要的

作品，比如《广州三寓路 14 号的改建与加建》，就可以找到当时这个建筑的一些资料，做一种"文本分析"，然后从中找到另外的"关键词"。我想是不是需要尽量降低"图录"的感觉，而把作品分解成不同的文本元素？

徐坦： 我很同意，我一向认为所有的艺术都是文字的，我的看法可能比较偏颇，举一个例子，杜尚的"小便池"，如果没有文字的现代文化史，根本无法看懂这件作品，而且现在所有人都说这件作品"好"，但是你问"好在哪儿？"——显然它不好看，需要镶嵌在文化的脉络里面才生效，就比如钻石需要在特定的环境中才能形成。所以你刚才讲的很重要，对我来说——当时我先做了《匀速，变速》，再做《广州三寓路 14 号的改建与加建》，那时（1994 年），在北京的老汉斯就对我说，你这个变化问题很大，丧失了之前作品的美的力量，我就知道，我作品中"视觉"的部分没了——实际上我同意，杜尚的"小便池"跟"美"是无关的，它的视觉冲击力都来自它的文化背景、文化功能……

黄专： 我理解这个"美"还不是我们通常说的"美的感觉"，而是一种直观的形象，比

如《爱的寓言》《新秩序》，有摩托车、霓虹灯，可以讲"好看"，严格讲就是有风格性的东西，比如也有很多人欣赏"小便池"，不是因为它背后的观念，而是因为它有可以直视的形态，我觉得老汉斯是否指这个？我觉得前面这件作品（《匀速，变速》）还是平面的东西，《广州三寓路14号的改建与加建》实际上也是可视的，也有图片、设计图等，但它已经脱离了平面观看的方式，它不能只是被观看，而且是被感觉，在那个环境里面它才有意义，这里面的图片当然也可以被单独观看，但如果作为色情图片观看，它就没有"现场"的意义了，我不知道我对这件作品的理解是否正确。

徐坦：做这个作品出现的问题是，涉及这个空间的历史，就是说我要描述这个空间的历史，它是以前某个人在抗战之后做的房子，后来共产党来了就把它没收了，现在又还给他们家族，继承人就想在这个房子里做生意，那么我就给他两个建议，做一个发廊，或者做一个书店，这样就涉及这个空间当前的和历史的，以及未来的时间线索了。

黄专：我觉得这个作品好在虽然它的视觉

因素已经降到零，但是它的信息反倒突显出来了。

徐坦：当时这个作品被误读得很厉害，都说我做了一个跟妓女有关的作品，实际上我是想说在当时的九十年代初，在中国广州这样的城市，开一个妓院和一个发廊都是很正常的做生意……

黄专：熟悉当时城市环境的人都可以理解，比如《三元里》里面的那些场景，就是那些民工聚集的地方，这样的发廊很常见，实际上它是一个"在场"的作品。

徐坦：存在、过去和现在成为它的上下文，我一直很重视这样的工作。

黄专：不考虑它的意义，而是从它的纯粹性出发，我觉得不再考虑它的形态和意义反倒可以引发出某种"意向性"的东西，你觉得呢？

徐坦：你说得对，直到今天，我都很喜欢这样做，在前因后果里面去发现人的意向和意识。

黄专：我觉得《广州三寓路14号的改建与

加建》在整个前期中很重要，它反观念。

徐坦：《新秩序》里面有句话，叫"没有观念"，在那样的环境里面，不可能有"观念"，一种西方哲学意义上的"概念"意识。

黄专：我觉得能不能就这几件作品做一些文本的档案及文本元素的整理？比如关于《广州三寓路 14 号的改建与加建》，是否可以找到这个建筑当时的图片，外观、内部的规划图等？

徐坦：有一些可以找到。

黄专：还有《问题》这个作品，我印象很深刻，后来还把它用作当时《画廊》杂志的封底，这件作品完成时我在现场。

徐坦：1996 年，"大尾象"的展览。

黄专：我当时觉得这个作品好，是因为它的文本，作品有幻灯和文字，我觉得它跟你原来的问题已经脱开了，你之前基本上是做关于广州、城市化问题等。

徐坦：对，这个作品里面谈到《罗马法》里面关于"占有"的概念是否合理。

黄专：有关知识和权力的历史文本。

徐坦：作品里面泥土做的金字塔消解到只有土的方块，展览结束就什么都没有了，包括我跟其他人谈关于法律中的占有权的合法性问题。

黄专：九十年代《在中国的家里制造》算是你的第一件独立影像作品吗？

徐坦：不是，是 CD Rom 作品，就是 CD，是专门做了在电脑里看的。《兴建郑道兴音乐厅》这个作品，当时是专门采访郑道兴，把采访的文字编辑成歌词做成歌，他自己来唱，在上海和广州开个人演唱会，然后再拍摄演唱会做成录像。这也有点像"关键词"，是跟踪他很长一段时间，在影像里面，他表面上是口述，实际上是唱，这是 2003 年的作品。

黄专：能否在这些前期的作品中挑选几件，对它们做一个文本还原，用你的方式来提炼它们。《中国桑拿》是录像还是现场作品？

徐坦：这个作品里面的声音和讲话部分的内容很多，后来在德国发展成 *Air is Good*

（《空气不错》），这两个作品是有关系的。其实"关键词"最开始应该是从这里来的——"按摩"——在这里面，我采访了佛教徒、地下作家等，比如野牛，还有很多其他人，主要是谈身体和共产主义意识形态运动的问题，这些文字都在，都做了笔录。后来"关键词"项目一开始的很多素材就是从这里来的，拿它们做分析，那时还不能说已经在做，但是已经开始想这个事情，作为艺术作品，如果只是把所有文本都拿进来，跟不是艺术作品的文本使用的区别是什么？我就开始想用什么中介的问题，慢慢地，我认为，语音是一种空间的介质。

黄专：我在想的是"关系"——我觉得你展览的这本书没有必要分阶段，因为你的工作方式和逻辑基本相通，只是每个阶段面临的场景不一样。画册是一种传统的平面媒介——上次我去荷兰，正好是他们的录像节期间（我忘了是第几届了，好像是以中国为主题的那届），他们编辑画册用的都是影像截图，我就问他们关于影像作品编辑画册的必要性，王子基金会（Prince of the Netherlands Foundation）主席回答说，文字信息更重要，但是如果没有图像信息，就不

能称为"艺术"了，她的意思是，还是要保留最低限度的视觉性，还是需要视觉提示，我觉得这个理由比较弱。OCAT为什么要编"中国当代艺术家展览学术丛书"？就是想找到一种方式最大限度地保持不同类型的当代艺术家的工作方式、技术和现场信息，以备日后研究之用。

徐坦：我觉得这种工作方法很好，特别重要的是——现在我越来越清楚关于语言，视觉媒体发展到现在已经经历了三个阶段：广播时代以前是文字，所有的研究都必须在文字里面进行；到了广播时代有些变化，可以通过语音，语音不能被文字替代，反过来，文字也不能被语音替代；而现在是电视、电脑时代了，就是视觉、语音一起了。我觉得这三个东西（文字、语音、视觉）是平行的，我的意思是，在用文字研究艺术的时候，可以不必单用文本来解释，而是在叙述。另外，因为有这三个通道，每个通道的独立性显得尤其重要，当然三个通道的关联性也是很重要的，就是说我用文字，不是为了阐释这个作品，而是跟它并行的。

黄专：就像保存理论作品一样，对视觉文

本和概念文本进行不同方式的分析和拆解，不是说要还原它，而是从这种分析结构中把你的工作方式呈现出来，从技术上来讲能做到这点，你这本书就算完成了。我想也不可能将你所有的作品都这样来做，否则需要做成两本书。我们现在谈的是一个文本怎么生产、它的合法性，它通过哪些方式构成、哪些部分是作品的内核、哪些是通过讨论可以展开的，这些可能都是技术问题，但通过它，我们可以使作品文本产生某种开放性。原来讲的"开放性"——实际上现在也开始被质疑了，什么叫"开放性"，丢给人家就叫"开放性"吗？我觉得不是，建立一种可供讨论的结构才是真正的"开放性"，我觉得这种开放性特别体现在你的"采访"作品中。

我们回到丛书，刚才讲到对作品的文本拆解，比如《广州三寓路14号的改建与加建》，用什么方式来拆解？我想，包括当时采用的图片，还有这个建筑产生的原因及规划图，还有床垫——就是这些当时典型的低级发廊的场景，怎么样将这些东西变成语言？可能有些东西现在比较难找了，我记得当时还放着一个袋子？

徐坦： 放着一个红色的旅行包，是故意放的。

当时我在珠三角很多地方看到很多人提着包就走，那些打工的、发廊的小姐，都没打算在这边长期生活，他们的行囊就那么多。

黄专： 我记得当时查处这些发廊有条不成文的规定：看你身上有没有避孕套，有，就可定性为卖淫，很幽默的逻辑。

徐坦： 这个作品里面还有一些效果图，关于这个建筑的未来可能性的概念。

黄专： 那些是照片还是录像截图？

徐坦： 照片，张海儿拍摄的。

黄专： 拍得很专业。《最后的文化堡垒》这个作品我不知道，是怎么回事？

徐坦： 这个作品是这样的，这个地方是歌德的旧居（在魏玛），1776年左右，他在这里住了两年，上面有一个有关他居住的牌匾，现在这个地方变成了一个艺术中心（ACC）。我在这个建筑的外面做了一个露天的厕所，德国西式的房子窗子很大，我把这个厕所搭在窗子外边，从窗子可以走出去用这个厕所，这个厕所的形态就像渔民或者农民使用的一样，他们将厕所搭在露天处，伸向海、河流或者山边，它可以实际使用。当时表面看起来有点恶搞，我还请别人使用过。但是从内涵上来说，我是严肃的，厕所里面还有个电脑，可以上网，可以观看到我之前做的作品《在中国的家里制造》，这个作品没有很多的文字材料。

黄专：你的海报作品又是怎么回事？

徐坦：有一个是 2000 年"上海双年展"的时候，我做了一个假海报，当时的策划人在聊天，我在旁边坐着，听到他们在讲做网站，后来我问到他们网站的域名，以网站的名义将这个海报发了出去。那个时候刚刚有网络，当时我提前一个月，假以"上海双年展"的名义将这个海报发送给一百五十个人。后来我把海报喷绘出来，喷得很大，5 米乘 3.8 米，作为参展作品挂到当时的外围展览"不合作方式"上，似乎也有点恶搞的意思。那段时间一直是这种心态。

黄专：当时主要是从网络传播角度考虑这件作品的吗？

徐坦：当时刚刚开始流行上网，很时髦。我做了一套这样的作品，有四张图片。在《兴

建郑道兴音乐厅》那个作品时，我写了网络海报，要别人提供建设农村音乐厅的方案，有回复。

2. "关键词"

黄专：现在我想听你讲一下"关键词"项目。

徐坦：2000 年以后，我觉得有两个大问题，一个是，我越来越发现，我们都在使用所谓的"资料库"，这个"资料库"是建立在我们对社会的价值看法上的，所有艺术家使用的"资料库"的资源可以分为几条线索。比如读过书的人谈德里达、福柯，谈他们如何看社会，如何看意识形态；不读书的人谈怎么看身体、感性、挑衅。我认为这个"资料库"的很多资源来自西方很多现成的系统，用它们来观察我们这个社会现实，我就在想，我们的社会发展如此之快，这个"资源库"里面就没有我们的方法所生产的任何思想吗？我当时问一个在北京开画廊的美国朋友，你认为中国有哲学吗？他回答说有，但那是古典哲学，没有当代哲学，如果一定要说有的话，只有"拿来主义"——也就是现在我们

说的"山寨"。也就是说，艺术家使用的那个"资料库"是原装的，但是价值观念是"山寨"的。另外，我们中国的学者、社会科学工作者，他们不缺乏对各种语言学、哲学的研究，很多学者谈到"概念"，可以马上谈到很多知识来源和解释，告诉我们胡塞尔（E.Edmund Husserl）、伽达默尔（Hans-Georg Gadamer）、福柯如何说，我觉得这是艺术家做不到的，也不是我们要做的。作为艺术家，我们应该做的是直接从我们的社会实践中去了解现在的人在想什么，这些可以是思想的素材。像德里达、德勒兹、福柯，他们也看艺术，也写艺术，在这种社会交往中，你从哲学家那里得到什么，哲学家也从你这里获得什么，这是不同领域之间的交换"素材"，关于社会的思想素材。我觉得我可能应该着手做一个关于了解当下我们社会意识活动的"资料库"，而不是靠一个现成的、翻译的，在西方已经成为昨天的"资料库"，比如现在在中国说"后现代主义"，你会感觉不匹配，这是我做这个项目的一个最起始的原因。

另外，就像你说的，我对语言、文本很重视，我发现，语言是体现人类意识活动的一种基本方式。我是做媒体艺术的，就要用媒体艺术——声音，我觉得观察有视觉的语言、语音，是了解语言和现实发生某种关系的通道之一，我带着测试的心态看待这种工作。对于中文"关键词"，我觉得在当代中国社会里，语言活动是如此丰富，考察中国人的思维方式的时候，来自西方语言学的方法可能会对所讲的每一句话的语法等都进行逻辑的考察，而我觉得，在中国人的语言环境里不宜这样做。中国人能在面前出现的语句当中，迅速地发现哪些词对他而言更有价值，以及词的价值高和低的差别，我认为关键词就是那些价值高的词，它们和语言的很多环节有很广泛的联系，所以"关键"。我也觉得这刚好符合我们的思维方式，接近辩证法中"主要矛盾及方面"的方式，比如八十年代流行的"船小好掉头"之类的话，都来自这样的思维方式。我觉得关键词本身是不合逻辑的，不是词汇语言学里描述的那个"词"的概念。另外，比如一句话里面有十个词，很难合逻辑地解释哪些词更关键，比如"今天我在广州"，里面哪一个词更关键？但是当你真的要做"价值选择"的时候，你又确实可以做到，因为价值需要情景，你在你的情景里选择了价值，"关键词运动"在中国如此之火——据我了解，西方人对关键词是很看不起的，但中国的媒体都会选择"要点"，即最有价值的点，这符合我们的情景。

黄专：关键词对西方人来讲，是分析的对象，对中国人来讲，是表意的对象。西方人可能更多是实用主义的思维方式，例如写学术论文都要标关键词，主要是用来分析；中国人用关键词主要是表意的方式。是不是这个意思？

徐坦：我没有这样想过，也许你是对的。但是有一点，西方人讲关键词，是认为好像它是一个十字路口，有些东西在那里交叉，你要注意这个点。我觉得在中国，常常是这些点周围还包含了一系列混沌的、意识的因素，一旦你抓住了，就知道词与词在每个人心中是有差异的。

黄专：就是表意的。中国的语言系统是表意的，比如说"气韵"，如果将它视为关键词，你是无法进行分析的，拆开来也无法分析。西方人也许可以分析什么是"气"，什么是"韵"，但合起来仍不可能是中国人说的"气韵"，我理解这就是你刚才讲的中国人和西方人理解"关键词"时的差异。德里达的文字学将文字分为"表音文字"和"表意文字"，他解构的是西方语音中心，主张建立一种类似汉语的非逻辑性的、表意的四方形空间的文字，说明他已经认识到两种不同语音系统对人的意识和观念塑造的影响。

徐坦：就用你讲的"气韵"来说，从语言、语词的角度，"气韵"可以作为两个概念（义位）——"气"和"韵"来分析，最后各自得出好几个不同的解释，但实际上我们在社会活动中很难接受这种方式。比如有个学者告诉我，"意识形态"这个词，不可以拆解为"意识"和"形态"，那么"意识"如果拆解为"意"和"识"（强烈的佛教语言含义），将回不到"意识"这个词的现代意义，我个人是崇尚西方科学和哲学思想的，比如胡塞尔哲学，按照我对其很粗浅的理解，要得到一个概念性的知识性的思想结果，除了悬置一些信念，还必须把很多心理或者感性活动因素抛开。如果从佛教的角度看，这恰好是阉割了意识，我现在觉得，作为一个生活在中国环境里的人，我们确实可以从更加广泛的角度来考虑建设我们的意识框架，要达到胡塞尔的那种概念活动，必须要有精确、纯粹的环境和条件，必须有很多因素来保证，比如生理情况，如果生病了就不适合做概念活动，比如说，男性从事哲学研究的多，那么性别和内分泌也影响了概念活动，还有吸毒、喝酒的情况下也无法保证纯正的概念活动。另外，谈话时候的态度，如果谈话的时候不严肃（情态），也无法得到真正的概念活动。在我们的社会里，作为艺术家，我所看到的社会活动——这样一种抽象的纯正的促进概念活动的环境是不存在的，虽然我无意反对有关知识的形成的描述，实际上任何概念活动都带着很多和意识活动相关的因素。

黄专：实际上不仅在中国是这样，中国人说话的时候，受到心理、处境、身体状况、情绪的影响，但这个问题其实是普遍的：到底有没有纯语言？所有语言分析都面临同样的问题，这也是早期维特根斯坦遇到过的问题。《逻辑哲学论》就是希望找到某种纯粹的语言现象和语言逻辑，或者像他说的"基本命题"，后来他发现这只能是一种理论推测，所以，晚年的维特根斯坦抛弃了这个问题，转向对"日常语言活动"的研究，用"语言游戏"和"家族相似"方法来进行言语行为研究。胡塞尔是从现象学的角度来谈论语言和语言意义的，在他看来，语言并不直接产生意义，意义先于语言，非概念的意义只有通过意识体验的意向性结构才能使语言表达具有概念性的意义或意味，他认为"意向性"是意识的本质属性，他的现象学就企图在意向性、意识和语言间找到某种具有科学性质的逻辑关系。所以，这种语言学仍是讨论语言的普遍性质，而不是它的使用状态和行为意义，虽然他也对心理体验表达和意义表达做了区分。

徐坦：现在是这样一个问题，我们是否要得到知识性的概念？

黄专：你的课题是一个知识性课题吗？是不是希望还原语言的某种"本来"面貌？

徐坦：我不认为是还原到本来的面貌，我们也是做分析，而关键词恰好是不纯粹的语言现象，我们的分析是说，要找到一个词，不是要还原到原来的面貌，而是要发现它究竟和哪些因素相连接、相沟通，一旦勾上了，那么这个词就成为"一大片"语言或意识活动的关键……

黄专：但是这几乎是一个无穷后退、无法达到的追求。

徐坦：现在"词"对我来讲就是这样的关系。比如"爱国主义"是一个敏感的关键词——最近我和一个人说，在我们中国社会里，你可能犯罪，可能贪污，但是你绝不能说"爱国主义"不好，为什么？这个词有它本身的词义，但是另一方面，它有很大的价值原因。

黄专：有道德因素。

徐坦：就是说，我们可以分析"爱国主义"和其他的词——比如"社会结构"在我们心中为什么不一样？因为它勾连了很多别的因素。也许我分析"关键词"，最后是很没有效果的，但是我觉得"关键词"有以上的因素。另外，我刚才讲到视频的语言——以赛亚·伯林 (Isaiah Berlin) 的书《自由主义及其背叛》里有一篇文章，我看了很惊异，里面讲了很多欧洲人怎样想问题，最后的结论是这些思想都是错误的。我就发现，文字的学术活动是很强大的，它有它的范围，但如果断章取义地看问题，不看到最后的话，

你就不知道他是怎么想的。比如你跟别人在视频的时候，你脸上的微小表情都对你讲的话起很大作用，两个人面对面讲话，我看到你是想恶搞，我马上可以不跟你"谈学术"，所以中国人说要"察言观色"（而且我现在觉得"察言观色"很中国）。比如说，做个宰相，很在意皇上的脸色，你可以说这是集权主义的问题，但另外也可以说这是语言的问题，语言制造了传统，"城府深"不是中国人的天性，因为我们的语言本身跟西方的语言不一样，有多种方向，听你说的这句话，我要知道你究竟怎么想，才能确信你是什么意思，所以我认为，意识活动是大于概念活动的，意识活动是总体的，这也许是做媒体艺术、观念艺术的可能性。这些是做"关键词"的想法，最开始的方法就是采访，然后把采访的文本拿过来研究，研究的方法是，假设每一句话都有关键词。

黄专：是按计量方法来确定的吗？

徐坦：不仅仅按量来确定，大致上用五种方式，无法做到完全客观。一开始不预设"关键词"，我给被采访者的题目都是比较宽的题目，比如采访艺术家的时候，问"你

觉得当代艺术家的社会角色是什么"之类的问题，有些人会反对，说这么大的题目怎么回答。在全部的回答中，我再从每句话中寻找重点的词，就是说一句话相当于一个结构，在结构中找到一两个重要的点，那么大概一个多钟头对话的文字里面，有上千个这样的词，我称之为"普通关键词"，当我采访了五六十个人之后，我就有很多"普通关键词"。

黄专：你首先提很宽泛的问题，是为了筛选关键词吗？

徐坦：对，这样做是为了找出所谓的"普通关键词"，应该说是为了以后几种方式的筛选，获得一个基础性的范围，在宽泛问题的谈话过程中，我尽量不再插入其他问题，不打断被访者的叙述。我觉得让被采访者自己说，尽量少给予具体的、提示性的问题，比较利于他或她叙述常常在意识里面的东西，面对挑选出来的所有关键词，我再用几种方式去分类——关键词对我来说都是实词，虚词我不考虑，另外多半是动词和名词。先把频率高的词拿出来，作为"高频率词"；第二类是比较主观的，是我觉得在我们的社会里面比较敏感的"敏感关键词"；第三类是在媒体上出现得多的，将所有词拿到百度和谷歌上去搜索，看其搜索出来的频率。然后一类是"不在场"的，是我自己关注的，希望被采访者说出来的，但他们又很少说出来的词，比如说很少有被采访的艺术家说"前卫艺术"，都说"当代艺术"，这说明了一种概念的转换。比如说我想问艺术家关于"自由"的看法，但是我不会直接这样问，我给大家的问题是"对艺术家社会角色的一般性看法是什么"，按照常理，这是一个涉及社会及个人存在的宽泛问题，事实上，我发现大部分人都很关注这方面的问题，并且大量地谈及，但是最后全部采访对话整理出来后，我发现提到"自由"的只有一次，那么它就是一个"不在场"的关键词。它的不在场，是因为它重要、复杂、敏感而被回避，这是大致的方法。我们还做了一个网站，一本词典，这样我手里有了一些材料，比如这本词典里面有一百二十多个词。前年在广州做了"关键词学校"，所谓"学校"，其实是换一种方法来沟通，或者搜索关键词，之前是单独采访，而在"学校"里面是大家坐在一起讨论。当时我先把之前找到的

294

一百二十多个词分组，分成若干天通过网络传出去，别人可以在网上报名，对哪天的词有兴趣就哪天来参加，然后就那天的词发表意见。2008 年 8 月以后的"关键词"活动，都从工作坊的形式变成了"关键词学校"。"学校"有两个方向，作为艺术活动，它是一种在场的艺术活动，谈话也是艺术，语音是一种中介，一些参加者在活动完了后说很有意思，我认为就是获得了艺术活动的经验（或者说感受）。

黄专：每天的词有共性吗？

徐坦：词之间有点关系，但我有意识地淡化了它们之间的关联性。

黄专：如果每个人选的词不一样，也是各谈各的吗？

徐坦：每个人根据兴趣选择不同的"每日关键词"，若很多人同时对几个词感兴趣，中间就会有交叉。另外，随着交谈，大家会慢慢化解开去，谈的东西甚至都不在原来给出的那些词的范围内。其实这些"每日关键词"只是引子，然后我以这些谈话为素材，再搜索新一轮的关键词。"关键词学校"上课有三个步骤，刚才讲到的，来访者就当日的"每日关键词"一起谈论，这是第一个活动。第二个是要求来参加的人写下与自己生活相关的词，五至十个。在国外的第一次"关键词学校"是在斯德哥尔摩进行的，来参加的人都以瑞典语写下他们的关键词。在威尼斯的"关键词学校"也是这样做的。每次从上一次的活动内容中抽出一些作为素材。最近在青岛进行的"关键词学校"，尝试了第三种形式，参加的人对我预先给出的大约 100 个关键词（这些词是从预先的采访中获得的）进行选择、分类，选择那些对他或她而言重要的词，用彩色笔进行分类，然后解释为什么用这种颜色画这些词，用那种颜色画那些词，让他们用色彩的视觉方式来分类。比如有人说这个词我用蓝色画，是因为我觉得蓝色代表"未来"，但是另外有人觉得蓝色代表"希望"，所以这些被画了颜色的词不仅有视觉，也有了价值和意向。在词汇和语义学方面，语言学关于词的语义分析，着重研究词典意义上的语义。而在"关键词"的第三种方式的活动中，分析的重点在于生活中特殊的人群里，个人对词的使用，以及个人对词的价值和情态取向的认识，我现在基本上就是这样来做词和它的其他连带性的。

黄专：你觉得这样做的意义在于得到一些材料还是提示问题呢？这些材料以后可以作为其他学科研究的素材吗？还是你只是在乎这样的过程，项目的目的何在？

徐坦：我觉得这个过程是大于提供题材的。对我来说，我想知道别人在想什么，那是我的愿望，我觉得很有趣——别人在讲的这句话，实际上意味着什么？另外，这涉及我对艺术的看法，如果说艺术要改变什么，我觉得或许首先要改变对于艺术本身的做法。我们知道，长久以来艺术作品的制作都是艺术家有一个想法，然后生成一个项目，目标指向一个结果，就是最后得到一个作品。比如我是一个画家，我思考、构思，经过某个过程，我最后要得到一幅画；如果是拍电影的，整个过程的工作结果，就是得到一部电影。但我想，如果我不是要"得到"，不是为了得到一个物质性的结果，比如画、雕塑、装置或者影片，而是把工作作为过程，把它变成一个开放的未来的状况——我形容它像一条河，在河流里，工作生存是合一的，河流一

直往前流，不断地有碎片式的视觉艺术意义的"结晶物"被抛到两岸，看到这些结晶物，不是得到一幅画、一个雕塑、一部影片或者有什么结论，而是可以感知到一些关于这条河的情况，这是我对艺术的一个愿望。在我和别人谈话的时候，在我和对话者之间，除了一个我们所处的物质空间以外，还有一个抽象的空间，那就是语言。这两个空间，物质或者抽象的空间，它们都依靠一个中介而存在，即语音。语音是空间的"中介"，在"关键词学校"的活动中，语音又联系于另外一个"中介"，那就是"关键词"，它是我们的语言空间里中间的介质。一些参加这个过程的人表示很有趣，这种有趣是艺术活动的一部分。它的议题和议论方式带来和一般意义的会议不同的体验和感觉，它本身就是一种"现场"艺术，具有开放性，带给我和来访者很多种方向的可能，同时不断地让我获得一些新的东西。所谓"学校"，更大意义上是我向来访者提问，从来访者那里获得咨询，它为我以后的工作提供了平台，我从项目中得到的某些关键词——我称之为"后台关键词"，比如"意识""集体意识"——通过这个过程，我获得这些词越来越明确的意

义，这成为我创作的资源库。我之前说了，现在很多艺术家都是从西方的哲学、科学里或者从中国传统中直接获得思想和创作的资源，而我，除了从这些方面获得资源以外，还有点"自力更生"的愿望。我认为，直接的社会实践对于自己很重要，我自己试图给自己创造一个资源库，如果我要理解福柯、德里达，也要从社会实践的意识过程里来理解。虽然我一向对语言学、哲学有兴趣，但我更加重视的，不是一个现成的思想文本对我的影响，那是学者的工作，我更看重的是今天——在我现在所处的这个时段里，我能看到的社会存在，社会实践中发生的事情，而学者可能需要对发生的更广泛的事情进行更完整的研究。

黄专： 但你的研究仍然类似语言哲学中的"日常语言研究"或者语言的"意向性"研究。我还想问一个问题，你是如何选择采访对象和交谈对象的？

徐坦： 有两种，一种是别人给定的，一种是我要的，是根据不同项目来定的。但我有一个很大的限定，我都是在调查活跃地区、活跃人群。比如上海张江就是一个活跃地区，

在这里工作的人，不管是工人、白领、蓝领、农转非的，他们的生活因为地区而改变了。另外的人群，比如当代艺术家，他们是活跃的人，是中国思想和社会环境里最活跃的那批人。在青岛做这个项目的时候，对象人群是一个外资企业里面的员工，有白领、高管、工人和农民工双重职业的人等。青岛是中国北方经济社会变更很活跃的地区，虽然在那儿的项目是维他命艺术空间为我联系的，但我很喜欢。去年在深圳，我自己找了一批在设计、金融领域里工作的人进行采访。我不会主动去山区采访，有人建议过我采访社会的底层人物，我说这个可能是对的，但不是我想要的工作，我一般会选择变化中的地区的人作为采访对象，我想知道的是今天处在活跃的社会、文化区域里的中国人正在发生变化的意识上的东西，我觉得我没有能力去做那些关于农村的，或者说中国社会底层人群的工作项目，这涉及政治、经济和文化习俗方面的问题，我很清楚我没有能力涉入。

黄专： 你做采访的时候，一般用的是什么身份？对方最能接受的是你作为一个艺术家在做作品，还是作为朋友聊天？

徐坦：两种情况都有。有时候，我如果不说明是在做艺术作品，别人会很警惕，会以为是媒体，我一般会解释我是在做艺术，谈的东西对你的生活不会有实质性的影响。

黄专：一般人很难理解是艺术采访，因为采访是公共行为。还有他们会想为什么要录像，录像就不像是一般聊天的感觉了。

徐坦：对，我最担心的是别人选择性地讲什么或不讲什么……但是在艺术机构做这个项目，来的人都事先知道这是个艺术活动。

黄专：对，这是个很大的问题，我等一下还要问的。

徐坦：其实，一般对象都不会是朋友，我采访的都是不认识的人，我都会说，我是艺术家，所以这个录像对你来说是无害的，我也不会在公众性质的媒体上发表，最多到一些艺术机构、画廊作为艺术展示，我尽量让对方放松，不会让采访对象觉得事情很严重。

黄专：统计的方法有很多种，一种是抽样统计，一种是概率统计。而你这种——我是第一次听到以艺术的理由来进行采访和使用计量统计这种方法的。你是否考虑过技术问

题？像人类学、考古学的采访和统计有一套非常技术的方式，确定课题和采访对象都有很严格的学科规定。当然你可以说你做的是艺术项目，可以不受学科技术的限制，但如果以貌似客观的方法统计出来的结果只是为了获取"关键词"，我觉得意义不大，所以我先问你是否考虑过采访的技术要点？

徐坦：我想过这个事情，但是我觉得我做不到……我只能做到使用在文化艺术，甚至媒体范围内、惯常的、一般意义的访谈，我也读过关于山村、田野调查的方法，非常仰慕这样的方式。

黄专：是做不到，还是觉得没必要按照学科的规范来做？

徐坦：我也觉得没必要。另外，我自己不觉得我得到一个"客观"的结果……

黄专：但是你的思维是这样的，你现在是用最简单的计量方法在做，比如频率高的词是"关键词"的一类，这其实是采取了很技术的方法。

徐坦：我的方法有三四种，一种是"频率"的，一种是"敏感"的，还有"普通关键词""流

行词"和"不在场关键词"。

黄专：最后都是要落实到数量上，是吗？

徐坦：不是，只有两种落实到数量，即"高频率"和"流行"两类，"不在场关键词"也可以说和数量有关，因为数量少，而"敏感关键词"一类就不是落实到数量。

黄专：那是怎么确定的？

徐坦：由我来确定。我已经有一类"高频率词"了，"敏感词"我会写出它的数量，但是这类词的数量我觉得是没有意义的，比如"天安门"多半让人想起天安门广场，还有"地下"。另外，可能别人看这些对话的时候，会将这些我们选出来的"关键词"与那个谈话对象挂钩，我也表达了选这些词是我的个人看法。比如我采访你，一个多钟头，有很多句话，每句话里面那么多词，那么谁来判断哪些词更重要呢？"我今天来到祈福新邨"——这里面是"我"重要，"祈福新邨"重要，还是"来到"重要呢？这是我的作品，就由我来判断。

黄专：这是一个悖论。

徐坦：还有很多社会意义上流行的"关键词"在我的文本里面没有，因为我的所有"关键词"都必须来自我的亲自调查，如果有一些连我也认为很重要的"关键词"，所有采访和交谈对象都没有提及，我也只好放弃，不会列入，除了那些我极其强烈期待的，而且我认为他或她应该提及的词，比如"自由"，这个词涉及我们的社会存在意识，尤其是艺术家，但是很少有艺术家提到，我觉得这是种遮蔽。

黄专：那你可以有另外一类，"被遮蔽的关键词"。

徐坦：我自己叫它们"不在场关键词"，这些词数量很少。我一直认为这不是一个学术项目，是一个艺术项目，我自己相信，它的有意思之处是提供了一种有趣的情景参考，也是一种值得注意的社会意识状况。比如，我采访某个艺术家（姓名略去），在一个多小时的访谈过程中，他说到"拍卖"这个词达三十多次，我并没有提有关"拍卖"的问题，那么他是在一种自然叙述的情况下谈及的，但我不能因此认为这个艺术家就是一个喜欢拍卖的拍卖迷，因为他的关注有可能同时包含着评判，这只是一种参考，这种参考对于中国社会和艺术环境的变化来讲显得很有趣。

3. 疑问与诘难

黄专：有个问题，关于你的项目采取的手段和想达到的目的之间的关系。以刚才你说的某个艺术家作为例子，你问他的是跟拍卖完全没有关系的问题，但却出现了"拍卖"这个"高频率词"，你是想说明这个词对这个人来讲是"关键词"，对吗？

徐坦：对，说明这个词对他来讲是高频率的"关键词"。

黄专：但在我看来，这实际上在用一个貌似客观的方式得出一个主观的结论，给人造成一个印象：某人很喜欢"拍卖"这个词。不管你的目的是什么，都会造成这样一种效果。我觉得采访本身是一种很主观性的方式，按照维特根斯坦的说法，所有的语言都是一种诱引。这种采访好像比较客观，但它的诱引本质其实是被掩盖起来了——我一直认为，

采访尤其是电视采访其实是一种诱奸。它有几个步骤，一开始给你个题目，提问也是一种诱引，最后你所有的谈话还要经过剪辑、编辑，完成强奸。这个过程实际上是按某种预设的逻辑对语言的压缩和改写。比如说，刚好是你采访他的那段时间，他很关注拍卖而已，可能换个时间采访他，他的"高频率词"就是另外的了。我刚才讲的"无穷后退"——你现在得到的每一个结果都可以无穷后退。如果你将"关键词"作为你作品的基础，而你的目的既不是提供一个人类学的数据，也不想像新闻一样提供一种意识形态表达，那么你到底想得到的是什么？

徐坦：我没有想过要把这个项目做成语言学或者人类学项目——如果有可能做的话，就不是这样做，它也就不是一个艺术项目了。

黄专：我的疑问不是在这个地方。我现在基本上理解你的这个项目——不能说完全理解，当然，它有充分的艺术理由。我现在讲的是一个逻辑上的问题，你作品的观念起点是将语言视为一种意识形态，你觉得需要通过语言去观察人的意识，你也讲了，特别是中国人，很多词，它的发音方式等都改变语

言的意义。维特根斯坦讲过一个抽象道理：词语的意义就在于它的用法。你把这个原理中国化了、具体化了。中国人使用语言综合性更强，比如中国语言的形态（象形）和声音（四声）都适合表意，西方人也许永远无法完全理解，四声是中国人最强大的一种表意工具，一个音调的变化就可以完全改变一个词的意义，我想这正是你作品观念的起点。接下来你使用的方法，不管是比较客观的"高频率词"筛选，还是比较主观的"敏感词"的获得——从"搜索关键词"到"关键词学校"的步骤都没有问题，我现在的问题是，艺术理由的采访是否真能获取你预想的通过语言（文字、语音、视觉）的意识去表达的东西？我猜想，这种方法也许无法获取，甚至在某种程度上会成为意义实现的障碍。比如"自由"这个词，你把它作为"关键词"提炼出来，放在这里，实际上它形成的所有上下文（语音、视觉、表情）都消失了，它的语义的很大部分就随之丧失了。

徐坦： 但是，文字的结果都是这样的。

黄专： 对。刚才讲的是我的第一个疑问。第二疑问是，不管从它的过程还是结果看，这种方式也许都无法完成你预想的资源库。因为，首先你选定的对象是有限定的，第二，因为你特定的谈话方式，我觉得这种方式跟你的作品观念之间存在某种悖论。以我的经验，采访的时候，被采访人已经不处在自然的语言状态下了。最原始的语言状态应该是自言自语，第二个层级的语言状态是交谈，第三个是写作，它可能是最严肃也是最远离自然语言的一种状态。口头语言（言语）和书写语言（语言）在表达意义上孰优孰劣一直是西方哲学争论的话题，亚里士多德认为前者优于后者，洪堡和索绪尔则认为声音符号是更根本的意志和智能活动。老子讲"道可道，非常道""大音希声""大辩若讷"，也主要讲的是口头语言。我想你采取的是语言的第二种状态——交谈，这是最生动、最有现场感的一种语言状态，但是交谈也有很多种方式，而采访式交谈在多大程度上可以记录语言的多义性和意识的复杂性呢？

徐坦： 我想了解社会的一些意识问题，你可以认为这个艺术家说三十多次"拍卖"是偶然的，但是对他来讲，并不是偶然的——他确实说了三十多次。

黄专：我还不是很了解你挑选"关键词"的原则，是采访一组人，然后做总体筛选吗？

徐坦：对，是在全部受访人的话中按照我之前说的方式来筛选。你说到的这些不可能性，我是想过的，你谈到写作，我认为写作的不可能性一点都不比采访、交谈的现实性小。

我先回答关于"资源库"的问题。对于我来讲，我需要的资源是用来做什么的？是用来做艺术的，如果我是哲学家，我需要的资源是用来做哲学的，不同的人对资源库的要求不同，哲学家和语言学家，他们会不屑于其他任何学科的材料。我也无法想象不同职业的人需要什么样的材料，资源对我来讲，最大的用处在于有效的想象，当我看一个文献，没有理解全部，但能从中获得有效的想象，就很重要。我自己亲自在社会里面做这个项目，获得了有效想象的论点，和我没有去做这个项目的论点是完全不一样的。比如"集体主义"，在2000年前后，中国文化圈里流行一种"新集体主义"的说法，在"关键词"访谈时，汪建伟也谈到对"集体"一词的看法，但经过后面的调查和工作，我越来越意识到，在中国社会里，"集体主

义""集体主义意识"是重要的关键词，这是建立在大量调查之后的想象的结果。我知道这和做社会科学很不一样，在社会科学领域，有一个想象但是无法证明，就不能说它有根据，这跟将波普尔的理论拿到社会科学的情况是一样的。

黄专：不管你称它为"艺术"的方法或者其他方法，很显然，它已是一种具有很强理论色彩的方法，因为它是通过某种理论反思得到的。写文章的人获得资源好像更多是理论上的，但实际上我们有谁真正读懂了福柯？谁真正读懂了维特根斯坦？其实，无论哲学家还是科学家的阅读和理解在很大程度上都是想象性的过程，获得资料和资源的方式跟你的差不多，很大部分还是来自想象。我现在的疑问是，采访式谈话能否真正获取用于记录、分析社会和个人意志的"资源库"？

徐坦：我并不是要通过这个采访，了解或者认识这些人，而是通过普遍性的抽样，抽出在我们社会发生的这些词语。

黄专："普遍性抽样"——问题更大。比如你采访了十个人，他们都谈到"集体主义"，这个词对他们每个人来说意义都是一样的

吗？甚至一个人在不同时段讲到"集体主义"也许都有不一样的含义，你怎么可以把它提炼出来？

徐坦：我觉得恰好"关键词"不需要这样明确的意义，那是语言学的问题。

黄专：就是语言的不明确、游离使通过语言归纳意识的活动成为不可能，但你的研究恰恰是把日常语言变成去掉上下文或脱离语境的"关键词"。

徐坦：这里面每个选出来的"关键词"都附有例句。

黄专：例句能够反映语词的使用状况吗？

徐坦：我现在谈的问题是，事实上"关键词"就是不合逻辑的。在中国媒体里面出现的"关键词"，是和西方的不一样的，我说的"关键词"是指在中国使用的。

黄专：如果有十个中国人在谈话时提到了"文化产业"，在你看来他们就肯定有某种共约性的东西，是吗？你不会考虑它们的差异吗？

徐坦：关键是我不在意这种差异性。

黄专：但之前你说你作品的观念起点是掌握语词的丰富性和多义性。

徐坦："文化产业"最重要的是，它出现在我们社会里的时间很短，是社会转向的一个重要事情。

黄专：还有，你开始时提到了"察言观色"，一个人讲话的语音、语调、神态、表情都会影响这个人的意识表达，但你最后做的事情是不是反倒使这些语言元素都消失了呢？

徐坦：这些东西是在录像里面，这些选出来的词做成"关键词"文本只是这个项目的一部分。我觉得我们谈的肯定不在一个点上，你是用学术的态度来看这个项目的，我不是在做一个搞笑的作品，我依然觉得我是在做一个艺术项目，不同于社科的学术工作。对于我来说，和观看者的想象发生联系是我最主要的方向，对于当时的我来说，这样的精确度足够了。从这个受访者高频率地谈及"拍卖"，可以让读者了解到在当时社会语境里的某些倾向，这个倾向和我对当时社会环境的理解相关，换句话说，我也没有能力做一个精确的人类学意义上的调查。比如说，九十年代末在社会上，包括艺术家，很少有人谈及"拍卖"这个词，这个词的骤然升温，显然和中国当代艺术的市场发展有关，这个"关键词"体现了一种倾向性，提供了一种有意思的想象。

黄专：我觉得你这整个项目是有某种方法论的，但你必须面对这些疑问或诘难。

徐坦：我现在明确感觉到，在中国媒体出现的"关键词"和西方学术上的"关键词"不是一个东西。在我眼里，我们的社会，包括媒体使用的"关键词"，是一种中国式的思维方式的体现，一种在思维和语言中抽取的价值高的和焦点性的词，所谓重要的，和其他言说部分发生很多联系的词，并不是以严密而合逻辑的语言学方式获得的，有点像辩证法里面的"主要矛盾和方面"。

黄专：我觉得"关键词"是个可以开放讨论的问题，你现在把它变成一个很实验的过程，方法是计量学的。史学上有一个流派叫"计量学派"，与实用主义哲学有关，它使用的方法既不是通过文献材料论证，也不是通过逻辑分析和史学推导，就是计量。比如它研究明代经济史，就直接对明代的地租进行统计，对每个地区的地租、契约资料和数

据进行量化分析，从而得出结论。这种方法必须面对这样的诘难：见物不见人，或活生生的人类生活最后消失在数据之中。

徐坦：以你说的"地租"为例，它也只是尽可能地提供了可以信任的东西。也可以这样诘难：想完全了解那个时候全中国的情况是很难的，因为找不到全部的资料，也不能保证找到的资料没有遗漏，但我们是相信"地租"这个事情发生过的。所以，我也只是说，某人说"拍卖"这个词说了三十多次这个事情发生过，我和你一样，相信是那天发生的事情，这不涉及对这个人的评价，而涉及这个词为什么现在会那么重要。确实我的五种方式中有两种涉及了计量问题：1. 谈话中重复多的关键词，2. 谷歌和百度里出现频率高的词。但还有另外三种方式作为补充。我认为计量方面的工作不是提供结论，是提供值得注意的词。总的来说，我用了一定的计量方法，但是我没有意图，也没有能力获得你所说的精确的结论。

黄专：任何交谈都不可能真正精确，我现在诘难你的是，最后你总结成"关键词"的时候，实际上已经赋予了它某种客观性。

徐坦：我很同意你的说法，它的确是携带着某些客观性的。

黄专：我的意思是说这样的客观性不需要花这么大的精力来弄。

徐坦：如果是我随便想象出来的，是不一样的。你提及了一个我觉得很有意思的问题，最近我也注意到，个人亲力而为获得的信息和从媒体上获得的不一样。

黄专：我觉得差不多，因为你选出来的这些词也不是很专业的，比如"艾未未"，在去年肯定是个关键词，但只是在艺术界，或是某部分新闻界里面。

徐坦："艾未未"这个词不直接反映这个社会的意识，它代表什么是说不清楚的。

黄专：我的这些提问其实并不是主要针对你的作品，而是来源于对语言分析合理性的怀疑，我觉得这个题目是个无穷后退的题目，从逻辑上讲它是永远无法终止的。当然，对你来说，一件作品完成，这个过程就自然终止了。但是，你也许永远没办法给我一个合理的结论——倒是你的起点非常正确，是一个真问题。

徐坦：这关乎我们如何对待人文环境里所谓的客观性问题，比如说，我觉得考古学里面根本没有客观性可言，我去看湖北博物馆，里面展示的挖出来的东西，历史上是没有记载的。

黄专：这是史学的非客观性问题，不能成为我们日常生活中的一个相对主义的理由。史学有一部分是有客观性的，比如说，考古学对年代的判定——也许只有这个领域是真正客观的。有时无法做到完全"客观"，如中国卷轴画不能进行碳14的测量，也就无法对它的准确年代进行判定，有时对它们的研究就只能通过风格学、社会学等方法来完成，这种解释就具有很大的想象成分，艺术史上的很多问题几乎都只能依靠贡布里希讲的"受控想象"来完成。那么，语言研究有没有"受控"成分呢？如何"受控"呢？

徐坦：有。你是说"受控"部分和想象部分之间的关系吗？

黄专：是。

徐坦：那你的诘难是说"受控"的部分比想象的部分大？

黄专：不是大小的问题，是逻辑的问题。

徐坦：我还真的不是很明白你说的"逻辑上有问题"是指什么。

黄专：比如你采访了50个人，每个人都很多次提到同一个词，你就把它列为"关键词"，这不是问题。但你的前提是想通过对这些词语的分析，说明和提示中国人当下的意识状况，通过语词分析来获得这种状态的多样性或者差异性，这就是个问题了。

徐坦：我没有说"多样性"和"差异性"这个问题，而是说了"意识活动的倾向性"。

黄专：一个人心情好和心情坏的时候说的词，词义是有变化的，对吗？

徐坦：有一个问题，这个人是说了这个词……

黄专：是的，但你的目标肯定不是这么简单，只是"这个人说了这个词"，是吗？

徐坦：实际上你说到两个层次的事情了。一个层次是，这个词被用到，或者是被广泛地用到。第二个是，除了它的词义以外，这个词还附带了很多其他的东西。

黄专：都在用这个词，是个前提。

徐坦：但问题是也有很多人不用这个词。

黄专：那就不是你的"关键词"了，是另外一个问题了，是另外的现象，不是常态了。我们现在讲的是常态，我们分析这个词在不同的人群中，它的表义是不一样的，这就是你的逻辑前提，是不是？

徐坦：《徐坦：关键词词典》只涉及刚才讲的第一个层次的事情，即在我们的社会里，哪些词在当下是"关键词"。

黄专：你刚才讲到"察言观色"。

徐坦：那是第二个层次的事情了。你可以说这第二个层次的工作我还做得不够，因为它还没有在《徐坦：关键词词典》上体现，但是录像部分，我是在尝试做的。

黄专：其实这两个层次不可能分开，你采访一个人的时候，他说了哪些词，如果是用录音或者录像来记录的，就一定体现得出前后说同一个词的差异。

徐坦：我只是说，《徐坦：关键词词典》的

工作并没有达到第二个层次。我想在这里补充说，我认为汉语总体（包括传统和现代）来说，在使用方面，比西方语言具有更多的灵活因素，从传统来说，建构了我们民族使用语言的习惯，即我们会使用较多的附加因素，要"察言观色"。所以，当我听到有人说中国人讲话不确定，是因为城府深，我就不以为然，我认为这是语言问题，所以，我这里说的注重"察言观色"是关注总体语言和意识关系，而不是关注个体的问题。

黄专：我认为就是这个部分出了问题。你觉得是在做一件艺术作品，而不是语言学、史学或者人类学的事情，但我怀疑的是"关键词"能否真正成为让你达到目的的资源，只是通过采访录像来进行这种分析判断也许更直接，但你把它提炼出来了，就反倒使语言由日常状态变成了概念状态，我的这种怀疑其实是对整个语言学的怀疑。"这个桌子是黑色的"，这其实是个很隐性的表述，在这里，"黑色"有很多层次，第一个层次是物理层次，真的指它的颜色是黑色的；第二个层次可以是"意指"，表明今天我的心情不好或是其他类似海德格尔的"诗思"之类的意象性表达。早期的维特根斯坦大概也是像你这样，将"这个桌子是黑色的"作为"关键词"（他叫"基本命题"）来分析，晚年他发觉不对，就开始讨论作为游戏活动的"日常语言"。

徐坦：我现在知道问题出在哪里了。我们回到一个问题上，如果维特根斯坦在的话，他根本不会承认有"关键词"这个东西，因为"关键词"，特别是中国式的"关键词"，是很违背西方语言学的。刚才已经讲了，学术论文里面的"关键词"并不是社会里面使用的"关键词"，但我在开始已经说了，我不认为我们中国社会现在一般所说的就是"关键词"，而且我的思维方式也不是"关键词"的思维方式。我觉得有意思的是，我们中国人的思维方式是这种思维方式，说一个词的时候并不在意它的明确语义，但是赋予它价值。

黄专：我的问题就是在这个地方，你讲得对，中国人确实在意价值，但你最后做的却是把这些东西抽掉了，我看不出来它们可以反映中国人的价值观。

徐坦：这个是"关键词词典"，不是"词典"，而且是中国当下社会的词。比如"别墅"和

"平房"……另外，这个《徐坦：关键词词典》是项目开始两年后的一个工作结果，是阶段性的产物，有些工作还在继续，比如语言和价值意识的问题。

黄专：我知道，每个人说起来都不一样。但我是说，你把它们变成"词典"的时候，这些信息不是增强了而是丧失了。

徐坦：我不太理解你说的"丧失"。

黄专：比如"集体"这个词，录像资料也许可以记录多少人在讲、讲了多少次以及最关键的如何在讲，但"词典"能保留这些表情信息和意义吗？

徐坦：表情没有，但是文本的信息和录像的信息在。

黄专：文本信息能否让人看到"说"的变化？如果能，那就厉害了。我一直强调这不是你的问题，而是所有语言学的问题。

徐坦：首先必须强调的是，"关键词"指的是现在社会生活中使用这些词的方式，不是社会科学里面的"关键词"。我举个例子，在青岛，我采访了三天，对大概 26 个工人，我都问了"对未来有什么理想"这个问题，他们都回答"车"和"房子"，说这两个词的时候，也许他们的表情不一样——这是另外很重要的工作，但从中我们可以看到中国人对车和房子的态度。在这里我强调一下，工人们在说这些词的时候，他们的表情一定程度上体现了它们的价值，了解这些是很重要的工作。

黄专：这个结论需要调查才能得到吗？

徐坦：问题是调查得到和不调查得到是不一样的。

黄专：调查需要有指向性，要有特定的人群、特定的时段、特定的事件、特定的课题才有意义。如果说，"喜欢车和房"这个结论需要通过对青岛某个工厂的工人进行采访才能得到，那你最后要得到的东西就太简单了。

徐坦：第一个东西，所有人众口一词——"集体意识"，接下来是我去了解这个集体意识是怎么来的。另外，对物质的要求程度已经超过我们的想象。

黄专：我觉得如果你的问题是"你希望通过什么途径来获得车和房子"，可能还有点心理学和社会学的功用。

徐坦：比如，问了他们之后，我得到几个很重要的词，"车""房子""升迁""旅游"，等等。我会呈现出来，就是说他们的倾向性是这些词，这些词都是这种意义上的东西，我的意思是，现在中国人的思维倾向是什么？这对于我来说已经足够了。

黄专：的确，如果纯粹是艺术作品，它的理由已经非常充分了。那为什么还要编辑《徐坦：关键词词典》？还要变成"学校"？

徐坦：《徐坦：关键词词典》是我工作的一种产物。在这本词典里面，我已经说了，只是要找到社会倾向，它还不是"关键词"项目的全部。一方面，这是一个关于中国方式关键词的"关键词词典"；另外一方面，它是我的作品。从概念上来说，它相当于在西方被称为"艺术家书"的书。

黄专：可能再过很多年，这本词典会变成社会学使用的工具，虽然这也许不是你的目标。

徐坦：这个不是我的目标，我觉得你说的变成社会学使用的工具的目标，对我来讲太大了，我从来没有想过，也没有觉得我有这种能力去做这样的工作，这是语言学家的工作。我一直强调，"关键词"不是我说的东西，而是我们社会普遍值得注意的意识活动方式。实际上我认为这本出版物叫"词典"，本身是有很大偏颇的，我认为这都是我个人选择的，偏颇是做任何工作都必要的，艺术家可能需要有更大的偏颇，如果我是用网络来做，就不是了。

黄专：你是想颠覆"词典"这个概念吗？

徐坦：不是，我是在想，这本出版物呈现的是我找到的，我认为的我们中国社会现在的"关键词"，但它真的不是学者用的那种"关键词"，我知道你讲的是什么问题。在我进行了一段时间的工作之后，每个阶段都会有一些新的"关键词"出现，它们是连续性工作的一些承前启后的要素，比如我先有了这本叫"词典"的出版物，拿着其中一些词和关于这些词的研究，作为下一站和人们交流的中介，再获得新的词，再交流。

黄专：严格讲，我的问题不是针对你的，而

是语言分析的问题。

徐坦：你的意思是说只要进行统计，就必须"专业"？

黄专：不一定，我现在觉得"专业"——比如《新华字典》，为什么一直要修改？因为它不可能完全专业，而"专业"是指那些在某个领域具有普遍功用的知识。我本来就怀疑"词典""关键词"这种知识，它已经跟"词"没有关系了，而是表意的手法。

徐坦：你现在看到这本出版物，会认为它是知识吗？

黄专：它当然是知识，艺术都是知识，它虽然不是已经被认定或不证自明的东西，但它的确可以成为被我们的思维使用的知识。

徐坦：可能我们分歧的根源在这里，我长时间在艺术领域里面工作，我拿到任何这样一种"艺术家书"的出版物的时候，只会把它当成"可能知识"，即它有成为知识的可能性，而本身不是知识。比如说这里面有一百多个词，如果有人在当中发现有一个词有意思，我觉得就够了。这个词典里的词不是语言学的研究结果，我认为，它们只是我向社会提

出的一百多个"值得注意"的词，而在我们当今社会，在任何一个文化领域或者范围里工作的人，向社会提出值得注意的事情，应该是一种工作方向。

黄专：我明白你的意思，就是说这本词典不是给人家使用的，严格意义上所有字典、词典大部分都是"可能知识"，只是量的不同。

徐坦：问题是你对待字典、词典的态度。

黄专：也许你是在戏用"词典"这个概念，但我觉得它比一般的词典更加生动、更加富有想象力，也能提供比一般词典更多的信息，它能"生成"更多的问题和知识。

徐坦：我觉得你说到一个问题有意思——"生成"的问题，任何一个艺术家的作品，包括书，它里面谈艺术是另外一回事，但任何艺术家的作品都是"可能知识"，它的知识性有另外一种要求，如果这本词典被放到艺术书店里面，你会认为它是"知识"吗？我就不会。那么你的问题是，我做的是"可能知识"，但我使用做"知识"的方式在做"可能知识"，你觉得我用的这个方式不对？

黄专："可能知识"使我联想起波普尔的一

个概念：猜测性知识。所有知识形式只有具有猜测性本质时才可能是有效的知识，艺术只不过是这种知识的一种比较极端的形式。

徐坦：这本《徐坦：关键词词典》是不会放到新华书店的，就算放，也只会归到书店里面的艺术家作品那一类，就因为它的这个前语境。但你的问题是，我用了做知识的这种方法来做这本词典，而这本词典是一个艺术项目的一部分。

实际上，对我来讲，真正获得的"关键词"，我将其称为"后台关键词"，不在这本词典里，这些"关键词"将是我工作、研究的结果，将在以后的工作里呈现。比如"集体意识"，这本《徐坦：关键词词典》里面只有"集体"，而"集体意识"没有任何一个我采访过或者交谈过的人说过，还有一个是"意识到"，也没有人说过这个。可能我叙述上的问题造成很大的误解，实际上我得到的刚好不是这本词典上的词，而是从整个项目里面得到的。比如在青岛，大家都回答"车"和"房"，那么我把这两个词作为"关键词"，但是，我得到的恰好不是这两个词。比如他们都说到"旅游"，我问去哪里旅游，他们说带孩子去北京天安门，我问为什么，

他们认为很重要，我又问为什么，他们说因为那儿是祖国的伟大首都，我问为什么祖国的伟大首都就重要，他们回答说因为是在北京。从这些反复的谈话中，我意识到，中国人意识活动认识的来源不是自主式逻辑的证明。

我在瑞典做"关键词"项目的时候，瑞典人反复谈到一个家庭里面人和人关系的问题，他们说一个人要为整个家庭牺牲自己，是负面的。另外一个反复谈到的问题是美国人、中国人对"独立"的看法，包括后来在香港 AAA 做这个项目的时候也谈到，香港人说他们有"羊群意识"，每个人都喜欢待在人群里，我就意识到"集体意识"这个词和"个人意识"的区分，"集体意识"在不在《徐坦：关键词词典》里面不重要，但它就是我从这个项目里面获得的一个资源。在讨论中出现的"车""房""旅游""羊群心理"和"羊群现象"等词，可能会出现在以后的印刷物里，但是联系到整个项目的工作，我得到了关键词"亚信念"，我称这种词为"后台关键词"，即我工作或研究的结果。

黄专：为什么我说你这个项目完全可以和人类学进行交谈，因为对不确定的词语对象

的调查是人类学调查里面最难的——当然你可以说这是个艺术项目，它无须科学意义上的严谨性和逻辑性。但实际上，在很多科学领域里面，不确定性已经是一个重要的研究领域（比如物理学中的"测不准原理"），你使用的这种调查的方法，真的可以和人类学，甚至哲学界讨论问题的方式对话。

徐坦：其实我获得的"资源库"是这个项目的"后台"给我的，是一个阶段一个阶段不断地引人说话得到的。

黄专：这本词典可能以后真的会成为人类学、社会学领域使用的资源。

徐坦：目前别人只是觉得它"有趣"。这本书应该不会成为社科领域的东西吧，比如你，一个清醒的学者，会一目了然地指认出这只是艺术家的想象和思考，它有可能成为你思考的材料，不会成为一个社科范围内成品样的东西。

黄专：虽然你想避免学科性，但我觉得你不妨去了解一下人类学、社会学调查的一些方法，肯定会有启发，对不确定性的测试和调查是个很大的课题。真正假的调查是新

闻，它有明确指向，比如所有大的街头运动，有 50 个人以上的镜头就会变成非常大的事件。我觉得你这个项目的方法有很多方法论转变的意义，原来说的很多跨界的作品，都还是思想层面上的，而这件作品是从方法层面上完成的。

徐坦：你说的这种转变对我来说太大了，你刚才说可能将来会有人类学家重视它，我觉得很惶恐，我认为它的转变应该是在艺术领域里面的。你的建议很重要，如果我在跨领域的方向上进一步学习比如人类学的工作概念和方式，对于未来的工作将有很大推动。

黄专：我觉得你老是用"艺术"的理由来"护短"。艺术不需要护短，人类学测试中不确定性的内容可能比你的多。

徐坦：但我说的是，我确实没想将这个项目做成严肃的语言学或者人类学项目，对于我来说，我希望做跨学科，或者跨领域的艺术创作。但是，什么是跨学科、跨领域艺术创作的边缘？这是很有意思的，大有可谈之处。

黄专：这跟严肃不严肃没有关系，你老是

觉得学科的严肃性需要和数据什么的挂钩，我觉得，艺术真的获得了这种地位——不管是古代还是现代，正是因为它有不可替代的知识方式和地位，才可以和人类其他的知识领域平起平坐。

徐坦：可能你说中我的心理了。我知道有一些艺术家，特别是西方艺术家，很严格地按照西方社会学、科学的方法在做，我不愿意那样工作，或者说那不是我想要的工作方式。

黄专：你看看王铭铭的著作就可以知道，一个人类学家的想象力、思辨力，一点也不比我们差。

徐坦：我同意你刚才说的"转变"意义，那也是我希望在艺术领域里面找到的。我之前说了，我们一开始工作，是否就要将绘画、装置作为工作终点？我做这个项目，觉得它是一直流动的，这很重要。另外，我自己去找资源，它会指导我的创作，"关键词"是一个平台。你可能是从艺术学科的理论高度来看的，你说的我还没有想到，否则我必须很"严格"地来做这个项目。我在国外做这个项目时，有几次有人问我，"关键词"项目是否是语言学、社会学项目？我都回答说这是个艺术项目，是涉及了语言学，但不是语言学项目。这中间有很多断裂点，刚才你都说到了，比如采访、语言的抽象等。

我希望做跨领域的工作，同时，现在很多人类学的工作者也开始做录像，并且做录像展览。但是我的想法是，将自己的领域朝着极限方向推进，而不是跨过了极限，你的建议毫无疑问十分重要，提出了这个明确的方向。但是，什么是跨学科、跨领域艺术创作的边缘？

黄专：采访这种方式与人类学的兴起有关，原来的人要么著作，要么谈话，无法将采访的方法与人类学、语言学分割开来。要来谈论你这个作品，可以不讲什么"学"，但如果不用"语词"这个系统，就无法谈论，只能把它作为一件审美作品。原来我们以为"观念艺术"的产生只是艺术史的逻辑，现在知道，如果没有二十世纪对语言学的兴趣，怎么会有"观念艺术"。

徐坦：坦率地承认，我对于采访起源不了解，我只知道在艺术、文化、媒体领域，采访已经成为极普遍的工作方式。在西方，艺术家在创作中用采访方式工作比中国普遍得多，就我来说，使用了这种方式，但是在工作里是不能放弃审美问题探究的，我一直注重这一块。这也是我一再强调这不是个语言学项目的部分原因，这是和很多西方艺术家不一样的，西方艺术家涉及社会科学的领域很深。

黄专：你是对的，这个项目不是一个语言学、人类学的项目。如果你说它是这两者，就要用语言学、人类学的标准来衡量了。我讲的是，它跟语言学的启发有关，它的结果可以被语言学所用。另外，采访是否是获得"关键词"的最好方式呢？因为也可以从其他方式获得"关键词"，比如在某一段时间的报纸上收集关键词。

徐坦：我强调的是我亲力亲为得到的"关键词"，是我第一手得到的。报纸不是我的采访，是别人写的，并且我觉得采访和"写的"又不一样，我读过你对汪建伟的采访和写汪建伟的文章，是不一样的。我进行采访或者说收集工作的方式，一般分单独访谈和集体工作坊形式，还有将二者综合的，我非常重视设置问题，我一般采用两类提问，即很一

般、很宽泛、很大的问题，和很具体的问题交替使用。宽泛的问题可以让受访者自由地叙述，保持完整的叙述。在青岛的工厂里的做法是，先采访，分析采访信息以后，选择采访中的"关键词"，然后在同一地方组织工作坊，许多受访者再次参加讨论，在这个基础上再做新的收集工作。

我觉得我这种叫"田野"，是真正到一个地方和那个人面对面地谈。我刚才也讲了，如果有一个社会上的关键词，在我这里没有，那是因为我采访过的人没有讲过这个词。

黄专：获取"关键词"可以有很多种方法，也许从新闻传媒或网络上获取也不失为一种。

徐坦：就我来说，不是很信任这个角度，任何人的判断或者搜索都有自己的角度或者说偏颇之处，而且每个人都信任自己的偏颇。对于我来说，采访后的分析非常重要，即所谓的"后台"工作，"后台"工作和调查一样重要，这一点和人类学调查很不一样。人类学调查常常把客观性看得很重要，而对我来说，客观性、现实性存在于我的意识里，

是一个哲学概念。

我也想过做传媒的"关键词"，比如影视方面的，影视方面的"关键词"很能体现现在中国人的愿望，这些在未来的工作里会涉及。

4. 流亡与解放

黄专：跟你这样聊了之后感觉很好。我在想，艺术和人类获取知识的其他途径一样，它必须面对诘难和反驳——这个思想来源于波普尔，回答诘难和反驳诘难是获取真正知识的有效途径。当代艺术应该在建立人类理性世界中扮演解放者的角色，这不仅需要道德勇气，还需要智慧和谋略，这是艺术存在的最根源性的东西。

徐坦：我同意你说的，艺术解放自己，并且理性主义也是艺术的基础，而且我从"关键词"项目得到的还有反对概念艺术的理由。

今天和你讨论，对于我来说，最重要的一点，是涉及一个很关键的问题，那是我一直在想而不甚明确的问题，就是艺术创作跨领域的问题。我们今天反复触及这个问题，

将一些东西明确化了，正如你说的，我们可以不理睬来自任何方面的诘难，做着正儿八经的艺术，重要的是我们看到真正重要的工作，正是这种在领域交界处的工作。什么叫跨领域？如何在这个边缘或者领域交界处工作？与你的交谈，给我带来很重要的启示。

我还是要保留一个看法，即艺术与科学是不一样的，有同与不同之处。你的提议也非常重要，面对不同学科方式的诘难，要尽量多地了解学习其他领域、其他学科的东西，改善自己的工作方式。如果我们一直采用停留在自己的领域和保护自己领地的态度，将无从谈跨领域、跨学科的工作。

黄专：谈论"关键词"这个项目，我还有一个感觉，就是我觉得它体现了你身上的某种"流亡性"，这是一种姿态。当然，流亡者的动机各不相同，什么是"流亡性"？它有被动和主动两种，比如一个国家发生动乱，很多人被迫跑到国外，这是一种。另外一种"流亡性"指对所有思想方式、知识领域和政治制度，甚至固定的居住方式始终保持某种警惕性和游离性，它是对任何文化造成的可能性限制的天性不满。我觉得"大尾象"时期，或者说"街垒战"的时期是你们作品

最好的时期，虽然不是最成熟的时期，但是"最好"的时期，这当然是就价值范畴而言，那个时期你们几乎对每个诱惑和机会都保持着有意识的提防，而国际机会增多以后，这种"流亡性"慢慢丧失了。

今天我们的谈话要涉及的最后一个问题是，你的作品放到 OCAT 这个空间，合不合适？做你这个展览，其实我想了很久，你的作品在很大程度上是不需要展览空间的，特别是在我们这个所谓比较正规的"白房子"里。不过我现在还不了解你关于这个展览的想法。

徐坦：我一开始也在想，既然是个展览，就要做个东西出来，后来就想打破这个"展览"的概念。我和王景也谈过，能否把这个展览变成我工作的一部分？比如变成语音、录像的研究室之类的，我在展厅里面工作一个月，每天去"上班"，面对来访的人，跟他们讨论问题，也解答问题，也可以涉及一些之前谈到的影视方面的问题。

黄专：变成一种开放的工作室。

徐坦：对，我每天在里面工作。我想，现在

艺术什么样的可能性都有。按照你说的，艺术和科学是一回事，但是，我始终在意的是如何呈现做研究工作的艺术情境，如何将所谓"审美"的艺术活动和研究工作之间状态的距离压缩到最小。也就是说，在我们的时代，什么都可以成为艺术，但是逻辑的研究的思维方式和工作方式能否成为类似创造或享受艺术的方式，这是我十分关心的。一个美国的人类学工作者告诉我，做人类学调查不像在酒吧里谈艺术或者人类学那么愉快。9月我在台北参加过一个项目，之后我在考虑，也跟王景有过讨论，怎样看录像的问题，对我来讲，应该把录像当成研究工具来使用，所以我后来到 OCAT 的书吧拍录像，将之前的采访或者"学校上课"的素材录像投影到墙面作为背景，我做进一步研究的过程，再进行拍摄。就是说，我想将工作的过程看成作品，我就是在寻找多种方式来做录像，再记录，再记录。

黄专：在剔除了所有与艺术无关的问题后，艺术会呈现什么状态？比如说剔除了"后殖民"这类问题后，艺术会不会更自在一些？艺术以想象作为它的方法论前提，它不受学科领域限制，对人类思维有惊人的解放能量。

徐坦：想象是非常重要的。你说到"剔除"，我对一句话是有怀疑的——当代艺术必然有社会批判性。我觉得没有道理，没有这种必然的属性，如果有批判性，只是一个附带的属性。

黄专："批判"与"解放"在我看来是一个词语，批判并不是简单的否定，而是指自身从某种控制力量中挣脱出来的能量，"批判"的真正含义就是中国人讲的中道——"破执"，就是即破即立，非破非立。

时间：2010 年 1 月 27 日下午
地点：广州番禺祈福新村猫头鹰咖啡厅
对话人：黄专、徐坦
录音整理：王景

注释：

[1]对话收入黄专、王景编，《语词、意识与艺术 ——徐坦"关键词"视觉语言实验项目档案》，广州：岭南美术出版社，2011 年，第 22—59 页。——编者注

"历史是一种捕捉"[1]
——黄专谈 OCAT 的出版项目

方立华：OCAT 的出版物一直非常强调以研究的方式来进行编辑，最后是以"书"的面貌出现，这样的编辑思路和理念主要还是来自您的构想。在 OCAT 的出版物里面，我们觉得第一本具有研究意识的出版物是《文化翻译：谷文达〈碑林—唐诗后著〉》，当时希望讨论的是"文化翻译"这样一个课题。那么，是什么促使您产生以"书"的概念和研究的方式来开展 OCAT 出版物的编辑工作的呢？能否具体谈谈您在 OCAT 开展这些编辑工作的思路和想法？

黄专：要谈 OCAT 的出版，实际上要从一个"问题"谈起。2001 年，我和巫鸿、冯博一老师开始策划"广州三年展"的时候，就开始讨论这个问题了，后来我把它写成他的一本论文的序，叫《当代何以成史》，即当代怎么样成为历史。从概念上来说这是一个悖论，因为一般都认为"当代"是在眼前的，是还没有成为过去或者记忆的东西，这个时候我们怎样把它变成一种历史学研究的对象？

当然，这个问题有两种解答，一种是哲学方式的解答，比如阿瑟·丹托和汉斯·贝尔廷，他们从二十世纪八十年代就有过哲学意义上的对当代史的解释，他们认为历史在八十年代就终结了，传统意义上的艺术史已经终结，他们把新的艺术史称为"后历史"。当然，我们看了"历史之后：作为摄影师的亚历山大·科耶夫"展，知道"历史之后"的概念实际上是从科耶夫（Alexandre Kojève）那里来的，但实际源头是黑格尔，虽然黑格尔没有明确提出"历史终结"，但黑格尔将人类历史视为"绝对精神"自我逻辑的运动，它经由艺术、宗教和哲学三个递进阶段达至完成，科耶夫也好，阿瑟·丹托也好，以及后来林林总总的所谓"历史终结"的思想，都和这种理论有关，这种理论将历史看成一个有规律的自我运动过程。如果从这个角度来解释，所谓"历史"就和我们的书写没有关系了，它是一个哲学概念，所以在阿瑟·丹托之后，对于艺术史的写作就遇到了两难，如果把当代艺术史作为一个艺术史来写作，那么它有没有历史逻辑？如果有，它和"艺术终结"这个理论有什么关系？这是从历史哲学的角度来讲。另外一个角度就是从艺术史本身来讲，作为一种历史写作，实际上没有所谓终结不终结，因为不论西方还是东方的艺术史，或者是我们通常所讲的历史，都会写到当代，不管是罗马史，还是中国的《史记》，从古代的艺术史来讲，其实都是一直写到当代的，所以写到当代并不是我们现在才遇到的问题，古代人写历史通常也会写到当代。

我对艺术史知识和观念的理解来源于波普尔和贡布里希，贡布里希常被人误解为一个保守的古典艺术史家，其实他的艺术史观、他的艺术方法和他的研究课题远比那些激进的后现代史学开放，他反对历史决定论，提倡问题史，反对用一种固定的方法解释所有艺术，提倡多重方法。他的研究范围不仅包括经典艺术，也包括现代艺术、装饰、工艺、图片甚至招贴等大众艺术，他的兴趣甚至包括很多非西方的艺术，比如中国的书法，我觉得即使是在当代艺术史研究中，他的很多理论思想和方法也是值得借鉴的。他对进步观念、表现观念、时尚观念的批评，

他的情境逻辑（名利场逻辑）和对原始性的研究都可以直接用于当代艺术的研究。我觉得，他们至少比"艺术终结论"这样一些源自黑格尔的历史决定论思想更开放，也更适合解释当代艺术。

我认为，历史实际上是一个捕捉的过程，而这个捕捉过程需要依靠很多的知识，不是说把历史记录下来就叫"历史"，因为客观的记录并不是"历史"，这是很明显的，但是什么样的书写才能叫"历史"，也没有一个很准确的定义。中国古代认为历史必须有智慧、有知识、有客观性，即史才、史学和史识（唐代刘知幾《史通》）。"历史是一种捕捉"，这种想法是从波普尔《历史有意义吗？》一文中来的（《开放社会及其敌人》最后章节），它说明了历史的双重性质：其一，历史是问题预设、猜测、解释和修正的结果，有什么样的问题就有什么样的结果，没有一种历史是最终的解释；其二，历史是客观知识与主观经验的遭遇过程，这种遭遇充满着偶然性，我们不能假装我们可以发现历史中终极的东西；其三，历史是一种"捕捉"还有一层意思是，历史研究在很大程度上依靠运气，具备才、学、识已经不易，何

况影响写史的变数远复杂于这三长，所以说历史是一种靠运气的"捕捉"。

在筹备"首届广州三年展"期间，我和巫鸿有过一次谈话，专门谈当代艺术史的写作有没有它的逻辑性。如果有，我们应该按照什么方式去书写？这种"捕捉"到底是依靠一种纯粹的个人实践就可以完成，还是需要一个方法论的构架？我们知道西方艺术史虽然很早就开始了，但是现代西方艺术史的框架是十九世纪以后才开始真正形成的，不同历史的艺术史需要不同的逻辑和方法，那么，怎么形成这种逻辑和方法？这并不是我们随便一个人说我在写历史，它就叫"历史"；或者是把材料组织起来，加一些自己的观点，它就叫"历史"。所以这个问题就开始深入，如果我们认为，即使在这个"历史终结"理论以后，我们还有书写当代史的必要的话，那么，我们首先考虑的"历史"不是说怎么记录这些人，而是说用什么方式记录，或者说这种记录能不能保证它的"历史性质"。当时的讨论并没有一个具体的答案。

"首届广州三年展"的主题是"重新解读"，实际上是通过展览的方式书写九十年代的历史。当时我、巫鸿和冯博一其实是从三个人的角度搜集史料，现在想起来那个过程和一般合作展览的方式不太一样，我们每个人会选出一部分自己认为的九十年代重要的艺术家，然后我们会具体讨论每一位艺术家，提出他们能够参加展览的理论根据。那其实就是三个人的艺术史，三个人的艺术史在一个框架中形成一个展览的方式。后来我因为身体原因没有最后参与其他的环节，但是我觉得这个展览应该是在尝试用历史学的方式捕捉当代。

当然，现在看起来，那个文本主要还是在于资料的收集，比较缺乏从方法论的角度或者从书写历史的角度来开展工作的可能性，最后展场也没有达到我们原来想象的那种作为史学展览的效果，但是它至少在中国尝试用展览的方式来进行历史书写。这就要谈到中国当代史的特殊性，从八十年代或者从 1979 年"星星画会"开始到现在差不多三十年，这一段历史其实已经有很多丰富的内在逻辑，也有很丰富的创作，但是，这一段历史的传播，不管是在中国还是在西方，都是在以一种大众的方式传播。虽然我们从九十年代初就有了所谓"美术史"的名称，比如"中国现代美术史"和"中国当代美术史"，但是，这些传播很显然大部分还是知识或者信息，不是真正意义上的历史。

所以，为什么说当代史是一种捕捉呢？因为这个"捕捉"既有主观实践所必需的一些要素，比如解读史料的方法、洞察史料的眼光，或者必要的一些逻辑，这些是个人修养的问题，同时，它也关系到整个社会环境会不会容忍或者提供这样的机会，比如说我们要研究一个艺术家，如果我们看不到他的原作，那就很有问题，而且当代艺术有很多形态，它不像古代艺术那样，仅仅是以作品的方式存在，所以在采集史料上就有很多和原来不同的方式。另外还有文献档案的建立和利用，也不是凭个人能力能够办到的事情。

总的来讲，我说的所有问题实际上是从 2001 年的那一次讨论开始发生的，到了 2004 年，我身体恢复了以后就开始筹备 OCAT，这些问题自然而然地变成了我们实践的一种方式。当然，另外还有一个价值上的问题，我一直认为中国当代艺术史在以一种扭曲的信息或批评的方式传播，比如，八十年代中国的艺术史被简化为"八五新潮"，九十年代又被简化为"政治波普"和"玩世现实主义"，这些实际上都是某个特定时期的特定批评判断，我们不能说这种判断是对还是不对，从性质上来讲，它只是一种批评判断。而在很长一段时间里，西方或是中国自己了解这么一段艺术史，都是以这种极端简化的线索进行的，这就使得中国当代艺术的研究无法进入历史的范畴，无法具有历史判断的价值，无法具备真正的"主体性"。我们需要什么样的方法改变中国当代艺术的这种简约形象呢？或者说中国当代艺术史的尊严到底是靠什么来维持的？如果没有一种真正意义上的历史意识或者一种"捕捉"我们自己历史的独特方法和逻辑，我们的历史就永远会是平面化或脸谱化的。当然，这个工作实际上不是想做就能够做到的，主观意愿需要与客观的综合因素结合才能完成。

从 2005 年开始，我其实就是想把这件事情慢慢做起来，这是我的一个简单动机。我希望把 OCAT 做成一个具有研究性，严格讲具有历史研究性质的机构，或者尽我们的能力，在我们的范围内用历史的方法、历史的思维或者历史的逻辑来解释我们自己的艺术史。当然，在这个工作的过程中，我们可以选择事件史，可以选择问题史，也可以选择社会情境史，但我还是用了一个比较传统的研究方法，基本上还是选择以艺术家为个体的研究史（当然，我知道，以艺术家或艺术作品为艺术史主体的观念面临着来自"后学"的很多挑战，如罗兰·巴特或米歇尔·福柯）。这次在北京巫鸿主持的研讨会上，我也谈到了为什么我还是选择以艺术家为主体的研究史，实际上这也是一种情境的反映。

方立华：您之前提到，OCAT 的出版物是以"书"的概念出现的，那么，您是怎样区别"画册"和"书"的？或者说，如何理解您提出来的"书"的概念？

黄专：这倒没有什么特别的含义。实际上，在中国也好西方也好，艺术类的出版物无非就是这么几大类：第一类是"艺术家书"，是由艺术家自己编辑的书；第二类是研究性的文本，通常要通过课题性的选择，通过学者的写作来形成；第三类是为展览提供的图录，我们叫它"画册"。严格来讲，在中国，这三类都没有出现我们认为特别标准的版本，大量的出版物都是我们所讲的"图录"。其实西方的展览图录也是一种研究文本，比

如说我们所熟悉的方闻的《心印》，它就是为一个博物馆的中国收藏所写的介绍性文字。西方制作图录实际上有一套非常严格的程序，这个图录基本上是艺术史的基础。但是，中国的画册基本上是最随意的一种出版样式，任何艺术家只要把他的作品放在一起，然后请一个人写一篇前言就变成一本画册，这就使得画册在中国变得没有任何声誉了。

其实画册应该叫"图录"，是"艺术史图录"或者"艺术图录"。在西方，比如说要在美国拿绿卡的话，一个艺术家只要有三本以上的画册就可以申请，中国的艺术家很容易办到。所以，一开始美国人很惊讶，中国艺术家怎么一下子就可以拿出十几本？后来才发现中国的出版体制和西方是完全不一样的。实际上，这种艺术家画册已经使中国的画册和展览之间没有任何联系了。第二是研究性的文本，严格地讲，这在中国其实也还谈不上——虽然我们出版了很多叫"史"的书。当然，西方当代艺术史的情况也差不多，比如史密斯写的艺术史，很多也是简介性的，或者是"剪刀加糨糊"式的，这其实不只是中国的现象。所以我刚才说，"当代何以成史"不只是中国的问题，也是整个西

方当代史的问题，比如阿纳森（H. Harvard Arnason）的《西方现代艺术史》，虽然它叫"编年史"，其实也是一种资料的汇编，所以在这方面，我们其实也没有太多可以参照的。所以我希望找到一种新的出版方式，而这种出版方式首先是以我们刚才所说的动机为出发点的，也就是说，我们不是简简单单地记录展览，也不是简简单单地记录艺术家的作品，而是记录与艺术家相关的所有史料。

我刚才讲了我是以艺术家为单位的，但是我们选择每个艺术家的时候都暗含了一个艺术史的问题，《文化翻译：谷文达〈碑林—唐诗后著〉》是我们第一个真正意义上的研究项目，我把这个想法与巫鸿老师谈过后，他十分支持，并亲自选定了"文化翻译"作为这个项目的讨论主题，还认真挑选了参加讨论的中外学者，这里面最重要的是刘禾教授，她的一个研究方向就是跨语际交流，而我也邀请了像范景中这样重要的艺术史家撰文，这个项目首次讨论文化交流与中国式现代性关系的问题。后来我们又做了《水墨炼金术：谷文达的实验水墨》，其实是这个项目在中国实验水墨领域的延伸，这个项目除在深圳的"谷文达水墨回顾展"外，还在芝加哥大学北京中心主办了一个国际研讨会，中国和美国关注这个项目的重要学者几乎都来了，巫鸿老师对这个项目的始终关注和参与保证了它的高水准。再比如说我们选择张培力，因为他是中国新兴媒体的代表。按照西方的标准来讲，我觉得《张培力艺术工作手册》真的像是一种图录。我们现在的这些出版物，就我听到的反应来看，这一本反应是最好的，因为它用非常专业的方式来做一个图录的工作，这本图录实际上既是张培力艺术的全面档案，也记录了中国新媒体艺术的发展脉络，我们可以从个人窥见中国当代史，比如窥见油画图像向影像图像的转换逻辑，从早期的那种线性单频单镜头向后来多频多镜头的影像装置发展的转换关系。所以在每一本出版物中，我们不仅是以艺术家为单位来记录他个人，也是想通过每一个个人去寻找中国当代艺术中带普遍意义的问题。在徐坦的研究项目中，我们试图讨论概念艺术——特别是这种以语言为单位的概念艺术在中国有没有发展自己的逻辑？它和西方的概念艺术有什么不一样的地方？再比如通过舒群，我们介绍了在中国一直存在一种形而上的思维方式，那么，在艺术领域，一直保持这种思维的艺术家会给我们一些什么启示？

严格来讲，OCAT 的这些出版物都是"四不像"，要说它们是艺术史的著作，它们不像；说它们只是一些史料，它们也不像；说它们是一些通常意义上的大众读物，其实也不太像。但正是这几个"不像"，反映了我们想做的工作，就是希望为我们以后书写的艺术史进行铺垫。我们的这个工作有一点像把原来这种出版物的状态，慢慢地引到为以后的艺术史研究做准备的途径上来。当然，从缺陷上来讲，我们的能力还是很有限，这包括我的能力，也包括资金以及各方面的能力，我们也没有办法去做更深入的工作，比如说像《国家遗产：一项关于视觉政治史的研究》，其实主要是王景和方立华去各图书馆和档案馆搜集史料，包括到现场进行拍摄，在时间和资金上没什么保证的情况下，我们只能做到这种程度，但是我们还是希望为后来的真正的艺术史的模式提供一种途径，要不然我们永远只会停留在原来的出版物的方式里面。

这些工作虽然说它"四不像"，但是它又具备了一些因素，比如说我们和艺术家的一些谈话，或者是我写的一些研究文章，也是想尽量用艺术史的方式来进行写作。当然，在很大程度上，它只是一个个人性的写作，所以也很难说它在什么程度上真的达到了艺术史的标准。

我们倒也不是说想摆脱画册，如果我们把"画册"这个名词叫作"图录"，实际上我们也在做图录，比如《张培力艺术工作手册》其实就是一本图录。但是我们把它叫作"书"，其实是希望有一点尊严，因为画册在中国的名声太差了，我们想通过"书"的名称来恢复这样一种书的尊严，这可能是心理上的一个原因。我坚持把我们的出版物叫作"书"或者"文本"，而不叫"画册"，大概是这么一个想法。

方立华：之前我们和马可（Marko Daniel）讨论出版物的时候，他也提到图录（catalogue）其实是重要的知识生产的方式之一，可能西方和中国的出版体制确实很不一样，他们也觉得这种图录还是非常严肃的，是提供理论研究的途径之一。

刚才还提到"谈话"在"四不像"的出版物里面是一个非常重要的元素，您能不能具体谈一下"谈话"在出版物里面扮演的角色？其实，除了研究文章，"谈话"的文本也是一种很重要的艺术史研究的素材，那么，"谈话"是不是也在 OCAT 的出版物里面扮演了一个重要的角色？

黄专：我们的出版物最开始是以艺术家为单位的，因为这些艺术家有的和我很熟，在他们一开始从事艺术的时候，我和他们就是朋友，他们每一个阶段的创作我可能都是最早的接触者，甚至有时候还是参与者。当然，这种关系也有一种危险在里面，因为我对于这些艺术家的价值判断可能存在某种感情的因素。那么，为什么采取谈话的方式呢？其实对我而言，每一次的谈话都需要做一些准备，这和写一篇文章是完全一样的，如果只是一个单向度的写作，我只需要面对作品和对这件作品进行解释就够了，而和艺术家的谈话实际上是一个历史语境的互动和开放过程，"谈话"的方式或"口述史"方式是形成当代史的一种非常重要的方式，如果我们研究古代就不可能有这种方式。

"口述史"最大的好处就是所谓的历史主体的在场，即历史主体作为一个可以发言的对象的在场；它的缺点是历史主体本身的活动性使它有某种不确定性，比如说有些艺术家在解释一件艺术作品的时候，在不同的谈话中，他可能会有完全不同的说法，我们当然可以从不同的上下文来猜测他为什么在这个时候进行这种解释，而且为什么在不同的历史阶段要做不同的解释，所以它可能会带来某种鲜活性，又带来某种不确定性，或者历史学所要求的客观性。

我和当代艺术家的谈话，或者称"口述史"，我通常是这么来理解的：第一，我希望这种对话有史料的含量，在这个对话中，有些我们没法确认的东西可以把它确认下来；第二，艺术家在创作和谈论自己作品的时候是处于完全不同的两个状态，我希望通过提问题的方式，使他对其作品的解释成为一个更让人信服的素材；第三，我最希望通过对话本身形成一种历史写作。当然，对史学而言这是有点冒险了，但是，这种谈话真的达到一定水平的时候，或者它的问题达到一定高度的时候，它实际上可以成为一种历史文本，而这个历史文本是由提问者和艺术家共同构成的。

这些出版物里面有几篇谈话的文本我是比较满意的，比如我和汪建伟、徐坦的对话。实际上，我和汪建伟、徐坦谈话所需要的知识是完全不一样的，而且跨度非常大，所以，对我来讲，进行一次"对话"可能比写一篇文章需要的阅读量大很多。严格来讲，我和舒群谈话所需要的又是另外一个角度的知识。当然，我和不同艺术家的"对话"，逼迫我进行了大量的阅读，也让我觉得，我们是在用这样的方式捕捉某种历史。

我一直谈"捕捉"，因为历史就是一个捕捉的过程，如果我们的智力程度、知识水平和客观条件可以让我们很幸运地捕捉那一段历史，那么，那一段历史可能就会以很辉煌的方式保存下来；但是，如果我们有任何一方面的缺陷，那段历史的存在可能就会变得很灰暗或者很平面。对我来说，对谈的方式并不是简简单单地对艺术家提问，或者简简单单地通过谈话获得史料，我真的是希望通过刚才所说的三个环节，"对话"本身可以变成一种艺术史的写作。当然，这个目标可能还是很难达到，但是至少我在尝试。这些"对话"对我而言，和写文章同样重要，如果有一天大家发展出一种体例，也就是说，当代可以用"对话"的方式来进行写作，我想这应该可以算是一个起点。我认为就是

这么一个关系。

方立华：那么，您如何选择和确定与艺术家以对话的方式形成这种艺术史写作？

黄专：其实是我和艺术家认识的程度决定了这种方式，因为有些艺术家知识构成方式、阅读方式或者谈话方式，不太容易使用这种对话的方式来激活他，比如说王广义，他读书的方式基本上是启发式的、断章取义式的，类似禅宗式的阅读，所以如果你和他以这种方式谈话，就会有很多的空白，并不是说他不会谈，而是说，我们显然没有办法获得更为充分的知识，或者说没办法把它当作史学的方式来进行谈话。张培力也是这种情况，他不是一个不喜欢阅读的人，但他是一个不太善于谈话的人，他也有很多访谈，他的文章写得很好，但是他不太善于谈话，或者说和他谈话没有用其他方式那样容易获得丰富的信息，比如作品，或者作品的方案。这就是两种不同类型的艺术家，所以，并不是说任何人、任何对象或者艺术主体都可以成为"口述史"的对象，像汪建伟、舒群和徐坦，他们很显然特别适合这种"对话"的方式。

李荣蔚：你们为每个个案都编辑了一本书，

同时呈现了一个展览，那么，您认为书和展览到底是一个什么样的关系？

黄专：实际上就是我刚刚说的"四不像"这种关系。我们这套丛书的名字是"中国当代艺术家展览学术丛书"，是为展览编辑的出版物，这套展览丛书原来设定的是OCAT最高水准，或者说最高层级的出版物。那么，它必须具备几种功能：对于艺术家来讲，它必须记录他们的展览，起码必须记录展览的作品；而从我们的动机来看，我们还是希望它是对展览和作品的研究的结果。另外，我们有的时候要把它当成一个为后人准备的史料，譬如说《张培力艺术工作手册》，我们就以专业方式详尽地记录了他的每一件作品的信息，而且确定了每一件作品的标准名称，这就为以后的研究打下了技术基础。据我所知，到目前为止，中国还没有哪一位当代艺术家的作品著录能够做到这样，这也是张培力在国外受到普遍认可的原因。我们在王广义的书里就没有做这么一项工作，因为他比张培力更复杂，这次今日美术馆举办的回顾展也想这么做，但是也没能够完全实现，因为这个工作量太大了，我们只是对他早期作品的定名进行了统一。一个研究性文

本必须兼具这几个功能，所以，我也很难说它和这几种性质的出版物到底有什么区别。

李荣蔚：有些展览也会召开一些研讨会，它讨论的问题可能不仅涉及艺术家的作品，还有一些超出作品以外的更大的问题，您觉得展览、研讨会和出版物之间会形成什么关系？

黄专：展览有研讨会已经是很通常甚至有些俗气的做法，就我个人来讲，展览研讨会在出版物或者在展览系统中，又或者在整个结构中的分量，其实完全取决于研讨会选择的对象、问题以及最后能够达到的结果。在OCAT建立的学术结构中，研讨会并不是一个最重要的环节，但我们坚持每一个研讨会都不是针对某个具体艺术家的评价，而是针对我们丛书所涉及的问题。对于研讨会，我也希望它能够增加我们研究的跨领域色彩，所以，我们通常会邀请一些其他领域的人来参与讨论。当然，现在看起来，中国其他领域的情况和西方又不太一样，比方说西方的一位哲学家，他的艺术修养是一个必备的部分，甚至一位人类学家或者一位历史学家，艺术史的修养也是他们人文修养的基础。但

在中国往往不是这样，中国也有一些哲学家对艺术感兴趣，但是通常他们并不认为艺术史是他们哲学思维的一个有机部分，反而认为它们只是哲学解释的一个特殊对象。我认识很多哲学家，有的是我很好的朋友，我们与这些哲学家合作过，但是在这种跨领域的讨论中，我们也遇到一些问题，因为其他领域的专家对于艺术的理解，要么是不熟悉，要么是理解的方式和他们所提供的知识是完全没有办法重合的。所以，虽然我们每个项目都邀请了跨领域的学者参与，但是总体来讲，我觉得研讨会是我们这里面不太成功的一个环节。

李荣蔚：那么，研讨会和您与艺术家单独的对话之间有什么样的关系呢？

黄专：通常历史研究由几个部分组成：一是历史主体的叙述——这个主体是怎么谈论的，这是最主要的。我和艺术家的对话实际上就是让这个主体的解释更加多层面、更加丰富，它不仅呈现作品，也不仅呈现他自己的解释和自己的文章，而是呈现一个研究者和这个历史主体的对话，那么，这个对话肯定是所有研究的核心部分。二是对主体进

行研究的部分。三是外围的部分，也就是所有其他学科对它的解释。如果能够建立起这样一种结构，那么，艺术史的结构就会非常清晰。

由于中国比较特殊的知识或者文化结构，第一部分当然有很多的问题，因为我们从来都没有意识到当代作为一个对象可以变为历史主体，我们或许会认为当代艺术的主体应该是另外的东西，而不是艺术家。比如说有的人认为艺术主体应该是策划人或者策划人的思想，但是，我坚持认为艺术主体应该是艺术家和艺术作品。第二是外围的研究在中国也很不充分，我在王广义个展答记者问的时候也提到，在中国，连艺术史家对于中国当代艺术都没有历史观念，并不是写当代史就是有历史观念，实际上，他们没有真正把艺术主体作为一个历史对象来看待，他们通常只是把它当成一种现象来描述，或者是以一种批评话语去阐释对象。这两者的区别非常大，把它当成一个历史研究的对象和把它当成一个批评阐释的对象，会得出两种完全不同的结论。我想，要能形成这么一种结构，不是一两代人能够解决的。我刚刚也讲过，其实不只是中国，西方也是这样，

关于西方当代艺术史的写作,在传统史学里根本就不可能进入历史写作;而在有些比较宽容的学校,比如像芝加哥大学,是把它接受进来了,但是通常还是把它当成一个边缘的学科。像巫鸿先生,他的学术声望和他参与当代其实是没有关系的,甚至后者在某种意义上还会影响他在学术上的声望,这是一个普遍的现象。

当代怎样成为历史?这个问题本身还有很多可以细化的问题,譬如说什么叫"档案"?古代对于"档案"有很严格的界定,那么什么叫"当代档案"?现在有很多机构叫"文献库"或者"档案库",但是,并不是说把所有的东西收集起来就叫"档案",档案也和图书馆是一样的,它包括分类和真伪鉴别,还包括它们之间重要性层级的比较。所以,什么叫"档案"是一个问题,什么叫"文献"也是一个问题。比如说我们研究一个二十世纪八十年代的艺术家,他阅读了什么书,那我们就要把他阅读的这些书的原本拿出来,这就叫"文献"。那么,他是怎么阅读的?阅读是怎样对他产生影响的?这也是我们研究他的一个过程。当然,这些并不是很线性的,有时候我们甚至没有办法去完全还原,但是这就是文献。所以,我们真的要想建立一个文献库的话,首先就要把八十年代的出版物收齐,比如说康德在中国有四个译本,新中国成立前有一个,五十年代有一个,八十年代有一个,很显然,如果我们要研究八十年代的话,肯定是需要八十年代的那个文本,并不是说康德的哪个版本都有效。所以,这样就存在一个什么叫"文献"的问题,并不是简简单单地把所有的出版物汇集在一起这就叫"文献"。

还有一个根本的问题是什么叫"研究"?怎么去入手研究?入手研究有很多途径,可以通过作品研究,可以通过社会学的方式,把艺术家的所有社会活动或者展览活动作为研究对象,甚至还可以谈论与策划人的关系和与展览的关系,有很多途径。但是,哪个途径可以达到最好的研究效果?所有这些问题并不是说只有我们中国人没有解答,其实在西方也都是问题。所以,为什么在这个问题上我和巫鸿讨论有很大的好处呢?因为他熟悉西方的研究结构,那么,这种探讨至少使很多尝试不是盲目的,也就是说,我们并不是一厢情愿地去想这些事,同时,我们的这些尝试在慢慢地获得一些认可。

其实，只要当代史变成了一个真正的问题，就说明我们的工作有效果了。当代史研究是中国当代艺术获得尊严的唯一方式，一两个政治异己分子，或者一两个高价位的艺术家都不会使我们获得真正的尊严。

从某种程度上来讲，我们的工作可能和中国古代艺术的研究遭遇是一样的，比如说范景中从八十年代初期开始就在领导引进西方艺术史方法，希望建立一个中国艺术史的研究系统，但是到现在为止，这项学术工程还处于起始阶段。像范景中这么一个才智、知识和人文修养都十分超群的人，也还在做引进工作。所以严格来讲，我们的这项工程基本也是刚刚开始，以后可能会停滞，可能被别的方式代替，这都是很有可能的，但是从我们的角度来讲，我们是在按照自己现有的条件做这些工作。

李荣蔚：您刚刚谈到的艺术史的边界问题，这里的"边界"是书写的边界还是其他？

黄专：艺术史的边界是指作为一个学科的边界，也就是指在功能、逻辑、写作方法和文献编纂方法上的一个规范，不是说我们随便想象一套东西就可以完成的。比如这次王广义的展览，巫鸿先生写了一篇非常重要的文章，他没有直接研究王广义的作品，但是他提出一些问题：王广义的《凝固的北方极地》到底有多少幅？每一幅的具体创作时间是什么时候？它的编号是怎样的？他说如果我们连这个工作都做不到，那么，我们的历史对象是不可能形成的！并不是说艺术家在那里或者他的作品在那里就是历史主体，历史主体是需要每一个环节的，像张培力的出版物我们就做到了这一点，起码以后说起他的作品来，我们有非常精确的，经过他自己认定的名称、信息和准确的时间，这一点说起来很容易却很难做到，这就和历史态度、历史方法有关系了，因为这是历史编纂最基本的工作。其实这就是"边界"。

实际上，我刚刚说我想把"对话"变成一种历史文本，这个文本一定不会超越这个界限，比如我和艺术家的谈话也涉及作品具体的时间、史料和思考问题的方式，它应该能够非常充分地体现出来，它提供的不只是史料，而且是我们研究者和历史主体之间共同形成的一种具有历史性质的文本，一个界限。

李荣蔚：那么，您认为当代艺术史的书写和

历史的书写，其实在方法上应该是一样的？

黄专：有共通性！起码在功能上，是人类智慧需要的东西。人类作为一种文化动物，记忆和历史是必须要的，这一点其实是一样的。其实古代历史都是当代史，比如说瓦萨里的《名人传》就是从乔托写到米开朗基罗，也就是他同时代的艺术家，但是这是西方公认的第一部艺术史。并不是说写当代史不科学，这是十九世纪所谓科学化的历史出现以后才有的疆界，他们的理由是当代的距离太近，我们的价值判断没有距离感！实际上，严格来讲，有时候也不能说研究古代的艺术家就是有距离感，距离感是个人智性的问题，个人的智慧达到了这种距离感就是有距离感，没有达到的话，与艺术家隔得再远也不可能有距离感。另外一个是所谓的客观性问题，古代的史料真的就客观了吗？史料的保存与消失是由很多偶然因素决定的，留存下来并非天意，恰好相反，它与消失同样是各种偶然性造成的结果。还有一个关于当代史的诘难是主观情感问题，实际上，如果没有感情的话，我们无法进行任何历史研究，比如说司马迁不喜欢周文王这个人，他怎么可能把他写得那么生动？所以，这些问题都属于科学史学的普遍问题。

从理论上来讲，我们有充分的理论认为当代艺术可以形成一个比较完备的艺术史类型，只是说还是有人觉得"当代"没有价值，不值得花费那么多的精力做这件事情，这也许是一个史学价值和伦理的问题。

余湘智：讨论会和对话可能是现场感比较强的两种形式，它们包括说话的语气和语境，如果整理成文本会不会存在知识流失的问题？您觉得文本的传播方式是不是理想的方式？

黄专：这两者完全不一样，它们是两种不同的谈话方式。对话是一对一的，而且会设置问题，两个人怎么谈话，其实是有一些预期或者准备的，比如我和徐坦老师或者汪建伟老师对话，我们以前有过很多不同内容的交谈，我一开始谈什么问题，他们就知道应该要做怎样的回应，所以这是一个有交流背景的谈话。研讨会则基本上是一种"遭遇"，在西方，研讨会其实是很严格的，在与会者参加讨论之前，主办方会把所有希望讨论的问题给他们，然后与会者必须提交提纲，严格来讲，研讨会的参与者对艺术家应该有大致的了解，但是我们通常做不到。

我觉得中国的研讨会其实学术含量很难很高，这两年由巫鸿组织的"巴厘岛对话"是一种新的研讨方式的尝试，每次参与的人都经过慎重选择，组织者希望谈话者之间尽量形成一些具有活力又具有实质效果的交谈，当然，每次结果都不一样。"巴厘岛对话"不叫"研讨"，应该叫"谈话"，也是希望以一个不设置具体问题的方式来引导一些问题。

现在有很多人采取"对话"的方式，但是我觉得有些"对话"完全流于形式，并没有真正认真地讨论问题。所以，在我看来这完全是两种不同的形式，当然都可以整理出来，但是从思想含量和知识含量来看，那种研讨会和"对话"是没法比拟的。

方立华：刚才提到"跨领域"的概念，在您策划的展览项目或编辑的出版物里，您非常强调这种跨领域或者说跨学科的方式，但是，不同学科的学者是站在自己的领域来表达他们对这一课题的想法的，那么，这种跨学科的方式会不会形成一种自说自话的局面？这种"跨领域"在您的项目里扮演的是一个什么样的角色？它的重要性在哪里？

黄专：其实"跨领域"现在已经变成一个非常时髦的词，后来我和汪建伟也讨论过，这个词在知识论上实际上是不正确的。我们通常认为"跨领域"就是指所有的领域都在谈一个问题，或者一个领域的事情用其他领域的方式来做，这种思维和期待其实是有问题的。

我原来想的问题是，中国艺术界缺乏什么呢？它缺乏的实际上是思想性！也就是说，你怎么思考一个问题？因为人类的所有创造都是思想导致的，那么，这个思想是怎么来的？这个思想的构成方式在艺术创作中到底是一个什么元素？这个思想并不是我们所认为的很高深的思想，甚至"我要卖好画"也是一种思想，因为如果要卖好画的话，还需要找到不同的对象。有的是为了一种表达，不考虑其他的，那么，这种表达是如何表达的？还有的是想和阅读或者与其他的知识发生关系。思想不仅是思想的表达和陈述，它还包括思想的语境、遭遇、对话、形状和延续，所有的这些我都叫作"思想性"。

为什么说我们现在缺乏思想性呢？它缺乏一种思维的逻辑，缺乏一种对一件事情的判断逻辑。很简单，我们看到杜尚，我们就想到他声名显赫又臭名昭著的《泉》，想到《泉》又会简单地将它归为"达达"，这就把杜尚给简单化了。所以说，一个思想在接受一个信息的时候很容易把它简单化或者歪曲化。这一次王广义的展览邀请了杜尚的好朋友阿图罗·斯沃茨（Arturo Schwarz），他也是"达达"的研究专家，因为是杜尚几十年的好朋友，他也参加了这次的研讨会。在讨论的时候，我们谈到通过什么途径理解杜尚的问题，比如《大玻璃》（或《被男人剥光衣服的新娘》）这样比《泉》重要得多的作品，我们有没有真正介绍过？这其实是一个在中国还没有完全展开的问题。在中国的相关出版物其实就只有《杜尚访谈录》，当然，如果有大量关于杜尚的出版物，那这本谈话录可能会是一本很好的文本，但是如果只有它，它很可能会变成让我们更加曲解杜尚的一种东西。所以这次他把他研究杜尚的最后一个文本留给了我，而且当场写了授权书。

我想，我们的思想性也离不开历史意识和语境，所以，如果我们有可能把杜尚的翻译和研究作为中国重新认识当代艺术的一个起点，比如说，杜尚到底是什么样的人？博伊斯也是，每个人都在说博伊斯，但是什么才是真正的博伊斯？所以，我也把这一部分作为我们下一步要建立的历史框架的问题。因为我个人没有外语能力，所以我很希望能够有另外一位具有这种历史意识和历史立场的人来做这件事情，我现在也在物色合适的人选。这些都是中国目前非常基础的工作，如果没有这些工作，中国艺术家的思想永远很肤浅、很稀薄、很没有逻辑，这些过程其实都是相关的。当时范景中很有运气，他有一批愿意投入帮他进行翻译或者选择文本的人，而我们现在要组织这样一批人，在中国的大学里是不可能了，在中国的公立美术馆也不可能，所以，我们也是根据现有的条件来做事情，这也是我想做的事情。

方立华：我还想了解一下，您是如何理解和处理出版物本身所涉及的作品与研究、写作、翻译和史料之间的关系的？您所编辑的出版物基本上是把研究艺术家的史学性的文章、艺术家的作品图像、作品的方案以及一些历史性的背景文献编织在一起，那么，您是如何处理这些元素之间的关系的？在一些艺术家个案研究丛书中，虽然没有将整本出版物翻译为英文，但是会将一篇研究性的文章翻译成英文插入其中，这方面又是基于什么角度来考虑的？

黄专：严格来讲，其实这是因为我们客观条件的局限性，我刚才说的"四不像"也是这个问题。你说的这个问题实际上涉及历史学的几个阶段，比如资料阶段、史料阶段，以及对于史料的文献研究阶段，本来这几个工作是应该分开做的，但是如果我们那么做的话，工作量就太大了！比如王广义的那些手稿，实际上并没有在史料学的严格意义上把它作为出版物的一部分，而只是在研究的过程中提到他，其实也是为以后的研究做一些铺垫的工作。

这个工作的难度在哪里呢？如果我们做一本真正意义上的文献，像《张培力艺术工作手册》那样，那我们的工作量就太大了！其实像《张培力艺术工作手册》这本出版物，我们在做到这一步的工作之后——因为这里面也收集了他的一些对话——如果我们还想放很多研究文章，那么我们还得另外出一本书，实际上我们不可能对每个艺术家都做到这样。

我们现在只是做到这样的阶段。实际上你刚才提到的这个问题是客观条件限制的产物，并不是说我们希望这样做，也不是说我们觉得这是一种好的方式。其实，如果有条件的话，比如王广义的书信，我们是应该把它收集进来的。譬如费大为现在做的工作就是做纯粹的"档案"，已经出版了两本，他是以一个艺术家或团体为单位去寻找文献，那是另外一种工作方式。我解释这个情况其实是想说，它的"四不像"是因为我们的工作还要让投资方满意，我们还必须做出一些让公众关注的事，而且我们还要让艺术家觉得这件事情是和他有关系的，同时也希望从我们的角度来做这件事情。实际上，它的"四不像"就是因为有四种对象必须要满足。比如说费大为的那套档案计划，因为尤伦斯不给他钱了，他最后也就没办法出版了。当然，通过我们的努力，我们以后也许能做一些比较纯粹的档案文献工作，比如说在北京的文献与研究馆建立起来之后，我们以后的工作可能就会偏重那些方面。所以，所有这些应该说是我们草创时期的产物，很难说这些就是我们理想的研究成果。

方立华：OCAT 出版物不同的编辑体例，除了您刚才提到的客观条件的限制，是不是也会根据艺术家或者课题研究的不同特点来进行思考？另外，艺术家个案研究成书统一了开本，这涉及一个比较技术性的考虑，而一些课题性研究的书可能有不同的开本，这一方面又是怎么考虑的呢？

黄专：这还是根据国际美术馆的惯例，即出版物的规格统一。我们这些出版物的开本选择其实介于画册和书籍之间，对于艺术家来说，图片需要非常清晰，又要满足图录的编辑要求，同时，从研究方面来看，也要满足这两种功能。

当然，每一个课题的选择的确有很多不同的考虑，比如像徐坦这本书，因为我们放入了关于"关键词"项目的所有文献，所以它的性质更接近于艺术家书，这还是要根据不同性质的艺术家的特点来选择。譬如说王广义的那本书要解决的其实就是一个问题，即大家对于他的"政治学"的误解。我们主要还得用作品来说话，所以那一本出版物就更接近于通常意义上的"画册"。张培力这本，我们是要用一种非常严谨的态度，把他的影像实践做一个收集。我刚才讲"四不像"，但是每一个"不像"又各有偏重。《剧场：汪建伟的艺术》那本是收录了他的很多剧本，因为我们在编辑这本出版物的时候，主要想

呈现一位跨媒体艺术家是怎样思维的，所以我们使用了"剧场"的概念把他的艺术统一起来，那么，这实际上就像一本导演的书——它有剧本，有剧场效果构思，有问题的陈述，这种思想和语境的恢复和还原，就又和其他艺术家的出版物不一样。

我刚才讲了，这些出版物既受我们的条件限制，也包含我们的考虑。比如说徐坦这本书，我们如果按照《张培力艺术工作手册》那样编，得到的信息就完全不一样，但是，我觉得这最为丰富地保留了他的工作状态，对一个要研究他的人来讲，艺术家书实际上是一种最好的呈现方式。

《图像的辩证法：舒群的艺术》这本就特别强调他的历史逻辑，我们对于他的时间的结构分得特别清晰，有三个结构。其实严格来讲，他的思想和思维过程比他的创作更重要，他的观念大于他的创作，所以前一部分是非常严密地按照历史逻辑把它梳理成三个部分，所有的笔记都放在后面。因为这样一位艺术家，如果你不了解他的谈话和笔记，只是看他的图像作品，你是完全没有办法去了解这位艺术家的！所以这本出版物就分成了两部分，前面很像一个研究文本，后面又像一本艺术家书。而且他没有画草图的

习惯，所以我们几乎是把他二十世纪八十年代以来的所有手稿都放进去了，这也就印证了我们前面的这个划分，因为这是他的思想过程；同时它也给后面的研究建立了史料。

《点穴：隋建国的艺术》那本是最没有编辑意识的，因为那是"艺术家个案研究丛书"的第一本，所以他也抱怨过："我的虽然是第一本，但是我那本一点都不像你编的书！"我说："是！因为那是最开始编的一本。"那时候你们都还没有参与这个工作，当时主要还是在筹备 OCAT，所以也没有太多的精力。实际上他的展览还是在上海做的，所以也还没有认真考虑从研究文本上做这本画册，这本最接近中国目前的所谓"画册"了。

李荣蔚：像《国家遗产》这本出版物，您是怎样把艺术家的作品和您想要研究的史料，以及您之前写的文章综合在一起的？

黄专：除艺术家研究项目外，综合项目的研究其实是我们另外一种研究形式，它一般以一个具体问题为单位展开研究，这类研究的第一个项目是关于八十年代中国现代艺术史的课题"创造历史"。八十年代是中国当代艺术的开端，也是十分特别的阶段，尤其由于九十年代后中国艺术性质发生了根本

上的转换，所以这段历史基本被封存起来了。但从历史发展的逻辑看，没有这一段历史的研究，我们的历史就会出现缺环和断裂，所以我们在 2007 年就做了一个纪念展来呈现这种历史观念。为这个展览借展品花去了我很大的精力，在研究上考虑得比较少，不过还是举办了一个几乎所有八十年代重要艺术家、理论家都参加了的研讨会，算是在这个问题上开了个头，后来就有了"国家遗产"这个研究性更强的项目。中国社会现代化与艺术现代化的关系一直是我比较感兴趣的问题，"国家遗产"讨论的就是这样一个课题，它原来是我在 2007 年提交给"圣保罗双年展"的一个方案。讨论现代史中的视觉问题，严格地讲，最后它形成这样的文本，其实超出了我最开始的预料。

2007 年"圣保罗双年展"希望我提交一个方案，我就给了这个方案，后来他们的总策划到北京来面谈，觉得方案很好，但是"圣保罗双年展"有一个规定——参加过一次"圣保罗双年展"的艺术家都不能再次参加，但是我的方案里面有三位艺术家参加过，所以她建议我换艺术家，我说那不行！因为这个课题对我来说，每一个环节都是不可替代的，每位艺术家的选择都不是因为他们

个人重要，而是因为他们的作品对我的研究重要。后来我说："你们只能做出一个选择，要么接受，要么就放弃。"

后来，刚好英国曼彻斯特城市大学研究院院长约翰·海雅特来找我，他实际上是来广州美术学院访问的，通过别人介绍知道有这个 OCAT。我就谈起这个计划，他听了以后很感兴趣，但他觉得他那所大学没有资金和能力做这么大型的展览，最开始他先和曼彻斯特工业博物馆谈合作，我当时听了很兴奋，因为曼彻斯特是工业化革命的一个起点，也是马克思写《资本论》的地方，它和我这个主题正好有一种寓意性的对应。后来和曼彻斯特工业博物馆谈了很久，他们提出了很多我们几乎达不到的要求。于是他们又推荐给曼彻斯特双年展，我又觉得没什么意义，就对海雅特先生说，那就根据你们大学来量身定做这个展览。他们就找到英国最好的角屋画廊合作，这家画廊现在是英国最先锋的画廊。所以这些都充满了偶然性。最后我们将所有的工作都放在编辑文本上，这其实是非常主观性的。后来引起的反应也超出了我们的想象，一是《读书》杂志先做了一个讨论会，后来哈佛大学要求我参加"红色遗产"的会议。我觉得也许还是我们的一些问题和

知识态度或知识方式比较符合他们的兴趣。

这次巫鸿在北京开会的时候还和我谈到，有没有可能继续把"国家遗产"做下去，他说可以在美国做一站，寻找一些美国艺术家在现代化中的视觉问题。不过我已经没什么精力做这件事情了。这本出版物的文本有点特殊，它是一种历史研究，但是它是一个动态的历史研究，艺术家在我们研究中的位置也不一样。

李荣蔚: OCAT 还有"从电影看"和"小运动"这种外来的策划人所做的专题性研究，您觉得它们有什么不一样的地方吗?

黄专: "国家遗产"以后，我的想法是，这种问题性的课题研究应该也有一些延续。刚好在北京碰到董冰峰，他就谈起他们有这样一个项目，我觉得挺好。他们这个项目已经做得比较成熟了，文本都已经准备好了，只是没有人投资，所以我当时就把他们的项目拿过来，因为它也是比较符合这种课题性研究的文本。我还有一个想法是希望我们的这种工作方式能够有一个延续性，而不只是被国外或者被其他的学者认可。

"小运动"源自 2011 年方立华在 OCAT 五周年的时候做"国际艺术机构研究"工作

坊时请了卢迎华来，她谈起这个计划和理念，我当时就觉得这个方案非常符合我们的课题性研究方式，所以就决定由我们投入资助他们完成。

当然，这两个项目的工作方式还是和"国家遗产"不尽相同，但是我觉得它们延续和丰富了我们的课题性研究的特点。

李荣蔚：您能不能再具体谈谈当代艺术史的研究，它有实践性的，也有问题史的，还有艺术家个案的研究，这三者之间是否存在不一样的方法论？

黄专：这可能和每个人的知识结构、理解方式不一样，这三者之间没有任何的可比性。

李荣蔚：您在九十年代初的时候就已经提出了"艺术市场"的概念，您是中国艺术界第一批提出这个概念的策划人，但是您一直延续了很严谨的艺术史书写工作，那么您是怎样平衡这两者之间的关系的？

黄专："艺术市场"不是我提出来的，"艺术市场"这个话题在中国最早是吕澎提出来的。这个情境你们可能都没有办法体会，因为1989年以后，实际上大家都处于一种极度失望或者停滞的状态，所以那时候严格讲

没有什么可以想的方案，当时的那种感觉你们体会不到！那时候人就感觉像在一个铁笼子里，没有任何方向，没有任何可能性，当时我们已经在做一些古代史的研究了。后来吕澎来广州做"广州双年展"，才提出了"艺术市场"的概念。

那时候提出"艺术市场"实际上是有种幻想，想为中国现代艺术找到出路，让它们能够展示。当时的"艺术市场"的概念和现在的"艺术市场"完全不一样，甚至可以说，那个时候我们谈论的"艺术市场"和我们现在看到的"市场"完全没有关系。我大概从1993年之后就不再谈这个问题了，这实际上是一个特殊的阶段，一种很被动的方式，它和我后来的思维是完全不一样的，它和我后来所想的这些问题没有任何联系。

李荣蔚：我们这些书其实也有出版社的书号，是可以发行的，您在编辑的时候是不是也有考虑到读者？

黄专：没有，这一点是OCAT出版物的一个很大缺陷，我们甚至没有考虑到书的商品价值，以后其实应该慢慢地考虑这些问题。我们只是按照我们的方式编出来，没有考虑过市场，但是据说有些卖得还不错，我听出

版社说我们留给他们的书都卖完了。如果我们说得口气大一点，这种书其实是卖给以后的历史的，也许以后它会变得非常珍贵，但是要指望现在的市场接受它，我觉得本身是不太可能的。但是，有的时候做事情不能想那么多，不能又考虑研究，又考虑市场成本回收。

余湘智：我想问的是关于"偶然性"的问题。这次我们采访王广义老师，谈他的出版物的时候，他提到"点燃"这个词，因为他碰到很多东西能够激发他的灵感，那么，您是怎么看待艺术中的"偶然性"的？

黄专：不同的艺术家是不一样的，王广义属于那种"禅宗式"的艺术家，可能有一个词他并不完全理解，但是这个词有可能影响他终身，比如"自在之物"就是这样的词。他大学读康德，他说他读书第一是读目录，再读里面的关键词，他读关键词也并不是要弄懂它们，而是觉得它们有意思、有趣味，然后那些词马上可以进入他思维的领域，他叫"点燃"，或者叫"遭遇"，他就是这种类型的艺术家。汪建伟就不一样，他对于一个东西一定要弄懂，弄明白后再把它转换成艺术的语言。所以这是完全不同的艺术家，没

有办法判断谁好谁不好。

余湘智：不是艺术家的话，是否也存在这种状况？

黄专：当然，不是艺术家的也有，每个领域都存在这种情况。有的人可能依靠积累或者逻辑性的理解形成一种思维，比如王鲁炎就属于这种类型，他只能不断地通过问题进行一种积累。其实都一样，艺术史家或者学者，也是这样的两类，有的是通过钻研或者其他方式得到一种思想，像吕澎就可以积累一点东西就弄出一本书来，这也是一种类型。但是我们认为最好的还是逻辑、想象力、知识和智慧高度统一，我认为范景中和巫鸿在某种意义上就达到了这种平衡，这是最好的。但大多数情况下，可能他的知识结构就决定了他是哪一类人，这其实也没有办法说谁更好，特别是在艺术家中间，比如说王广义这种思维和汪建伟这种思维谁更好？很难说！

李荣蔚：您能不能谈谈对您的策划和编辑实践有影响力的出版物？

黄专：影响力是一个很有趣但无法估量的问题，从性质上讲有显性影响力和隐性影响力；从时间上讲有及时影响力和未来影响

力；从文化伦理上讲有负面影响力和正面影响力。我们的文化一般崇尚及时、显性和功利性的影响力（网络最大化地满足了这种需求），如果要我选择，我也许会选择隐性、长远和对文化有实质作用的影响力，我为什么说当代史有意思就在这个地方，因为历史主体是活体，它的影响力具有高度的不确定性，这就需要我们有更敏锐、更长远的思考智慧，"史学"可以满足这种智慧。

李荣蔚：其实这种当代的梳理可能比以往历史的梳理更加复杂，因为它总是变化不定的。

黄专：对！这就需要更高的史学智慧。比如说我们研究司马迁，他的时代就只有那么多文献，你只是在这些文献范围里重新组织逻辑和重新解释。但是当代的艺术家太丰富了，所以我为什么提出来，从最一般的意义上来讲，"西方的大师"如果没有被研究，是不可能成为大师的！比如塞尚、毕加索、杜尚、博伊斯，如果没有那么多海量的研究，只是一些展览、一些批评的概念，他们是不可能真正进入历史获得人们尊重的。实际上，这也是我们的一个使命，为什么一说起中国艺术来就是艾未未，就是因为我们没有像样的研究。当然，这还需要好的翻译。一方面，你有这个研究能力，另一方面，人家认可你的研究能力，然后通过这种研究重新提供一个观看中国艺术家的视野和角度，只有这样循环，中国当代艺术的尊严才可能慢慢地建立起来。

我希望中国能够有一些资金资助这些下决心"坐冷板凳"的年轻人，只有做好个案研究，慢慢积累起来，才有希望让人家觉得中国的艺术史是值得让他们阅读和关注的。如果没有这个过程，那就什么希望都没有了。

时间：2012 年 10 月 26 日
地点：OCAT 图书馆
采访人：方立华、李荣蔚、余湘智
录音整理：朱冬琴

注释：

[1]原文载《OCAT 十年：理念、实践与文献》，北京：中国民族摄影艺术出版社，2015 年，第 17—27 页。——编者注

关于深圳当代艺术家发展情况的访谈

奥乃拉：黄老师您好，谢谢您接待我！我想知道深圳艺术发展的大概情况，国内国外的艺术家是怎样工作的？何香凝艺术馆成立的过程是怎样的？

黄专：深圳在中国是一个相当边远的地区，但二十世纪八十年代起，这个地方已经有一些现代艺术活动，有一些著名艺术家也在这个地方工作生活过，比如王川。他是搞实验水墨的，也画油画，早在八十年代中期就在深圳组织了一个叫"零展"的街头画展，类似北京的"星星美展"。李媚在深圳主编了中国最早的现代摄影刊物《现代摄影》，介绍了大量的西方现代摄影，也推介了不少中国年轻摄影家、理论家，后来他们大多成为中国这个领域的中坚人物，如张海儿、吕楠、韩磊、顾铮，对中国现代摄影的发展影响极大，我曾开玩笑地称她是"摄影界的栗宪庭"。但到了九十年代，由于商业运动的影响，深圳的当代艺术渐进消停，广东的当代艺术活动主要集中在广州，出现了像"大尾象"这种比较成熟的观念艺术团体。到了九十年代

末，深圳的当代艺术又开始活跃起来，一些美术馆开始举办一些当代艺术展览，如鲁虹在深圳美术馆开展的工作，一些本地艺术家也开始聚集，有了一些民间活动。

1997年，深圳成立了何香凝艺术馆，经鲁虹推荐，我成为何馆聘请的第一位策划人（当时的称呼是"馆聘研究员"）。这个美术馆是中国国务院侨办下属的国家级美术馆，由在深圳的国家企业华侨城代管。到了2004年，华侨城在对它们旧的工业区进行改造时，提出了一个借鉴北京798模式的改造方案，希望在何香凝美术馆外，建立另外一个由旧工业区改造成的美术空间，我被邀请主持这个空间，这就是2005年1月28日成立的OCAT（OCT Contemporary Art Terminal），它仍隶属于何香凝美术馆，是当时中国唯一的一所国家级美术馆的非营利性的当代艺术专业机构。今年7月，OCAT从何香凝美术馆独立出来，注册成为由华侨城独资主办的民营美术馆，但依然沿用原来的名称，华侨城希望在中国各地的企业项目中都建立类似的美术馆，现在在上海、北京、

武汉和西安都开始筹建。现在，深圳的空间由卢迎华做艺术总监，我今后的主要工作是在北京筹建一个文献与研究馆，OCAT 大概的过程就是这样。

1997 年，何香凝美术馆成立时就确定了何香凝艺术研究和当代艺术两个专业定位。除日常展览外，1998 年我们策划了一个常规性的公共项目叫"深圳当代雕塑艺术年度展"（简称雕塑展），希望使当代艺术和深圳的公共空间及公民社会发生关系，现在已经扩展为"深圳雕塑双年展"，如今是第七届了。其中影响较大的是 2001 年的第四届雕塑展，是跟法国政府合作，当时中国艺术家顾德新、徐坦，法国艺术家丹尼尔·布伦（Daniel Buren）、黄永砅的作品都引起了很大反响，尤其是黄永砅的作品由于涉及当时敏感的国际政治关系，成为一个国际公共事件。2005 年 OCAT 成立以后，我们调整了专业定向，确定建立以研究为基础的艺术机构，就是我们所有的艺术项目的设计都建立在研究的基础上，不管展览也好，国际工作室也好，讲座活动也好，都把研究作为基础。

奥乃拉：研究的主题是什么？

黄专：研究项目现在有几大块：第一块，关于中国当代艺术家的个案研究，目前我们已经完成了七位艺术家的研究项目，都是我们认为在一个长时段中具有历史研究价值的艺术家，他们大都是从八十年代开始从事当代艺术并且一直比较活跃的艺术家，有张培力、王广义、谷文达、徐坦、舒群、汪建伟、隋建国。

奥乃拉：宋冬？

黄专：没有宋冬，因为宋东属于比他们年轻的一辈，我们也想慢慢地、一代一代地来做，我们拟定了一个"青年 OCAT 计划"，就是准备做这件事。其实这项个案研究项目不仅关注某个艺术家的艺术成就，更注重由他的艺术引发的具有普遍价值的问题，比如说张培力，我们就觉得他的工作方式的转换非常特殊。他在八十年代中期主要从事油画创作，后来在概念艺术和多媒体领域做出很多开创性的贡献，他的艺术经历也为我们观察中国当代艺术的媒体转换和观念转换提供了不可多得的研究范本，我们除了为他策划了一次作品的个展，还编辑了一部他的工作手册，详细记录了他的工作档案、作品信息和其他学术文本，成为研究他和这个多媒体艺术发展的基础史料。对王广义的研究，我们也找到一个点，我们侧重研究在中国由现代艺术向当代艺术转换的历史中艺术与政治的关系这个主题，通过对他的《大批判》以外的装置作品的分析，观察他的艺术中一以贯之的政治逻辑和态度，力图将对他艺术的"政治波普"批评定位置于一个更为历史和广泛的语境中进行考察，所以，我们将这项研究叫作"另一个王广义"。而谷文达的研究，我们就侧重于他对实验水墨的贡献。实验水墨是中国当代艺术中使用本土媒材进行的实验工作，谷文达从八十年代开始就是这个领域的代表性人物，而且他在中国和西方两种完全不同的文化语境中长期不妥协地进行这种实验，这就使这种实验具有了超越本土的普遍意义，成为非西方国家艺术家运用本土文化资源进行跨语际交流的一个范例。我们研究项目的确定通常是以这种寻找问题的方式形成的，有时艺术家不过是我们形成研究问题的一个引线。

奥乃拉： 这就是你们的学术方法？

黄专： 对，我们是这样考虑的。还有比如说徐坦，他的"关键词"项目主要研究语言对形成意识的作用，是一种"关于语言的艺术"，他反对将他的艺术归于"概念艺术"。他采用了很多语言学、人类学、社会学的方法采集标本，具有很强的跨学科色彩，我们就把这个项目放置在中国观念艺术的特殊性这个问题中进行分析考察，所以我们的目的不是对他的艺术进行一些泛泛评价，而是希望通过对他的研究，生发出一些对观察中国艺术具有独特作用的问题和视野。

奥乃拉： 那么什么叫语言艺术呢？

黄专： 他一直将"词语"及其与意识的关系作为他艺术的主要媒介和问题中心，而不是关注一般意义上的"概念"。他的艺术其实很难归纳，他的艺术方式主要是在一个特定的社区人群中搜集"关键词"，然后再对这些"关键词"进行数据分析，寻找出使用频率最高的或大家普遍感兴趣的"关键词"，然后再对这些词义进行公众讨论与分析，通过这种不同语境的循环理解，形成新的意识方式，这样他就把普遍语言原则（语言）与话语（言语）分析衍变成一种艺术活动，使本来由语言学和哲学探讨的课题方式变成了一种艺术方式。

奥乃拉: 有很多艺术家用这种语言方式吗?

黄专: 在当代艺术中有很多用语言文字的艺术方式,比如国外有概念艺术,中国像吴山专、谷文达、徐冰、邱志杰都使用过语言文字,他们大多关注文字的文化形态学问题。但徐坦主要关注的是语言如何在不同语境的使用中变异,意识如何在人们的谈论中形成和变化,这就更接近语言哲学的问题,但他又拒绝以纯粹概念的方式讨论这些问题,而是将它们置于活生生的视觉经验和艺术样式之中,这就使他的艺术有某种似是而非的特点。

奥乃拉: 这是不是和中文有关系?

黄专: 是的,这和中文思维相关。我们这次对他的这种语言艺术的展示和研究,也应他的要求在展场布置了三个月的言语交流活动,活动除了完整呈现他的采集、分析、讨论程序外,还编辑了记录这个项目的所有阶段的文本,一部类似艺术家书和研究相结合的文本。我们的研究方式除了以艺术家为单位的个案研究,还有一类被我们称为"综合性课题研究",即以一个综合性艺术问题或艺术现象为主题的研究,比如"国家遗产""从电影看"和"小运动"都属于这类研究。"国家遗产"是 2009 年我们和英国曼彻斯特城市大学合作的项目,研究中国近现代国家形成过程中的各种视觉表现和形式,以及中国艺术家对这些视觉遗产的反应,问题涉及中国近现代的城市、建筑、工业产品、铁路及各种政治形态象征系统,通过对它们的研究与形态分析,发现中国作为一个现代国家的意识形态与象征表现间的多重关系。国家视觉遗产是一个世界问题,但中国和西方的当代艺术似乎涉及的并不多,我们想这也算是一个开头。这个项目花了我们将近三年的时间,包括收集资料、选择艺术家的作品、对它们进行历史性分析研究,当然也涉及很多展示与讨论的具体问题。

奥乃拉: 这里面会提到艺术家在社会中的身份这类主题吗?

黄专: 对,实际上艺术家和他们的作品在这类项目中只是综合研究中的一个元素,比如汪建伟的作品就专门研究天安门的观礼台。你去过天安门吗?

奥乃拉：去过。

黄专：上过观礼台没有？

奥乃拉：没有上去过。

黄专：天安门是古代就有的，观礼台不是，观礼台是中华人民共和国成立后为举办国庆大典加上去的，但我们现在看，观礼台跟原来的古建筑合为一体。观礼台是一个象征性的视觉存在，不仅象征中国人的政治身份和阶层结构，还象征中国与世界的关系，它在作为政治象征时是显性的，但作为建筑样式又采取了极为隐性的方式，这种复杂的视觉意义就成为"国家遗产"研究的有机对象。这项研究不仅包括五位艺术家的作品，也包括三位学者的文章，还有大量的视觉档案和文献，这也是我们视觉研究的一个案例。"从电影看"和"小运动"则是由中国最活跃的一批策划人、批评家和艺术家合作完成的综合研究项目。"从电影看"主要探讨当代艺术和电影的关系。

奥乃拉：作品是八十年代的还是九十年代的？

黄专：都有，但肯定是以九十年代的经验为主，包括图像、录像艺术怎样受电影的影响。

奥乃拉：也会有独立的电影吗？

黄专：都有，他们大多是从事独立电影的创作与研究的，而且在这个研究项目里面，策划人的身份就构成了一种特殊的结构，他们有电影学院里专门研究电影理论的老师，也有研究视觉艺术的批评家和诗人，所以我们的综合研究除了课题是综合的，参与策划和研究的人员结构也是综合的、跨领域的。最近完成的"小运动"就是由三个不同身份的年轻策划人完成的，他们的身份分别是艺术家、策划人、批评家及哲学家。所以从我们研究项目的性质来看，大概就是这两类：一类是艺术家个案研究，一类是综合课题研究。

奥乃拉：那么在展览方面呢，有什么想法？

黄专：我们的原则是，展览不是一个独立的行为，展览是研究的结果。我们的程序可能和其他机构有点不同，我们是先有研究后有展览。

奥乃拉：就是说，你们都有一个长期的项目对吗？比如在一年之内？

黄专：我们的研究项目通常一年就是一到两个。其实每个项目我们大概都得花至少一年到两年的时间来完成，从确定项目开始，我们就要跟艺术家不断地交流，通过交流完善和确定方案，第一个过程就是充分理解他们作品的工作方式以及这样的方式与我们的研究有什么样的交叉。譬如谷文达的项目，我们就详细研究了他的实验水墨的历史阶段，不同阶段的几个形态，包括文字形态、装置形态等，还有形成这些形态和方式的语境与问题，然后再将这些历史梳理置于中国水墨问题的多重发展线索中去寻找它的普遍问题及价值，最后才是讨论展览的呈现方式和形态。总之，先研究，后展览，这是我们的原则。

奥乃拉：那目前你们有什么项目？

黄专：今年 OCAT 独立成馆后，深圳总馆的艺术策划主要由艺术总监卢迎华来负责。她是中国现在最活跃的年轻策划人，也是很有想法和抱负的研究者，不仅她的工作方式和 OCAT 确定的理念非常接近，她的知识结构与视野也更加国际化，比如她与其他策划人共同完成的"小运动"项目就体现了这

些优势。这项研究采集了世界范围内不同的理论、团体、结构空间和媒体等，通过研究这种我们平时不太注意的、零散的当代艺术现象和潜流来预测当代艺术的发展力量。我想她来组织 OCAT 的今后发展，不会改变它的研究品质，只会使这个机构更具活力。

除了展览和文本，讲座制度也是我们研究的重要内容。今年我们有四场比较重要的演讲，有一场的主讲人是杨威廉（Janwillem Schrofer），他是荷兰皇家艺术学院原院长，他将原来的皇家艺术学院改造成了一个 Residence，他主要介绍怎样把一个传统的学院变成一个工作室。9 月是英国泰特美术馆的策划人马可·丹尼尔（Marko Daniel）来，他的演讲主要介绍英国策划制度跟美术馆的关系。还有一位是德国策划人鲍里斯·格罗伊斯（Boris Groys），一位哲学家身份的策划人，他除了带来一个俄裔哲学家、外交官亚历山大·科耶夫的摄影展览外，还将结合展览做一个学术演讲。还有一位演讲者是《第三文本》的主编。讲座除了国外的，大部分是国内的，比如谷文达也做了演讲。而这些演讲是研究系统的一个环节，我们不把它单纯作为一个信息交流，还希望它是我

们需要研究的背景或者一个方式，所以这些我们都会详细地整理。我刚才讲到的研究结构也包括演讲的部分，当然我刚才讲到的工作室也关系到艺术制度与艺术空间的关系，这是我们研究中的重要结构。第三部分最重要的就是艺术家工作室，这种工作室制度你是不是很熟悉，你参加过这样的工作室吗？

奥乃拉：不是很熟悉，参加过，但是每一个国家和空间有各自不同的工作方式。

黄专：我们刚开始涉及，没有什么经验，从零开始。第一期是 2005 年开始的，2006 年时开辟了五间工作室，我们这五间工作室设计了不同的功能和结构，我们希望参加工作室的人员不光是艺术家，还包括研究者和策划人，所以基本上最近几年每年都有一个策划人或者学者参与。我们希望工作室不单纯是艺术家工作的空间，还希望它变成一个不同身份者的交流空间，这种交流又希望是在不同国家、不同身份艺术家之间进行的。所以我们基本上会从国际视野来选择工作室的参与者。每年结束的时候他们都会做一个展览，这个展览我们希望也是一个研究式的。

奥乃拉：那你经历了好多年的当代美术历史。你觉得在 2000 年前后有什么样的变化和发展？

黄专：变化当然很大。八十年代我们基本上是在一个封闭的空间中，大多是通过一些过时信息和自己对艺术的想象来从事艺术。九十年代中国当代艺术开始走向国际，也慢慢产生了一些影响，从 1989 年马尔丹策划的"大地魔术师"到 1993 年奥利瓦策划的"第 45 届威尼斯双年展"，中国当代艺术慢慢走向国际舞台。当然，整个九十年代，我们的形象和身份是很被动的，我们没有自己的解释系统，处于被西方挑选和解释的地位。2000 年以后，情况有些变化，原因有两个，一个是西方开始反省自己的艺术制度和对非西方文化的态度，包括反省他们自己在解释和定位中国艺术时出的问题，这是一个背景。同时，中国经济上的迅速增长超过了西方人的预期，中国开始成为世界无法回避和忽视的不确定因素，而中国内部的文化政策、艺术政策也都发生了一些微妙变化。1997 年何香凝美术馆就开始做当代艺术了，1999 年"上海双年展"以后，中国的当代艺术更像是获得了某种合法身份，原来基本上处于地下、半地下状态的当代艺术有了公开的活动空间，中国艺术市场迅速形成和国际艺术市场对中国的青睐加剧了这种合法性，当然，也带来了新的问题。

奥乃拉：那么在哪些方面艺术家发生了变化？

黄专：原来中国艺术家面临的主要问题是国内政治和意识形态的压力，九十年代后增加了一个来自西方当代艺术权力机制和解释系统的压力。一方面，中国没有形成自己的解释系统，一些简单的批评术语成为大多数艺术家必须背负的身份标签，整个九十年代，中国艺术家大多被归为"政治波普"或"玩世现实主义"。另一方面，西方权力体制对中国艺术家的接纳与解释都是在各种冷战思维中完成的，对中国艺术家和艺术现象真正学术意义上的理论研究与历史研究的缺失，使中国当代艺术一直处于无逻辑、无主体、无尊严的现实情境之中。二十一世纪以后，情况发生着变化，一个是西方对中国艺术家的态度趋于客观和公正，更多严肃的学者开始关注中国当代艺术的价值；另一

方面，国内学者也开始积极进行一些有远见的学术建设工作，但总的情况还不值得乐观。我们的当代艺术已经有三十年的历史，我们的艺术家有了比以前好得多的经济待遇甚至政治待遇，但如果没有真正意义上的历史研究和理论研究，这些待遇和地位并不能保证我们的身份和尊严。

奥乃拉：研究一个当代的人或者当代的思想，是不是很难？

黄专：我知道你是学艺术史出身的，通常意义上说，你们认为艺术史和艺术批评有没有区别？

奥乃拉：当然有区别。

黄专：你觉得是怎样的一种区别？

奥乃拉：艺术是发生的东西，发生的事情或展览，它表达的是艺术家自己的故事和思想。批评就是某个人对艺术品的评价、评论。

黄专：你觉得一个艺术家作为一个批评的对象和作为艺术史的对象应该有什么区别？

奥乃拉：艺术批评是你对艺术品的观点，艺术史是将艺术和历史结合起来，讲艺术的

历史逻辑和在艺术史中的位置是怎样的。但对我来说，在中国很难这样分析。

黄专：对，问题就在这里。中国艺术家在很大程度上还只是批评解释的对象，没有成为艺术史研究的对象，批评是一个主观的行为，批评家对某个艺术家或者某个事件的判断有很强的个人情感色彩。但艺术史需要一套更为严密的专业方法和逻辑，建立在共同知识和理性解释机制之上，当然，艺术史也有主观成分，评价这个艺术家，对他进行历史定位，也会有主观成分存在，但是它依据的知识结构和逻辑方法是不一样的。比如说要把一个艺术家当成艺术史的研究对象，那么需要有一套体系性办法去详细了解他的整个历史过程，不能只是对他的某句话、某件作品进行单独评论，还要对他每件作品之间的关联进行历史解释和分析。同时，还得在历史上下文中对他的地位进行判断。比如说，我们研究王广义，如果只是给他一个"政治波普"的批评定位，那么拿出一张《大批判》就解决问题了。但如果将他作为一个艺术史的研究课题，就必须对八十年代他由一个古典象征主义的画家向一个具有分析色彩的当代艺术家转变的历史过程加以调查、论证和解释，而不是贴一个"政治波普"的标签就完事了。

奥乃拉：这会不会是商业的原因？

黄专：对，商业的成功和定位也是影响我们对中国艺术家进行历史研究的因素，还有政治因素，有些艺术家被西方接受就是因为政治的原因。中国当代艺术已经有了三十年的历史，完全具备了对它进行历史研究的可能。

OCAT 这个机构想做的就是对中国当代艺术家做出一些具有历史研究性质的价值判断，所以，我们从历史研究需要的最基础的工作开始，从档案和文献做起。当代艺术怎么样去整理档案我们并没有可以参照的经验，我们研究文艺复兴时期（的作品）、研究达·芬奇，其档案都在博物馆里面，所以查找、研究起来相对容易。而当代艺术家的档案大都流散在世界各地，另外采集原则与方法、保存收藏文献的方式和条件我们都没有现成的经验，所以我们的工作量比一般的美术馆仅仅策划展览要大得多。《张培力艺术工作手册》的整理和编辑就是由王景在他那里驻扎一个多月才完成的。

奥乃拉：我做的硕士论文的主题就是黄锐的艺术和作品。

黄专：这是一个很好的课题，"星星画会"是中国当代艺术的一个重要起点，我们2006年做"创造历史"的项目就是以"星星画会"为开端的，也展览了黄锐的作品。当然历史研究的终极目的是给研究对象以历史解释，这更难。比如我们现在都知道张培力是一位重要的多媒体艺术家，被称为"中国影像艺术之父"，但如果我们无法对他由一位油画家转变为一个影像艺术家、多媒体艺术家的历史细节和历史逻辑进行梳理和解释，我们对他的研究就不能算是一种历史研究。

奥乃拉：那么年轻的艺术家呢？

黄专：不是每个年轻艺术家都有可能成为艺术研究的对象，因为这个更复杂，特别作为个体而言。你刚才提到宋冬，为什么我们没选择他作为研究对象，不是认为他不是一个好艺术家，而是觉得他的艺术还没有达到可以进行历史观察的高度和广度，从个体讲，他当然具备研究价值，但如果将这个个

案放置在中国当代艺术的全景性艺术问题中看，他还没达到这样的重要性。

奥乃拉：那你觉得一个年轻艺术家怎么才算走到一种成熟的地步？

黄专：那这个问题就更复杂了，在判断上往往有更多的主观性，当然还是需要有一个客观的历史视野的。在我的计划里面，起码有二十个艺术家是具备进行历史研究的条件的，当然，如果一位西方艺术史家来选择二十个人，有可能跟我的选择完全不同，这里面有文化价值、历史经验和见识眼光的不同，我是从八十年代过来的人，这决定了我的视野和局限。当然，我也关注九十年代以后出现的艺术家，但历史往往是由时间积累和空间变化共同构成的，对更年轻的艺术家，我需要更多一点观察的时间。

奥乃拉：那谈到收藏作品、艺术品是有怎样一个标准？

黄专：艺术品收藏是美术馆的基本功能，有时收藏就是一种研究，收藏往往决定你的学术地位和品质。但正因为如此，收藏又是最复杂、最需要物质和学术条件、最需要系统

设计的环节，我们恰好不具备这些条件，不要说我们这个机构，中国的美术馆的收藏，特别是当代艺术品的收藏，几乎都不具备系统性。收藏取决于收藏理念、收藏逻辑和收藏结构，当然更需要资金保障。当然，我同样觉得好的收藏来源于好的研究，研究也是收藏的基础，这些恰好都是我们不具备的。OCAT 目前的收藏基本来源于艺术家的捐赠和我们公益性项目中艺术家半收购性质的收藏，黄永砅、顾德新、林一林、谷文达、王广义、张晓刚、方力钧、王川、张永和的作品收藏大多属于这种性质，目前我们也没有一个系统的计划，所以收藏和我们的研究几乎很少发生关系。

奥乃拉：因为收藏是美术馆一个非常重要的东西，无论是艺术家赠予的，还是自己购藏的，都非常重要。

黄专：对，中国美术馆首先是作为建筑，再想到人，找什么人，最后一步才想到收藏。当然也有收藏家做美术馆的，他的目的是更好地保存他的藏品，所以和西方美术馆的收藏性质还是不一样的。

奥乃拉：因为他只是喜欢，没有学术的方向。

黄专：对，就是这样。

奥乃拉：我觉得收藏是一个美术馆必须具备的。

黄专：对，收藏品是一个美术馆地位的标志，中国的逻辑刚好相反：衡量美术馆好不好首先是看它的场馆投入多大。

奥乃拉：我觉得要收藏一个当代艺术品也不容易。

黄专：对，尤其是当代艺术品充分市场化以后。我们比较幸运的是我们的投资方没有其他经济效益上的要求，这使我们有可能按照我们自己认为合适的方式去做，保持自己最大的独立性，正是这一点，我觉得 OCAT 相对独立。我们对来参加工作室工作的艺术家也没有作品收藏的要求，除非他愿意捐赠。我们尽量在各个环节保持相对的独立性。

奥乃拉：那么 OCAT 属于民营的空间吗？

黄专：现在是民营的了，属于民间的美术馆，对西方人来讲，这个区分是很难理解的。在中国，你说美术馆是民营的对他们来说很难理解，而且"民营"这个概念和西方的也不一样。中国没有一个基金会制度，你说叫美术馆，在西方，至少有一个非营利的基金会支撑才能叫"美术馆"，要不然只能叫"画廊"，虽然名称都是同一个词。但是在中国，通常这种界定是模糊的，我们是以什么来判断美术馆的性质的呢？只有通过你做的活动来判断，没有办法通过你的经济来源和构成来判断。

奥乃拉：不好理解。

黄专：对，不好理解。有时候发现美术馆怎么又在卖画了？

奥乃拉：因为很多美术馆包括上海美术馆也出租场地，也办很大的展览。

黄专：对，我们坚持两点：一个是我们不经营作品，我们所有的收藏都是终极收藏；同时我们不出租场地，所以保持了相对独立性。因为机构规模不大嘛，而且深圳这个地方不像上海、北京有很大的艺术市场和场地出租的需求，艺术家一般不会选择到深圳这么边缘的地方做展览，所以地缘上的劣势反而变成了优势。我们的团队很年轻，我们总共才十二个人，都是80后，是我的学生辈。这个团队成员很专一，认可这个机构的价值和学术方式，他们待遇并不高，如果在北京，很容易被待遇更高的艺术机构和画廊抢走，所以对我们来说，这种地缘上的劣势，又成为我们留住人才的优势，帮助我们培养了这样一支队伍。

奥乃拉：你是深圳人吗？

黄专：不是，我出生在湖北武汉，九十年代初才来广州工作，都是比较边缘的地区。

奥乃拉：那在艺术方面，广州和深圳有区别吗？

黄专：太大了，广州是一个传统的南方城市，深圳是一个新兴城市，虽然只有两个小时的车程，但是整个文化生态和人的价值观完全不一样。你不住在这个地方是体会不到的，你看深圳人基本都说普通话，广州人基本都说广东话。

奥乃拉：我也听不懂广东话。

黄专：对，我也是在这边生活了十几年才慢慢能够听懂，它几乎就是外语。

奥乃拉：深圳不说广东话吗？

黄专：深圳只是少数本地人说广东话，大部分外来人口都说普通话，它是一个新兴城市嘛，才三十年的历史，广州大概已有上千年的历史了。深圳还是比较开放，八十年代初，胆子比较大的淘金者才会来深圳，另外这个地方和香港比较近，香港的开放文化会影响到它。但深圳的整个文化规划和设计相当落后，政府观念比较保守和市民观念比较开放构成了这个地方一个比较独特的生态。

奥乃拉：因为离北京远？

黄专：可能吧，北京也不先进啊，呵呵。

奥乃拉：北京也还行吧。

黄专：你这个课题研究也有官方美术馆吗？

奥乃拉：官方的美术馆我觉得没有太多当代的作品。

黄专：上海美术馆呢？

奥乃拉：有很多人评价说没意思，然后我去看，想确认这个评价是不是真的。看了之后发现它关键在艺术作品上没有什么特别的。

黄专：你这个研究主要是有几个重点的研究还是普遍的研究？

奥乃拉：有一些重点的，也有普遍的，比如北京有一个中央美术学院美术馆，还有今日美术院，我觉得这是一种现象。

黄专：你敢不敢去798？

奥乃拉：我不喜欢798，有很多艺术空间，有很多艺术机构，很难去想象。在上海，我觉得有一些重要媒体和艺术空间。广州，有时间我也去看看。

黄专：你来过吗？

奥乃拉：没有，第一次。这次来是因为考察，积累一些资料。回国把它整理整理，然后打算过几个月再来一次。

黄专：你有什么需要我们帮忙的，你就和她（方立华）联系，她是我们策划部的主任，负责所有展览和研究项目。我们的所有研究都是我们这个团队合作完成的。

奥乃拉：谢谢！

黄专：我们计划在北京成立一个文献研究

中心，但现在还只是一个计划。

奥乃拉：研究北京的艺术吗？

黄专：不不，研究中国和全球的当代艺术，但是还在计划中。以后怎么发展，我觉得深圳这边你以后可以跟卢迎华做采访，她也有很多想法。

奥乃拉：那你以后呢？

黄专：我以后就退休了，希望研究古代的艺术，那也许是我真正感兴趣的领域。

奥乃拉：还是古代人的艺术？

黄专：我们再不能混在这里面了，太老了，哈哈哈……以后就是卢迎华跟他们的时代了。

奥乃拉：那我下次来再采访他们。

黄专：对，你可以和他们联系。

奥乃拉：我就说以后有什么项目，会再来。

黄专：其实我们特别希望和研究者有一些合作，不光是你来做我们的研究，做我们的采访，其实你也可以申请我们的 Residency

在这里住一段时间。今年我们邀请了马可·丹尼尔来，所以我们希望你来不仅是采访我们，还希望你有好的课题我们可以合作。

奥乃拉：我还有一个好的项目，就是在罗马展出中国当代艺术。谷文达也受邀。

黄专：上次也有位意大利美术馆的馆长在"深圳雕塑双年展"时来过。

奥乃拉：如果以后有什么项目，我们可以带罗马的当代艺术馆馆长巴托雷蒙·皮亚特玛奇过来。

黄专：你以后是把研究作为方向还是打算做美术展或者策划展呢？

奥乃拉：我偏向研究，但是现在在意大利很难做研究。

黄专：你现在读的是博士？

奥乃拉：博士。

黄专：你现在是在罗马大学东方学院？

奥乃拉：是，罗马大学东方学院。

黄专：东方学院是所有东方项目都有吗？

奥乃拉：都有。

黄专：有汉学吗？

奥乃拉：有。最重要的是汉学。

黄专：好，以后去罗马，就找你。

奥乃拉：好的，肯定。

黄专：你就是罗马人？

奥乃拉：我是南方人，我在罗马上大学，2001年就搬到了罗马。

黄专：全世界我最喜欢的城市，你猜是哪里？

奥乃拉：罗马吗？

黄专：不是罗马，是佛罗伦萨。

奥乃拉：文艺复兴的城市。

黄专：最喜欢佛罗伦萨，我去过三次了。

奥乃拉：罗马你去过吗？

黄专：去过，不是很喜欢，也不是不喜欢，而是它不会给你留下特别深的印象。罗马我去过两次，都是匆匆忙忙的，我觉得它像一个旅游城市。

奥乃拉：但是罗马有很多值得参观的地方。

黄专：是是，要看的地方很多。我的意思是作为古代城市，我最喜欢佛罗伦萨。佛罗伦萨是古代和当代我都喜欢。

奥乃拉：罗马不是当代，还有威尼斯很漂亮。有水，比较当代的，但是听说在意大利没有当代这个概念或者气氛。

黄专：都灵呢？米兰呢？

奥乃拉：我觉得它们是二十世纪末成长起来的城市，现在还行，以后做当代还是来中国。

黄专：对对，中国很当代，古代城市都被改造成当代城市了。

奥乃拉：古代思想也有，现代思想也有。谢谢黄老师。

黄专：你以后会经常来中国吗？

奥乃拉：会的，当然会的。

黄专：这次来主要是放假，还是为了调查？

奥乃拉：是调查，也来度假。假期还有最后一个星期，去一趟云南。

黄专：在深圳还要待几天？

奥乃拉：一直到星期天。反正时间很短很短。

黄专：深圳也是一个没有什么趣味的旅游城市。

奥乃拉：我来深圳主要是调查，不是来旅游，旅游要到自然风光美的地方去。

黄专：云南挺好，大理啊、丽江都很美。

奥乃拉：我们在广西待了两天。

黄专：你们的行程很不好，应该先去东边再到西边。

奥乃拉：行程很紧。

黄专：行，希望你下次来，时间长一点。

奥乃拉：我也期望。

时间：2012 年 8 月 21 日

地点：深圳 OCAT

采访人：奥乃拉 (Ornella De Nigris)

356

艺术史的紧迫性[1]

——黄专与莎拉·威尔逊的对话

卢迎华：欢迎大家来参加今天 OCAT 图书馆的对话。我先介绍一下，"OCAT 图书馆"项目是 2012 年秋天在深圳华侨城当代艺术中心（OCAT）开始的一系列对话、阅读、出版、交流等理论和艺术实践活动。华侨城这一系列的活动大多数是在深圳 OCAT 图书馆这一物理空间举行的，但这些活动更是在一个形而上的空间发生的，就比如说今天即将发生的此次对话。而且，我们活动的发生都是比较"有机"的。以今天黄专老师和莎拉·威尔逊教授的对话为例，恰逢两位老师都在北京，我们便借此机会举办这次以"艺术史的迫切性"为题的活动。虽然大家对两位学者都非常熟悉，在此我还是要介绍一下两位对话嘉宾。首先是黄专老师，艺术史家和艺术批评家，现任广州美术学院教授，著有《当代艺术问题》《文人画的趣味、图式与价值》《艺术世界中的思想与行动》等著作。策划的重要展览包括"首届当代艺术学术邀请展""第三届亚太三年展·中国馆""重新解读：首届广州当代艺术三年

展""国家遗产：一项关于视觉政治史的研究""自在之物：乌托邦、波普与个人神学——王广义艺术回顾展"等。"自在之物"这个展览是最近在今日美术馆开幕的展览。莎拉·威尔逊教授任职于伦敦大学考陶德艺术研究中心，主讲现当代艺术，2012 年至 2013 年于法国凡尔赛大学当代社会文化历史研究中心担任杰出学者一职。她的研究项目"全球化前的全球化：现代主义、学院及革命"聚焦巴黎及其国际交流，研究领域包括中国，并尝试重写自 1989 年开始的现代主义和后现代主义历史。

莎拉·威尔逊：我 2010 年出版了《法国理论的视觉世界》（*The Visual World of French Theory*）一书，即将出版的新书名为《毕加索 / 马克思》（*Picasso/Marx*）。[2] 这本书收录了我之前很多有关艺术和共产主义政治以及法国社会现实主义问题的文字。我还是个策展人。

卢迎华：今天也来了很多威尔逊教授任教

学校的学生，让我们欢迎他们。在对话开始前，我首先请威尔逊教授跟我们分享她与中国不同寻常的关系。我们今天早晨交流时，她告诉我其实在二十世纪八十年代她就已经开始关注中国、对中国进行研究了。我想请她先谈一谈她的研究背景还有她这次来中国的目的。

莎拉·威尔逊: 是的。正如我跟卢迎华说的，在我 1989 年的春夏写《马蒂斯》(*Mattisse*) 一书时 (我的著作中只有这一本有中文译本，出乎我的意料，我也倍感荣幸)，我住在苏格兰的爱丁堡。[3] 我当时走到哪里都带着一个大箱子，箱子里面装着纸和笔记，因为当时还没有电脑。我特别喜欢写作，但是因为没有电脑整理资料，当时写那本书困难重重。

　　这本书被收录在西班牙巴塞罗那出版的一个专题著作系列中，里面引用了很多译文。这本书在形式上要感谢我在考陶德艺术研究中心的老师约翰·戈尔丁 (John Golding)。但是，另一方面，由于我去了法国蓬皮杜艺术中心，也研究了很多共产主义政治活动，因此，这本书的第二部分，即关于马蒂斯成就的部分是极具原创性的。

这部分讨论了俄罗斯对马蒂斯的影响以及他和共产主义诗人路易斯·阿拉贡 (Louis Aragon)、法国共产党之间的关系。这本书和其他有关马蒂斯的著作比起来，在政治层面上更为有趣。我不太记得事件发生的前后顺序，但是，1989 年在我写这本关于马蒂斯的著作时，我在蓬皮杜艺术中心看了"大地魔术师"的展览。[4] 在这个展览上，我遇到了两位中国艺术家，黄永砯和顾德新。对于我来说，他们完全是陌生的。到了 1994 年，我去伦敦的马尔伯勒美术馆 (Marlborough Gallery) 观看第一场有关中国艺术的展览。在这场展览上，我看到了中国艺术家王广义的早期作品。[5] 当时的我很无知，问了策展人张颂仁一个问题："为什么艺术家沉迷于画毛泽东呢？"正是张颂仁复杂且似是而非的答案让我感受到了中国问题的深度 —— 不仅指近代中国的历史，还有中国境况的具体性。

　　在牛津大学读完英国文学之后，我就去伦敦的考陶德艺术研究中心读硕士了。我的硕士论文是关于"二战"之后的法国艺术以及二十世纪四十年代的艺术的。在我去了蓬皮杜艺术中心 (在那里我协助策划了"巴黎巴黎 1937—1957"的大展）之后，他们让我继续研究 1937 年的巴黎世博会和西班牙内战。[6] 对我来说，这是一段美好的经历，我遇见皮埃尔·沃姆斯（Pierre Worms），他是作家约瑟夫·比耶（Joseph Billiet）的一位合作者，他们的画廊在巴黎和苏联对外文化协会（VOKS）间建立了直接的关系。VOKS 在苏联共产国际建立的文化外交的核心在于建立了弗兰策·马瑟雷尔（Franze Masereel）、鲁迅和中国关系。通过共产国际的关系，第一个中国革命版画的展览得以于 1938 年在巴黎举行。因此，尽管这并不是我研究的重点所在，但是我仍然感受到了中国在 1938 年与外部的交流。我还指导了一篇有关弗兰策·马瑟雷尔的论文。[7] 弗兰策在 1958 年接受邀请来了中国。

我在巴黎蓬皮杜艺术中心策划一个有关第二次世界大战、政治阵营以及共产党的展览时，整个巴黎思想界都处于回顾期，我也参与了一个回顾展。我并不觉得自己生活在历史之中，但是当时的中国人显然在见证一段历史。自此之后，我的著作都深入地讨论二十世纪八十年代早期的那段历史。因此，我有关二十世纪七十年代的著作（《法

国理论的视觉世界》）就包括了我的研究以及对法国毛主义的思考，还讨论了法国毛主义及去斯大林化的复杂性。

还有一点非常重要的要补充一下：1991 年到 1992 年，在我的博士论文收尾时，我读到了鲍里斯·格罗伊斯《斯大林主义的总体艺术》（*The Total Art of Stalinism*）一书的法文版。当时，我发现这本书在斯大林主义对观点的扭曲以及对冷战对立（以前是"好人和坏人"的问题，即"好的"抽象对立于"坏的"社会主义现实主义）的讨论方面，资料十分翔实。遗憾的是，我当时没想到去和格罗伊斯碰个面。直到 2006 年，格罗伊斯才在我的邀请下来考陶德做客座讲师。

卢迎华：鲍里斯·格罗伊斯的很多书现在都有中文译本。

莎拉·威尔逊：我的整个教育生涯都在"反对"自二十世纪八十年代以来美国写就的艺术史。在一个平等、友爱的语境中重新观看欧洲艺术、西欧共产党以及马克思理论会让我们发现，它们和我们的关系要比我们想象的紧密得多。问题并不仅仅在于一个"西方的艺术体系"和"你们在中国"，以及就此

做些什么。这是一个有关很多重要交流的复杂得多的历史。

卢迎华：谢谢威尔逊教授的介绍。刚才威尔逊教授提到了一个很重要的问题，重新观看已有的艺术史的叙述，对我们的工作非常重要。我们不应依赖已有的叙述以及在叙述基础上建立的权力架构来观看已有的艺术现象和艺术家的创作。我想现在将话题转向黄专老师，在得知威尔逊教授要来北京的时候，我与黄专老师提起举办这次对话的可能性。黄老师很快就答应了，接受了我的邀请。我想请黄老师从他的研究和学术工作的角度来说说，他为什么会对威尔逊教授的研究和讨论的话题感兴趣。

黄专：卢迎华安排我与威尔逊教授对话，我感到十分兴奋。威尔逊教授来自伦敦大学考陶德艺术学院。我们都知道，这个学院和在伦敦大学的瓦尔堡研究院都与一些让我敬畏的名字联系在一起，这些名字包括阿比·瓦尔堡、弗里茨·萨克斯尔 (Fritz Saxl)、奥托·库尔兹 (Otto Kurz) 和恩斯特·贡布里希。我相信哪怕在今天，这些人对艺术史所做的贡献也是令人敬畏的。当

然，我知道瓦尔堡和考陶德最开始是以研究和保存古典遗产为目的的。所以，当我听说威尔逊教授是在考陶德学院研究当代艺术，就产生了很大兴趣。可能待会儿威尔逊教授能有机会介绍一下考陶德学院和瓦尔堡研究院对古典的兴趣如何转换为对当代的兴趣，这个转换是怎么来的，以及当代史的研究和古典史研究之间，现在在西方是怎样的关系？

莎拉·威尔逊：这个问题很大。黄老师把我的名字和艺术史上这些重要的名字放在一起，我感到非常荣幸。不过，我的确在考陶德艺术研究中心遇见过恩斯特·贡布里希和乔治·扎内奇 (George Zarnecki)。考陶德艺术研究中心的特殊之处在于，它是在 1932 年由塞缪尔·考陶德 (Samuel Courtauld) 创建的，把英国的鉴赏史和艺术史连接了起来。1933 年希特勒上台之后，黄老师刚刚提到的来自德国和奥地利的伟大艺术史家们来到了伦敦。他们带来了不同的德国艺术史。德国更加严格的规则和不同的方法同始自亚里士多德的英式鉴赏形成了对比。巧合的是，瓦尔堡学院也从德国搬到

了伦敦，并合出了一本现在仍然发行的刊物，名为《考陶德和瓦尔堡学院》（*Journal of the Courtauld and Warburg Institutes*），然而这本期刊未涉及当代艺术。因此，尽管我们欣喜于这两座学院的存在，但其实它们已经不如从前热闹了。之后我还想谈谈考陶德的其他一些情况。为艺术史做出重大贡献的有瓦尔堡的"图集"[8]（atlas）：一种以幻灯片的形式对比雕刻或印刷图像的讲座方法。我真的认为，以我近期对二十世纪八十年代俄罗斯艺术的研究为参照，中国艺术史在回溯历史时，将极大地受益于一种更为比较的视角。

除了黄老师刚才提到的三位艺术史家，我还想谈谈弗朗西斯·克林金德（Francis Klingender）、弗里德里克·安塔尔（Frederick Antal）和安东·艾伦兹维格（Anton Ehrenzweig）。这三位都是德国人，他们把自己马克思主义背景的思考带到了伦敦，并且以一种鲜活的形式呈现了出来。约翰·哈特菲尔德（John Heartfield）是一位拍摄政治照片的艺术家，他"二战"时期居住在伦敦；艾伦兹维格继续在伦敦教学。谈及这种马克思主义态度——这种态度对于中国来

说不无挑衅——以及对艺术史的马克思主义观点，我感到非常高兴的是在"上海双年展"上展出了我的朋友德米特里·古托夫（Dmitri Gutov）的作品。古托夫的作品在"野蛮资本主义"极其"政治不正确"的时期重新思考了俄罗斯的马克思主义。古托夫的英雄，即马克思主义艺术史学家米哈伊尔·利甫西兹（Mikhail Lifshitz）在俄罗斯艺术史上是个至关重要的人物，他的著作变得十分反动但极合时宜。[9]重新观看这段漫长的历史，中国也有机会考虑运用马克思主义的分析方法。

黄专：我们待会儿也许还有时间谈论贡布里希。据我所知，这个对话并没有一个事先约定的主题。卢迎华后来拟定了一个主题叫"艺术史的紧迫性"，我想，这是一个关于中国的题目。

卢迎华：我想我们可以从一些更具体的问题开始讨论。我知道在这里讨论之前，二位各提供了一幅图片，希望从这两幅图片开始今天的对话。我想在这两幅图片的基础上抛出两个年代，希望你们在对话中可以触及，一个是 1987 年，另一个是 1989 年。

图1 《在我们离开时，中国山西省户县的农民画家们在他们的画展门前，1974年6月20日，星期四》，又名《中国，户县》，热拉尔·弗罗芒热（Gérard Fromanger），1974年。图片由莎拉·威尔逊提供

黄专：艺术史家一个重要的本职工作就是解释图像。所以在讨论艺术史的紧迫性的时候，我和威尔逊教授各自选择了一幅图片。右边的是威尔逊教授提供的，左边的是我提供的。因为我对威尔逊教授提供的这张图不熟悉，威尔逊教授对我的这幅也不熟悉，我想我们先使用我们的职业本分，直观地解释一下这两幅图。

莎拉·威尔逊：这是热拉尔·弗罗芒热（Gérard Fromanger）的一幅油画（图1）。

不久前我在蓬皮杜艺术中心为上海当代艺术中心筹备的"电场"展上看到了这件作品。这个展览是有关超现实主义的，借用了蓬皮杜艺术中心收藏的重要超现实主义作品，并将超现实主义和当代结合了起来。[10]上海当代艺术博物馆的展览并不是弗罗芒热这件作品在中国的首次呈现。在2009年名为"新浪潮"[11]的蓬皮杜展览上，这件作品就已经展出了。对我来说有意思的现象是：这件作品是非常政治的，尽管画面上满是微笑的面庞。创作这件作品的年代正是法国毛主义的巅峰时期，即将开馆的蓬皮杜艺术中心的新馆长蓬杜·于尔丹 (Pontus Hulten) 不仅立刻购买了这件作品作为收藏，还在美国 1976 年的建国两百周年庆典时把相似的毛主义图像作为礼物赠送。他在美国策划的巡回展还包括艺术家艾豪 (Erro) [12] 的毛泽东系列。这些情况和弗罗芒热的这件作品本身并没有什么关系。热拉尔·弗罗芒热被人们称作"热火朝天的弗罗芒热" (Red Fromanger)，因为他特别有激情，1968 年时是法兰西美术院的重要艺术家。法兰西美术院的所有艺术家都为 1968 年"五月学潮"制作了宣传画报。1974 年，弗罗芒热和来自《如此》(Tel Quel) 杂志的法国知识分子进行了一次意义非常的中国之旅，他们拜访中国的第一批艺术家，和弗罗芒热同行的还有比利时共产主义电影制作人尤里斯·伊文思 (Joris Ivens)。要插一句的是，伊文思 1938 年来过中国，拍摄有关抗日战争的电影《四万万人民》(The 400 Million)。此行为世人所知的历史事件是他把自己的摄像机交给了八路军，从而影响了中国的纪录片传统。在和弗罗芒热的此次中国行中，伊文思为他 1976 年的电影《愚公移山》(How Yukong Moved the Mountains) 拍摄了素材。和之前法国作家的中国行一样，他们此行都是安排好的行程，去了农民画家作品展，所有参展的人都站在礼堂外，弗罗芒热给他们拍了一张照片。他把这张照片带回了法国。他先把照片投影在画布上，然后再在画布上涂绘来创作油画。这不同于美国高度写实主义者的创作手法，美国的高度写实主义者用不同的方式对照片进行转换。弗罗芒热的色彩包括了画材店彩虹般的所有色彩，[13] 通过这些色彩，他绘制了看似幸福的中国画家和他们的家人。他在展览中展出了这些创作，还取了一个很有趣的名字 (我在中国和伦敦的一次讲座中用了这个题目)：欲望无处不在 (Desire is Everywhere)。[14] 伟大的法国思想家米歇尔·福柯为这个展览写了一篇文章。有趣的是，前言部分并不全是写中国，而是"照相式绘画" (Photogenic Painting)，探讨摄影的历史。但是展览和画册的名字，即"欲望无处不在"却用法语所谓的"反致" (renvoi)"回应"了福柯，对应了福柯之前一篇文章的题目："监狱无处不在"。[15] 当然，我关注的并不是这幅画作的形式 (其形式同样和爱德华·马奈对黑色的使用相关），我感兴趣的是这件作品和福柯文字间的暧昧关系（我知道福柯的很多著述都有中文版，像《规训与惩罚》以及《疯癫与文明》等）。福柯认为"监狱无处不在"，他说的是法国的监狱，在西方到处都是监狱或是监禁个体的机制，这和每个法国人息息相关，也和西方社会相关。我认为既然"欲望无处不在""监狱无处不在"，那我们就需要重新审视"西方就是西方""新中国就是新中国"这样的观点。"监狱无处不在"和"欲望无处不在"的辩证关系和东西方都有关系，这是我从弗罗芒热这幅绘画中看到的一点。由于我是一个在研究的时间上跨度极大的艺术史家，这些同时透着苦相的笑脸让我联想到亨利·柏格森（Henri Bergson）论笑的著述。[16] 柏格森的这本书讨论了笑作为一种动物表达和恐惧有怎样的关系。我看过很多弗罗芒热的作品，也觉得这些笑脸在西方大众看来更像是脸谱，表象掩盖了真相。很多中国当代绘画同样看起来像是脸谱，至少对我来说如此，尤其是那些我们经常看到但没有深入了解的作品。这让我想起我在书中用到的一种说法，一幅绘画并不仅仅是一个投射图像的真实"屏幕"，还是一个"放映"或遮掩其他东西的"屏幕图像"。"屏幕图像"是一个精神分析学概念（参考我书中论述让－弗朗索瓦·利奥塔和画家雅克·莫诺利的章节）。[17] 在某种程度上，图像是脸谱、是屏幕，它遮掩了屏幕后面的真相。福柯对中国"二次革命"紧张的情势和其造成的影响了解甚多。[18] 作为一个研究历史和艺术史紧迫性的艺术史家，这让我想知道屏幕图像的背后发生了什么。

黄专：我也想用艺术史的方式来解读一下威尔逊教授提供的这幅图。无疑，它对我来讲是一种遭遇。这幅图的背景我完全不了解，而这种情况在艺术史的研究中是经常出现的。在这种情形下，我想运用自己的图像知识碰碰运气。我从最基本的层次讲起，从风格和制作图像的方法上谈起。这两幅都是现代主义的作品，都产生于二十世纪八十年代，而且都是关于中国的图像，这是我们观看的第一步。接着，我们看到威尔逊教授提供的这幅作品直接运用了照片，使用的是类似波普主义的制图方式。刚才威尔逊教授对它进行了哲学意义上的解释，把它与福柯的"牢笼理论"结合起来，对它的"批判性"

意义进行了解读。但对我而言，这图像更多呈现的是西方看待中国的一种普遍的图像观念和方式，一种"群像式"或"类像"的方式，这就是这幅图除了制像技术以外，给我的印象，一个不一定准确的印象。

莎拉·威尔逊：二十世纪七十年代是所谓的"批判表达期"（或"叙述表达期"），而且，我确定弗罗芒热的目的是批判性的。我认为，中国给这些知识分子提供的体验中有一种自我认知，类似于"波特金村庄"战略，[19] 他们看到的并不是真正的中国，而是一个朝着他们假笑的中国。弗罗芒热和一位画家进行了对话，这位画家是村子里所有画家中最有名的。弗罗芒热问他："你住的这个村子从来都不下雨吗？那你不是永远不开心？……"所以，我觉得，你们会认为这就是西方对中国的典型观看方式。但我认为，弗罗芒热想表达的是，微笑的画家们都是戴着面具的人，都是不真实的。而且，和马奈一样（福柯写了一本关于马奈的书），和亨利·马蒂斯的《窗户》（*Window*，1994 年，"一战"时期的一扇窗户）以马奈的《阳台》（*The Balcony*）为原型一样（颜色渐暗直到内部全黑），弗罗

芒热画作中村民们的背景也是黑色的（和灰色的）。[20] 黑色的部分正是我们不了解的。弗罗芒热的画上有几个中文字，意思是"为人民服务"，这句话完全是毛主义的。我们需要一个更为敏锐的西方艺术史，以此观看这样的画作，了解弗罗芒热这样的艺术家。在我们能够解读其批判视角之前，这些艺术家在世界其他地方总是少有人知的。1984 年，法国文化中心展出了弗罗芒热的作品。我认为，同样出现在耿建翌（和岳敏君）作品中的批判现实主义、脸谱以及笑容的问题和这样一个现象有直接的关系，即这些法国艺术家的作品后来在网上可以直接看到，这一点中国艺术家肯定知晓。

黄专：我们提供的这两种解释既有差异也有联系。我之所以说这代表了西方看中国的一种普遍的图像方式，并不是否认它的批判维度和眼光。事实上，无论我们将这种方式理解为批判性的还是偏见性的，都有各自的合理性。需要说明的是，我们的这两种解读也许都与艺术家本人的意图无关，按照罗兰·巴特的说法，它们都是一种"互文性"的结果。我只是想通过这种图像解读提示这

样一个问题："中国"作为西方当代知识机制制造的一种特殊"类像"，构成了中西方一种怎样的交谈语境？在这种语境中丧失"主体"的"类像"将如何自处？事实上，十七世纪以来，西方就以肯定和否定两种极端的方式开始了关于中国的"类像"生产，在这种生产历史中，肯定的一方以莱布尼茨为代表，他在《中国近事》中将中国与欧洲视为人类最发达文明的两极。否定的一方以黑格尔为代表，在《历史哲学》"中国篇"中，我们可以看到这样的说法："凡是属于精神的一切——在实际上和理论上，绝对没有束缚的伦常、道德、情绪，内在的宗教、科学和真正的艺术——一概离他们很远。"我们知道黑格尔是西方从笛卡尔、康德以后真正对西方主体性做过哲学论证的哲学家。他在精神现象学和历史研究中，把整个人类的意识归纳为绝对精神的自我逻辑运作史。这样的模式奠定了西方看待西方以外世界的两个主要的价值观，第一个就是把主体性和历史结合起来的"主体性历史"的观念，第二个就是"欧洲中心"的观念，这两种观念导致了他们的这样一个结论：中国是一个没有历史的国家。中国有许多历史学家，有绵延

不断的历史写作，但是没有真正意义上的"历史"。为什么呢？因为中国作为一个主体缺乏绝对精神的特征。我想说的是，在西方观看中国的模式中，占主流的还是黑格尔的观看模式，它几乎支配了近代西方对中国的视觉描述，无论是布列松、马克·吕布（Marc Riboud）关于中国的摄影还是《末代皇帝》这类去主体化的幻觉影像，无论是对中国当代艺术持续性的政治凝视还是消费凝视，西方对中国的视觉塑造基本遵循这样的逻辑："中国"始终是"群像式"的，我想将这幅法国艺术家的作品也纳入这种观看模式。当然，我知道解释一件作品是一件复杂的事情，我不想把这个问题片面化，我只是想通过对这两幅图的直观解读，引出今天讨论的一个话题：关于"主体性"的问题。

莎拉·威尔逊：我想简单地谈谈我自己的主体性。就目前而言，我自己的主体性大半都与法国思想、法国传统相关。在我研究有关中国的法国文学时，我发现存在一个回溯到传道士的传统，回溯中国的法国传道士，还有大量法国人说的"颂华派"问题——爱中国的所有这样一股中国热，此外还有自孟

德斯鸠起的"贬华派"。[21] 在二十世纪有关中国的描述中，我想谈谈艺术家兼作家亨利·米修（Henri Michaux）的《一个野蛮人在亚洲》（A Barbarian in Asia）一书，以及安德烈·马尔罗（André Malraux）的《西方的诱惑》（Temptation of the West）。《西方的诱惑》描写的是一个来自中国的人所看到的西方人的奇怪举动。我觉得，我们可以把你刚才提到的一分为三，即黑格尔、西方和中国，并且尽量不去考虑这三者之间的对立（插一句，我很欣赏你在近期的著作中讨论神学和个人神学的方式）。我感兴趣的是，西欧能够诞生的最优秀、最热情、最博学的学者就是传教士，对于中国人来说，他们想强加给中国人的耶稣神学体系在某种程度上是极其简单且原始的。因此，传教士发现自己夹在困境之中：博学之士给一个伟大的文化大国带来了自己的神学体系以及他们传教的故事，但很明显并没有太好的反响。

黄专：我很同意。其实，黑格尔的两个中心论如果当成历史结论都有其合理性。主体性的问题，无论它有多少神学色彩（基督教背景），它都已经是一个"现代问题"，他讲的"主体性"在那时的中国的确还没有出现，这是一个问题。第二个就是，如果以近代史作为人类主体性历史的开端，那么在当时的欧洲以外没有主体性历史的这个观点也是合理的，因为当时世界其他国家的确都还没有进入现代化的"历史"，但以这种历史观作为普遍性的价值就会产生某种决定论的错误，即否认现代性和主体性的多样性，就会产生这种群像式和去主体化的观看方式。当然，我不否认西方也存在威尔逊教授讲的"中间态度"或"第三维度"，但我想说，这种"群像式"的观看方式至少在今天仍然是一种主流的方式。

莎拉·威尔逊：但是中国的艺术家也在以"群像"的方式出现，而且他们的确在巩固这种"群像"。我真的想研究你刚才探讨中国的那些"自我"理论，比如《小运动：当代艺术中的自我实践》。我还和 OCAT 的一位工作人员谈起了自我管理、自我批评、自我推销、自我包装、自我关照和"了解你自己"。[22] 在拿到《小运动：当代艺术中的自我实践》的出版物之前，我还在法国读了一本书，《中国与现代性：冲击、危机，以及中国文化在现代的复兴》(*China and Modernity: Shocks, Crises, Renaissance of Chinese Culture in Modern times*，2005年)，[23] 是一位名叫张弛的中国学者写的。在这本书中，张弛探讨了一种新主体性的塑造。因此，当我现在了解了中国的现代化以及自我、个人主义这些观念的艰难诞生——更别提个人神学这样的观念 (这要比英国当代艺术目前正在经历的变革更为深刻) 之后，我就奇怪于自己有关新中国艺术的陈腐观念建立在重复观看这些相同的图像上。因此，我觉得我们的讨论陷入了僵局，您能否再深入地阐释一下您的观点？

黄专：的确，不仅西方以一种"群像式"的方式看中国，中国人自己也以一种群像方式看自己，这是一个历史事实。我们知道，在古代中国，就是进入现代化之前的中国，中国也有自己的主体性。这个主体性是由两类哲学观念构成的，一种是儒家哲学，这个主体是以个人、国家与天下的关系为纽带形成的。所谓"修身、齐家、治国、平天下"讲的就是这种个人服从群体的主体性逻辑。但还有一种逻辑就是道家的逻辑，即把"无"

和"有"作为一个纯粹的世界范畴，把"无我" (与"道"相关的认知主体) 看得比"有我" (与实践相关的认知主体) 更高，这种逻辑在社会学层面就隐含某种个人主义高于群体主义的价值观。到了晚期，由儒学与禅学结合产生的"心学"也具有很强的个人主义色彩，当然，古代中国占主流的还是群体性的主体观。进入现代以后，中国的确没有形成新的主体性。到今天为止，不仅在艺术领域，在整个中国文化、政治、经济、科学以及所有和人有关系的领域中，都没有形成中国的主体性。这也是一个客观事实。这跟什么有关系呢？我想跟两个历史事件有关：一个是中国进入现代化的方式，中国是以被动方式进入现代世界的。正因如此，康德关于现代世界的三个领域 (与纯粹理性相关的知识领域、与实践理性相关的道德领域和与判断力相关的艺术领域) 在中国缺乏历史实践的基础。这两点决定了中国的主体性，至少在我看来，还没有真正确立。

莎拉·威尔逊：我同意您的说法。我对孙中山这个人物越来越感兴趣了。孙中山在香港了解资本主义，在美国筹款进行革命。[24] 因此, 一方面, 您就儒道做出的区分的确没错。

黄专: 我接下来的问题就是, 对现代人类而言, 有没有一般意义上的主体性? 从笛卡尔、培根到康德、黑格尔、马克思, 再到后来的胡塞尔、海德格尔以及林林总总的结构主义、后结构主义, 都是企图建立和解构一个普遍意义上的主体历史。中国人在建立自己的现代主体性时, 是不是真的参照这个历史, 或者说, 应该在多大程度上参照这个历史? 我无法在理论层面回答这个问题, 所以, 我想还是回到我们的图像实践, 通过这幅中国艺术家的作品来谈谈我对这个问题的理解。实际上, 在康德现代性的三个领域中, 要问在中国哪个领域更健全, 我想哪个领域都不健全, 而自律性的艺术领域又是三个领域中最不健全的。这与中国艺术进入现代世界后的意识形态历史有关。刚才威尔逊教授提到当代中国艺术的图像创作也是"群像式"的, 我很赞同, 但我想说, 这个历史是有变化的, 如果我们置身其中, 如果我们能够直接感知这个历史, 我们知道是有变化的。我选的这幅四联作品叫《第二状态》(图2), 产生于二十世纪八十年代中期, 作者是耿

图2　《第二状态》, 耿建翌, 1989年, 图片由王友身拍摄并提供

建翌, 从构图形式上, 我们可以把它看成一幅肖像画。在整个中国近现代艺术史中, 肖像画是最具意识形态色彩的图像样式, 大致经过了三个历史阶段: 第一个是领袖肖像阶段。威尔逊教授提到的孙中山和后来的毛泽东以及马克思、恩格斯、列宁、斯大林都是这类肖像作品的主题。八十年代初出现了第二种肖像方式, 代表作品是罗中立的《父亲》。它描绘了一位中国农民的肖像, 但它并没有从根本意义上改变原来的镜像关系, 没有提供一个真正的非派生主体。我认为, 直到1987年这个图像(《第二状态》)的出现, 中国的艺术才开始真正地探讨自己的主体性。我简单介绍一下这幅作品的产生背景。1986年在杭州成立了一个叫"池社"的现代主义艺术团体, 成员有张培力、耿建翌、宋陵、包剑斐等, 他们当中至今还活跃的有张培力和耿建翌, 这个团体的宣言与当时中国大多数现代主义宣言不太一样, 它反对任何意义明确的艺术, 因为"思维是流动的、

模糊的"，他们提倡一种"浸入式"的态度，以保持对艺术的某种非愉悦的陌生感。您知道《父亲》这幅作品吗？

莎拉·威尔逊：哦，对，那是一幅油画，一位满脸皱纹的老农民手里端着一个碗⋯⋯

黄专：《父亲》这件作品标志着中国艺术家开始把群众主体性引入绘画。的确，这件作品在当时惹恼了很多人，因为当时不能在这么大的画布上画一个普通人。而且在这之后，耿建翌在1986年创作了类似的一幅画作。耿建翌属于杭州一个艺术群体，这个群体包括很多著名的艺术家，像张培力这样的"中国录像艺术之父"。

卢迎华：这个艺术群体是"池社"。"池社宣言"指出他们的一大宗旨是消解艺术的意义。这是他们的终极目标。这是对二十世纪八十年代智性讨论的强烈反对。这个群体成立于1986年。

莎拉·威尔逊：您提到消解意义，是消解意识形态的意义吗？

黄专：实际上，他们并没有提到"意识形态"这个词。

莎拉·威尔逊：我想提一个简单的问题。您刚才谈到了第一阶段，即社会主义现实主义中的领导人肖像，我对这个很感兴趣。在苏联、中国以及法国社会主义现实主义绘画中有很多类似的政治人物的肖像画。艺术家绘制他们的领导人，或是应邀作画。而在中国的版画传统中，有很多作家的肖像。所以，还是要问一下，当您谈到"意义"的时候，您指的是意识形态意义吗？

黄专：事实上，他们当时面临两种情境：一个是传统意识形态的压力，一个是现代艺术运动内部过度哲学化的倾向。他们的"消解意义"具有这两方面的针对性。所以，要了解这幅作品需要进入更为具体的情境。关于这幅作品，作者曾经有一个说明，这个文献收录在高名潞编辑的一部关于"八五美术运动"的历史资料里。他提到了四个原则：第一，"节约原则"，将色彩降到最低，他相信只有"单色是属于精神领域"的。第二是"直接性"，主要针对观者惰性审美意识与知识对作品的先验作用，提倡建立作品与观者"直接的利益关系"。第三是"不加评论"，就是我刚才讲的对作品的去意义化原则。他认为，艺术就像"调查报告"，它关心的只有对象的"真实性"和"准确性"。第四是"重复功能",重复解除了作品与作品间传统的意义关系,使作品接近于某种单纯形式化的宗教仪式。为何叫"第二状态"?我理解,"第一状态"是纯粹生理或非主体的被动状态,"第二状态"是有反应的主体状态,《第二状态》努力剔除对肖像的各种意识形态的遮蔽性解释,解除附着在肖像上的任何主仆关系,凸现人的非本质的偶然性。威尔逊教授认为这件作品像一个脸谱,它的确去掉了所有可能涉及他生理特征的要素:耳朵、头发,甚至背景,就是希望呈现一个偶然环境下的人,或一种自为、自在的状态。也许我们只有在当时中国特定的意识形态环境中才能体会这类"脸谱"肖像的"解放"意义和反思特征,我想正是从这一点上,我将它视为中国当代艺术中开始出现的一种"主体性描述"。当然,我还想澄清一个误解:很多中国批评家将这幅作品视为中国九十年代出现的玩世性或犬儒性头像的先声,这也许是一个善意的解读,但忽略了两种图像在主体关系表达上的不同取向。

莎拉·威尔逊:我认为把这件作品和玩世现实主义联系起来是对这件作品的极大误解。如果您接受了复制、不予评论这些观念,并把这些观念和历史以及艺术史的紧迫性并置,那在紧迫性和空白之间就出现了一个令人不安的僵局。我想提出两个问题:您如何看待紧迫性和空白之间的碰撞或无事发生?另外,您如何看待安迪·沃霍尔这种艺术家的名声?您呈现的是非常年轻的艺术。这些肖像并不是一位成熟艺术家在他五六十岁甚至七十岁的时候创作的,因此,我理解艺术家有的时候想全盘清空,这是他对空白的欲望。我能理解这种欲望,但问题在于我们实际上是离不开欲望的。随着艺术家的成长,他们的创作会更加丰富。在我看来,这件作品在当时是伟大的,但是它提出了一个过去和将来的问题。

黄专:是的,对这种"冲撞"状态的讨论可以自然延伸出卢迎华提出的这个题目:"艺术史的紧迫性"。当代艺术史和当代思想史一样,都是在塑造主体和解构主体的紧张关系中形成的,对中国而言,这种关系又因为另外一个开放的情境而显得格外紧张,那就是我讲的"西方的压力"。中国八十年代现代主义运动相对封闭的状态，使这种压力显得不那么明显，九十年代这种来自西方的压力才以一种显著的制度化的方式呈现出来。这种方式就是：以西方为主体的大型国际双年展和策划人制度开始实质性地影响中国当代艺术的走向。1989 年马尔丹策划的"大地魔术师"、1993 年奥利瓦策划的"威尼斯双年展"邀请中国艺术家参展，导致了中国国内的一场关于"中国当代艺术如何获取国际身份"的讨论（讨论是由我在 1994 年的《画廊》杂志上发起的）。讨论的主题是：对中国艺术家来讲，这是一个塑造主体的机会，还是一个去主体化的陷阱？在这两种压力下，中国艺术从内部到外部都处在一种建立主体和拆解主体的紧张状态之中。我们知道，西方当代思想史和哲学史的主题是去主体化或拆解主体，这个从尼采开始的工作在法国后结构主义哲学家那里达到了高峰，这种思想潮流也深深影响了中国，不信你可以很容易在中国很多策划人、批评家和艺术家口中听到福柯、德里达、罗兰·巴特、巴丢这样的名字或"后殖民主义""后××主义"这样的概念，而从制度层面看，大型国际展览对中国的热情也在消解着我们在《第二状

态》中那种刚刚开始的对主体性探讨的兴趣，这个悖论就构成了我对"紧迫性"这个主题的理解。今天我想与大家讨论的就是：我们有没有可能在艺术史的研究中延续中国艺术主体性的探讨，即中国当代艺术如何通过历史叙事建立自己的主体性，真正成为有"历史"的？当然，我们的目标肯定不是黑格尔式的。

莎拉·威尔逊：在西方抛出的"一包袱"结构理论中，有一部分是所谓的后殖民理论。我对后殖民理论持批判态度。首先，后殖民理论并未认识到其重要的术语之一"大他者"（Other）是取自存在主义哲学家让－保罗·萨特的，这个概念和殖民化的"大他者"比起来要更为内在化。[25] 其次，后殖民理论诞生于抵抗性的盎格鲁美国话语中，它在某种程度上更贴近英国而非美国，和罪恶的概念相关（顺带说一下，罪恶的概念似乎对法国新教传统没有影响）。"大他者"的概念尚未进入东欧艺术国际化的语境，因为东欧和我们完全一样，他们并非被殖民的一部分。后殖民理论不适用于东欧的境况，也不适用于种族或冷战。后殖民"大他者"的最

大问题在于，这个语词暗含的意思是不存在交流。我曾经给考陶德一位学生名为《颂黑》（Negrophilia）的书写了一篇书评。[26] 这个书名和"颂华"类似，内容是关于法国二十世纪二十年代的黑人热。这位学生提出了这样一个观点，在白人和南希·昆纳德（Nancy Cunard）的丈夫或非洲移民这样的非裔美国黑人之间不可能有真正的对话。尽管我可能只是话语的产物，我也可能完全错误，但我坚信和与自己同样文化语境的他者交流的可能性和与其他文化的他者交流的可能性同样复杂。我们永远不可能了解我们的丈夫、情人、母亲或父亲，其复杂性就好像我们永远都不可能了解我们的中国朋友或非洲朋友或其他任何人。而且，一直以来都没有声音批判"大他者"的概念。在我看来，这个概念设立了东西的边界，其本身就是有问题的。我们创造了这个概念，创造了后殖民理论。我认为，这是冷战思维的一个组成部分。和《20 世纪以来的艺术》（Art Since 1900）一书中排除性的叙事一样，后殖民本身就是反生产的。[27] 我们只有顾及每个人的朋友、情人扩展开来的圈子，才能看到操控今日全球化社会的后殖民"大他者"和理

论一样是反生产性的，没有人认识到弗兰策·法农（Franze Fanon）是第一个把萨特的理论转变为殖民理论的人。[28] 而这是一个历史性的时刻。所以我要质疑的正是您把解构的立场以及解构了的"大他者"的概念作为后殖民理论的一部分。我认为您或许太轻易地接受了后殖民主义理论。

黄专：恰恰相反。我完全同意不应轻易接受后殖民主义理论，尤其在中国讨论主体性问题时，这个话题不可能在后殖民主义的语境下完成，这点我跟您的看法完全一致。如果我们将在中国发生的主体性问题的讨论看成西方后殖民主义理论的一种异域旅行，而不是对自身困境的反应，那我们也许会重新走入拉康所谓"主体是他者产物"的怪圈。关于在中国讨论主体性问题，我想说明几点：第一，主体虽然是一种意识形态的镜像或幻觉，但它仍是完成反思的基本机制和条件，"主体之死"的意识也只有在主体充分的条件下才能出现，这是一种否定的辩证法。第二，主体性问题不能以本质主义的方式完成，没有主体性的一般和普遍定义，主体性只能在具体实践和问题情境中才能被讨论，而主

体的自主性只能在交谈中形成，自主性不是一种独白或自我描述。第三，历史叙述和研究是形成中国当代艺术主体性的一个合理途径。

莎拉·威尔逊：我认为这个讨论又让我们回到了对话的起始之处，同时让我想到了我十分欣赏的展览题目："小运动：当代艺术中的自我实践"。在我翻阅这个展览的画册时，我发现它似乎更多是和艺术家相关，以及群体构建理论的成功案例。举例来说，我对这本画册最初的理解是，写书就是自我的一次练习，即"自我实践"。我十分坚定地认为，艺术史作为一门学科，和哲学、写小说是相同的，都是"对自我的实践"。而且，我喜欢把所有的观念组合在一起，因为自我管理是一个极为规训的概念。在《小运动》的前言部分，您讨论了自我管理和双鱼特质，[29] 遗憾的是，我自己就是双鱼座（生于三月中旬）。我发现我总是处于一种犹豫、动摇的状态，总是需要进行严格的"自我管理"——就做我必须做的。然后就出现了自我批评。自我批评是一个艺术史家写作或思考的一部分。还有"自我塑造"。"自我塑造"

是个古语，来自《文艺复兴时期的自我塑造》（Renaissance Self-Fashioning）一书，这本书讨论了一个文艺复兴时期的人如何在同时期的人群中塑造自己。[30]"自我塑造"和鲍里斯·格罗伊斯的"自我设计"[31]不同，"自我包装"要更为当代一些。这些概念和米歇尔·福柯"自我关照"[32]（souci de soi）的概念也有关系。如果我们尊重自己、关心自己胜过我们自己选择的学科（我的话就是艺术史），那我们就是在创造其他产物（文章、画册、对话）的过程中创造着自我，就像是画一幅画、写一篇小说或做一次对话。所以，我认为，在学科间根本就没有区别，不管是艺术还是艺术史，我们都可以认为自己是艺术家。然而，艺术家总是最快乐的，策展人其次，艺术史家最次，甚至没有快乐可言。艺术史家不会像艺术家或策展人那样经常出游。但是，我坚信，就以创造性的主体进行自我创造的必要性而言，我们都是艺术家。

卢迎华：我想补充几句，"小运动"是我和刘鼎发起的一个项目。关于出版物的前言，我认为您在最后谈到的这些和黄专老师的一些说法非常相似。黄专老师认为，艺术是非常具体的，是非常个人的实践。在《小运动》中，我们认为艺术家、策展人和艺术批评家都是艺术工作者。因此，我们清楚地认识到这样一种现实，即我们总是站在我们自己的立场上思考，试图在我们从事的领域做出一定的创造。我想请在座的观众也来参加讨论，今天的观众中其实也有很多学者、艺术家、画廊的实践者。

彭锋： 非常感谢两位学者跟我们做这样一个对话。我想讲的第一点就是两位学者各自拿了一张照片，他们都很自信。作为一个艺术史家，对完全没有背景的照片，都可以从艺术史的角度进行解读。如果不了解这幅图的背景，我作为艺术史家来解读是很困难的。大概就像你们两位互相不了解，对话就很困难，因为你们对各自想的东西都不很了解。在对话的时候也是一样的。这两张图离得更远，而你们两位真人就在这里。所以我觉得，黄老师对中国艺术史持有一条基本的线索，就是主体性的重建。"主体"这个词在今天显得特别宏大，而且它混在现代哲学的文藻里面，要通过这个简短的对话，把主体性讲清楚，我觉得是个不可能完成的任

务。我觉得这个对话有很多非常具有启发性的东西，但很遗憾就是没有走到一起。

莎拉·威尔逊： 这两件作品在视觉上是非常相似的，因此把这两件作品放在一起很特别，可以称作一种"征候"（在精神分析学的层面上）。我们彼此都看到了一个屏幕。我们讨论着来自另外一种文化的他者把某些东西看作一个屏幕的问题，这是个完美的交错时刻，可以达成一种主体交互的交流。

彭锋： 在我看来这两幅图是一样的，但是黄专老师并不这样认为。

莎拉·威尔逊： 黄专老师的见解给了我很多启发，就此我还想更多一些了解。我或许并没有给他提供什么新的东西。但是我仍然很高兴今天来参加这个对话，或者至少告诉他我知道了我曾经不知道的。老师在学生面前没有了权威，这很好，让学生看到我无知的一面也很好。这两件作品呈现了东西之间的对立，而且这两件作品之间的差异正是时间上的差异。如果这两件作品作于同一时期，情况就会有所不同。时间上的差异真的很有趣。

卢迎华：其实我想今天对话的重要目的并不在于解读这两张图片。这两张图片只是两位对话的一个引子，他们更多的交谈还是在于每个人的认识，我们读到的已有的艺术史，还有什么样的可能和出发点来构建未来的艺术史。就比如说，莎拉·威尔逊有一个研究是我特别感兴趣的，研究题目叫"全球化之前的全球化"。其实她是在认识，我们在不同的时间段里，但我们是在一起的。我们怎样以一样的形式关联在一起，并不是一个简单的东方或西方或大文化概念下的在一起，而是在个人、个体的精神和创作里面我们如何在一起。我觉得这个就和黄老师探讨的主体性有很大关系。因为无论身处怎样的文化背景，主体性都萦绕着我们，促使我们去做很多工作上的决定，这也是艺术史书写里面一个很重要的基本点。所以我想他们的对话更多是在探讨，在艺术史当中应该用什么样的态度来观看我们的所在和我们跟过去与未来关联的问题，不是如何来书写艺术史。

莎拉·威尔逊：是的，我之前没有说到这一点。我和法国凡尔赛大学当代社会文化历史中心的联合项目名为"全球化之前的全球化"。[33] 我感到非常恼火的是，当代策展人的课程和蓬皮杜艺术中心的展览"大地魔术师"一起开始。这个展览在 1989 年没多少人去看，说这个展览就是"全球化"的开始——哪怕只是对于当代艺术圈来说——简直太荒唐了。[34] 当时，在中央美术学院有个展览，展出的是二十世纪二十年代留法画家的作品，我研究过的很多艺术家都是同时期在巴黎受训于同一位老师的。我发现，法兰西美术院的下一位院长保罗·兰多夫斯基（Paul Landowski）在他的中国学生的帮助下给南京大陵墓制作了孙中山的雕塑。二十世纪的艺术史中有太多需要重写的了，因此，我对你们在 2011 年的对话特别感兴趣，在这次对话中，你们谈到了中国和印度的关系。这个项目的其中一个维度有关苏联共产国际和共产国际的文化政策，这些政策自二十世纪二十年代起覆盖全球的文化政策。这个项目尚未成为一个全球项目。我正在寻找文化共产国际的学者，召开一场大会讨论一个重要的问题，即共产国际同革命性的墨西哥、印度、中国以及西方革命性元素之间的关系。自 1933 年起，巴黎就成了这些运动的中心。之前是在柏林，1933 年之后就转移到了巴黎。[35]

卢迎华：象征着全球艺术的开始，就像欧洲开始看欧洲以外的艺术如何与欧洲发生关系，所以是从欧洲角度出发的一件事，所谓当时开创了全球艺术。

黄专：我再讲两句。我想，我们今天这个对话也许是一个合适的起点，但讨论的问题最后还是只能由具体的研究实践来完成。我在广州听到威尔逊教授关于法国知识分子在二十世纪六七十年代来中国访问的研究演讲，非常精彩。因为她通过非常精细的史料论证，讲述了萨特、波伏娃、罗兰·巴特对当时中国的真实印象，这些研究给我们带来了一种活生生的东西，生动还原了一个"全球化以前的全球化"语境，这是这项研究让我最兴奋也印象最深的地方。"全球化"是一种非常具有压迫性的意识形态，这个概念压缩了我们讨论不同主体间共同探讨问题的空间，所以她的这项研究对我来讲非常具有启发性。在我看来，这项历史研究也是在寻求一种主体性：一种在对话和互文关系中建立起来的主体性，一种小写的主体性。

卢迎华：观众可以提一个问题。

戴章伦：谢谢威尔逊教授和黄专老师，你们的对话让我深受启发。我是北京的一位艺术写作者和译者。对我来说，我近几年最重要的工作就是翻译了鲍里斯·格罗伊斯的著作。2009 年的时候，我是《当代艺术与投资》杂志的一名编辑。当时，我们的杂志开辟了一个特别的栏目，这是一个和 e-flux 杂志合作的栏目，主要呈现当代艺术理论的最新思考，并在某种程度上回过头来反思中国当代艺术的现实。我至今仍然记得在一个寒冷的冬夜，我独自一人坐在 798 的一间小办公室里，信手翻阅 e-flux 中鲍里斯教授一篇名为《自我设计的义务》（"The Obligation of Self Design"）的文章。这篇文章深刻的见解和简洁的文风深深吸引了我。我当时就觉得我们杂志就是需要这样的文章，然后我就毫不犹豫地把这篇文章推荐给了杂志的主编并着手翻译。对于当时的我来说，鲍里斯·格罗伊斯这个名字就像是银河系的新发现，这个星系里还有雅克·德里达、阿瑟·丹托、克莱蒙特·格林伯格、沃尔特·本雅明等人。毋庸置疑，鲍里斯很快就获得了大家极大的关注。2012 年，在我翻译的这篇文章出版三年之后，鲍里斯教授和邱志杰、晏斯·霍夫曼以及张颂仁一起担任上海双年展的策展人。我很幸运地在2012年9月和鲍里斯在上海见了一面。我们没有太多的时间深聊，但是，我当时的心情很复杂。在过去的三年里，中国的语境已经大变了。我回到北京不久，受OCAT之邀，要就一个出版项目写一篇文章，我需要给我翻译的那篇文章写一篇评论。我觉得这个机会很好，可以谈谈我对鲍里斯的理解、沉迷，还有其他近年来"热门的"左派艺术家，如雅克·朗西埃、吉奥乔·阿甘本、斯拉沃热·齐泽克和阿兰·巴丢。我当时想到好几个问题：为什么我们如此热衷于新潮的理论？我们在过去如何对待理论，现在又是如何对待的，将来又应该如何看待理论？在我写这篇文章的过程中，我意识到，在中国现代化的过程中，我们始终强烈地渴望着现代理论。这种渴望可以追溯到"新文化运动"时期（二十世纪前二十年）的论战，导致了意欲全盘反对或抛弃传统文化（尤其是胡适对儒学的反对）的知识分子与本土改革者（如梁启超）以及试图把本土现实和国际经验有机结合起来的革命者（如毛泽东）之间的张力。在马克思主义刚刚传入中国，国民试图把马克思主义运用到文化实践以及革命斗争的过程中，这股张力实际上给中国早期的马克思主义带来了深刻的影响，而且正是这股张力导致了中国共产党在二十世纪三十年代的分歧。在我看来，经历了"文化大革命"的中国先锋艺术家在二十世纪八十年代初次遭遇西方现代艺术理论，重新激活了这股张力。"厦门达达"的成员黄永砅把中国教科书《中国绘画史》和美国的《现代艺术简史》一起放进洗衣机洗了两分钟，最终的作品是一堆放在木箱子上的纸浆。另外一位艺术家徐冰在他著名的《天书》中重造了中国的古汉字。有一次，我问我的一位艺术家朋友：你怎么看待我们对西方理论的渴望？他只是随口说了一句："因为我们没有自己的理论。即便咱们有，我觉得也不可靠。"因此，我的问题是：这样一种状态是出自怎样的原因？如果我们对过去的历史和成就不屑一顾的话，我们如何把自己的理解语境化？另一方面，在我们或教条或官方的艺术史教材中，左派理论只有一个叙事，有意排除其他的"异端邪说"。几乎每个人都知道安东尼奥·葛兰西（Antonio Gramsci）和他提出来的"文化霸权"，但是没人知道中国的马克思主义者瞿秋白在二十世纪二十年代初就提出了这个观点——几乎和葛兰西同时。此外，布莱希特提出"陌生化"的理论，实际上是在苏联观看梅兰芳京剧表演时受到的启发。在我看来，在中国，这些有意为之的遗忘造就了我们反复无常且贪婪的食欲，以及软弱甚至病态的消化体系。我不知道目前的欧洲是怎样的情况。您关注雅克·朗西埃、阿兰·巴丢等理论家，有我们不知道的故事吗？

黄专：我刚才已经讲到完成主体性讨论的三个条件。我们如果要继续这个讨论就应该从我们各自的研究开始，如果我们只是停留在一般理论层面的讨论，那就不仅是错误的，也是没有必要的，艺术史家的职业本分就是通过图像研究去展开今天的主题：艺术史的紧迫性。我想，这该是我们下一次谈话的真正主题。

莎拉·威尔逊：你最开始谈到的问题是很重要的，遗憾的是，我有点跟不上。谈到出版，我近期刚写完《毕加索／马克思》（这本书以我的博士论文为基础。因为最开始我看不到苏联文献，因此没有出版），这本书写的就是二十世纪三十年代。迄今为止，所有对二十世纪三十年代的艺术看法都没有考虑共产主义的表达和给其他各国提供借鉴的西方共产主义文艺生产。路易斯·阿拉贡被看作法国和法语国家的代言人。二十世纪三十年代，哈尔科夫召开了一场会议，组建了由艺术家和作家构成的革命联盟，把人们派往世界各地生产共产主义艺术和语言，其中就包括中国。有趣的是，对于广泛的艺术大众来说，这是一个在还没有什么人知道布莱希特，或以布莱希特为政治工具（比如在 2009 年的"伊斯坦布尔双年展"上）的时候，由来自圣彼得堡的 Cho Delat 群体用他们的当代"政治剧"来激活布莱希特的时刻。[36] 我认为这是"走向公众"的平台——如果我们现在要用"走向公众"一词来表达的话——发生在艺术圈而非哲学圈或写作圈的原因。在我看来，这个平台似乎包括了所有围绕艺术的写作，而且它需要和当代艺术世界发生关系。Cho Delat 对布莱希特的复兴就是一个具体的案例，让很多年轻人在二十世纪三十年代了解了布莱希特。这一方法可以帮助我们回到艺术史的紧迫性以及重写艺术史的紧迫性问题上。

再到你另外一个问题。在二十世纪七十

年代的时候，朗西埃是个虔诚的马克思主义者，他和在二十世纪七十年代探讨二十世纪三十年代"法国文化之家"以及文化实践的马克思史学家是同时代人。二十世纪七十年代的法国的确对二十世纪三十年代抱有极大的兴趣，但是，朗西埃和阿兰·巴丢却在国外进行了彻底的自我改造，完全不提自己的马克思主义背景。很多在国外出版的书在国外也得到了肯定的、建设性的、创造性的应用，而他们在这些书里说的话绝对不会在法国说，因为法国人了解他们的背景。雅克·德里达去世之后，他们才得以"诞生"。朗西埃和巴丢都是二十世纪七十年代的人。他们最初试图考察战争的历史，却突然在介绍给国际的读者时被"改造"或者进行了"自我改造"。朗西埃曾经研究巴黎公社和法国的战争史。简单地说，朗西埃就是二十世纪七十年代的人，二十世纪七十年代亲法国毛主义的马克思主义者，和当时研究巴黎公社、法国大革命、无产阶级权利的学者并无二致。现在，他写一些有关当代美学的书，也有译本不断地出现。我相信中国就有。[37]因此，巴丢和朗西埃这两位思想家具备多重的历史深度。

张春旸：黄老师，您刚才提到了"二战"后德国的"零时"小组，以及对"民族认同"（我不想用这个词）或者说"自我认同"的人工改造。我认为这个现象存在很多问题，对德国来说也是很复杂的。但是这个现象导向黄老师刚才提到的一个很有意思的话题，即中国的主体性。在我看来，这和找到自己的身份、找到自己的声音遥相呼应。找到合适的词语来表达观念，这是很有意思的。我认为从一开始就伴随这场对话的是一种集体的视角和个体的视角，以及东西相互关联而非彼此对视。黄老师指出，存在一种对西方的理解，把西方看作对立面，而且东方不太愿意面对西方。我认为这很有趣，这就好像寻找主体性不一定是一个自主的过程，而可以是一个集体的过程，在某种程度上，就是现在正在发生的对话。您觉得这个过程是自主的吗？某种程度上这应该是个中国式的过程吗？在中国要发生就需要西方批判性和哲学性的理论工具。但是（由于您反对全球化），这不应该是个全球化的过程而是中国式的。当我们准备好了，结果也就出现了？

黄专：我认为我们应该关注具体的问题，而非鸿篇大论。不管是西方还是东方，都始终在改变。因此，黑格尔笔下的西方和福柯笔下的西方是全然不同的，中国亦然。我希望我们的对话能够更多地谈一些具体的问题，而不是宏观的理论。

后 记

莎拉·威尔逊：笑里有什么？

我们在北京的讨论——尤其是面对一种对中国"玩世现实主义"的西方新马克思主义批判表达——提出了很多有趣的问题。我后来在上海看到了弗罗芒热的《中国，户县》。"电场"展给了这件作品一个可笑、怪异的"超现实主义"语境。回到巴黎则是

卡地亚基金会的"岳敏君：狂笑的影子"回顾展和艺术家的在线采访。[38] 在采访中，岳敏君说自己的朋友二十世纪八十年代时如何为了钱呕心沥血，以及他狂笑的人物如何召回孩童时期无数着装一模一样的无名之士；他父亲的事故和死亡如何给这些创作带来灵感……我还发现伦敦的菲利普斯拍卖行在 2007 年 10 月以 928,808 美元卖掉了耿建翌的《第二状态》：这其中或许有他主体性的影响……

时间：2012 年 12 月 10 日上午 10 点—12 点
地点：芝加哥大学北京中心多功能厅
对话人：黄专、莎拉·威尔逊（Sarah Wilson）
主持：卢迎华
翻译：李如一

注释：

[1]原文载卢迎华主编，《艺术史的迫切性》，2014 年，第 7—58 页。——编者注

[2]莎拉·威尔逊的出版物参见她的网站：www.sarah-wilson.net。现网站已无法打开。——编者注

[3]莎拉·威尔逊著，《马蒂斯》，巴塞罗那：Poligrafa，1992 年（英、美、法、德、荷兰、日本、中国多个译本）。

[4]"大地魔术师"，让－于贝尔·马尔丹策展，法国现代艺术博物馆、蓬皮杜艺术中心，1989 年 5 月 18 日—8 月 14 日。

[5]"来自中国的新艺术：1979 年之后"，张颂仁策展，伦敦马尔伯勒美术馆，1994 年 12 月—1995 年 1 月。

[6]参阅莎拉·威尔逊为《巴黎巴黎，法国的创作，1937—1957》这本展览画册写的文章，由热尔曼·维亚特（Germain Viatte）策划，蓬皮杜艺术中心，1981 年。

[7]关于比耶、沃姆斯、马瑟雷尔，参阅附录。

[8]关于瓦尔堡的图集，可参阅 http://osaarchivum.org。

[9]关于德米特里·古托夫和利甫西兹的电影脚本，参阅 www.gutov.ru。利甫西兹 1968 年的《丑的危机：从立体主义到波普主义》（*The Crisis of Ugliness: From Cubism to Pop-Art*）一书最早把安迪·沃霍尔这样的艺术家的作品介绍到了苏联。

[10]"电场：超越超现实主义"，由迪迪埃·奥廷格（Didier Ottinger）策划，上海当代艺术博物馆，2012 年 12 月 15 日—2013 年 3 月 16 日。

[11]"新浪潮：蓬皮杜艺术中心收藏展"，由卡米尔·莫利纳（Camille Morinau）和范迪安策划，上海美术馆，2005 年 1 月 17 日—2 月 28 日；广州美术馆，2005 年 3 月 15 日—4 月 15 日；中华世纪坛，2005 年 4 月 28 日—7 月 15 日。

[12]艾豪的"中国系列"1975 年在卢塞恩首次展出，于尔丹的美国巡展名为"06 艺术 76'"。

[13]弗罗芒热指的是调色板；颜色和情绪一样，都是观念性的。

[14]弗罗芒热的展览"欲望无处不在"，巴黎珍妮·布彻画廊，1975 年，莎拉·威尔逊编，《照相式绘画》，伦敦：Black Dog 出版社，1999 年，他的前言被译为英文。

[15]福柯，《监狱无处不在》，载《论战》（Combat），1971 年 5 月 5 日第 8335 期。

[16]亨利·伯格森，《笑：论滑稽的意义》（Le Rire, Essai sur la signification du comique），1990 年。

[17]参阅莎拉·威尔逊，《视觉世界》，2010 年；以及赫尔曼·帕雷（Herman Parret）编，让-弗朗索瓦·利奥塔（Jean-François Lyotard），《经验导致的绘画之死：莫诺利》（The Assassination of painting by Experience-Monory），勒芬：勒芬大学出版社，2013 年（莎拉·威尔逊作序）。

[18]在林彪身亡，批林批孔之后，福柯采访了研究"二次中国革命"的 K.S. 卡罗尔（K.S. Karol）（《解放报》，1974 年 1 月 31 日）。实际上，弗罗芒热来中国时恰逢此种压抑的社会环境。

[19]"波特金"策略指为了应付俄罗斯女皇凯瑟琳二世走访克里米亚半岛，在第聂伯河沿岸建造假的村庄。真的还是假的？

[20]参阅米歇尔·福柯，《马奈和绘画的客体》（Manet and the Object of Painting），马修·巴尔（Matthew Barr）编译，尼古拉斯·伯瑞奥德（Nicolas Bourriaud）著序，伦敦：泰特出版社，2009 年。

[21]孟德斯鸠的《波斯人信札》（Lettres Persanes，1721 年）描写了两个波斯贵族游历法国时，西方的奇怪风俗带给他们的惊讶。

[22]自我管理是一个政治术语，和工业化企业有关；自我批评是一个共产主义术语；自我塑造是一个新的艺术史术语；自我设计是格罗伊斯发明的术语，指自我形象的公众宣传；自我关照是福柯的术语；"认识你自己"是刻在德尔斐阿波罗神庙上的一句话，柏拉图经常引用这句话。

[23]张弛，《中国与现代性：冲击、危机，以及中国文化在现代的复兴》，巴黎：Éditions You Feng，2005 年。

[24]莎拉·威尔逊最近参观了香港的孙中山纪念馆，并观看了"孙中山和他的新加坡友人"展。

[25]有关萨特的"他者"和弗兰策·法农把这一术语转化成"被殖民的人民"，可参阅威尔逊的《后结构主义》一文，载艾米利亚·琼斯（Amelia Jones）编，《自 1945 年以来当代艺术的伴随》（Companion to Contemporary Art Since 1945），剑桥：布莱克威尔出版社，2005 年，第 424—449 页。

[26]参阅圣彼得·阿彻－斯特劳（Petrine Archer-Straw），《颂黑，20 世纪 20 年代的巴黎先锋和黑人文化》（Negrophilia, avant-garde Paris and black culture in the 1920s），纽约：泰晤士和哈德森出版社，2000 年。

[27]在我待在广州的这段时间里，我发现《20 世纪以来的艺术》的第二版目前被当作圣经，或者西方艺术的反圣经。哈尔·福斯特（Hal Foster）、罗斯兰德·克洛斯（Rosland Krauss）、伊夫－阿兰·博伊斯（Yve-Alain Bois）、本雅明·H.D. 布赫洛（Benjamin H.D. Buchloh）著，纽约：泰晤士和哈德森出版社，2011 年。

[28]参阅法农的《黑皮肤，白面具》（Black Skin, White Masks）（法国，1952 年；纽约，1967 年；再版）以及奈杰尔·C. 吉布森（Nigel C. Gibson）编，《活法农：跨学科的视角》（Living Fanon: Interdisciplinary Perspectives），伦敦：帕尔格雷夫·麦克米伦出版社，2011 年。

[29]参阅刘鼎、卢迎华、苏伟编著，《小运动：当代艺术中的自我实践》，桂林：广西师范大学出版社，2011 年。

[30]参阅史蒂芬·格林布拉特（Stephen Greenblatt），《文艺复兴时期的自我推销：从莫尔到莎士比亚》（Renaissance Self-Fashioning, from More to Shakespeare），芝加哥：芝加哥大学出版社，1980 年。

[31]格罗伊斯：http://www.e-flux.com/journal/self-design-and-aesthetic-responsibility/。

[32]参阅米歇尔·福柯的"自我关照"，取自希腊语 epimeleia eautou，和自我管理、公民身份相关。《自我关照》，1984 年；《自我关照》是其《性史》（History of Sexuality）一书的第三部分，1990 年。

[33]我必须感谢我在凡尔赛大学法国当代社会文化史研究中心的导师克里斯蒂安·德尔波特（Christian Delporte），以及欧盟第七框架计划（FP7/2007—2013）拨款协议第 246556 提供的研究基金。

[34]参阅露西·斯蒂德（Lucy Steeds）编，《大地魔术师》（Magiciens de la Terre），伦敦：Afterall 出版，2013 年。

[35]关于巴黎成为共产国际关系的中心,参见莎拉·威尔逊2012年发表于《英国历史评论》的威利·缪奇伯格(Willi Münzenberg)传记评论。

[36] http://www.chtodelat.org(参阅"为什么是布莱希特?")在这个案例中,2009年第11届"伊斯坦布尔双年展"的名字"人类靠什么活着?"取自布莱希特的《三文钱的歌剧》(*Threppenny Opera*,1928年)。

[37]比较雅克·朗西埃的博士论文(1981年在法国出版)《劳动者之夜:19世纪巴黎工人的幻想》(*Proletarian Nights: the workers dream in Nineteenth Century France*),伦敦:Verso出版社,2012年;《美学的政治:敏感的分配》(*The Politics of Aesthetics: The Distribution of the Sensible*),加布里埃尔·罗克希尔(Gabriel Rockhill)编译,伦敦:Continuum出版社,2004年。

[38]"岳敏君:狂笑的影子",巴黎:卡地亚基金会,2013年,视频采访参阅卡地亚基金会的网站。

"艺术史是我们安身立命的东西"

——黄专与广州美术学院艺术史系学生的谈话

黄靖：黄老师，您好！我们知道您之前是在华中师大的历史系学习，后来转到中国美术史的专业，我们想知道，在这两个专业之间，您的选择是怎样的呢？

黄专：其实，从当时的情形看，这是一种没有选择的选择。我从小就喜欢美术，所以1977年恢复高考时，我一度打算报考美术院校，但我的家人不太赞同。我出身于一个教师家庭，大概他们觉得美术是一个不太靠谱的专业。后来根据考试的分数，我报考了华中师大历史系，那个时候还叫华中师范学院。在读书的四年里，除了历史，我的主要兴趣转到美术史上，我的毕业论文就是关于宋代文人画家文同的。记得当时阮璞先生为我们系的研究生开了一门中国美术史的课程，我就去旁听。现在来看，好处就是我有一个学习历史的背景，这对我以后观察事物和世界的方式也许有些基础性的影响。1985年，我报考了阮璞先生的中国美术史研究生，我的教育经历大概如此。

黄靖：我们知道您比较关注当代艺术这一块，办过不少展览，特别是您在国外办过不少展览，我们想知道文化差异对您的策展有什么影响？

黄专：要问（我）为什么参与当代艺术，最好先谈谈我们所处的那个年代。八十年代初，"文革"刚刚结束，我们受的教育实际上是很残缺的，跟你们现在不一样，但在那个时代变革时期，每个人都有选择：可以选择做一个循规蹈矩的好学生，或者做一个离经叛道者，我选择了后者，原因很简单，我的经历决定我只能有这种选择。

我刚说对美术史的兴趣是从我大学期间开始的，其实应该再往前说一点。我在中学的时候，学习美术的启蒙老师是国画家毛君为（字传祯），他是民国时期中国第一代现代艺术学校武昌艺专的毕业生（校长是从法国回来的著名油画家唐一禾）。在武昌艺专，他接受了两重教育：传统国画和西方现代艺术的教育。中学我们在一个叫"红画兵"

（有点像现在的兴趣班）的组织里跟毛老师学画画，主要是为当时的一些大的政治运动画漫画和宣传画，也正是在那时从毛老师那里看到了很多西方现代主义的画册，如印象派、野兽派等。

黄靖： 当时你们在国内，走得已经比较靠前了。

黄专： 那算是一个很偶然的机缘。我们这位老师是在民国时代学美术的，现在想起来，他给我们看那些民国时期出版的现代派画册还是冒了很大风险的，特别当时他已经是被批斗的对象了。虽然我大学学历史，但由于对美术的兴趣，我也阅读了许多美术著作和杂志，如鲁迅译的坂垣鹰穗的《近代美术思潮》就是我读的第一部关于现代美术的著作，这也算是自我教育阶段。我们读大学时，北京已经开始有些现代主义的艺术活动了，1980年我去北京就偶然碰到了"星星画会"在中国美术馆的展览。所有这些东西，现在想起来，我为什么会走这条道路呢？这些恐怕都是潜在原因。

大学毕业后，我被分配到湖北偏远山区的郧阳师专（离出"野人"的神农架不远）任教，在那里，我认识了现代派诗人王家新，得到了很多现代派诗歌的知识和信息。在那个山区待了三年，到了1984年，皮道坚和彭德在武汉创办现代派美术杂志《美术思潮》，经皮老师介绍，我也参与了杂志的一些编辑工作。1985年考上湖北美术学院阮璞先生的研究生，学中国美术史，专业方向是中国画论。阮先生年轻时是在北平艺专学油画的，后来才走上学术研究的道路。民国时期的西方美术教育有两个方向：一个是法国古典主义学院派，就是徐悲鸿带进来的这一派；另外一派是林风眠他们带进来的现代派，他也是"为艺术而艺术"的现代价值观念在中国最早的实践者。当时的北平艺专，最开始是林风眠他们这一派的影响比较大，徐悲鸿是坚决反对现代派的，他称"马蒂斯"是"马踢死"，可见其恨之深。徐悲鸿可算是"为人生而艺术"这种价值观的实践者，这两种艺术观不仅深刻影响了他们分别领导的美术学院，也深深影响了中国现代艺术的格局和走向，直到今天。后来我们才知道，我的老师当时学的也是野兽派、表现主义一路。

那些年我一边读书，一边帮助编辑《美术思潮》，参与现代艺术运动，我研究生的三年大概就是游离在这两种生活状态之间。1986 年去杭州时认识了范景中，这个可以说是我人生的一个最大的转折吧，认识他以后，原来的很多学术观念和政治理念都发生了变化。当时我们接触的主要是贡布里希的艺术史理论和波普尔的政治哲学，我们是这些理论的受益者，它们至少教会我们如何在激进的艺术思潮与人文主义价值间保持某种理性的张力。1988 年后，我们慢慢开始做一些运用西方艺术史理论研究中国艺术史的尝试，当时有很大的学术抱负、学术理想，记得当时我们几个人在一起，讨论的主题常常是如何规划中国学术的未来、建立中国的瓦尔堡学派什么的。我和严善錞合著的《文人画的趣味、图式和价值》就是在这样的知识环境中完成的。

黄靖：那您对中国当代艺术发展到现在的现状，有什么看法？

黄专：1989 年，范景中病了，学术这件事情就搁置下来了。1990 年，我也从湖北美术学院调到了广州美术学院。1989 年春夏之交的政治事件以后，弄现代艺术的人似乎只有两条路可选：要么出国，要么经商。其实这件

事对我们的影响不大，倒是范景中生病这件事情深深影响了我们的学术规划。1992 年中国社会发生了很大变化，中国迅速进入市场经济和消费时代，这一年吕澎来广州组织双年展，希望以市场的方式寻找现代艺术的合法性，我们应邀参与了这个展览的策划。双年展以后，整个国内外艺术环境都开始发生变化，一方面西方现代艺术制度开始关注中国，1993 年中国艺术家第一次参加了"威尼斯双年展"；另一方面，国内各种性质的艺术活动重新活跃起来。现在想起来，六十年代至八十年代这三十年，也是西方当代艺术最好的一段时间，产生了博伊斯、汉斯·哈克这样的社会批判性的大师级艺术家，波普主义是六十年代开始的，但它真的走到国际舞台上来也是八十年代的事。

黄靖：您怎么定义这个"好"？

黄专：这是从价值观的角度讲吧，现代艺术也好、当代艺术也好，我们当时主要把它当成一种人文性的社会活动，看中它对资本主义制度和生活态度的批判性价值。那个时代，"卡塞尔文献展"也好，"威尼斯双年展"也好，都是拒绝和商业制度打交道的。

九十年代以后，西方艺术完整进入居伊·德波定义的"景观社会"，消费文化的价值观和商业资本全面影响和控制了当代艺术，策划人制度也演变为政治与商业相结合的权力机制。当然，参与策划"广州双年展"的时候，我们还不知道对市场的幻想会带来这种结果。

黄靖：再到后来，你们怎么解决这个问题的呢？

黄专：我现在更愿意把参与当代艺术这件事情当成一种个人化的工作方式，一种开拓自己思维的生活方式以及理解这个世界的认知过程。九十年代中期以后，无论是与国际还是与国内艺术机制的合作，在我看来都是一种智力的博弈，我不是一个职业策划人，也不是一个专业批评家，我在中国当代艺术中只有一个很模糊的位置。我的工作没有明确的方向，我的身份与谁都没有可比性。

问：您对于中国当代艺术未来的走向有没有自己的构想？

黄专：没有，我是一个特别不喜欢幻想未来的人。八十年代我们做过一场"梦"以后，

我就不太去想未来了。我现在的工作主要是尽自己的努力去营造自己身边的小环境，如果连营造这个小环境的可能性都没有，那我就只有学习古人"独善其身"了。

黄靖：现在策展的时候，会很想把自己想要表达的东西不断呈现出来吗？

黄专：纯粹的表达几乎是不可能的。我说过策展是我的一种写作方式，而我现在希望过一种真正的写作生活，没有任何社会干扰的写作。但是，我个人的写作能力有限，有时又会觉得纯粹的写作也不太适合我。范景中说过一句很有意思的话：阅读是上天堂，写作是下地狱。所以我还有一条路可走：纯粹的阅读。

黄靖：那您对我们学习美术史或者学习艺术管理的同学有没有学习上的建议或希望呢？

黄专：建议倒没什么建议。我们是两代人，成长经历、教育背景和知识环境都不一样，我们的经验没办法替代你们的，你们的经验我们也没有办法完全理解。但我想我们有个唯一的共通点，就是我们都是学习艺术史的，不管以后我们从事什么样的职业，学习艺术

史的经验会使我们在从事不同职业时具有某种共同的知识基础，艺术史是我们安身立命的东西，我们甚至不应该只是把它看成一种单纯的知识或学业。虽然我的艺术史学得不好，但是我想我的一生从艺术史里受益最多。当然，我也喜欢哲学，喜欢文学，但对我来讲，我能成为今天的我，不管自己满意不满意，的确是艺术史塑造了我。以后大家谈论这个人和其他人有什么不同，很大一部分是因为艺术史，艺术史使我改变了对世界和自我的看法。人可以通过不同的知识方式和思想方式认识自己、改变自己，但我想，艺术史是最好的方式之一。你们学习的东西要比我们多得多，艺术史的知识会帮助你们以别人不可能有的方式去体验生活。所以，以后不管是继续研究艺术史，还是做艺术管理，做策划人，甚至是做一些跟艺术不相干的，你们跟其他人不一样的地方，就是你们学过艺术史。

时间：2013 年 5 月
地点：广州
录音整理：何转君

制造景观和颠覆景观[1]
—— 巫鸿、黄专、徐震对话录

一、策略

黄专：该怎么判断"没顶公司"这类艺术？我希望从观念艺术的历史纬度上建立某种判断坐标。我的理解，战后的观念艺术可分为三个阶段：第一阶段与杜尚、达达主义等早期观念主义相关，从极少主义到概念艺术，我称为"语言观念主义"或"结构观念主义"，以约瑟夫·科索斯 (Joseph Kosuth)、索尔·勒维特 (Sol Lewitt) 和布鲁斯·瑙曼 (Bruce Nauman) 为代表；第二阶段是从德国激浪派到约瑟夫·博伊斯、汉斯·哈克，也可包括安迪·沃霍尔式的波普主义，这是一条线索（我将二十世纪六十至七十年代的"贫穷艺术""物派"和"大地艺术"也算在内），我称之为"社会观念主义"或"历史观念主义"。这两个时期，观念主义的内在逻辑还是与现代主义有某种历史关联，关注的依然是人和自然、人和历史或者人和社会这类二元论关系。在它们之后，观念主义有一个非常大的转变、一个逆向式的转变，一种新型的观念

主义大概兴起在二十世纪七十年代末或八十年代初，在马修·巴尼 (Matthew Barney)、达明安·赫斯特、杰夫·昆斯 (Jeff Koons) 以及更年轻的瓦内萨·比克罗夫特 (Vanessa Beecroft) 那里，观念主义发生了某种系统性的变化，这一系统的表征方式虽与安迪·沃霍尔有关，但它已不再把实在的社会系统看成一种语言或者历史对象，它以符号的方式重新"制造"一个社会或一个自转的"景观"，它们不再指称、象征另外的实在世界，不再是"镜像"世界，按鲍德里亚的概念，它是一个"类像世界"，与居伊·德波定义的"景观社会"相关。

在"景观社会"或"消费社会"中，生产关系的表征不再是人与人的关系，也不再是物和物的关系，而是符号和符号的关系，它建立在一种新型方式的象征系统、一种新的意识形态、一种由资本以非暴力形式控制的自在世界之上，它依靠符号建立起比实在世界更真实的"超真实"。关于这个自转世界的意义特征，鲍德里亚有一个词叫"内

图1 《香格纳超市》，徐震，2007年，项目，350cm×550cm×600cm。图片由艺术家和没顶公司提供

图2 《意识行动》，徐震，2011年，行为表演、装置、大理石、综合材料、表演者，350cm×350cm×240cm。图片由艺术家和没顶公司提供

爆"，我将建立在这种"内爆"逻辑上的观念艺术称为"景观观念主义"或"类像观念主义""消费观念主义"。

徐震或"没顶公司"很典型地体现了这种观念艺术的特征。首先，"徐震"和"没顶公司"的身份转换预示着某种脆弱的"主体"状态，而没有主体正是"景观观念主义"的重要特征；其次，他们作品运用的所有图像、媒体或其他符号的象征关系都是"自向性"的，符号依靠自己来衍生自己。《香格纳超市》（图1）就很典型，它要提示的就是这么一种现实：我们原来设想的物质世界，那个最坚实的东西其实是空洞的，而符号反倒是最真实的。比如我们现在谈论阿玛尼和一个中国商业品牌的比较，我们其实并不是在谈论它的物质质量，它和质量没关系，我们谈论的是它们作为符号的自在能量和价值。

马修·巴尼的《悬丝》，营造的也是一个景观，这个景观的每一个部件都是从真实世界来的，但是组合起来之后，就变成人们没法理解、控制和描述的一个"景观"。所以，鲍德里亚把这种现象描述为"超真实"，他认为正是安迪·沃霍尔开启了这种表征方式。

巫鸿：有些艺术家致力于形成一个符号系统，是和他本人完全连起来，比如说杰夫·昆斯、达明安·赫斯特、村上隆，他们的那些符号都有一种稳定性，再加上商业就变成一种企业制度。

当然，徐震的作品从大的系统上也可以这么说，但是其实它有一种不稳定性。他的作品好像和你说的鲍德里亚的理论有一些

图 3 《饥饿的苏丹》，徐震，2008 年，摄影，80cm×100cm。图片由艺术家和没顶公司提供

关系，但是他同时好像搅乱了那种稳定性的符号系统。我觉得你说符号也可以，或者不说符号也可以，可能他是从一种比较清楚的符号跳到一种不太像符号的东西。比如我很喜欢扔东西的那件作品（《意识行动》，图2），因为扔东西就看不清了。我今天参加这个对话，就是因为好多时候，我不知道是否能够形容这些东西。

黄专： 还有像《饥饿的苏丹》（图 3）这类作品，使一个具有明确指向性的作品脱离了原来的象征语境，变成了一个自我运转的语汇，它终止了原来的意义，但并没有被赋予新的意义，或者说由于这种语义改造而延伸出了无穷的意义。

巫鸿： 其实我和国外一些人也谈过那件作品。我们知道它是一个演出，知道那个老鹰不是真的老鹰，但是它对现在的价值观产生了很大的威胁。像我们这种比较古典式做策展和做批评的，面对这类作品时，有点失语症似的。

黄专： 他们的作品还有一种我称为"战略性的策略化"特征，这使作品常常具有某种诡异性。

巫鸿： "策略"也可能是一个合适的词。其实我觉得他们的作品有点反理论倾向。当然，我们用理论来包扎以后好像能说明一些问题，但是很多东西其实都消失了。也就是说，在那个理论构架里可以说是怎么发展的，但有些东西并不包括在理论说明里。所以是不是"策略"？因为每个东西总得有一个刺激，比如说，为什么要做这个？为什么不这样做了，忽然改那样做了？不管是你想的，还是你们那个小组想的，那种兴奋点到底是理论的兴奋点，还是一种策略的兴奋点？这种策略总有一个针对性，这个针对性是针对展览空间，还是针对观众、策展人、邀请人，还是可能的想象的市场？策略总得有一个协商，要不然就不存在策略了。

徐震： 策略肯定是有的，比如说《香格纳超市》那件作品，当时的想法就是在迈阿密艺博会上让它出效果，这其实就是一个很简单的策略。当时想的就是，中国艺术其实就是你跟人家说这是中国艺术家做的就可以了，至于什么内容无所谓，他们好像看谁都一样，这里面其实有一个潜台词。于是我们就创作了这样一件作品——把内容拿掉，留一个壳就可以了。

我觉得"策略"是一个像邀请函一样的东西，把你邀请出来，你可以去做这样的作品，但是最后这件作品为什么这么去做，或者怎么结束它，可能有另外一个标准，就不是靠"策略"来完成的了。也就是说，你不能完全为了"策略"，因为这个事情两个小时一过就没了。

巫鸿：现在不仅仅谈你的作品，是不是有些当代艺术作品纯粹就是一个策略？我说"策略"变成目的本身，是因为你的这些作品里头有很多和政治有关，但是这些政治符号的原始来源，比如非洲的和中东的，最后其实都被抽空了。这些作品表面上好像是在非常激烈地讨论一些政治主题，但是最后都抽空了。我觉得挺有意思的，特别是放在西方的全球语境里，有些是经常被争论的东西，但是忽然就空了。空了以后还有一种魅力，要不然人家也不会老请你去做展览。这些"空"

的魅力到底在哪里？西方当然很重视这些问题，比如报纸经常会说中东的问题，谈的时候总有一种态度，或者是反对，或者是维护。但是你的作品里头，这种态度被抽空了。

徐震：我觉得我的工作针对的是经验，是没有内容的。其实对我来说，什么内容都可以。

巫鸿：但是也不完全是关于形式。

徐震：我觉得不是形式，是框架，其实我觉得是一种方法。什么内容都可以，那么我回到前面说的，正好有一个契机，这个契机可以做"超市"，那个契机可以做政治类的主题。那么，接下来的方法就是说，怎样使用这个方法，带大家走一遍，最后却什么都没有。

黄专：博伊斯的观念艺术有很强的目的性，他实际上是在做一件社会学的工作；极少主义或概念主义的目的也很明确，就是研究视觉与语言之间的某种悖论性。但是安迪·沃霍尔就不一样，安迪·沃霍尔根据现成世界的符号制造了另外一个世界。

徐震讲过一句挺有意思的话，他说："安迪·沃霍尔是把艺术商品化，我们是把商品艺术化。"安迪·沃霍尔说我们不是在"创作"，我们是在"制造"。而这一点是徐震他们所延续的——我们不创造，我们只制造！但是另外一点，他也领悟到了安迪·沃霍尔说的：艺术必须有一个系统，艺术不再可能是个人行为，它必须依赖一个符号生产系统。"没顶公司"也是希望将生产主体隐藏在一个符号系统后面，就像一个商业品牌，GUCCI也好，BURBERRY也好，它将符号变成一个景观，景观后面别无他物。

为什么"徐震"要变成"没顶公司"？我觉得这种转变并不是要建立一个创作团体，或建立一个真正的"公司"（虽然它的确是一种公司化运营），它要建立的是观念艺术原来没有的一种经验，一种"景观化"的经验，这种经验可能在安迪·沃霍尔那里并不是太自觉（他的工作室还是叫"工厂"），而在达明安·赫斯特那里已经比较自觉了。达明安·赫斯特的"转盘"和黄永砅的《非表达绘画》中的转盘完全不一样，黄永砅针对的是过分表现化的绘画，这还是绘画层面的问题，但是达明安·赫斯特针对的是一个"绘画消费系统"。所以我特别强调，要理解"没顶公司"就必须理解消费符号系统，否则很多行为很难说得通。在中国，像他这样使用策略或者脑子急转弯的艺术家其实很多，但我觉得只有"没顶公司"真正懂得这个系统的谜底：只有彻底把主体隐藏起来，符号系统才能充分地"自我运作"。

巫鸿：我觉得这些都说得通，但是我有些别的想法。现在艺术这么商业化，对商业化的批判实际上已经太多了，但是他的这些作品每件都有让人意想不到的地方，如果是纯粹的商业运作是很容易估计的，不会是意想不到的。当然，它是公司，它是团队，它是运作，这些都没问题，但是我觉得它和一般的商业运作还不太一样，因为它还是有点反对规范化。它在艺术想象的层次上，或者是这种机制的层次上，或者是语言的绝对升格，比如熊猫的那件作品，虽然是一只狗，但是做出来，那个语言就像到熊猫工厂去弄一样，他甚至没有制造。还有一些泡沫塑料的东西，我现在也还找不出一个完整的语言来描述，用"策略"解释似乎有点太简单化。徐震最早的作品里头就有这种让人意想不到的东西，现在和商业的运作结合起来，出现了一种很怪的东西。如果说都是聪明机智，当然也不是那么一回事，如果说这玩意就是"公司化"什么的，好像也过于简单。这两者加起来怎么说，我也没有一个语言。我想是不是可以说：这是个没有语言的公司？

黄专：意想不到、惊奇和嘲讽感，这些都是消费文化的风格品质。消费产品必须符合"酷"的特征。我们也许可以做这样的比较，比如徐震的嘲讽感就和方力钧的完全不一样，他的嘲讽没有任何指向，你也不能说他只是一个急转弯，只是一些小聪明的把戏。我们在每一件作品里都可以找到作品做得很好的元素，譬如说扔作品，我们不谈理论背景，它也是一个很好的东西，他知道在视觉上会让你感到惊奇，虽然它并不负载任何意义。有的艺术家也许可以做出一两件精彩的作品，具备这些因素——丰富细腻的质感、嘲讽和出人意料的惊奇，但如果这些因素不构成系统的规模，那它可能就只是呈现了某种"临时意识"。相反，有系统意识的人也许并不是每件作品都那么突出，但总能让你体会到某种规模的力量（不是指体量）。也许徐震要面对很多竞争："没顶公司"如何维持一个规模化的经营，如何在不同语境中做出"好"的作品，在专业机制与商业机制

间如何取舍选择，这些情境不是说古典主义时代没有，而是在当代它已经变成做艺术的一个非常核心的东西。

二、公司

巫鸿：我还不太理解你们的"公司"概念到底是什么？"公司"这个词大家都在用，它当然是一个机构，也是一个群体。但是你肯定也不抛弃你个人，不是说有了"公司"就没有徐震。还是有徐震，也有公司，还有一拨人。

徐震：我觉得在这个意义上面来说，个人的意义好像已经不大了，因为你面对的是一个系统，这有点像我们要出去打仗，我到底是以个人英雄主义的姿态去打，还是组织一支军队去打？在这里，打仗的意义要大于形式化的意义。那么，在这个层面上，我就觉得"徐震"这个名字好像意义也不大。但是"公司"的方式又不同于组合，我觉得"公司"是比较极端的，它很专制，就是老板说了算。

巫鸿：是真的专制？你比较专制？

徐震：对。我觉得"公司"这个形式很专制，它其实是我付你工资，给你一个方向，你帮我想，想完了我用或是不用，这是一种方式。在具体工作中，我经常会碰到，比如说个体面对的问题，它和你没心没肺地说。我们要面对一个情况的时候，可能大家会产生一种集体性的气氛和气场，更容易产生想法。我的实际工作经验是这样的。在 2009 年之前，我作为个体的时候，从个人创作到和杨振中他们合作做展览，其实已经是一种集体工作的延续。

巫鸿：你以前还做过"比翼艺术中心"。

徐震：对。负责艺术项目和艺术家的沟通。

黄专：与你个人创作有关系吗？

徐震：没关系。

黄专：完全做一个艺术总监的工作？

徐震：对，然后鼓动大家做一些事情。

巫鸿：在机构上是不是还存在"作者"（author）的概念？这是个很古典的概念，这个"作者"的概念是不是已经消解了？

徐震：对，因为我一直觉得我不是一个"很艺术家"的艺术家，我觉得艺术是一个"事"，我可能在每一阶段要为这件事情找到一个意义。那么在找这个意义的时候，这是一个艺术家的功能，但是我一直不认为我和周围的这些朋友一样是一个艺术家。

巫鸿：这没关系，比如你画一幅画，或者什么都不做，这个"作者"的概念还是在的。

徐震：对，还是在。

巫鸿：当然，"公司"也可以是一个作者，但是状态好像不太一样，因为"公司"有一个级别，有一个权力结构。

徐震：其实"公司"就是一个品牌。

巫鸿：是品牌，但和达明安·赫斯特、村上隆的那种品牌又不太一样。

徐震：他做成一个非拟人化的品牌。

巫鸿：他们的品牌后面有一大群人，谁也不知道。其实"公司"也算一个结构，一个社会结构、一个生产结构，你还是有点把整个品牌放在"作者"的地位，但又不完全是。这种模糊感本身也可能就是一个问题，或者也可能是一个艺术问题，也可能没有答案。

徐震：比如可口可乐，我估计大多数人都不知道老板是谁。

巫鸿：但是我们都知道徐震。

徐震：我觉得就是这个区别。可能一开始，这个饮料就叫这个老板的名字，后来这个饮料就变成了可口可乐，我认为这就是品牌的区别。

巫鸿：你要是真去世了，就像肯德基一样了。

黄专：阿玛尼就是把公司和个人的名字连在一起，这其实是一个比较古典的做法，你当时为什么没有直接使用这个方式，就叫"徐震公司"，而是采取一个有点玩语言游戏的做法，叫"没顶公司"？

徐震：因为的确有很多工作是集体完成的，所以我也认为，我们取另外一个名字，对于大家来说有一种民主性在里面。

巫鸿：这种不衔接是不是也因为：可能其他人会忽然出一些别的点子，或者每个人做的方式也不太一样？

徐震：我觉得其实是一个资本主义消费的结构。

黄专：对，太准确了。

徐震：也就是说，好像是给你自由和民主，但是其实是很有效的，或者很专制的结构，这两个东西一直在互相抵消。其实这种互相抵消的特征和我个人的创作也有相似性，我的很多作品做完跟没做是一样的，其实是空的。也就是说，你受到刺激的东西，最后你得到的不一定是这个东西。

黄专：你现在的团队成员其实和你原来的工作团队是差不多的，你成立"公司"后，他们的地位是提升了还是降低了？

徐震：我觉得是提升了。

黄专：都是艺术家了？

徐震：对，现在大家都变成创作者，比如《意识形状博物馆》（图4）这件作品，其实我就是一个想法，说大家试试看把这些东西全部连起来，至于顺序和内容，全是另外三四个人在做。

图 4 《意识形状博物馆》，徐震，2013 年至今，文献、装置、行为、木头、玻璃、照片。图片由艺术家和没顶公司提供

黄专：你相当于一个策划人？

徐震：相当于一个广告策划人。反过来说，你会面临一个很大的矛盾，也就是说，这批人换掉，再来一批人，也能做。

黄专：这就是所谓的权力的非暴力化。实际上，权力只是控制运行的躯壳，里边的内容是可以改变的。

徐震：它的确变成一个模式了。

巫鸿：我们还没谈到商业衔接，但是现在谈的不一定是商业的模式。国外有很多做项目的，比如做一个科学项目，那个头头会领一笔钱（我们不管他从哪儿拿的钱），然后他会组织一个团队，这个队伍肯定是有级别的。那么，他拿出一个计划，这个队伍就开始动作。但是结果可能是商业，也可能不是商业。

黄专：我想，从它的运行模式来看，它既是商业性质的，也是消费性质的。"商业"讲的是物物交换，是一种等价交换，但是，消费社会就有一个所谓的"二次消费"逻辑，所谓"二次"就是不对等的价格交换，比如阿玛尼这个品牌比其他品牌价位高，除了一些物质性的东西——它的面料、设计，这些都是可以以价格度量的——还依靠品牌的象征价值，如传统、身份、地位和品位，这些都是无法直接度量的。在消费的二次交换中，艺术品与一般商品具有不同的象征等级，比如拿达明安·赫斯特和阿玛尼比较，象征品牌原理是一样的，但是在实际运作上，阿玛尼的象征比例低一点，物质比例要高一些，而达明安·赫斯特的象征比例几乎占了90%，我们从来不问这件作品质量好不好，比如说他的作品用了海绵，但是为什么用了海绵的还比大理石的贵？这和它的物质性价格没太大关系，它的象征性价值越来越高。现在，一件艺术品值20元还是200万元，完全是由一种想象性关系决定的，它没有来自劳动时间和价格方面的依据，它和物物交换的市场逻辑完全不同，它常常基于某种无法言说的趣味、癖好、幻觉。景观社会就是依靠这种象征价值逻辑维持它的运作的，这种运作一方面使得整个象征系统在意义上空洞化，另一方面又通过资本权力更加"真实化"。

巫鸿：我想谈谈具体的，徐震做的作品不一定完全是商业性的，比如那个宇宙飞船的舱，可能就是不卖的，而且有的也卖不了。

徐震：其实从个人意识上来说，真正有点商业性的作品，还真是成立没顶公司之后。因为有几个方面的考虑：一方面，这个团队的确要生存；另一方面，如果不做点商业，打点烟雾弹，这个"公司"也不太像。

巫鸿：但是这有点反过来了，这是为了证明你的"公司"而做商业。另外我还有一个问题，如果你要做商业的话，是以没顶公司做商业价值高，还是你就打"徐震"的牌商业价值更高？

徐震：我们今年会走出下一步——没顶公司会代理"徐震"这个牌子再出来。但是，再出来的时候，就不是原来的徐震，而是没顶公司下属的一个品牌性的操作。

巫鸿：我猜测，你这个下属品牌可能比没顶公司的品牌贵。

徐震：那肯定！因为我们就是一阶段一阶段地做。完全是没顶公司的时候，我们玩这个游戏，自己玩得挺爽的，但是并没有真的对这个游戏造成一种破坏，或者伤害，或者别的什么。就像你所说的，阿玛尼这个品牌肯定卖不过赫斯特的，的确是这个情况！

巫鸿：阿玛尼是衣服，当然不是一回事啦。

徐震：比如可口可乐的一个非拟人化的品牌，肯定是不一样的。

黄专：它的销售模式是一样的。

巫鸿：但是我觉得这里还有一个"艺术"的问题：艺术总有一种神秘性。艺术又和收藏有联系。不管怎么说，大型雕塑从来就不是一个人做的，建筑也都不是一个人做的，但是在概念里，还是有一个艺术家的概念，甭管这个艺术家是真的还是假的，它得要一个所谓的艺术家才能成为艺术品。

黄专："艺术家"这个指称的含义已经与原来不一样了，原来的"艺术家"是一个实指，他有"光晕"，有独特性的技术，有特定的价值标尺。现在的艺术家更多变成了符号制造者。

巫鸿：但是人们还是需要这个名字。

黄专：对，但是需要它的目的不一样，在原来的艺术家身上看到的是艺术神圣、崇高的东西，现在看到的是一个品牌符号。

巫鸿：有两三个收藏家就问过我，他们说："听说没顶公司很有意思，应该买还是不买呢？"

黄专：这就是一个悖论。

巫鸿：如果是说徐震的作品，他们肯定马上

图 5 "重要的不是合同——2013 年上海浦江华侨城十年公共艺术计划"展览现场

掏钱买，但是一听说是没顶公司，就有点犹豫了。

黄专：我今年请"没顶公司"做"上海浦江华侨城十年公共艺术计划"（图 5），实际上就已经面临你说的这个问题了。"上海浦江华侨城十年公共艺术计划"的传统方式就是选择"好"的艺术家，收藏"好"的作品，或者至少像"雕塑"的作品，但是这次要他们收藏一件有"意义"但不一定"好"的作品，就遇到了理解上的难度。

巫鸿：是，我觉得这是一个挺有意思的问题。

黄专：以最商业的方式和最消费的方式颠覆消费规则，这也许是没顶公司最具革命性的特征。

徐震：这也是我们生意不太好的一个主要原因。

巫鸿：当然，收藏家的疑问在于，如果说是徐震的作品，他肯定掏钱买，作品在思想层面也不需要很强，但是如果说是"没顶公司"的，他也可能买，但是就不一定了。

黄专：我觉得他们倒不是怕在钱上上当，他们担心的是这种赌博会对他们的判断力构成挑战。实际上很多收藏家并不在乎钱，他担心的是："我会不会变成傻瓜？这是不是一个皇帝的新衣的游戏？我会不会变成这个游戏的受害者？"

巫鸿：这个问题本身有意思。徐震刚才说的我也觉得很有意思，如果让你自己再出现，但是成为另外一种结构，把它反转过来……

徐震：你们现在不是因为我不叫一个人的名字，所以有点抵触和拒绝吗？没关系，我就再变成一个人的名字，然后用我原来的这套方法杀进来。

巫鸿：但是你是在"没顶公司"下面的一个计划，是吧？

徐震：对。

巫鸿：所以那个结构有点反转了。

徐震：对，但是生产方式和方法还是可以一样的。

巫鸿：实际上你是有点分身术的味道，其实你还是在上面。

黄专：但是这个游戏的性质并没有改变，你回不到"徐震"了。

徐震：对，回不去了。

巫鸿：从现在这个结构来看，能不能这么说：没顶公司是一个公司，但也是一件作品。

黄专：哈哈，这是给古典艺术史家一个希望。

巫鸿：没顶公司是一件作品，当然这是一个创新。

黄专：哈哈，巫老师现在面临着一个艺术史

上的难题，如果徐震不是一个艺术家，"没顶公司"不是一件作品，他该怎样把你写进艺术史？

巫鸿：从你原来做的项目来看，你也喜欢做一些策划，喜欢组织一些项目，包括"超市"那个展览，以及后来被叫停的展览。"超市"是展览本身，也是作品，如果按照这个方向延续下去，可能你不会做一辈子"没顶公司"，可能它只是现在的一件很复杂的作品，这件作品本身又会产生作品。

徐震：我觉得就是一个系统，而且这个系统只有在我们国内现在这样一个环境下能够产生。比如说"没顶公司"既然开始做一个"徐震"的品牌，前两个星期我们已经开始考虑这个公司是不是要收藏一点东西，作为我们自己公司收藏艺术史的脉络，可能也会陆陆续续再找一些人，增加一些活动策划。我希望它慢慢是一个这样的系统。

巫鸿：所以，"徐震"品牌实际上还是没顶公司的产物，只是以"徐震"做一个品牌。这和你原来作为徐震的时候自己做的作品完全不一样？

徐震：对，不一样。

巫鸿：电影《绿野仙踪》中，最后是一个"魔术师"在后头操纵所有的东西。

三、作品

黄专：我们还是谈回作品吧，这个聊起来可能会踏实一点。我还想了解一下那个"中东当代艺术展"，你能否透露一些关于这个展览的其他谜底？

徐震：我为什么要换一个名字，打这样一个烟雾弹，也是这个意思，也就是说，大家看东西都有一种惯性，就是把所有的经验全部抢过来，我觉得这是必然的。

黄专：这个起点其实是很分析化的：你试图模拟一个类似西方看中国艺术的视角？

徐震：当然，这是我自己身上一直感受到的。

黄专：你把自己转换成一个观察中东的主体，就像西方人看中国。

徐震：对，然后再给西方看。其实可以用这

图 6 《平静》，徐震，2009 年，装置、水床、机械装置、废墟，700cm×500cm。图片由艺术家和没顶公司提供

个套路做非洲，或者做其他什么的。

黄专：我们在很严肃地讨论后殖民理论对中国艺术的伤害，而他很轻松地就把这种讨论转变成了一种视觉游戏，这种去理论化的游戏也许比理论具有更强大的能量。

巫鸿：他就是抽空了，因为里边的形象用的都是从各方面收集进来的东西。

徐震：对，完全是谷歌的。

黄专：作品呢？是理念在先再去寻找材料吗？

徐震：其实作品就很简单了，就像中国当代艺术一样，有人关心政治，有人关心中国的形势，有人关心中国的传统和当代的关系。我觉得，这就是大套路下面的小套路。

黄专：我很偏爱那件砖头材料的作品（《平静》，图 6），它和其他的作品不太一样，它真的是一件好作品，譬如那些船或者秋千，它们都还是依赖一种符号模式，你知道就是那种游戏，就是那种玩法，但这件作品，放在任何语境中都是一件好作品。在设计这些作品的关系时，你们有没有考虑过，哪些完全是满足一个视觉奇观的要求，哪些是真的想把它当成好作品来做？

徐震：有！首先，我认为艺术创作是被套路包围的；其次，我认为艺术创作肯定来自套路，也就是说，好的创作其实是不讲前提的，什么前提都可以有。从展览的角度上来说，这些铁板和那些黑黑的砖，其实就是一个圈套，它会让你觉得，为什么这个事情就是这么简单，就是这么概念化的东西。但你还是得有一两件不错的作品在那儿镇着。

黄专：也就是说，你也考虑过这个问题？

徐震：对，因为就像一个舞会一样，里面是要有节奏的。

黄专：所以我看他的作品，不像看张培力或者耿建翌的作品，因为他们的每一件作品都有自主性的质量。我为什么刚刚要强调系统的概念？因为在徐震这里，不存在每一件作品都要好，就像他刚才说到的"节奏"。

巫鸿：我们现在又陷入一个古典的好坏的形式分析问题了，这个问题成不成立，我是有点怀疑的。

黄专：我讲的好坏，也许不是指它的绝对质量，而是指我们的一种心照不宣的判断。或许我们可以替换一个稍微相对主义的词——"视觉质量"。

巫鸿：刚才说了有东西可以抽出来，有的抽出来也没意思，但是不一定不好。因为他做的时候，作品的概念不一样，我觉得这牵扯到整个艺术系统。比如说，原来纽约满城都是涂鸦，我觉得好得一塌糊涂，整个地铁简直美得不得了。但是最后只有几张画进入美术馆，别的都给覆盖掉了。当然，你可以说进入美术馆的是好的。那些原始的全消失了，

不能说不好，就是消失。这种"消失"是很恐怖的，但是"消失"有时候是必然的。

黄专：我想通常只能是辩证地使用这两种标准。

巫鸿：对，我同意。因为我们不能完全用一种标准，未必有好坏。

黄专：徐震使用"节奏"这个词非常好，我觉得在他心里，他当然也有一个标准。但是，如果只做好作品，他就不可能成为景观系统下的艺术家。张培力的第一件录像作品好，并不是因为他拍得好，也不是因为他第一个使用录像，在他之前，广州的艺术沙龙就使用过。为什么说它好？因为它涉及的是这个领域的问题。

巫鸿：在《30×30》以前，有人使用过录像做艺术吗？

黄专：不是。是说用录像这个媒介来创作，他不是第一个。这件作品在录像的历史中也不是最好的，但它是第一个涉及影像自身问题的作品。我刚才说作品的好坏，其实还包括这个标准。

对于"景观社会"的自觉，是徐震作品突出的特征，以至于我觉得他的作品只能在这种系统和逻辑中才能加以评判。当然，他可以只做好的作品，但是，如果他只是这样一个艺术家，他就不是徐震了，他也不会走到没顶公司这一步。

巫鸿：对，每个艺术家都不一样。徐震这样的艺术家我也总结不了，他总有一种轻松的颠覆，也是一个悖论，因为抽空本身也是一种颠覆，但是他不是那种"推翻式"的颠覆。他的作品给人一种奇怪的感觉，好多作品都会出现那种东西。一般我们没注意，或者不是大家常常注意的感觉，突然就出来了，我觉得这很有意思，很好。

黄专：还有一个是艺术史家比较关心的问题。你与长征空间的合作、与香格纳的合作，或者与巴塞尔合作，和你参加"威尼斯双年展"这类展览时，"艺术"对你来说是一回事吗？

徐震：基本上是一回事。

黄专：但是你和画廊的合作还是多一些？

徐震：其实在我的成长历程里面，我一直认为画廊是一个展示空间，因为我自己做。

黄专：但是你和画廊肯定要发生经济关系。

徐震：对。这几年来，特别是近三四年，我会很明显地意识到这是一个买卖空间。

黄专：这种思维影响你做作品吗？

徐震：不影响。

黄专：与画廊合作，你会考虑画廊的利益吗？

徐震：就是一种供需关系。

黄专：有一种心理默契？

徐震：对，这就很容易了！我觉得有关系就很容易了，我们的创作是要从没有关系的地方拿出关系来，那是比较难。比如画廊要生存，你代理我，我们有一个关系，我帮你做展览的时候，考虑一下这种供需关系，我觉得这对我来说是很容易的事情，而且没有这种道德情绪上的框架。当然，这也需要有一个磨合过程，商业有商业的规律。

巫鸿：当然，你和长征空间、香格纳都很熟了，但是你要去国外参加什么双年展，你还得和这些策展人有一定的沟通，不可能拿过去就展吧？

徐震：对，肯定每一次都得磨合，你要跟他们介绍项目，然后根据他们的主题，包括个人的喜好做，还是要磨合。

巫鸿：这是一定的。

黄专：跟这种系统发生关系，一种可能是人家要这件作品，或者要你创作那种类型的作品，另一种可能是随便你做。

巫鸿：往往是他们要改，这很讨厌。

黄专：另外一个问题：你觉得艺术和新闻媒体之间的关系应该是怎样的？

徐震：其实我个人是比较好动的，也不服什么。我的创作从一开始的个人情绪性，慢慢过渡到反对景观，反对一些规则，现在开始倾向于反对一个系统，每一阶段总是有一个反对的对象。不过做的时候，可能也是机缘巧合。《8848－1.86》（图 7）是那个阶段比较巧合的一件事情，可能到后面的《饥饿的苏丹》，这一阶段就完成了。

黄专：我觉得《8848－1.86》几乎把传媒的所有元素都用上了，真实和虚拟、显性和隐

图 7 《8848－1.86》，徐震，2005 年，单频录像，8 分 11 秒。图片由艺术家和没顶公司提供

性的传播效益都把握得很好。

巫鸿：把装置做完了，再毁掉装置，这是什么样的概念？

徐震：这个概念其实是反景观的，因为觉得做一个装置很麻烦，大家整天面对的是一些大景观，其实是起源于这样一种情绪。我认为最好的展示方式，是在媒体上印刷这件作品，在报纸上出现这件作品，我觉得比把照片挂在展厅里好。

巫鸿：所以你还是需要做，只是把实体本身给消解掉？

徐震：对。

巫鸿：有意思。因为大家强调物质性，整天没完没了地讨论物质性的问题。这又回到抽空的问题，因为抽空以前还是先得做出来，要不然就没有"抽空"的问题了。那件扔东

西的作品，你要是不用人而是用机器的话，怎么扔呢？

徐震：一开始是想用机器，但是后来做不了，因为创作的东西有大有小。在中国用这么短的时间还是觉得有问题，后来还是算了，最后还是用人。

巫鸿：不过人在哪里扔有一种不同的概念，就像一个行为似的。

徐震：对。这件作品叫《意识行动》。

巫鸿：其实做成机器应该也挺好玩的。

黄专：原理应该不复杂。

徐震：对。

黄专：会让人有一种惊奇感。

巫鸿：我觉得这对于美术史研究会有一种刺激。因为美术史确实很强调"看"，这件作品把"看"给去掉了。如果我让学生描述这件作品，他们肯定描述不出来。

黄专：其实未来主义已经涉及了这个课题：怎样在空间中看时间。当然，它是在另外一个语境中提出的。

巫鸿：有一个概念叫"低技术"（low technique），和"high technique"相对应，它也牵扯到一些很有意思的问题。

徐震：属于那种想弄，马上就能弄，那也只能是"低技术"了。

巫鸿：但是"低技术"本身，似乎技术并不是那么猖獗。

徐震："低技术"也变成了一种美学。

巫鸿：对！但并不是科学和艺术的关系问题。"中东展"中的很多作品都是用布来纺织的是吗？

徐震：对。因为我感觉，作为一个中国艺术展是有画要装饰的。

黄专：我去过"没顶公司"的生产车间，就像早期手工业作坊，和林天苗的那个工厂一样。

巫鸿：这些我都看过。我还给张洹的工作室写了一本书。

黄专：哦，对。从某种程度上来讲，和所有"类像"（或"仿真"）生产一样，运用系统的符号方式生产艺术品几乎是一种不可逆的趋势。鲍德里亚对此很悲观，在消费社会里，象征交换的死亡几乎是必然的，他的《象征交换和死亡》就是讨论这个问题的。原来由历史积累和附着在艺术作品身上的意义，最后都会因为这种生产性质而被"抽空"。

巫鸿：“没顶公司”做一个“徐震”的品牌，这是一个比较典型的符号生产。

黄专：对。你面对这个问题，又怎样可以逃出这个系统？

巫鸿：把名字的意义改换，我觉得这很有意思。咱们先不管赫斯特和阿玛尼，大家都知道，他并没有置换这个名字的意义，只不过是有一种骗局在里面。

徐震：所以有时候我更像一个演员，真的演还是假的演，可能演到最后，自己也不是很清晰。

黄专：没有剧本的演员。

巫鸿：真是有点像《绿野仙踪》里面的那个在后头操纵的“大魔法师”。

黄专：有没有可能有一天你会脱离这个系统，变成一个纯粹的艺术家？

徐震：完全有可能，因为怎么设计最后都逃脱不了人性。

巫鸿：那个时候就进入艺术史了，这个阶段就成了。

黄专：哈哈！现在巫老师面临的最大困惑就是怎样把你写进艺术史。写“徐震”是个陷阱，写“没顶公司”也是个陷阱，这的确是艺术史的一个新课题。为什么这个谈话我一开始要描绘一个观念艺术的历史框架？我想，也许只有在这种框架中，我们才能体会和理解每代艺术家遭遇的特殊问题情境。比如说八十年代的那一批艺术家，王广义、张培力、顾德新、黄永砯的艺术遭遇、问题和逻辑就与邱志杰、刘韡、孙原、彭禹那一批艺术家完全不同，虽然“出人头地”是大家的共同目标，但由于竞赛规则、项目和场景的不同，他们打出的牌完全不同。如果说，他们主要还是面对各种外部压力，那么，你们这代艺术家也许更多面对内在压力，你们不缺乏国际机会，不缺乏传媒关注，甚至不缺乏资本的支持，你们的问题是需要足够强大的智力和心理，因为制造景观和颠覆景观是合二为一的工作。你们的问题反倒变成怎样面对自己。如果说上一代艺术家面对的还是某种"关系"游戏，你们选择的则是"内爆"游戏，自己设局，自己制造场景、规则。"没顶公司"代理"徐震"，这是个什么新玩法呢？是游戏的升级版还是只是一个循环？

徐震：对，就像 1.0 到 2.0……

黄专：是个升级版本。它拒绝理论。

徐震：的确是，难度也就在这儿。

黄专：你可能讨很多人喜欢，也可以让很多人落入陷阱，但是最后落入陷阱的也许是你自己。

徐震：你在看黑洞，黑洞也在看你。

巫鸿：有很多成功的画家，其实就是进入这种处境。

黄专：其实说起来还是一个理论问题——"超真实"。你自己运转，但是这个"超真实"是随时可以破灭的，因为"超真实"是建立在幻觉基础上的，是建立在你自己设定的游戏规则和符号的系统上的。

巫鸿：如果市场饱和了，真的会有这个问题。符号系统也会饱和的。所以他的这种变化性，当然也有一定的预防作用。你的作品一般不会给我感情上的刺激，或者是心理上的刺激，除了《饥饿的苏丹》那件作品，你自己是什么感觉？

徐震：对我来说它有一个感情上的刺激，因为那个作者自杀了，他是被他所创造的一个东西弄得自杀的。我们不管是什么原因，我觉得这很像艺术家，因为艺术家其实一直在承担他所创造出来的东西带给他的压力。

巫鸿：除了这件作品，你是不是没有用过真人？

徐震：行为的作品有。

黄专：你自己不做行为的作品？

徐震：不是，第一件作品就是行为。

巫鸿：还有《彩虹》（图 8）的那件作品。

徐震：对，还有《喊》（图 9），其实我理解《喊》这种都属于行为，包括那个恐龙也是一个行为。

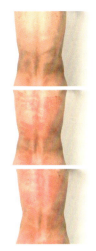

图 8 《彩虹》，徐震，1998 年，录像，3 分 50 秒。图片由艺术家和没顶公司提供

图 9 《喊》，徐震，1998 年，录像，4 分钟，投影、DVD 播放器、彩色立体声。图片由艺术家和没顶公司提供

巫鸿：我觉得这个还不太一样，这种是把原来的媒体转化为更暴力的东西。

徐震：其实我觉得那件作品有一部分是大家一直忽略的，就是观众拍的那张照片。

巫鸿：哪张？

徐震：一个小孩和一只老鹰，观众会拍。这张照片其实和卡文·卡特原来拍的那张照片放在一起是挺震撼的。如果这件作品有一个句号的话，那个句号应该是在那里。

黄专：但是观众可能已经不会有看照片时的那种冲动了。

徐震：如果从社会的角度看，我觉得这两个东西放在一起是比较好的。你说这是盗版吗？其实不一定是盗版。

巫鸿：不是盗版，我觉得有一种媒体的智慧，还不只是内容的问题。

徐震：复制一个现场，但是结果和前面是完全不一样的，这是另一种现实。

巫鸿：照片给人的刺激是很大的，因为照片就是真实的。这个时候你把材质替换掉了，一方面是还原到照片以前的真实，另一方面是完全工业化的东西，距离拉得很大，给人一种恐怖的感觉。

黄专：照片是真实的模本，这是柏拉图意义上的艺术，但这件作品通过"征用"卡特的模本制造出一个新的符号性的真实，现在，这个真实比那个现实更真实。就像由各种幻觉符号组成的迪士尼乐园已经成为另一种比真实还真实的现实，现在，"不是迪士尼

409

乐园像美国，而是美国像迪士尼乐园"，这就是所谓的"超真实"。

这类通过图像符号制造视觉真实的经验是原来的观念主义没有涉及过的，安迪·沃霍尔挪用大众符号为这种经验打开了一扇门，达明安·赫斯特、马修·巴尼，特别是在马修·巴尼那里，制造"超真实"成为一种艺术表达的常态。《悬丝》其中的一个场景是古根海姆美术馆（一个有象征意味的场景），场景中所有的道具都有来源，所有的视觉符号都是征用，但是它们组合起来成为一种新的"景观"，一个"超真实"，类似经验的积累会让我们的大脑产生一种残留的幻象，"超真实"也就变成我们一种赖以生存的观看经验（3D 星际科幻片、网络视像都在培养和固化我们的这种视觉经验）。卡特的那张照片在我们看到徐震作品之前和看了作品之后给予我们的视觉经验是完全不同的，这就是"超真实"带来的东西，就像我们对美国的印象永远离不开"米老鼠"，似乎它真的就是美国性格的化身：一种粗野的幽默感和一种善恶两极化的平面逻辑，但是，是真实的美国具有这种性格，还是"米老鼠"塑造了这种性格，我们已无法分清（也

没必要分清）。

巫鸿：脑子特别古怪！我又要说肯德基了，咱们不是到处都有肯德基的像吗？美国也到处都是，但是有一个美国人来到中国以后说："这儿怎么摆这么多列宁啊？"他对这里的环境完全不熟悉。

徐震：那是属于"超级意识形态"。

黄专：在景观社会中，符号是在资本消费系统中生效的，没有上下文，符号是没有意义的。徐震的这些作品对这些原理掌握得很好，很平衡。也就是说，这种适度的酷和比较诡异的嘲讽，都比较适度。再比如他那些政治性比较强的作品，像《意识形状博物馆》也符合阿尔都塞讲的在虚拟仪式和游戏中的程序控制。

徐震：我其实是没内容的。

巫鸿：对，他大概是因为在上海的关系，没有那种理论或者意识形态的压力。

黄专：比如说杨福东，他有一种可以让人接受的趣味，徐震这里没有。

巫鸿：杨福东没有那种意识形态的压力，虽

然他也在解构。

黄专：杨福东比他更像上海的艺术家。

巫鸿：他那个趣味很专门化，当然他也在扩张。我觉得他也是一种非理论化的产物，所以又产生了另一种意识形态。

黄专：我们今天其实谈了几种眼光，一种是理论的眼光，一种是纯粹欣赏的眼光、纯粹趣味的眼光，还有一种就是艺术史的眼光。

巫鸿：还有方法论的问题，大概还有很多余地来产生一种奇异的爆发。现在你还有什么其他的计划？

徐震：4月底在长征空间有一个个展，我们用世界各地的那些游行的路线设计出一个花园，可能有十几条这样的路线，构成一个很舒服的花园。人可以在里面走，也有一些提示。但是我们想把它做成一个像"语境"一样的展示平台，这里面不断地播放各种作品，其实也是一种干扰。我们想讨论的是，没有这个展示平台的时候，你怎么看这个作品？在这个展示平台里面，你又是怎么看这个作品的？

巫鸿："徐震"作为品牌怎么表现？

徐震：没顶公司发布代理"徐震"的新闻。

巫鸿：你一般做展览的时候不出国？

徐震：对，我不坐飞机。

巫鸿：为什么？

徐震：恐机。

巫鸿：真的吗？可以坐船啊。

徐震：我就试过一次，去韩国是坐船的。

巫鸿：我觉得现在谁要是坐船去美国，那很了不起。

徐震：时间太长了！

巫鸿：大概要坐一个月吧。

黄专：在二十世纪五十年代以前，坐船似乎是一个很常见的选择。

巫鸿：一定会很有意思。

黄专：要是再年轻一点就会更有意思，像《围城》描写的那样，有个艳遇什么的……

巫鸿：我原来在上海当过一段时间的水手。因为从小就喜欢航海，"文革"开始的时候，我第一件事就跑到上海的轮船公司去当水手。

徐震：自己选的？

巫鸿：自己选的。

黄专：是沿中国海航行？

巫鸿：当然不能出国了。从上海到大连，上海到青岛。唯一的事情就是拿锤子凿铁板，从船头把锈凿掉，凿几尺之后涂上柏油。一开始凿得脸都发肿了，因为是铁锈粉。一直凿到船尾，然后船头又生锈了，再回头……

黄专：那算是什么工种啊？

巫鸿：就是水手。平常在海上没别的事，到了港口就帮着卸货。

徐震：管吃管住？

巫鸿：对，很孤独，很美好。

时间：2013 年 5 月 18 日
地点：北京
对话人：巫鸿、黄专、徐震
录音整理：方立华

注释：

[1]原文载《运动场——徐震 - 没顶公司出品》，非正式出版，2013 年；《艺术世界》，2013 年 8 月刊。本文按作者最终修订稿收录。——编者注

一次理论冒险[1]

王令："气韵生动"是你论述中国抽象艺术的一个主要概念，也是你论述抽象艺术的理论支撑吧。"气韵生动"作为传统艺术的概念，在现今用来作为抽象艺术的论述，你觉得还适用吗？

黄专：我承认2007年为在深圳、北京、香港和纽约四地策划的"气韵：中国抽象艺术国际巡回展"所写的这篇短文是一次理论冒险，它希望在空间与时间上完全不同的艺术之间建立的理论联系并没有多大说服力，但要说这种理论冒险完全没有理据也不符合事实。事实上，这个展览的八位参展艺术家的实践都旨在建立意象性的古典艺术与抽象性的当代艺术之间的某种神秘联系。

从1993年我首次提出"实验水墨"这个概念到这个展览，有一个深刻变化的国际性语境，那就是随着全球化问题诞生的区域艺术独立发展的问题，显然，在这种背景中，将中国传统水墨作为一种身份选项，就必须寻找它与当代艺术的语言共识和价值共识，"抽象"和"自由"就是我寻找到的两项共识。

王令：你所说的"抽象是一种关于自由的表达"，"自由"指什么？抽象艺术在你看来只是精英艺术吗？其他理论家在论述抽象时，一般谈到逻辑、理性，依照的是西方现代艺术的脉络及其西方社会语境，你觉得这样的论述是否偏颇，符合中国艺术的国情吗？在你看来，"抽象艺术"与"抽象水墨"在概念上有何分殊？抽象水墨是否就是中国的抽象艺术呢？或者是其他的水墨样式吗？

黄专："气韵"是中国古代的抽象理论，从另一种角度看，也可以说它是一个反抽象理论，当然，准确地说它是一种意象理论。它与当代格林伯格式的抽象理论至少有三种气质上的共鸣，首先，它们都肯定艺术对传统的高度依赖，传统与个人创造的辩证性构成了这两种抽象理论的第一个共鸣，当然，从差异上看，前者更强调这种辩证关系的统一性而后者更强调这种关系的冲突性；其次，两种理论都旨在建立人与自然间的某种特异的内在关系，只不过前者更强调这种关系的意象联系，而后者更强调这种联系的形式内容和材料内容；最后，两者都强调艺术的精英本质和自由特质，反对各种教化性艺术与世俗性艺术对绘画的干扰，只不过前者的"自由"更侧重人与自然关系的和谐，后者的"自由"更侧重对人与人的社会关系的超越，当然，在关于精英与自由的内涵、外延和依据的社会和艺术语境间，两者也具有完全不同的内容（关于这种差异，我的短文已简单阐述了）。简单地讲，我在展览理念中对两种理论的比较主要是就其形式特征而非其内容特征而言的。

了解了这一点，你就会知道我甚至不太赞同"抽象水墨"这类的概念，不仅因为抽象问题已经是西方艺术史上已经解决了的问题（无论在理论上还是实践上），而且因为它不是适合水墨这种形式材料解决的问题，事实上，我选择的八位"抽象的"艺术家所要解决的都是抽象表现主义艺术以后的抽象问题，这是有没有可能在中国古典语境、艺术家个人经验与西方当代艺术观念的复杂语境寻找抽象主义以后的抽象之路。任何艺术风格术语和概念在规定了我们谈论的对象时，事实上又遮蔽和删除了我们谈论对象的许多特征，在使用"抽象"这个概念时，我们应该牢牢记住这一点。

时间：2013 年 9 月 13 日
采访人：王令
邮件采访

注释：
[1] 本文是作者对《新视觉》编辑提出的系列问题的书面回应，标题为编者根据内容补加。——编者注

艺术的自由在于它只为自己生产自己[1]

与黄专先生的见面，是在他离开北京的五天前。后来，在微信上突然看到了他的《别了，北京》一文。然而，见面的那天压根儿就没想到问他为何离开：一方面可能是我对这种事情的迟钝；另一方面，我觉得离开、回来、再离开是很正常的事情，就像出差、旅游、驻外工作，今天不就有很多人过着候鸟一样的生活吗？然而，事情似乎不妙，因为这意味着一件事情的夭折，也许还是终结。

艺术与政治

康学儒： 现在有一个主流观点认为，现代主义是自律的艺术，是关于艺术本身形式的问题；而当代艺术是介入社会，回归日常生活的艺术，你是怎么看的？

黄专： 这样的两分法也许对我们理解"艺术"是什么性质的活动并没有多大帮助，艺术是一种纯粹审美的活动或艺术是一种社会、政治活动的观念早在现代、当代之前就已经存在，例如，古代中国文人就强调艺术的"自娱"功能，而艺术必须为某种特定的政治和社会价值服务的观念则更早，只是到了近代，康德才通过从人类认知领域划分出"判断力"一块，使艺术成为独立于科学知识和道德知识的自律领域。"艺术自主"虽然是现代艺术的核心观念，但唯美主义、形式主义绝不是它的唯一思潮，相反，各种形式的前卫运动始终将艺术与社会置于某种紧张的关系之中；同样，当代艺术一般被我们理解成激进的或犬儒性的社会运动、政治运动或语言观念运动，但强调"艺术自律"的艺术家始终坚持着他们的阵营，并不断创造出在任何意义上都能称得上伟大的作品，如莫兰迪、马格利特、弗洛伊德或培根。在中国，我们也能举出一些例子。

我的观点一直没有改变，如果说要在艺术的"自主派"与"政党派"之间做出选择，我会坦率地承认我属于"自主派"，即承认艺术有不依附于任何党派利益的独立价值。

我在八十年代就一直坚持这样一个观念：我们不能既当艺术家，又当文化斗士。在当时的情境中，大家对这样的观点很不以为然，因为那时的现代运动对所有人而言都是一场激进的社会革命，艺术首先要面对的就是意识形态对抗。我认为我在八十年代写的最重要的一篇文章是《中国现代艺术的两难》，在那篇文章中我强调，艺术家不面对艺术自身的问题以及这些问题所处的情境，那么他也许既无法完成那些大而无当的文化、哲学、社会使命，也将使艺术处于无所事事的尴尬处境。艺术就是艺术，艺术首先必须面对艺术自身的问题，这既是一个现代问题，也是一个当代问题。直到今天我依然坚持这个观点。

康学儒：艺术就是艺术，那什么是艺术呢？为艺术而艺术，回归到艺术内部，把玩形式语言吗？或者用流行的话说，就是坚持"语言学转向"。

黄专：把艺术问题仅仅归结为语言问题或形式问题，本身就是对"艺术自主"的最大误读。其实，属于艺术自身的问题很多，纯粹形式的问题只能算是其中比较现代的一个品种。艺术的核心特征是以视觉方式认知世界的问题，尽管这种认知在不同历史阶段有着完全不同的方向和方式，康德正是在这个意义上将艺术从从属于纯粹理性的科学认知和从属于实践理性的伦理认知中区别出来的，他强调这种认知是一种"无利害关系"的审美沉思，是一种"无目的的合目的性"的认知行为，这正是"为艺术而艺术"的原始含义。阿恩海姆在六十年代撰写《艺术与视知觉》一书，正是针对艺术领域脱离艺术生产的知觉特征日益空洞化、抽象化的理论现实而作，贡布里希对艺术史的研究也始终围绕人类在艺术领域的视觉认知方式进行。艺术的第二个核心特征是它始终是一种关于技艺的生产，一种根源于物的图像创造，一种制图活动，尽管这种创造在不同时代采取了完全不同的媒介方式，贡布里希正是在这个意义上讲"没有艺术这回事，只有艺术家"这句话的。

当然，在现代艺术中，艺术的这两个核心特征发生了十分微妙的变化，它与人的其他认知方式处于某种更为复杂的关系之中，如与人类概念语言的关系、与人类哲学认知的关系、与人类政治行为及权力行为的关系以及与最世俗的经济活动的关系都变得空前紧密，以至于有些学者开始把"关系"作为艺术的一个本质，把艺术中的交流、观看和互动夸大到不恰当的地步。针对这样的情境，我想说的是，我们如果将"关系"作为本质，以"关系"取替本质，那么无异将一个人的婚姻状况等同于这个人，将一只宠物狗与主人的关系等同于狗的本质。艺术可以表达政治问题，可以表达社会问题，也可以表达语言哲学探询的问题，但归根结底，这种表达只能在视知觉范畴内通过技艺的创造来完成。在讨论王广义艺术中的政治问题时，我说过这样一句话："他只关心艺术中的政治问题，不关心政治中的艺术问题。"在艺术与政治的关系中，你也许只能取一端。

康学儒：艺术家首先是一个社会中的人，只不过多了一个身份。如果他以艺术家的身份参与社会改造，你怎么看他的这种社会实践？

黄专：这涉及对艺术家主体身份的定义问题，艺术家可以是一个激进的社会活动家、政治领袖、教父或者任何掌握世俗权力的人，但如果珂勒惠支仅仅是一个道德同情者，毕加索仅仅是一个和平主义者，博伊斯仅仅是一个绿党领袖，我想我们永远不会将伟大艺术家的称呼加在这些名字前面。博伊斯与绿党的分手与其说是因为政见不同，不如说作为一个艺术家，他不可能采取政治家的态度和方式表达政治。

那么，什么是艺术家对待政治的态度呢？我曾在四川大学鲁明军主持的一个讲演上讨论过这个问题，这篇讲演稿就放在我的微博上。简言之，艺术家的政治表达与昆德拉对小说的描述相同，它应该是不确定的、游戏性的、"非介入式"的，甚至是"玩笑性"的，它不应负载任何恒定的道德立场，因为任何将艺术视为政治预言和对恒定真理的价值表达都与艺术的认知本性不符，艺术永远是对人的不确定的生存状态和感知状态的质询与探究。昆德拉说，发现未知是小说的"唯一道德"，这句话在我看来用在视觉艺术上同样合适，我一直认为，"艺术必须是政治性的"是后现代哲学对艺术的粗暴绑架。

康学儒：你认为衡量艺术质量还是存在某种"标准"，如果以这样的标准对艺术家的一生进行判断，我们可能会面临这样一个尴尬结果：有的艺术家在某一个阶段是艺术家，在另一个阶段可能不是。

黄专：当然，不给我十年或二十年的时间，我也许根本没可能对一个艺术家的质量进行有效的史学判断。去年CCAA评奖，七位中外评委仅花了两天时间就对二百多件大多数我们连名字都叫不出的艺术家的作品进行了评选，这个表面上看十分荒诞的事情，却由于我们找到了某些共同认知和默契的专业标准而变得合理起来。我还是相信，即使在我们这样一个高度相对主义的时代，只要有好的眼光，还是能选出好的艺术的，只是比例会更低一些。也许没有一个真正适合艺术生存的时代，也没有一个关于艺术质量的绝对标准，但如果因此而放弃艺术生产质量的标准，那么，艺术竞赛的游戏就无法进行，也许现在我们唯一能够肯定的是：那个一亿元的拍卖纪录不是一个艺术质量的标准。所有判断都不可能是绝对的，从人性的角度看，我们不能要求艺术家一生只能从

事与艺术相关的创作，一辈子只思考艺术的事情，他完全可以经商从政，但我担心的是，我们会将两种性质不同的活动混为一谈。

康学儒：如果混淆了呢？

黄专：混淆会导致艺术质量的下降而不是上升，政治宣传的艺术，依从商业的艺术，从根本上讲与"无利害关系"这个定义没有关系了。艺术的自由在于它只为自己生产自己，我曾称顾德新是"只为艺术生产作品的人"就是这个意思。这是一个很现代主义的观点，它可能跟后现代主义对待艺术的无政府主义态度格格不入。一个艺术事件如果产生了社会影响，不管在伦理意义上是善还是恶，都不足以成为我们衡量其艺术质量的标准。

康学儒：艺术是一个本质性的东西吗？

黄专：这个问题近乎毕达哥拉斯形而上意义上的圆，也许在现实世界中没有一个真正意义上的"圆"，只有接近圆的活动，但如果我们因此而否定那个圆的存在，就等于否定了艺术本身。理解这个圆，不是语言风格问题而是一个价值问题。

康学儒：你的这个观念和格林伯格的艺术思想在本质上是一致的，就是找艺术的独特性，找能区别于其他思维的特征。晚期现代主义艺术家响应格林伯格的说法，最后搞纯艺术。

黄专：格林伯格的确是现代主义艺术自主原则的一个封闭性的高峰，或者用一个不敬的话说，一个"教条化"的高峰，他的观点有形式主义和前卫主义的两重性，我理解的艺术自主也许比他更加开放，也更不具党派色彩。在我看来，不仅形式主义、前卫艺术，就是观念艺术、后现代艺术也都有艺术质量和艺术标准的问题，观念艺术的确提出了很多超越审美趣味、超越视觉语言甚至超越主客体关系的命题，但只要我们还是在艺术的范畴中谈论这些命题，它就也应该有艺术自主的问题。艺术在某种意义上是件很抽象的事，在更大意义上又是一件十分具体的事。

康学儒：排除艺术的社会功能性，回到艺术内部。其实艺术内部也可能非常功利，比如艺术家之间总是要体现出不同和差异，而

为了追求这种差异，艺术家往往会在细枝末节上为了差异而制造差异，结果便是我们现在看到的，很多作品大同小异，本质上没什么变化。

黄专：这也许是一个事情的两方面，一个好艺术家，首先必须在艺术的历史情境中找到适合自己的艺术问题，他需要一个参照系和定位坐标，找到问题只是解决问题的第一步，接着你就不可避免地进入贡布里希所谓的"名利场逻辑"，别人做了的我不做，别人做了的我以更好的方式做，这不单纯是功利问题，也是艺术意识、问题意识的问题，在艺术史上有时很难在艺术家出人头地的欲望和真正的问题意识之间划出一条清晰的界限。

康学儒：但现实的问题是，艺术家的问题意识，参照系是一样的，比如市场认可。在这种情况下，艺术家的创作只是你画的是圆，我画的圆比你的圆更圆一点。同时，他可以无限多地阐释他的问题意识，而在绘画形式上，确实也有那么一点点小差异，但在本质上确实没有什么两样，你不觉得

卖得好的一些画廊全都在做偏抽象一点的、图案花纹似的东西吗？你所谓的纯艺术的标准到底是什么？

黄专：这个标准我们上面已经讨论过。谈论艺术的确常常会遇到这样的尴尬，我们好像在讨论一个共同的话题，但心理方向南辕北辙。我想象的是一个圆，而你想的是另一个圆，最后，标准成为因人而异的心理尺度。例如，我觉得顾德新的艺术最接近我心中的圆，而一些哲学家则认为顾德新那只是一场与市场相关的秀，这个我就没有办法跟他统一了，甚至进行讨论的余地也没有了。我只有希望我的这个标准是符合自己的知识判断的，并不期待这个判断影响他人，我只能说，如果这个标准没了，我就说服不了自己为什么要做艺术，为什么要选择做艺术，所以，最后艺术也许就变成了一件十分个人化的事。

艺术与哲学

康学儒：艺术是需要建立主体性的，那你怎样看待艺术跟哲学之间的关系？

黄专：在整个人类历史的智力竞赛中，只有艺术与哲学的智力性质和程度是最接近的，它们之间的关系也最为纠结，尽管一个是用抽象的语言思维，一个是用感性的形象思维。简言之，艺术与哲学在历史上经历了由古典时代的竞争对手、近代的合作伙伴到现当代主从关系的演变，最早的哲学家几乎也是最早的艺术批评家，柏拉图、孔子、庄子都是这样。早在柏拉图之前的古希腊，就已出现了伟大的荷马，出现了伟大的悲剧诗人、喜剧诗人和雕塑家、建筑师，那个时候哲学家和艺术家的关系更像一种竞争关系。近代哲学地位提高了，艺术通过"美学"更多地进入哲学讨论的范畴，但艺术与哲学的关系至少还是平行的，只是到了现代，艺术与哲学的关系才发生了一些微妙而根本的变化。

康学儒：如何理解这种变化？

黄专：进入二十世纪后，哲学遭遇了来自内部和外部的双重危机，一个是黑格尔全景式思辨哲学体系的坍塌，一个是科学主义分工导致的传统哲学三大研究对象的丧失（对第一存在的研究被现代神学取代，对物质和自然界的研究被现代物理学取代，对精神界的研究被现代心理学取代），回应这种危机，前者催生了现代哲学中的生命哲学、存在哲学、现象学，后者催生了分析哲学、语言哲学、科学哲学和结构主义、后结构主义。哲学总揽知识的地位的丧失并没有根本动摇它的神话谱系，哲学仍然被视为思考最本质东西的一门学问，仍然具有某种知识特权。

康学儒：这个问题在哲学家那儿也存在争论，在黑格尔看来，艺术家是为哲学铺路的，最终艺术的问题会转移到哲学家手里。但是作为黑格尔忠实信徒的海德格尔却断言，随着尼采的到来，哲学也终结了，反倒是艺术成为可以取代哲学的东西。而刚刚去世的丹托，宣布"哲学对艺术的剥夺"，"艺术终结"了。

黄专：的确，首先是尼采重新思考了艺术与哲学的关系，这种思考有明显的反思和激进色彩，尼采主张在强力意志原则下的艺术替代哲学，海德格尔强调以诗学替代理性化的哲学，都反映了一种来自哲学内部的反决定

论倾向。而丹托则代表了当代哲学重新解释艺术与哲学关系的另一个极端版本，一个黑格尔式思维的当代版本，丹托顶多算是一个艺术哲学家，他的学理层级并不高，但实践性地影响了战后的艺术世界，到现在为止，大部分艺术制度，如博物馆、拍卖行、策划人制度，几乎都与他的"艺术终结论"有关，艺术家、策划人、艺术品经纪人都在他的哲学论断中找到了自己的饭碗。丹托使波普主义的世俗逻辑具备了哲学色彩，我在一篇讲话中曾分析丹托哲学对艺术的剥夺，以及"哲学授权"如何转换成世俗意义上的"策划人授权"。

康学儒：丹托将艺术史划为三个阶段：第一个阶段从瓦萨利到贡布里希就结束了，这是经典艺术时代。第二个阶段是弗莱到柏林伯格，这是现代主义时期。第三个阶段则是他以哲学家的身份接近的艺术史。自从安迪·沃霍尔的《布里洛的盒子》出现，艺术家已经解释不清艺术了，艺术把艺术的问题交给哲学，由哲学家来处理了，也就是由他丹托来处理了。

黄专：丹托认为艺术不再受其内在必然性的驱使，它作为一种叙事逻辑的理由已经结束，进入"后历史"。艺术要存在下去，就只能使自己"上升"为哲学问题，我想，其实可怕的不是这种纯粹理论的臆断，而是这种臆断真正影响了我们的艺术史。你看，哲学家成功地将哲学自身的危机转嫁给艺术，现在是艺术该想想办法面对这种危机了。

康学儒：但在海德格尔看来，没有艺术的世界，就是一个冷冰冰的客观和科学世界了。

黄专：尼采也说过一句精彩的话：为了避免死于真理，我们必须拥有艺术。

时间：2013 年 11 月 12 日
地点：北京世贸天阶中间咖啡
采访人：康学儒
录音整理：康学儒

注释：

[1]原文载《艺术时代》，2014 年 3 月第 3 期 (总第 36 期)。原标题为《艺术的自由在于它只为自己生产自己 —— 与〈艺术时代〉杂志主编的谈话》，刊发时有所改动。——编者注

我们为什么看不懂当代艺术

主持人: 大家下午好,今天有幸邀请到两位艺术史家、艺术批评家吕澎老师和黄专老师一起来与我们交流一个问题。这个问题也是大家平时观看展览、面对媒体的时候常感到非常困惑的:我们为什么看不懂当代艺术? 首先用掌声把两位老师请上台来。

大家在手里的宣传单页中会看到我们对这个问题的预设。虽然我们今天在上海可以看到很多当代艺术的展览,看到不断兴起新的民营美术馆,比如最近刚刚开幕的余德耀美术馆以及它办的展览;上海城市将兴起的"西岸",那里将有一些艺术景观、艺术机构进入,这是今天我们正在面对的文化现实。

作为一位公民,除去原来常有的阅读书籍、观看电影,可能我们会慢慢多一种生活方式,这种生活方式就是走进美术馆,到美术馆去欣赏艺术作品。大家过去比较习惯欣赏中国传统的书画艺术的收藏,比如在上海博物馆,我们会看到很好的青铜器收藏,在其中会体会到一些原来比较熟悉的中国人固有的关于艺术、关于美的观念,我们通过艺术作品理解这些观念。但是一谈到当代艺术,我们会很无措,因为它让我们目不暇接,我们面对影像、装置、行为等很多形式,发现面对的当代艺术是五光十色的。我们需要很真诚地去了解,但总觉得不得其门,找不到进入的路径。

今天很难得请到吕澎和黄专两位老师做一个对话活动,我们主要的想法还是交流,希望大家把日常生活当中感受到的艺术现实及自己的观感谈出来,一起交流一下,可能会有助于我们来理解这个问题,也会有助于我们去理解当代艺术这件事情。今天我们的活动先从吕澎老师的发言开始。

吕澎: 谢谢大家。我们今天的题目在我看来其实是一个互通的问题,是所有想学习艺术或者学习艺术史,想了解文化、了解历史的人的问题。为什么呢? 因为我们每一次走进美术馆、走进展厅,都有可能遭遇过去从未见到的艺术现象、艺术作品。其实各个学校、艺术机构中从事艺术研究、艺术批评、艺术史工作的老师、专家,面对这些新作品和新展览时也会产生很多的疑问。所以,实际上我们为什么看不懂当代艺术，这个问题对于我和对于大家是同样存在的，就我个人来讲，这个问题有一个简单的区分。这次的题目是关于"当代艺术"，可是在我们过去的经验及一般认识当中，我们就用"艺术"这个词就完了。现在我们的媒体或者艺术刊物、著作等会不断提到当代艺术，似乎当代艺术跟我们过去的艺术之间有不同的地方，这已经构成了问题。我怎么来回应这样的问题呢？先非常简单地提示几个路径，谈一下我的体会，然后听听黄老师的意见。

第一，我们了解当代艺术也好，了解文学、诗歌也好，了解所有文化领域里面的创造或者新的现象，我觉得有一个最基本的判断路径：我们应该有一个历史的判断。我理解的历史的判断是什么呢？我们看到一件作品时，会知道这是谁在什么时候用什么材料呈现的一件作品。如果我们具备基本的历史知识，就会马上知道，这件作品也许跟我们今天所了解的社会发生关系，也许跟我们了解到的过去艺术的某一个现象、某一个艺术家或者某一种风格发生关系。不管怎么样，它总能够跟我们的知识背景发生联系，当然这里有一个很重要的问题点，是什么呢？大家都知道1949年之后的国际形势，中国跟西方世界在文化交流层面上几乎断绝了联系。大家去看一下过去的材料就知道了，非常麻烦，我记得五十年代大概是"反右"时，中国美术界还介绍过几期印象派，可是那几期印象派一介绍以后，马上"反右"运动全面展开，所以印象派被简单地批判为资产阶级形式主义的艺术，从此以后就看不到印象派了。换句话说，我们根本不了解发生在欧洲、发生在十九世纪末、发生在同时期西方的艺术现象及其他背景，所以我们很难知道更多的知识。我只是（用艺术领域）举一个例子，其实我们的整个人文学科领域都由于历史的原因，根本没有办法了解人类还存在哪些我们不知道的现象：我们不了解历史，不了解过去。

第二，与判断路径同时出现问题的就是教育。我们1949年以来的历次政治运动，尤其是"文革"，造成改革开放初期我们的美术院校几乎没有美术或艺术的教育，没有这个教育就没有这方面的知识。人就是一张白纸，看了什么书，看了什么风景，就会在大脑里留下记忆，可是我们没有。那时候我们有什么呢？那时候我们有毛主席语录、大字报，有批判资产阶级，有这些，因为大街上都能看到，因此，你的美术概念就来自这些。当然我们零零散散地会在不同的媒体里面，或者家里的老报纸、老杂志中看到一些，有点家庭背景的人可通过以前民国时期的出版物知道一点点。在我的记忆当中——我是1956年出生的——我从出生一直到1978年改革开放这么长一段时间里，除了在七十年代初期的时候，有一次有一位早年读美术的长辈送了我几本五十年代的老美术杂志，我很少有机会接触任何关于艺术史的知识。我学艺术史很简单，不像今天新华书店架子上、家里桌上摆的艺术书籍根本买不完读不完；我学艺术史的知识是去学校图书馆找，找不到就去省图书馆找，找到一本钱君匋老先生的《西洋美术史》，很薄的小册子。这是1979年到1980年我读大学二年级的时候。看到这本书，我如获至宝，可是不能借出去，只能在图书馆里看，我想反复阅读，怎么办呢？我就把它全部抄下来了。这本书就七八万字，文字全部抄下来，图只能靠记忆，回到家里反复阅读、背诵。为什么要背诵呢？因为要获得知识。那本书是1949年出版的，从古希腊开始到现代主义，大概写到抽象主义和未来主义、超现实主义。我是从这样一个路径知道了西方美术史的基本线索。这就是我们这些热爱美术、热爱艺术的人早期的

一个学习过程。

讲一个例子，今天大家比较熟悉的中国当代艺术家，在全世界都有名，张晓刚、周春芽，大家都知道他们，他们两个什么时候了解现代派的呢？是在1979年。有一天，他们俩到四川美术学院图书馆去，正好遇上了一套日文的《世界美术全景》，打开一看，发现还可以这样画画。之前看到的全是巡回画派和苏联社会主义、现实主义的一批画家的画册，都是五十年代印刷出版的，"文革"后期和刚刚改革开放的时候只有这些书看，能了解的就是苏联绘画。那个时候的记忆，只有这些东西。当我们脑子里面只有大字报这些记忆的时候，突然面对一个从未见过的艺术现象（当代艺术），那么对它的反应很简单，就是看不懂，不知什么意思，为什么会这样。这是我要讲的第二个问题——教育，我们的知识来源。

第三，我们的知识的更新状态。我们从大学毕业了，从艺术学院毕业，但是你的知识还是非常有限的，阅读、观看非常有限，所以当你走进美术馆、走进展厅，你还是会面临看不懂艺术作品的情况。再加上今天的社会生活日新月异，生活在一个城市，一两年以后有些区域的街道、房子可能就不认识

了，变化太快了。社会生活的变化导致出现新的艺术现象，需要你重新理解，所以这时就出现什么呢？知识的更新问题。当我们对一个艺术现象看不懂，是因为我们不能够把眼前的艺术现象跟它产生的原因、它里面要表达的可能性和我们的历史知识背景联系在一起。没有这种知识就不能理解这种艺术。我们过去有一个基本习惯，我们喜欢用一个词："审美"。美，或者好看，我们会讨论一个艺术作品的艺术性在哪里。我们过去有基本的常识性习惯，而当我们面对今天的艺术时，这些习惯不好用了。如果我们了解艺术史，了解历史观本身的发展，换句话说，了解史学史，了解艺术史学史，就会知道艺术观念在发生非常大的变化。所以我们会发现，简单地用形式分析、用风格学分析，这样的路径太狭窄了。我们也许要从政治、社会角度，甚至从文化学、语言的角度重新观察我们眼前发生的艺术现象。所以，我们为什么看不懂当代艺术？看不懂的原因非常多、非常普遍，甚至我们从事专门研究的学者，走进展厅，问他这件作品怎么样，他在不了解知识背景的情况下有时也无话可说。我们在发表看法前，先看艺术家在不在，了解有没有人写过他的批评文章，我们要跟艺术家沟通交流以及阅读那些关于这个艺术作品的评论，了解别人的看法之后，再调动我们自己的知识背景进行综合分析评估，渐渐地，我们才能说出自己的观点。所以，看不懂当代艺术，最核心的问题是对涉及艺术的过去的知识和综合知识的了解，这是一些最基本的方面。

什么叫"懂"？我们看到一件作品，比如说看到一朵花时，大众媒体经常会引用一些著名艺术家的格言语句。比方说毕加索，有人对他说："这个画我看不懂，我们很难理解，你说说究竟有什么意思。"他会这样回答："你知道窗外的鸟在叫，你听到了吗？""听到了。""听到了，你觉得好听吗？""好听。""那就可以了。"毕加索说，面对艺术也可以这样来理解。换句话说，这个懂是不同意义上的懂：是我们喜欢它的"懂"，还是我们知道了艺术家的某种想法的"懂"，或者是自己理解了之后的"懂"。通过自己的分析和判断，产生一个新的看法，让这件作品、这个艺术家他自己本来有的创作出发点，通过你的观察和思考的过程，衍生一些新的想法，这些想法有可能连艺术家自己都没有想到、没有顾及。实际上这个"懂"是非常复杂的，需要我们去分析。换句话说，用一般的经验，我们经常会听到说"这个画很抽象""这件作品用的是综合材料""如果它是古典艺术，我就明白它是什么意思了"。但是仔细想一想，古典艺术你真懂了吗？你懂的是什么呢？如果你问自己的话，你会发现，如果没有经过艺术史的学习，没有经过长期的宗教、哲学以及相关人文学科领域的知识学习，你所说的"懂"无非是"知道"，这是一个苹果，这是一个人，这是个男人，这是个女人，那个皮肤好像很有质感，你最多懂这个事。懂这个事有什么意义呢？这个事严格说来它不是艺术问题，男人、女人，只要一张照片，我们都可以解决这个课题。问题是当我们将一件拉斐尔的作品和一件文艺复兴早期基督教题材的作品放在一起时，它们之间究竟是什么关系？你会发现我们所说的"懂"就有问题了。不能说因为拉斐尔画得很像，乔托画得不像，我们就说拉斐尔画得好，乔托画得不好。这是一个笑话，实际上懂和不懂，仍然是关于大量的艺术、宗教、哲学知识的，当我们把这些知识归纳起来的时候，就能从一件宗教作品中识别出这个艺术家首先表现的是基督教的题材，他表达的是圣母和基督，他是从什么角度表达的，为什么要用这样的手法

和方法表达。一个个问题被剥离出来了，剥离得越深说明懂得越多。"懂"是什么？"懂"的本质不是说看到眼前的东西我们喜欢或者不喜欢，而是识别，所谓"懂"的本质是我们知识的加深。这跟文学诗歌的知识加深是不同的：文学、诗歌是通过文字，而艺术是通过图像、通过实物，通过铜、铁、物块以及各方面的材料综合在一起，在不同情况下你都能够进一步理解它、分析它、阐释它，甚至发展它，这就是"懂"。我们为什么看不懂当代艺术？这个问题还可以唤出我们为什么看不懂艺术。你说说你的"懂"是什么意思，你把你的"懂"和我的"懂"交流一下。我们做艺术史研究的时候，我主要是研究二十一世纪的艺术，我们也会了解古代的美术史、了解过去。但是我们和那些专门研究古代一个特定历史时期或者专门研究一个艺术家的专家相比，我们对于他的研究课题就不太懂，因为我们在那块的知识是有限的。这是我开场想说的看法，下面让黄老师谈一下。

黄专：坦率地说，我回答不了"我们为什么看不懂当代艺术"这个问题，不过也许我可以换一个角度尝试谈谈这个问题。我的问题

是：作为普通观众，我们如何通过当代艺术获得"观看的自由"。"自由"这个词，通常被理解为一种思想、一种行动，但实际上，观看也存在"自由"与"不自由"的问题。和表达的不自由相比，观看的不自由也许显得更为隐性。表面上看，观看通常是一种无语的主观行为，为什么也会涉及自由问题呢？我们可以举一些例子，比如说，在我们年轻的时代，如果你在家里看黄色录像带，你有可能被抓起来。这是观看的"外在性"的不自由。但在这里我想讨论的是另一种更深刻、更基础的观看控制，即我们内在的观看控制，一种来自主体自身的控制，一种"内在性"的不自由。在我看来，这是一种更大的不自由。我们对外部世界的观看不可能是纯粹先验性的，我们总是在某种特定知识和生活经验中进行观看的，对当代艺术的观看也是这样。在讨论这个问题之前我很想问问观众，你们是通过什么途径接触当代艺术的？

我先列出几个可能的途径：一是书籍；二是新闻，比如前两天蔡国强在黄浦江放焰火；三是市场和拍卖；当然，还有一个主要途径是展览。有没有愿意回答你主要是通过这几个途径中的哪一个接触和观看当代艺

术的？

观众：我自己学习当代艺术，我在当代艺术博物馆也有工作，我是通过展览。

黄专：这是专业型的观众，他了解当代艺术秘密的机会就比我们普通观众多得多，还有没有其他的观众？

观众：我年轻的时候是美术爱好者，那时候就是想看到不一样的东西，通过国内出版的画册以及国外带回来的一些，还有画家讲座上放的幻灯片，现在有互联网就更方便了，再有就是展览。另外还有以前交往的一些搞当代艺术的朋友，通过他们了解一下。很多人过去是搞写实的，现在转做当代，他的生活是不是当代，这个就不好讲了。我对这个话题感兴趣的地方是我们为什么看不懂？有时候画家是故意让你看不懂呢，还是他自己也不懂？有很多想通过当代艺术出名的人会苦熬，有些挣大钱了，还有一些被评论家评论之后就挣大钱了，是不是因为这个现象，所以当代艺术我们才看不懂呢？

黄专：再请一位女性观众讲讲。

观众：我除了展览还通过互联网接触。

观众：刚才那位女生说到互联网，我现在有一个疑问，对于我这种专业人士来说，大众看不懂当代艺术，我觉得很奇怪。现在互联网那么普及，所有信息都能够从互联网上得到，为什么在中国会产生这样的现象：大家都读不懂当代艺术。想听一下您的说法。

黄专：我试着作为一个观众回答这个问题。我是学习艺术史的，现在也研究艺术史、策划展览，但我们最开始接触现代艺术主要是通过阅读而不是观看。我跟吕老师属于同一辈人，二十世纪八十年代初在大学读书时就已经关注现代艺术了，他是通过钱君陶老师的一本书，我最早看的是鲁迅翻译的坂垣鹰穗的《近代美术史潮论》，后来是赫伯特·里德的《现代绘画简史》、阿纳森的《西方现代艺术史》。当时不要说西方的展览，就是看到西方作品印刷品的机会也很少，但1985年我在中国美术馆偶然看到劳森伯格的展览，这对我认识现代艺术是一次转折性的经验。那个展览现在想起来的确是一个偶然事件，没有任何历史的合理性，但它从根本上改变了我对现代艺术的认识。后来我写了篇《波普的启示》发表在1986年的《美术思潮》上，就是这个展览刺激的结

果。这个展览提醒我们在印象派、立体派、表现主义、超现实主义、抽象主义这样一些现代主义风格谱系之外还存在一个观念艺术的谱系。浙江大学沈语冰老师最近几年重新翻译了很多重要的现代主义的理论著作，希望我们重新反省一下我们自以为看懂了的现代艺术和当代艺术。"震撼"（shock）是十九世纪法国诗人波德莱尔在他的作品中体现出来的一种新型的现代性经验，进入"现代"后，我们的世界变了，不仅经济生活、社会生活、艺术生活，包括我们的视觉观看经验都变了。"震撼"已经成为现代艺术的一种恒常价值，创造使人惊奇的作品成为艺术家们竞相追逐的目标，这个价值首先带来的是艺术和传统观看经验的断裂，功能决定形式，看不懂自然成为现代艺术的一个重要特征和手段，这与宗教艺术力图最大限度地使观众接受的历史动机完全不同。所以我想说的第一个问题是，所有观看其实都是关于知识的观看，而在观看知识中，很重要的一部分是关于艺术史知识的观看，如果你希望"看懂"当代艺术，我建议大家首先了解一下它的来源和历史。

　　第二，我们对艺术品的观看通常不可避免地是片面、局部和断裂式的，很难真正看

到艺术的"全貌"。巫鸿先生在《美术史十议》中有一个关于艺术品的有趣概念——"历史物质性",所有的艺术品并不自动显现为历史的形态,它需要我们的历史研究使它真正被"还原"和建构为一件艺术品,所以我们通常条件下看到的一幅油画、一件雕塑或者一件现成品装置都只能叫"实物",只有在历史研究中实现了语境还原和重建的艺术品才能被称为"原物"。对我们普通观众而言,无论是在书本上还是在展览中,几乎很难获得"原物"的观看,所以"观看"总是某种片段的观看。杜尚的小便池并不是在它进入展厅的那一刻就被视为艺术史"经典"的,它的历史意义是在二十世纪二三十年代"达达主义"运动,尤其是五六十年代观念主义运动中被逐渐发掘出来的。其实,每件艺术品都是一种单体生命,艺术家将它生产出来以后,它就沿着自己的生存轨迹发展,并不完全服从艺术家的意志,所以,真正的观看应该是一种历时性的观看。对普通观众而言,"看不懂"一件当代艺术作品是十分正常的,每个人以片段的方式去观看当代艺术是一个合理的常态,承认"看不懂"当代艺术、承认反感当代艺术并不丢人,普通观众在观看当代艺术品时常会受到各种艺术解释权力的暗示、诱导、左右和施压,博物馆、策划人、批评家、拍卖市场、时尚新闻都有可能成为我们观看经验的控制者,它们会使我们产生"观看的焦虑"。所以,一个普通观众对当代艺术的观看,首先要服从自己的直觉、趣味和经验,如果不喜欢就应该果断地拒绝,主动克服这种观看的焦虑;如果喜欢,我就建议通过艺术史的方式了解它们、审视它们,找到喜欢它们的理由,只有在观看时保持对任何可能的控制权力有意识的警觉,不轻易屈从时尚的压力,我们才能真正获得观看的自由,成为一个自由的观众。

第三,这是一个普通观众可能同样十分纠结的问题:当代艺术能不能进行"观赏"?一般观众去美术馆和博物馆的主要期待是观赏,对他们而言,艺术品首先必须具备观赏性,但这种心理期待其实并不是与生俱来的,例如对艺术品中的"美"进行观赏的习惯在西方至少是从十七八世纪才开始的:艺术品必须是理性和谐的,应该比例平衡、色彩悦目,对大部分普通观众而言,这些观看预期是在美的观念流行后才逐渐培养起来的。一个十八世纪培养出来的观众对当代艺术无所适从也许是再自然不过的事情,当代艺术,尤其是观念艺术在很大程度上是反审美，甚至反视觉的，但我觉得，我们普通观众有权力讨论当代艺术的"观赏性"，甚至把它作为我们观看当代艺术的一个主要理由。事实上，最近若干年，一种新型的当代审美观正在慢慢复苏，近期西方举办的大量现代主义或者当代主义早期的一些大师作品的展览都具有很鲜明的美学观赏特质和视觉效果，如果说当代艺术对于我们普通观众有什么意义，我的看法是，它除了"震撼"，还应该带给我们更大的观看自由，而不是限制这种自由。"观看的自由"就是用理性的态度去控制、发现、表达自己观看行为的自由。如果我们在当代艺术中无法获得这种自由，即使我们真正"看懂"了当代艺术，在我看来也毫无意义。

上海市民也许是中国最幸运的市民、最幸运的观众。上海现在有最好的博物馆、最好的艺术家、最好的美术馆、最好的博览会，世界上最好的策划人也都以能够在上海做展览作为一种荣耀，但我们的普通观众能从这样的环境中获得什么呢？这大概就是我想提出来和大家讨论的问题。谢谢。

主持人：非常感谢吕澎老师和黄专老师给我们做的演讲。先向两位老师说一声抱歉，作为主办方，我们提出这样的议题从某种意义上来讲是把两位老师架在火上烤。当我们提出"我们为什么看不懂当代艺术"时，两位老师回答时好像默认他们要变成当代艺术的辩护人，好像默认两位老师是要说我们现在告诉大家，大家要来看当代艺术，因为当代艺术如何如何好。但是，事实上两位老师默认的前提并不一定是这样的。

我们写这个题目的时候，其实对于两个预设，我们大家还没有达成共识。第一个预设，什么是当代艺术？刚才两位老师也分享了他们接触当代艺术的路径，或者说接触艺术的路径，我们可以感觉到关于当代艺术这件事情，它的内涵和外延并不是很清楚的。其实我们绝大多数的观看者是以一个十八世纪观众的经验进入美术馆的，而实际上，从十八世纪到现在，中间至少隔了两件事，一件事是现代艺术，一件事是当代艺术。"现代"本身就是一个时间的观念，它不像之前的古典主义或印象派是有明确的主题和技法特征的。现代艺术已经是一个要用时间性质去界定的概念，而我们好不容易在现代艺术中总结出了一些关于现代人的疏离、孤独的共同性质，还没仔细琢磨的时候，我们又发现当代艺术来到面前。而"当代艺术"就更是一个未完成的状态。我们文景艺文季第一届有一个活动主题就叫"当代：未完成的艺术"，其实就是说，关于当代是什么，我们本身就没有很好的界定。在这样的情况下让两位老师回答"我们为什么看不懂当代艺术"这个问题，是必须说一声抱歉的，这是第一个要讲的前提。

第二个预设，大家今天坐在这里，不仅是因为我们想知道我们为什么看不懂当代艺术，我们很多人来这儿的动机更可能是想弄明白我们为什么看不懂中国当代艺术。我们目前在上海、北京、广州这些大城市都可以接触到世界一流的艺术家正在做的艺术展览，但很多人更关心的是，为什么我们不理解中国当代艺术家的动机或情绪或他们的作品，这个可能会涉及吕澎老师一直关注的关于中国当代艺术生态的问题。所以我们没有达成共识的第二个预设是，如果说我们看不懂中国当代艺术，其实我们首先看不懂的是中国当代史，是我们对今天身边刚刚发生的和正在发生的历史还不够理解，对于过去的三十年、六十年的历史没有达成共识，所以对于这个历史当中的人怎么思考不够理解，对于生活在这里面的最敏感的艺术家的动机有很多不了解。接下来

把时间交给大家。

提问： 感谢两位嘉宾，黄专先生谈到的"震撼"这个概念一下点透了当代艺术的目的性，跟原来的审美观念是完全不一样的。我认识一些当代艺术家，上海的李山先生等，但是真看不懂他们的画，当着他们的面不好说，说了就成土鳖了。听了黄老师的话，我很震惊。我想问，李山老师在美术史上应该是有地位的，因为他的作品价位在那里，而且最近涨得特别快，是不是艺术市场是一个评价，美术史又是一个评价，你们怎么看他的作品？

黄专： 他的画卖多少钱跟我们怎么观看他的艺术之间没有任何必然的联系。的确，艺术市场也能带来"震撼"，这种震撼体现为两方面：一是吸引更多观众对当代艺术的关注和兴趣，二是加速当代艺术的拜物化过程。"价位"现在已经变成普通观众"看懂"当代艺术的一个途径，成为支配我们观看的另一只无形的手，但我想提醒大家，拍卖和市场语境中的观看，也许是最糟糕、最不自由的一种观看。

提问： 两位老师好，我是中国美术学院油画

系毕业的，现在做策展的工作，也七八年了。现在的社会造就了我们关注当代艺术的时候更看重事件，包括这次蔡国强烟花爆破的作品，K11的莫奈展，都作为事件被上海的市民熟知、了解以及疯狂地追捧。作为一个从传统学院派走过来的艺术家，至少我毕业之前是走这条路的，但我毕业之后选择了另外一条路，做策展人。之前两位老师都是从历史的角度回看我们的当代艺术，我们能不能向前看，看一看究竟我们的当代艺术会走向何处？这是我的一个问题。还有一个问题是，是不是我们那些传统的学院派绘画体系的语言已经不再是当代艺术的表达手段，还是说它可能会重新回来成为表达手段？

吕澎：第一个问题是想知道艺术的未来。我个人的看法是这样的，我是不能够去了解未来的，我们也很难逻辑性地去推演未来。但是我有一个工作的过去、工作的现在以及为未来工作的准备。1989年年底的时候，我跟另外一个作者写了八十年代中国现代艺术史，正好是1989年年底开始的。为什么要写呢？很简单，过去的十年是我们经历过的，我们觉得如果不记录下来挺可惜的，不写出来，后面的人就不一定知道。我们希望把我们经历过的事情记录下来，因为这些是我们亲眼所见。1998年、1999年的时候，也因为类似的原因又写了一本年代艺术史。到了2010年、2011年，新世纪过了十年，又写了一本新世纪的十年艺术史。最近决定，到2020年我会把新的十年再记录下来。那么现在是在做什么工作呢？是在不断地收集资料、了解、观察、判断，以及跟不同艺术家讨论，在这个过程中去了解今天的艺术现状。而艺术的未来在哪里呢？在艺术家的准备中，当然也在我们美术馆馆长、策展人以及参与艺术事件的所有人手上。我们在什么时间、什么地点、什么目标上可能发生关系。制作一个展览，策划一个项目，也许它会成为我们艺术史的事件，也许它只是一个艺术活动，甚至它仅仅是以艺术之名干的一件事情，过了就算了。我们怎么去评估、把握它？在这个过程当中，不断地去做各方面的判断，像刚才黄老师说的，不断地去做艺术史判断、做知识系统的判断、做自体思想解放的判断，等等，到了那个时候才能确定下来。所以我觉得对未来的展望，可能是研究历史的人最难的事了，虽然很多口号说"了解历史，展望未来"，但我觉得未来是展望不了的。这是一个情况。

过去在学校学到的所有技术、手段、材料、方法，它们只是我们工作中的一个环节。也许我们可以用一种最古老的方法，既然我们连最古老的方法都能使用，那么为什么在学校里学到的知识不能使用呢？问题是它适用不适用于我们今天对具体的作品进行讨论，对具体的展览进行讨论，或者对具体的工作进行讨论，所以从这个意义上讲，我觉得我们获得的所有知识是未来创造以及工作上的准备，也许用得上，也许用不上，甚至有些知识有可能一辈子都用不到，也许我没用到但是黄老师用到了，最终我们是在做一个"未知"，做一个未来的事。所以我们并不知道我们获得的知识哪一些是有用的，哪一些是没用的。只不过我们过去有一种习惯，认为学院的、古典的，是过去了、过时了，很多知识都不新颖了、失效了，我觉得我们今天不应该存有这样的观点。我们今天建立的观点是从原始社会到今天人类留下来的东西，都是也许哪一天我们能用到的。我们今天讨论现代和后现代的界限，后现代说我们要批判、颠覆，批判和颠覆有一种全面否定的意思在里面，后现代的立场是更多元、更完整地去了解人类的知识，怎样更好地利用它、承认它。我用一个古老的小例子回

答这个问题：有人对高更说，你画的这些方法太不规矩了，跟学校教的以及我们知道的方法太不一样了，你这个不合规矩的东西不行，他说，技术的问题是当我们需要它的时候才提出来的，我用什么样的方法和技术是我根据艺术创作的需要最终决定的。知识产生最终都是有用的。

黄专："观看"当代艺术，"事件"的确是非常重要的元素。杜尚的小便池、"维也纳行动"，更早一点，印象派的落选者沙龙展都是事件，现当代艺术史上有影响的作品几乎都有某个事件的背景，它们往往不仅构成作品的"原景"，而且成为作品意义和影响的重要部分：增强、弱化或歪曲着作品。现在每个当代艺术的研究者和观看者都无法避免去关注事件，前两天网上有位法国留学生的文章，就讨论了蔡国强的烟火作为一个公共事件在巴黎、上海引起的不同讨论和制度遭遇。当然，在我看来，对艺术事件的反应，应该有一定的伦理态度，无论作品的动机和初衷如何，例如，我个人就很反感以尸体或农民工为媒介的"事件"，这是我个人的一个观看底线。

预测当代艺术的未来这个问题已超出

了我的个人能力。在我看来，对人类生活进行预测不仅没有必要，而且包含着某种决定论的危险，如果非要我对当代艺术的前景有个个人判断，我也许会期待一个重新定义"艺术"的运动。在埃及、希腊、中世纪、现代、当代和中国自己的艺术史中，我们能看到许多次重新定义艺术的运动，后现代主义是最近的一次，观念主义取消了传统艺术中很多语言、媒介方式的界定，取消了艺术创作者与观看者之间的界限，提出了很多艺术史中没有涉及的问题，但是我相信以破坏为价值、片面强调观念的艺术，它的解放能量也许已经消耗殆尽：人的视觉感受能力的退化、制作技艺的退化也许都是这种革命留下的后果。所以，如果要我猜测未来艺术会发生什么，我只会说我期待一个不是由哲学家、批评家发动，而是从艺术实践、理论实践和观看者预期中产生出来的一种重新定义艺术的运动，至于它是由乔托、达·芬奇、塞尚、杜尚这类先知性艺术家的作品中产生，还是由某种群体性的社会机制中产生，我无法预测。我相信，艺术的未来一定是多元的，可以容纳任何东西，不会有决然的两分法。前卫艺术的一个最大弊端就是先锋与保守的两分法，它不仅使我们丧失了对很多有价值的艺术问题的思考，也使我们丧失了很多艺术的趣味。

提问：用一个具体实例来说，张晓刚有一件很有名的作品《大家庭》，如果当代艺术作品出来的时候需要一种震撼力，两位老师怎么看这件作品，它的震撼力体现在哪个方面？因为它很简单，就画了爸爸妈妈、哥哥姐姐还有一个小弟弟，这在表面看起来很简单，但它现在的价位很高。想听一下两位老师的意见。

吕澎：黄老师说的震撼力是现代主义产生的背景，这只是一个出发点和要求。当我们了解更多的艺术，或者了解了今天的艺术、当代艺术的时候，我们肯定不能用"震撼"作为唯一的标准。黄老师说了一个背景，听了感觉我们今天要震撼了，但是《大家庭》显然是不震撼。震撼不震撼，就跟喜欢不喜欢、欣赏不欣赏一样，还是因人而异的。比如说张晓刚老师画画有一个过程，你以后可以看一下相关的资料，了解一下他是怎么走过来的，今天不说了。他这件作品的第一次展出是在四川美术学院，大概是 1993 年年底，当时我们看到之后的心情是怎样的呢？在这之前他画的都是表现主义的作品，跟死亡、诗歌及一些历史现实发生关系，语言、方法、技法是表现性趋向的东西，而且带有很文学性的描述。后来逐步演变，画了《大家庭》，在 1993 年做了这么一个展览。当时有一个批评家评论他的作品说，原来的现代主义画作很有力量，很有震撼力，有激情，让人激动，可是你今天画的这个东西感觉很平和，那处力量没有了，打击力也没有了，就是画得比较平面、比较光亮、有点变形的旧人物，可能你的艺术有点问题了。当时开会我们都在现场，也有持不同观点的，这显然是从一种现代主义的态度转向了另外一种态度，思考的问题和艺术风格转换的问题对于艺术家来说开始提出来了。《大家庭》不是一幅，是一个系列，并且有变化，我们做研究性的考察，就要从 1992 年年底至 1993 年上半年有些画的风格转换是怎么形成的，艺术家为什么要这么画，从这里去考察，还有很多可研究的地方，艺术家自己也交代过为什么会这样。产生了这样一批作品之后，在 1993 年尤其是 1995 年之后，在国际展览会上的影响越来越大。我后来去国外，看到有好几个美术馆收藏他的作品。在国外的机场和书店看到国外出版社出版的国外作者的著作中也有他的作品，我还买回来送给张晓刚，我说你看一下，你知不知道，他说不知道。也有艺术史家的写作把他放到二十世纪的重要位置上。这些在我看来都不是因为震撼，而真正感受强烈的是什么呢？对于我来说第一个是思想，你了解一下他为什么会有这种转变，你就会深深地理解他为什么会产生这样的风格。另外就是他的图像和风格给我们的印象是非常深刻的。昆士兰美术馆做过一个综合性的馆藏展，空间非常大，展览了一两百件作品，虽然距离很远，但我一眼就看到这件作品，不是因为我们很熟悉，是因为它有非常独特的图像风格，这种图像的特殊性让人一目了然。如果我们用一种简单的视觉判断来说，就是图像清晰、图像特殊，以及这种清晰和特殊导致我们对它的识别。但是这跟"震撼"还是没什么关系，所以我在写作研究艺术家的时候，还是像刚才黄老师说的，是从历史、从艺术家的经历考虑着手，研究为什么他会这样做，为什么他会画这样的作品。当你了解了之后，就会做出准确的好的判断。这里要强调的是，"震撼"只是现代主义的口号和出发点，显然核心问题是解放，是自由，让我们的思想、视觉、知识无尽地扩展，这样才能够维持人类的生存和发展。

提问：作为专业艺术家来说，我们有时候也很迷茫。我们发觉艺术在纯粹性和经济效益上经常是非常矛盾的，请问一下两位老师，结合当代艺术这么多年的经验，你们认为从艺术家、策展人、美术馆还有观众的角度，这四种角色应该分别对中国当代艺术的发展起到什么样的推进作用？

吕澎：这个问题太复杂了，因为四个出发点真的不一样。我想你这个问题的核心是艺术纯粹性和市场性之间的问题。我是这样理解的，纯粹性是什么意思？我想做艺术。这里面有一种情感和潜在的精神状态，在我看来会是比较原始的无意识冲动，这种无意识冲动是很宝贵的。"艺术"这个词，说到它的时候，会调动起某种东西，而其他的词就很难调动，这种无意识冲动我们是知道的，大家最熟悉的凡·高，他在做艺术时就有无意识冲动，他的无意识冲动会在他的笔、他的画布上呈现出来。但你读他的专集、书信，很大一部分都是在谈生计、爱情问题，谈生计的问题非常多，比如能不能赶快帮我把这幅画卖出去等。你会看到一些印象派画家常有类似的事情，比如塞尚把他自己的画送给朋友，无非是想让朋友进一步支持他。他在酒馆和朋友吃饭，把画靠在旁边，吃完饭他走了，故意把画遗忘在那儿，其实就是想把它送给朋友，但朋友看不懂他的画，追出去说你的画忘拿了，结果没送出去。纯粹性和不纯粹性的界限要找到，通常会有一种矛盾，究竟是不是专为销售而画？这个问题很麻烦。有人欣赏你的东西、喜欢你的东西，就会买你的东西。当代艺术家，尤其是中青年艺术家最近三五年出现一个问题：假如说他的作品去展览之后，他就说，我的作品展览完了之后若没有人买，我就要拿回我的工作室，拿回我的家，如果它卖不了有什么用？听起来特别物质主义。你是为了销售才画这个画吗？就不能为了自我冲动去画吗？但反过来能不能问这样一个问题：如果社会上没有任何一个机构、任何一个个人购买你的作品，你的作品算什么呢？社会为什么不接受你的东西呢？所谓纯粹性和不纯粹性，不能简单地和市场这些东西结合起来。从某种意义上来讲，在今天，卖得越好，你的艺术作品被人知晓的可能性就越大；如果作品又很好的话，心灵、思想获得了很好的传播，价值获得了承认，那不是很好的事吗？最重要的是出发点和动机，这种纯粹性是从什么角度来讲的呢？如果你说我想表达我的思想，并且我的这种表达是自由的，自由来自我想怎么做就怎么做，我不受颜料、画布、材料的影响，不受资金的影响，可以自由地去表达，这就是纯粹的。如果受那些影响，又顾及那些影响，在这样的条件下进行创作，你说的纯粹性就受到了影响。按照人生的经验，我们面对的条件、资源永远是有限的，肉体永远是有限的。所谓的纯粹性在我看来就是尽力，对艺术态度的尽力。

黄专：简单地说，你说的四种人都做好自己的本分就好了，中国现在最大的问题是当代艺术不职业，艺术家不职业，美术馆馆长不职业，策划人不职业。当然观众也可以是不职业的。

提问：艺术最开始时是要有文本解读的，最早在中世纪或者之后的艺术都可以在西方的《圣经》或者别的史诗上找到。中国也是，很多艺术家用一些东西去阐释自己的作品。但到了现代，艺术家，比如张晓刚，很少解释自己的东西，艺术家到底应该给观众一个答案还是给观众一种可能？

黄专：张晓刚其实有很多自我解读的，我最近编辑《张晓刚全集》就收入了大量他自己的解释文本。观看艺术品的时候要不要艺术家自己的解释？它是不是我们观看时的一个必要元素？这的确是个有趣的问题。古典艺术通常有一个意义的文本，图像学就是对《圣经》图像意义的解释和研究，但现代艺术中，这种图像与意义严格对应的关系没有了，艺术家自己的解释变得越来越重要。抽象艺术、表现艺术、超现实主义、观念艺术都有自己的图像解释系统，但我觉得，对我们普通观众而言，也许通过艺术史去了解每个艺术家如何解决他们自己艺术问题的过程对我们观看艺术的帮助更大。贡布里希的《艺术的故事》就告诉我们很多艺术家解决问题的秘密，古典时代的艺术家努力以错觉的方法将所知的世界转化为所见的世界，而印象派画家则希望以"纯真之眼"去描绘外部世界，塞尚的野心更大：他还希望找到我们视觉世界背后的"结构"……只有通过艺术史，我们才能真正了解每个艺术家面临的问题、他想解决的问题以及解决这些问题的途径、办法和成就。吕澎老师的《中国当代艺术史》也给我们提供了了解中国当代艺术史的一种途径，这本书没有采取一般风格史的写法，他的理由是二十至二十一世纪，中国艺术史不是一个单纯的视觉和风格问题的历史，这是他的一个基本判断，所以他采用了社会、政治和历史相结合的方法，在中国现有的几部现当代艺术史著作中，如果让我推荐一部的话，我会选择吕澎老师的这部。总之，通过艺术史了解和观看艺术，在我看来是最好的途径。

主持人：因为时间关系，今天的活动到此结束。最后和大家分享两件事，一是黄专老师最后提到的吕澎老师的专著《中国当代艺术史：2000—2010》，中文版今年9月将由世纪文景出品，希望大家多多关注。二是也许我们很难通过短短两个小时，对于当代艺术如何才算看懂达成共识。但我们希望大家能够始终保持自己内心当中那份渴望观察和理解艺术的心态，乃至保持我们对生活、对外部世界的兴趣，这也许是当代艺术能够给予我们的最大启示：即使我们承认自己很难完整地去理解当代艺术，我们也永远不会放弃这种自由的权力，这种坚持去尝试的努力。谢谢大家，再见。

时间：2014年8月13日
地点：上海市长宁图书馆8楼
对话人：吕澎、黄专

每平米的态度[1]

——关于王友身个展"每平米"的访谈

张自立: 我一直知道他(王友身)做这个《每平米》，但是这次看确实震撼了我，没想到在 1 平方米内，解构是这么丰富。而且看似

图1 《营养土》，王友身，1994 年，营养土，尺寸可变。图片由艺术家提供

简单的这么一个 1 平方米的作品，实际上是和社会现在的状况有关联的。从您的角度，从评论家的角度，请就这个作品向观众做一个介绍。

黄专: 这个作品，我知道他（王友身）一直在做，但是最后能做出这个效果，我也是感到很震撼的。这个作品我觉得他从一个很小的角度，扩展到一个很大的问题。

我觉得友身的艺术有几个特点，一个是对影像物质特别关注，我们（一般人）讲影像就是影像自身的问题，比如图片本身的内容。而他自二十世纪八十年代以来，一直把影像做成一个物质对象，包括影像的清洗、影像和其他物质材料的关系，这是他的艺术非常重要的一个特点。

比如早期他做《营养土》(图 1)，做《清洗》(图 2) 的图片，这点是他和中国其他做图片的人的巨大区别，他一直是用对待物质的态度来对待图片，不是简简单单地将图片的信息当成一个孤立的事件，他做的是图片

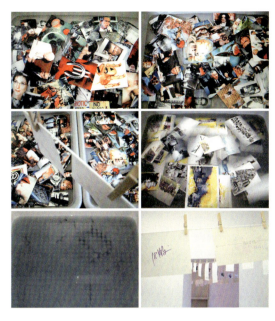

图2 《清洗》，王友身，1999—2003年，新闻照片、水、显影盘、线、夹子，尺寸可变。图片由艺术家提供

图3-1 《每平米1A》，王友身，2010—2014年，照片，100cm×100cm×9件。图片由艺术家提供

图3-2 《每平米·我的肖像》，王友身，2012年，布面油画，100cm×100cm。图片由艺术家提供

和物质的关系，这件作品也是这样。

《每平米》（图3）这个作品说起来是一个很平常的事件，是每个艺术家都可能经历过的事件，但是他把自己的艺术方式融到里面，这是我感触特别深的。而且他的几个单元，互相之间的逻辑关系很清晰。

从最开始的两个主体，到后来把事件中的一切引入作品，制造一个场景，把1平方米提炼成一种纯粹艺术的对象，最后又把它放回事件之中，还原一个场景。我觉得这个作品把他原来对图片的一些方式和他现场要表达的问题，交代得特别清晰。

而且这个作品，我也觉得是他作品中最复杂的一个，包括影像、图片、物质材料、声音。他原来没有这么综合的运用过程。

我认为这会是他一个界标式的作品，作品丰富，逻辑清晰。

张自立：我很感动的是他自己的行为和作品，在我们外行看来有点宗教的感觉，年复一年地自己制作。我拍这个片子的概念是一天，实际上是记录他四年中的一天做作品的过程，但是这一天放大和 1 平方米是相关联的，他为什么要做这个事情呢？

黄专：我一直说友身是一个苦修派，他琢磨作品时间特别长，每一个环节都做到位，不会说有些东西可以虚一点，他一定要想透了再做，所以他做作品特别到位。像有些艺术家就是在大效果和空间占领方面有能力，但是友身是对所有物质材料、图片、整个作品和空间的关系都琢磨得很透。当然这个作品还没有展出，但是我相信它展出的效果一定比我们现在看到的这个设计方案更震撼。

张自立：我是之前一段时间看过他拼成像大理石似的石膏板碎片，我当时觉得比较有意思，他也跟我说过一些，但是没有现在丰富。一层一层地把图片展开，还有他之前对这个被拆除的工作室的记忆，友身是用心血拼接成一个最小的社会单元。所以我觉得他的作品意义不光在艺术方面，还有社会层面的，您怎么看待这个问题？

黄专：一个艺术家表现社会问题、政治问题、意识形态问题这些都是很自然的，很多艺术家都做过。关于拆迁也有人做过，但是王友身在选择这个课题以及他表现这个问题的时候，用了一个不是特别直接、鲜明的立场反对强权，反对不合理的制度，他是把这一切都融入他的工作逻辑，这一点是我比较欣赏的。

如果直接说我就是针对某一个制度或者某一种权力，我来表达对这个事情的立场或者态度，这个其实挺容易。但是他这个不同，为什么我的文章起名叫《无关空间的每平米》，就是因为我们看他展示一个空间中发生的事件，但是他把他对这个事件的态度和立场隐藏了起来，他好像是一个旁观者，我并不在这个作品中体现我的态度，他把这些合同文件放进来，让你自己（观众）判断，我觉得这一点就是艺术家的态度。他把普通人的伦理感情降到最低，让观众去判断，可能这样他的能量更大。所以我觉得这个作品在于他的艺术性远远高于社会态度。

张自立：让观众去考虑和判断，我只是做一个旁观者，把实际发生的事情用我的作品去表现，这样就更高级了。

黄专：如果王友身这件作品纯粹是为了表达反抗的态度，那力度反而没这么大了。比如他最后冲洗出来的作品，他把那些小花籽放在上面，我觉得这个特别典型，他有很温馨的一面，这个事本身是很暴力的，但是他用一个非常温柔的叙事方式，每一个人都会有感触的。我想最后这几幅可能对女性观众特别有效果。

张自立：他以前的那个工作室我去过，不知道您去过没有，我见到他的时候还说什么时候再去呢，他说拆了，这个对他的影响确实比较大。这个拆迁其实是为作品做铺垫。

黄专：有的拆迁让很多艺术家生气，打官司，但是友身通过这个事情获得一个作品，我觉得完全是值得的。他是靠艺术来影响，而不是以他的政治态度来表达力量感。

张自立：在艺术上选择和他这种形式上的东西，让作品更有力量感。

黄专：我觉得这在他的创作中是一件非常重要的作品，而且我个人判断，他肯定是上升到了一个新的阶段。

张自立：您一直是这方面的专家。

黄专：是的，我从友身的第一件作品（1989年在王府井的作品《√》）起就一直关注他，不仅因为我们是朋友，我觉得他在中国做图片的这些艺术家里面的位置特别特殊，他的价值还没得到充分的认可和估算，但是我觉得这些作品会让人慢慢意识到他的重要性。

时间：2014 年 8 月 14 日
地点：北京丽都假日饭店丽都广场
采访人：张自立（导演）
整理：刘一楠

注释：

[1]原文载《王友身：每平米》，非正式出版，香格纳画廊，北京，2014 年。——编者注

在独立艺术机构实践中寻找自己的逻辑[1]

方立华：OCAT 成立的背景是什么？为什么最初选择在深圳而不是在其他城市建立 OCAT？从您的角度来看，是什么因素促成了 OCAT 的诞生？为什么把这个机构命名为"OCT 当代艺术中心"（OCT Contemporary Art Terminal）？最初的方案是如何规划的？

黄专：谈 OCAT 得从何香凝美术馆谈起。何香凝美术馆是 1997 年由国务院侨办在深圳创建的一个以陈列和研究何香凝艺术为主要功能的美术馆。1997 年，何香凝美术馆常务副馆长乐正维找到我，希望我来做一些美术馆的策划。正式聘我应该是 1997 年年底，开展活动应该是 1998 年年初了。当时我的想法，一是希望做些跟何香凝美术馆功能匹配的研究展示活动，二是希望按我自己的兴趣做一些与当代艺术相关的活动，通过这两个方面的策划，使何香凝美术馆有一个自己的定位。我没有美术馆工作的经验，所以只能按照自己主观的想法来确定当时的项目。那个时候，当代艺术还很少能够获得体制认可，更不用说在体制内进行这方面的工作了。

除了定位，还设计了一些相对稳定的项目：第一个是策划了一个延续到现在的系列讲座"人文之声"。我对作为思想史的当代艺术比较感兴趣，所以，当时思考的是当代艺术作为一个思想形态是怎么变化的，策划"人文之声"就是想把各种和艺术相关的思想动态以讲座形式展示出来。与此相关的项目还有"何香凝美术馆学术论坛"，这个下面再谈。当然，这些项目和美术馆的公共教育功能也有关。第二是展览系统。展厅的设计有两个层面，一个是中心场馆是何香凝作品的长期陈列，这是它原来的主要功能；另外是其他展场的展览活动，主要考虑中国当代艺术的学术展示，第一个项目就做了四川上河美术馆的收藏展。上河美术馆是中国第一家民营美术馆，它也有很多比较稳定的收藏，所以那个展览展示了当时中国当代艺术很多比较有代表性的作品。

1997 年下半年，华侨城希望在它的公共区域置放一些当代雕塑，所以我就和深圳雕塑院的孙振华、深圳画院的鲁虹合作策划了"第一届当代雕塑艺术年度展"，也就是现在的"深圳雕塑双年展"，这个展览主要是希望探讨当代艺术与公共空间的关系，这个项目后来也延续了下来。当时何香凝美术馆的学术设计大概是由这三个项目组成的。

"何香凝美术馆学术论坛"也是尝试建立一种公共教育和研究机制，所以这个论坛和"人文之声"有某种互补性。第一届学术论坛和收藏展是同时开始的，学术论坛邀请的嘉宾几乎是八十年代以来中国各个领域最活跃的学者，有哲学界的徐友渔、张志扬、赵一凡、周国平，建筑界的张永和，艺术界的范景中、曹意强、朱青生、皮道坚，等等。这些在当时思想界、艺术界有代表性的学者，很多是我的朋友。九十年代，整个中国文化界和艺术界的联络基本中断，各个领域都充分专业化，所以当时的想法是希望通过这个论坛把八十年代后艺术界和思想界、学术界中断了的联系恢复起来，把中国的思想资源重新组合起来。这个论坛现在来看还是挺成功的，大多数学者都严肃地提交了论文，大会发言也都很深入地涉及了各自领域的问题。但也有令人不太满意的地方，

论坛并没有真正达到互相碰撞、互相交流的目的，基本上还是各谈各的问题，论文最后编辑成一本出版物《当代艺术与人文科学》。最开始何香凝美术馆学术项目的这三块设计，也就是后来我想在 OCAT 做的一些事情的端倪。

研究和展示在我看来是无法分开的一体，但是当时研究条件很差，当代艺术的研究基本谈不上，甚至何香凝研究这一块也十分薄弱，主要是展示，后来也调进了一些专门研究何香凝的人。当时我考虑的主要问题是如何建立一个具有稳定性和持续性的空间，把艺术和其他学术领域的联系建立起来，以便为以后的研究打下体制基础。后来证明，这个想法极其幼稚。

到了 2000 年，美术馆与法国政府合作策划了"第四届深圳当代雕塑艺术展"，我是中方策划人，那大概是我一生中做得最艰难的一个展览，主要因为这个展览中发生的黄永砯事件。展览结束以后我就生病了，有两年基本上在养病。到了 2003 年，侯瀚如和皮力策划"第五届深圳国际当代雕塑展"，开幕时我来看了一下，乐正维副馆长跟我谈，希望我能来何香凝美术馆继续工作，她

又谈起了华侨城东部工业区的改造计划。这个工业区实际上是华侨城初创时期建立的，有很多类型的厂房。2000年前后，华侨城有些领导可能去看了北京的798，他们就希望借鉴这种模式开展东部工业区的改造，他们的想法中有一个是希望在那里建设一个何香凝美术馆的分馆，乐馆长希望我也能提交一个方案。我当时的身体状况和心态是希望在病愈后做一点自己感兴趣的艺术史研究，没有太多继续做美术馆的想法。大概跟乐馆长谈了两次后，我跟她说，如果要做的话，就要做一个相对于国家美术馆体制更独立的艺术机构，而且根据我个人的兴趣，希望这个机构能够偏重于研究。

何香凝美术馆经过三四年运营以后，已经有了一个比较成熟的模式，但也有一些体制带来的问题。它主要做何香凝的研究，同时兼顾一些政府的项目，这和当代艺术这一块经常发生冲突，我想如果能够有一个独立的空间，也许可以找到另外一种新的模式。后来我也去看了一下这个空间，实际上是一个空厂房，据说是一个家具厂，大概有1000多平方米。当时还没进入改造。我后来提交了一个计划，这个计划其实没有太多的参

照，基本想法就是做一个研究性的机构。

我设计了一个学术机制方案，由三个板块构成。第一块包括出版、文献收集和讲演，同时有一个和研究机制相匹配的展览机制，这是最基础的设计，研究是这块的一个主体。另外一块是国际艺术工作室，就是后来的所谓"驻地计划"（Residency）。对于建立国际艺术工作室，我也没有太多经验和参照，只是常听朋友谈起他们受邀去国外参加驻地计划的观感。我想根据这个机构的主体功能来设计这个驻地计划，希望它是一个包含研究性质的艺术工作室，所以根据现有条件，改造了五间工作室。我认为它不应该只是一个单纯的"艺术家"工作室，也就是说，这个驻地计划不是一个艺术家的驻地计划，而是一个综合性的驻地计划，所以参与者中首先必须有一位批评家、策划人或者研究者。同时，四位艺术家中必须有一位本地艺术家，其他三位艺术家应该来自国外不同地区，以达到真正交流和研究性实验的目的。另外，这个驻地计划在时间上应该是固定的，我们确定在每年的下半年，研究者、策划人或是艺术家在参加这个在地计划前必须提交一个和深圳相关的研究计划，这也是我们

邀请他们的一个前提条件。至于选择机制，我希望通过最开放、最自由的网络报名的方式来选择，当然，我们也会邀请一些熟悉这个机制的人参加。总之，它的目的是通过五间工作室，形成一个小规模的艺术生态和由不同地区的艺术家、研究者或策划人共同参与的工作结构，这样一个结构的在地实验也是整个独立机构的实验方向。可惜这个计划在2012年后没能延续。

至于机构名称为什么叫OCT当代艺术中心（OCAT），最初关于机构名称也设想过诸如"何香凝美术馆东部展区"或"何香凝美术馆分馆"等，最后确定叫"OCT当代艺术中心"，其实有两个想法：第一，虽然它在专业和行政关系上隶属于何香凝美术馆，但是它的所需资金都是由华侨城来投入的，所以我想这个名称应该和华侨城有一点关系，华侨城的英文缩写就叫OCT；第二，这个机构不叫分馆，或者不叫展区，是要表明它应该有一个相对独立的机构功能。它既属于何香凝美术馆，又有自己独立的学术设计和方向。综合这两个考虑，最后使用了"OCT当代艺术中心"这个名称。我们的学术委员凯伦·史密斯为它起

英文名字时觉得"Center"太中性，所以她就用了"Terminal"，指机场的航站楼和港口。英文名称的缩写就是"OCAT"。O指OCT，C指Contemporary，A指Art，T指Terminal。这个英文名称既体现了它与投资方的关系，又体现了它的独立性。我觉得这个名称本身也是这个机构在努力实现的目标：一方面，它是由一个投资方来赞助的，同时它有高度的独立性。这么些年来，我们一直在坚持这样一条道路。另一方面，它有一些非营利的投入，同时独立生产一些东西。所以名称大概就是这么确定的。

方立华： "Terminal"是不是有意和当时的理念口号相对应？因为当时的理念口号是"做中国当代艺术的航空港"，如何理解"航空港"这个概念？

黄专： 2001年，当代艺术在中国的生态已经发生了很大的变化。"上海双年展"以后，中国当代艺术似乎已经有了一个合法的活动平台，这个转折点并不意味着我们就有了一个稳定的机制，叫"航空港"大概还是考虑所谓机制的稳定性，这是我的一个愿望，也是希望给主办方传达一个信息，对于我来

讲，如果这个机构没有三年五年的时间，是做不成的。当然，"航空港"还有一层意思就是它在学术上能够海纳百川。

方立华：这个理念的提出肯定是和当时的历史情境有关，后来OCAT的理念口号也在发生变化。之后提出的是"OCAT是中国独立艺术的代名词"，如何理解这里的"独立"？

黄专："独立"是一个很空泛的词，就像民主和自由一样。但对于我来说，建立机构，"独立"是一个必须首先解决的问题。OCAT建立以后，何香凝美术馆和华侨城还是给了一个相对宽松的环境，OCAT的理念和项目设计，很少受到干扰和制约。当时提出这个口号，主要考虑的还是中国当代艺术自身的问题。

2005年前后，中国已发生了很大变化，中国当代艺术已经充分国际化，但这种国际化是建立在西方展览制度和遴选机制上的，缺乏一个独立的自我解释和研究机制，所以OCAT成立之后，它所做的项目主要是关于本土艺术家的，虽然它也与国外同类机构进行了广泛的联络，但利用OCAT这个平台，形成一套独立的自我批评和研究机制是它

的主要动因，这大概也算是一种所谓替代空间实践吧，当时强调"独立"主要还是针对这方面。另外，当时中国的另一个重大变化是艺术的充分资本化，除了拍卖或市场，还有传媒，九十年代还没有电子传媒，所以当时的纸媒还有很大的独立性。二十一世纪以后，传媒与资本已有了很密切的共谋关系，而很多私人或企业投资的美术馆大多数已成为变相性的资本运作空间，这也是当时面临的一个很大的问题，尤其OCAT也是直接由企业赞助的，如何处理独立机构与企业利益的关系是不得不面对的问题，幸运的是，我坦率地提出OCAT的性质不是企业美术馆，而是企业资助的独立艺术机构，机构项目与企业商业活动脱钩，这些都得到了华侨城的认可，我想这是我这么多年来能和他们合作的一个基础，当然，我也会考虑OCAT给企业带来的社会回报和收藏回报。总之，对于OCAT来说，"独立"可能显得比其他因素更为重要。

最后，"独立"其实也是针对我个人的，要通过展览、研究、出版体现自己独立的学术立场，在这样一个小型机构中把自己的判断能力展示出来，所以，强调独立也是一个

自我要求。另外，我也希望培养 OCAT 这个团队的独立性，它首先体现为人格上的独立，团队的每个成员，无论是日常工作、项目设计，还是对外交流，我都希望团队有独立讨论和相互批评的氛围。我觉得在一个小的范围形成这个机制是机构保持独立的前提，独立性不是一种简单的姿态，强调机构内部形成既充分独立又充分协作的工作关系也是"独立"的重要内容。

方立华：关于 logo 的设计，我看过一些早期的设计手稿，应该是您自己手绘的。后来这个 logo 是怎么慢慢演变并最后确定下来的？

黄专：我们一开始就请了艾安为我们设计 logo，我建议他把达·芬奇的人体比例图和飞机符号叠加起来，体现 OCAT 以人文研究参与当代艺术的特点。我们知道文艺复兴是现代人文性确立的一个基础，我认为坚持人文性也应该是当代艺术的一个基础。所以当时的设计用了这么一个背景。

方立华：您刚才谈到的 OCAT 的独立性，其中有相对于西方的独立、资本的独立，还

有个人的独立。为什么西方的解释机制和选择机制对中国当代艺术有这么大的影响？

黄专：二十世纪八十年代以来，西方和中国当代艺术的关系大概经历了三个阶段。第一个阶段关注中国前卫艺术的主要是西方的记者和使馆的文化官员。大家都知道，八十年代中国刚刚开放，所以他们把中国所有的艺术活动都想象成一种政治运动，"星星画会"和 1989 年"中国现代艺术展"在西方都有很主流的传媒报道。八十年代中后期，在使馆办展览是公开的秘密。当时中国现代艺术一直被看成观察中国政治动向的风向标，这是八十年代的一个基本状况。当然，八十年代中期也有一些中国艺术的爱好者、同情者、研究者来到中国（当时还没有"策划人"的概念），比如科恩夫人（Joan Lebold Cohen）、安雅兰（Julia Andrews），我当时在武汉和她们见过面。还有意大利使馆的弗兰（Francesca DalLago）和西班牙使馆的易玛；稍晚一点，就是老汉斯，我是 1988 年在南京的一个研讨会上见到他的，当时他还是一名在学习汉语的学生，九十年代他来广州和在北京创办阿姆斯特丹咨询机构的时候，

我们也有些来往。在八十年代相对封闭的状况下，他们的影响很有限。

到了九十年代发生很大的变化，特别是1992年重新改革开放后，来中国的西方人就越来越多了。意大利的莫妮卡·德玛黛、英国的凯伦·史密斯就是在当时来到中国的，她们都直接参与了中国的艺术运动。1992年我们做吕澎策划的"广州·首届九十年代艺术双年展"时，*Flash Art* 的英文主编弗朗西斯科·波纳米（Francesco Bonami）来广州，我们甚至讨论过做 *Flash Art* 中文版的事。1993年中国艺术参与了"威尼斯双年展"后，西方艺术界对中国的关注就更加强烈了，但感觉这种关注主要还是政治性的，中国在他们眼里主要还是一个冷战政治的艺术标本。九十年代中后期又发生了一些变化，首先，西方的收藏系统开始关注中国，中国自己的艺术品买卖活动也越来越频繁，所以九十年代，各种动机、各种力量开始交叉性地关注中国。小汉斯（Hans Vlrich Obrist）、希克、劳伦斯（Lorenz Helbling）应该是这一时期的代表。

进入二十一世纪又有一次变化。"上海双年展"以后，西方对中国当代艺术的了解就更加全面了。艺术家、批评家、策划人，各种艺术掮客和商人都来到中国，西方美术馆、展览、研究和传媒系统也开始逐渐为中国艺术界所熟悉。原来西方人来到中国就是为了找一些他们觉得重要的策划人或者艺术家，后来他们的范围越来越广，区域上也不再仅限于北京或者上海。但是有一个根本的问题并没有解决，就是怎样解读中国。这个问题一直带到2008年在牛津召开的一次中国当代艺术的峰会上，这是一次层级很高的论坛，西方重要美术馆的馆长或东方部的主任、各大学关注中国艺术的学者都参加了会议，中国这边有批评家、策划人、理论家和艺术家也参加了。那个论坛提出了一个问题：你们说西方人误解了中国，但你们有没有一个判断系统和逻辑给我们参照呢？我觉得我们没能给出一个理想的回答，这的确就是我们面临的根本问题，也是我们无法摆脱西方政治性关注的原因。

方立华：您后来提出用历史的方法、逻辑、思维解释自己的艺术史，您是从什么时候开始思考这样的问题，并且如何具体开展这样的工作的？

黄专：我在 1987 年写过一篇《中国当代艺术的两难》，它是对中国发生现代艺术的思想史根源的一次思考，它的结论是：我们是在用一种历史决定论的方式从事现代主义运动，以非民主的思维争取民主，以集权式的逻辑来反抗集权，这是一种两难悖论。我们的思想基础不发生变化，这个运动本身可能就只能延续一个古怪的螺旋。那篇文章提出了两个问题：第一，在没有民主思想的基础下怎样完成启蒙运动；第二，在没有自己的现代主义历史逻辑的情况下，怎样进行现代艺术的创造。这是个艺术史的问题，也是个思想史的问题。有很多人认为中国现代艺术是西方的简单重复和模仿，我当然不同意，但中国的确没有形成自己的现代主义历史逻辑，只有一些零零散散的问题，这也是事实。像中国这样的大国，它有一个现代主义的发展过程，也有属于自己的现代主义问题，但没有找到自己的现代艺术逻辑，这的确是个问题。我想，我们观察这个逻辑不应该只从八十年代开始，而应该从二十世纪初开始，甚至从更早的晚清开始。

方立华：您在设计 OCAT 的时候，也设计了 OCAT 国际艺术工作室，强调了与西方的对接。2010 年之后，您也一直在强调 OCAT 应该与国际接轨，很明显地提出了这种"国际化"的诉求，那么您是如何考虑所谓的"国际化"的呢？

黄专：国际化有两种含义：一是我自己变成一个国际人，二是我用一种自己的判断来理解国际标准。国际化的前提是有一个强大的自我判别标准，而不是首先想到怎样去变成一个国际人。只有一个强大的自我才有可能创造真正的交流。OCAT 国际艺术工作室的设置就是希望提供一个平等的交流平台，它既要体现国际通行的规则，又要有自主性设计的交流规则。没有一个强大的自我，国际化毫无意义。

方立华：所以，关于"国际化"的理解，可能重点在于如何与西方建立一种平等的交流机制？

黄专：一个真正的艺术问题，不管中国人还是西方人都是能理解的。譬如"国家遗产"讲的就是所有国家的人都能理解的问题，因为所有国家进入现代化都面临着这些问题，没有一个国家能够逃避，所以这个问题本身就很国际化，虽然我是用完全中国的语言、中国的方式在做，也能吸引很多西方的关注和理解。真正的国际化，是能提出所有人都能理解的问题。

方立华：您刚才强调 OCAT 其实很关注本土艺术，但是在这个过程中，有人会质疑：虽然 OCAT 是在深圳，但它并不是特别关注和推动本地的艺术。这个"本地"和"本土"可能是两个概念。您是怎样考虑 OCAT 在中国的语境下所扮演的角色的？

黄专：这也是 OCAT 经常遭人诟病的问题。我倒不一定特别赞成 OCAT 就只做本土，研究中国其实也是研究世界，研究中国也是研究国际。一个美国研究者自然会以研究美国艺术家为起点，这不需要解释，当然，他也可以研究中国艺术家，但心理距离、历史距离和语言距离的局限就很大了。研究中国艺术家，本土性并不是我考虑的，比如做谷文达的研究，我们从文化翻译角度讨论他的《碑林—唐诗后著》，从实验水墨的角度讨论他的水墨艺术，这些都是西方人能理解和参与讨论的问题。再比如做张培力的研究，

我们以博物馆的标准著录了他的全部作品，在我看来这也是一种国际化，一种国际化的专业态度。

至于为什么没有特别关注和推动深圳本地的艺术，我想也许这是一种印象上的误解。事实上，OCAT 在深圳，这本身就是一种生态行为，而在何香凝美术馆任职期间，我就做过一个"城市俚语：珠江三角洲的当代艺术"的展览。如果你非要从比例上说，外地艺术家比本地艺术家多，我只能说，我在选择艺术家时的确很少考虑地域因素，但我和广东艺术家有着某种天然的关系，他们也会自然进入我的判断视野，徐坦项目就是很好的例子，当然，这种批评我能理解，但我个人觉得一个艺术机构，如果要形成自己的判断，这些因素反倒是需要剔除的。

方立华：不过 OCAT 的项目其实也卷入了一部分所谓的"本地"艺术家，或者说广东艺术家，除了徐坦，还包括参与 OCAT 国际艺术工作室的红岗花园，有储云、刘窗和李景湖，另外，像深圳的艺术家杨勇、戴耘、周力，以及广州的艺术家杨国辛、李邦耀和秦晋等也参与了我们的一些项目。这里涉及

OCAT 的选择机制的问题，您能否详细谈谈 OCAT 是如何形成选择机制的？

黄专：选择机制从 OCAT 的学术架构设计就可以看出。首先，他们的创作和中国这三十年的历史有关系。我不会选择一个突然红起来的艺术家，这是根据我刚才讲的历史研究的原则。一个艺术家如果没有历史，就不会进入我的选择范围。第二，艺术家的作品必须有很强烈的问题意识，而且这个问题又有很高的普适性。它不只是一个区域性的问题，也应该与国际性问题相关，这也是一个标准。一个艺术家不可能一辈子都做好作品，但是他的作品必须有自己的逻辑，有共性化的问题，有通过自己的创造改变环境的可能性。当然，建立研究合作的默契也很重要。

我说过，中国能进入艺术史的艺术家在我看来只有二十来个。这当然是个玩笑话，但我的心里其实有一个名单，我在 OCAT 只做了七年，策划了七个艺术家的项目，可能就是这个名单的三分之一。如果我把这个名单全部做完，也许就是一部我们书写的历史。不过，这里有很多需要机缘，需要资金，我们的研究能力和资金其实是不足以完成这些项目的。我也不能说这七个项目就能够包括我自己的选择机制，但是至少我觉得在我们的条件基础下，也只能做到这样了。所以现在如果有人要批评这些项目，这些批评我都可以接受。这些年通过对艺术家的研究，我发现我们的艺术家从基本文献到研究，其实还是一个巨大的空白。巫鸿写王广义，感叹地说，你连八十年代的作品名称都没法确定，我怎么可能去研究你？所以做这件事情，要从最基本的事情开始，把每件作品的名称、时间弄清楚，从最基本的著录工作开始，我们的很多时间和精力都放在这上面。在西方，这种基础的研究机制也许早就形成了，甚至二三流艺术家都有这样的研究基础。中国的选择机制要么是个人好恶，要么是意识形态，要么是市场，中国艺术家的拍卖纪录、展览纪录通常比他们作品本身的信息精准得多，这的确是很可悲的。

方立华：我想选择机制还不只是对艺术家的选择，还包括这些项目的设置。2004 年您对 OCAT 的初步规划，包括了交流计划、国际艺术家工作室计划、艺术活动计划（包括展览、会议、讲座、访问、收藏展示)、当代艺术史研究出版计划(包括文献收集、研究者基金、研究所和图书馆),这些规划基本上都在 OCAT 建立之后逐步实现了,但是研究所、图书馆、研究基金在之前并没有实现。在这个过程中,是什么样的因素影响了 OCAT 项目的设置呢?

黄专: 研究基金涉及一系列法律问题,太复杂了。其实华侨城一直希望建立一种基金,但很难短期解决。文献和图书馆计划倒是从开始就有,但一直没有实施,原因很简单,受资金和人员限制。至于收藏,我们没有专门的收藏资金,现在的藏品一部分是雕塑展品的收藏,一部分是捐赠或者象征性的有偿收藏。由于人力、财力限制,我们还没有完善的藏品储藏和管理条件,所以这个系统实际上也还没完成。

2012 年独立注册馆群后,我们开始在北京筹备文献研究中心,想把图书馆和文献这一块建立起来,因为北京的资源、信息和寻找合作的机会要大得多。其实,从 OCAT 开始,我们就与北京大学视觉与图像研究中心合作出版《中国当代艺术年鉴》,我和巫

鸿老师及朱青生老师一直在筹划这件事,这个努力一直是和 OCAT 的工作并行的,只是现在还没有眉目,它能不能在 OCAT 实现我不知道。建立图书馆的愿望一是跟我的历史研究兴趣有关,一是受瓦尔堡图书馆的启发,瓦尔堡通过私人图书馆创造了一种学术机制和价值体系,改变了西方艺术史的发展方向。从中国目前的情况看,建立一个学科意义的艺术图书馆和文献库也许比建一个美术馆难得多,但我想有愿望总比没愿望好。

方立华: OCAT 艺术馆群计划是在什么样的背景下提出的?每个分馆是如何设计的,分别有什么样的特点?艺术馆群计划的实现是否与最初的设想一致?当时对外公布的时候,得到了一些媒体的回应,有人说它是一种"连锁店"的运营方式,对于这些回应,您是如何看待的?

黄专: OCAT 艺术馆群的缘起有些偶然,在 2011 年 6 月的一次馆长办公会议上,武汉华侨城提出在营销空间建一个美术馆以配合他们的营销活动做些展览,其实当时成都、北京的华侨城也都在做些艺术展览名义

的营销活动，甚至挂了 OCAT 的名。在会上，任总（时任华侨城集团总经理任克雷）提出能不能在各地的华侨城都建立 OCAT。这个提议得到了深圳华侨城房地产有限公司总裁的响应。在这个会议上我并没有表态，因为我觉得这应该是非常慎重的事情。严格来讲，把美术馆和企业营销活动结合，与建立 OCAT 的初衷是不符的，但当时我们面临一个两难境地：如果各地华侨城办展览不通过我们，直接挂 OCAT 的名，甚至以 OCAT 的名义聘请策划人、收藏作品，我们也没有任何法律或行政手段限制他们，所以他们说，与其放任，不如规范。应该说，这是建立馆群的初衷，并不是 OCAT 最开始的设想，它是一个被动的选择。

后来我提交了一份关于馆群的计划，原则上希望各地馆群和深圳 OCAT 一样，保持它作为独立艺术机构的性质，由企业提供资金赞助，OCAT 指定执行馆长作为专业策划人，而且强调了 OCAT 并没有为企业做营销活动的义务。馆群计划设计了两套班子：第一套是理事会，由投资方组成，主要负责资金投入和整体行政、人事的管理；第二套是学术委员会，是专业决策机制，

OCAT 在学术上的独立性就是靠学术委员会这个机制。2012 年，OCAT 正式注册成为一个民营美术馆，自然就从何香凝美术馆独立出来。

建立 OCAT 艺术馆群，好处是在某种程度上保障了 OCAT 这个模式的延续，而且获得了更为稳定的资金投入，局限是各地华侨城的投入热情、资金状况不同，企业管理方式和思维方式多多少少还是会影响美术馆的工作性质和效率。现在很多问题都在磨合中，如何进入一种良性发展现在还很难判断。

方立华：为什么会考虑在北京建立一个专门从事研究的中心？筹备期间遇到过什么问题吗？您是如何在诸多不稳定的因素影响下保证工作开展的？

黄专：建立一个纯粹的研究机构并非一时兴起，OCAT 建立之初，我们就认真考虑过这个处于中国边缘地区的艺术机构应该扮演怎样的角色。多年来，中国艺术的内涵已被"当代"这个概念掏空，媚俗、消费化、景观化和去价值化使艺术日益成为一种文化的堕性力量，而除了当代艺术自身原因外，

体制化权力和资本的合谋也开始成为一种常态。也许我们需要一种源于历史与记忆而非现实与利益的政治意识才能走出泥潭，我一直希望从一个有距离的角度观察中国艺术，这不是一种逃避而是一种反思。艺术史除了有自身独立的研究价值外，还可以为我们提供这样一种思维角度：它不仅有可能使我们在对自己历史的反思中重新获得某种自我价值认同，也可能使我们与世界之间建立起真正有尊严的关系，我们希望使当代艺术重新成为一种批判性的文化力量。OCAT研究中心将把注意力集中在艺术史研究自身也正是出于这种判断。

OCAT研究中心筹备初期的确出现过资金问题，现在我们重新获得了赞助方的承诺，所以又开始了工作。中国历史上一直都有民间赞助学术的传统，我们想做的只不过是证明这个传统在任何条件下都有其存在的理由和可能。我们并不身处有利学术的时代，我们的大学体制已日益成为生产学术工业的工厂，而在中国建立民间独立的研究机制尤为困难，我们知道我们是在干一件自不量力的事情，不过既然迈出了第一步，我们就会继续走下去。

方立华： OCAT北京馆被设定为研究中心后，其研究方向、项目设置和整体结构安排与原来OCAT的研究方式有什么区别？

黄专： 当然有很大调整，由于研究中心是一个单纯的艺术史研究机构了，所以它的学术目标和社会职能就都有些变化。譬如，我们在学术项目设置上把原来以艺术家和综合研究为主题的研究调整为以艺术史理论研究为主，相应地我们的项目结构也从以展览为核心调整为以年度讲座为核心，每年我们都会在一个艺术史重大理论问题设置的基础上邀请一到两位在国际国内具有影响力的学者围绕这个课题和他/她自己的研究进行多场次的讲座，讲座前后还会组织一系列研讨和专题讲演，以丰富和扩大讲座的社会能量。同时围绕讲座，我们会出版讲座人的重要著作或译著，这部分出版工作我们将以"OCAT艺术与思想丛书"的形式完成。围绕讲座的另一个重要结构是由讲座人策划一个与讲座主题相关的学术展览。这种学术结构参照了梅隆讲座、斯莱德讲座这类知名艺术史讲座的形式，但又根据我们自己的条件进行了调整。另外我们每年还会围绕设置的主题出版一本《世界 3》，这个项目与岭南美术出版社合作完成。总之，讲座和出版现在是我们的中心工作了，当然，我们还有个图书馆和文献库的计划，只是在目前的人力、财力状况下还很难启动，不过我们已经开始在有限条件下慢慢积累。

方立华： 2015 年甚至 2016 年的部分工作都已确定，讲座及研讨项目围绕法国哲学家乔治·迪迪－于贝尔曼，"中国当代艺术家文献研究计划"则为隋建国。你们是如何选择合作者或者研究对象的？

黄专： 今年我们确定的学术主题是"开放的图像学"，讨论由瓦尔堡建立的现代图像学研究模式在当代知识环境中的发展和变化，所以我们首先邀请了对图像学的当代发展有重要研究的法国社会科学高等研究院学者于贝尔曼作为"OCAT 年度讲座"的首位主讲人，他学术身份上的三个特征是我们选择他的原因：他的古典艺术史研究成就、他与法国主流哲学的关系以及他对当代艺术的批判性实践的兴趣。他的三期讲座主题是"影像、历史、诗歌"，此前，我们已经围绕于贝尔曼的研究开办了两期研讨班，第一期题目是"瓦

尔堡的遗产"，第二期题目是"蒙太奇与潜意识文献"。他为讲座策划的展览"记忆的灼痛"也是根据他对瓦尔堡《记忆女神图集》的研究而计划的。我们还将出版三部著作：《幸存的影像》《蝎子：幻象随笔 II》中译本和《乔治·迪迪－于贝尔曼中国演讲录》。我们今年的学术年刊也将围绕这个主题组稿、编辑。明年我们确定的学术主题是"世界视域中的中国艺术史研究"，已确定美国芝加哥大学教授担任 OCAT 年度讲座的主讲人。

文献研究对象的选择对我们这样一个资金有限的机构而言只能是因地制宜，过去十年我们已经以艺术家为单位，对谷文达、王广义、张培力、汪建伟、舒群、徐坦等进行过研究性的文献整理工作，隋建国不过是这项工作的延续，当然，如果有条件我们会继续对这代艺术家和他们以后的年轻艺术家、艺术家群体和艺术展览、事件、现象进行文献收集、整理和研究，文献毕竟是艺术史的基础。

方立华： 您是否一直有一种意识：试图通过建立研究机构去抵抗或者推进什么？

黄专： 我的工作并没有预设什么需要抵抗

的目标。历史就存在于当代之中，或者说，人类的任何活动都不可能超出自身的历史性。贡布里希曾模仿弗朗西斯·培根《新工具》中的四类偶像，列出了把现代人文科学"引向邪路"的四种偶像：数据偶像（idola quantitatis）、新奇偶像（idola novitatis）、时代偶像（idola temporis）和学院偶像（idola academica），类似的偶像在我们的当代学术研究中同样存在，而消除这些偶像不能靠屈从理论时尚或者制造新的理论时尚，只能

靠独立和反思性的审视，而历史审视也许是这种审视中最有效的。我个人的精力和能力都十分有限，所有的工作都得益于我的那些学者和艺术家朋友，得益于忘我工作的团队，当然，更关键的是得益于为这些研究机构提供持续资助的华侨城集团。

时间：2015 年 2 月 28 日

地点：广州

录音整理：方立华

注释：

[1]原文载黄专，《OCAT 十年：理念、实践与文献》，北京：中国民族摄影艺术出版社，2015 年，第 2—16 页。——编者注

黄专：我们在干一件自不量力的事情[1]

吴亦飞：OCAT 研究中心的筹备进程并不顺利，其间有过停顿，你也曾对此发表公开信《别了，北京》。这样的研究项目面临很多威胁，你是如何在诸多不稳定的因素中保证工作开展的？

黄专：北京 OCAT 研究中心筹备初期的确出现过资金问题，现在我们重新获得了赞助方的承诺，所以又开始了工作。中国历史上一直都有民间赞助学术的传统，我们想做的只不过是证明这个传统在任何条件下都有其存在的理由和可能。我们并不身处有利学术的时代，我们的大学体制已日益成为生产学术工业的工厂，而在中国建立民间独立的研究机制尤为困难，我们知道我们是在干一件自不量力的事情，不过既然迈出了第一步我们就会继续走下去。

吴亦飞：相对于其他以展览空间为主体的OCAT 馆，OCAT 北京馆被设定为研究中心，这样的整体结构安排是出于什么考虑？

黄专：建立一个纯粹的研究机构并非一时兴起，OCAT 建立之初，我们就认真考虑过这个处于中国边缘地区的艺术机构应该扮演怎样的角色。多年来，中国艺术的内涵已被"当代"这个概念掏空，媚俗、消费化、景观化和去价值化使艺术日益成为一种文化的堕性力量，而除了当代艺术自身原因外，体制化权力和资本的合谋也开始成为一种常态。也许我们需要一种源于历史与记忆而非现实与利益的政治意识才能走出泥潭，我一直希望从一个有距离的角度观察中国艺术，这不是一种逃避而是一种反思。艺术史除了有自身独立的研究价值外，还可以为我们提供这样一种思维角度：它不仅有可能使我们在对自己历史的反思中重新获得某种自我价值认同，也可能使我们与世界间建立起真正有尊严的关系，我们希望使当代艺术重新成为一种批判性的文化力量。北京 OCAT 研究中心将把注意力集中在对艺术史研究自身也正是出于这种判断，OCAT 其他馆群在确定和完成自己的专业定位时也会考虑研究环节，只不过方式和项目上会依照各自的条件。

吴亦飞：OCAT 研究中心每年的讲座及展览项目围绕一名艺术家或学者进行，去年是艺术家隋建国，今年是法国哲学家乔治·迪迪－于贝尔曼，明年是巫鸿。你们是如何选择合作或者说研究对象的？

黄专：于贝尔曼学术身份上的三个特征是我们选择他作为"OCAT 年度讲座"首位主讲人的原因：他的古典艺术史研究成就、他与法国主流哲学的关系以及他对当代艺术的批判性实践的兴趣。文献研究对象的选择对我们这样一个资金有限的机构而言只能是因地制宜，过去十年我们已经以艺术家为单位，对谷文达、王广义、张培力、汪建伟、舒群、徐坦等进行过研究性的文献整理工作，隋建国是这项工作的延续，当然，如果有条件我们会继续对这代艺术家和他们以后的年轻艺术家、艺术家群体和艺术展览、事件、现象进行文献收集、整理和研究，文献毕竟是艺术史的基础。

吴亦飞：明年巫鸿要进行的主题是"世界视域中的中国艺术史"，具体的展开方式和安排与今年会有什么不同吗？

黄专：巫鸿先生是 OCAT 的名誉馆长，他实际上也参与了 OCAT 学术模式的设计。今年的讲座会为他明年的讲座提供可借鉴的经验，明年讲座、研讨、出版和展览的基本模式不会变，但由于专业方向不同，在邀请研讨嘉宾、组织听众、出版形式和展览方式上会有所变化。巫鸿老师也是明年牛津大学斯莱德讲座的主讲人，所以如何协调两个讲座的主题是我接下来要讨论的课题，事实上，我们已经开始商讨出版方面的事宜了。

吴亦飞：OCAT 的研究着力于建立某种有关当代艺术的"历史研究"模式，强调当代艺术与其他学科的交叉与整体关系。而作为当下发生的艺术事件，我们面对的状况是纷繁复杂的，在进行这样的研究时，你认为有何困难和挑战，又是如何去解决的？

黄专：正是当代艺术复杂的景观和情境激起我们用历史眼光观照它的兴趣，我相信建立在历史研究基础上的当代判断会提供一种超越现场的深度感。我们的困难显而易见，缺乏稳定的资金，专业人员不足，社会还无法真正理解这件事对这个国家艺术发展的实质作用，等等。当然，通过这次活动我们获得了不少理解者和同情者，于贝尔曼临别时对我说，我充分理解你们这样一个小机构想做这件事的重要性，欣然同意作为我们学术年刊《世界 3》的编委并承诺会向他的西方同事介绍我们的工作。

吴亦飞： 你一直致力于建立系统的、跨学科的、贯通当代与古典的独立艺术研究，而这样的研究可以说是困难重重，什么是你的原动力，驱使你持续地推进研究？

黄专： 我并不是一个有学问的人，但我十分幸运地遇到几位在中国艺术史学中具有重要地位的学者，我的导师阮璞先生、范景中先生、巫鸿先生，他们在人品和学问上都对我起到了表率作用，也都是我在学术视野上没有保留的支持者，他们本身也时常成为我判断时髦学者和真正学者的标杆，我同辈的一些优秀学者和朋友也是我的精神支柱，当然，北京 OCAT 研究中心的年轻同事也是这个事业不可或缺的部分，他们知识的广泛性和多样性往往可以弥补我在这方面的缺陷。

2015 年

注释：

[1]原文载《艺术新闻（中文版）》，第 29 期，2015 年 7—8 月。——编者注

OCAT 研究中心：
以民间方式推动开放性的艺术史研究[1]

高子衿：2013 年，OCAT 北京馆建设进度的一度搁置曾引起许多关注和讨论，今年 6 月开馆，让人们有了新的期待，请问近两年经历了什么样的转折与过程？

黄专：我把人们对这件事的关注看成人们对下面这个问题的关注：在中国到底有没有可能建立一种真正的民间研究机制？而建立这种机制的困难和条件是什么？OCAT 研究中心虽然已经开放了，但我认为它并没有真正回答这个问题，更不要说解决了。我们现在只是获得了短期的资本投入的承诺，但这离建立一个稳定的民间研究机制还相距甚远，何况资金还只是所有条件中的一个。也许从根本上讲，我们做的是一件超越了我们能力的事情，当然，我们毕竟有了一个开端。

高子衿：1997 年何香凝美术馆成立，您即被聘为策划部主任与研究员，到今天担任 OCAT 研究中心的执行馆长，与华侨城已有

十八年的合作，请问能够建立长期合作关系的机缘为何？您看重的 OCAT 的核心特质或未来可能性又是哪些？

黄专："机缘"是个有意思的词，它可以解释一切但也许什么也解释不了。1996 年我在北京策划的"首届当代艺术学术邀请展"被封事件一度改变了我对"体制"的看法，所以，1997 年何香凝美术馆副馆长乐正维找我为刚成立的何香凝美术馆策划项目时，我并没有把它看成一种机缘而是看成一种实验或探险，一种通过公权体制建立独立学术机制的探险，到了 2005 年又变成在企业赞助机制中建立独立艺术研究机构的探险。我和华侨城合作的基础是坦诚，我会坦率地告诉他们我要做的是一件什么性质的事情，需要多少投入，而它能带来的社会效益和经济效益则由投入的决策者自己判断。幸运的是，十几年来华侨城履行了它的非营利投入的承诺，而我们也依靠这些有限的投入做了一些单纯的事情，我们甚至就 OCAT

的独立性、研究性和公益性这三种基本性质与华侨城的决策者达成了共识，OCAT 也因此在某种程度上成为中国持续时间最长的艺术机构之一。当然，存在的问题是，企业管理、财务模式与专业美术馆的模式之间的矛盾并没有得到有效解决，具体的行政管理人员对这个机构性质的认识与机构性质本身仍有差异。OCAT 现在有投资方组成的理事会和专业人员组成的学术委员会，但两者的责权还没有充分体现，决策机制和沟通机制也没有有效地建立。另外，2012 年建立 OCAT 馆群后，各个馆又受到各地华侨城决策者对其认识和投入的限制。资本与艺术的关系是一个全球性的难题，也许有多少资本赞助方式就会有多少种问题，OCAT 不过是这些复杂矛盾中的一个个案。OCAT 的未来就是保持它作为一个独立艺术机构的性质，这也是我在这个机构中继续工作的一条底线。

高子衿：OCAT 研究中心以艺术史的研究出版、图书文献、档案库的建设与海外学术交流为主要职能，如何定出这样的发展方向？当下的中国为何有这种需求，重要性又是什么？

黄专：我是学艺术史出身的，对我而言，对当代的兴趣从根本上讲是对艺术史的兴趣引起的，这也许决定了我观察当代艺术的角度。譬如说，我对现场性和信息的敏感就远远没有艺术家、策划人或其他从事艺术行业的人那么强。我很喜欢年鉴学派创造的两个关于时态的词"中时段"和"长时段"，虽然我理解的时段也许与这两个概念有所不同，但我很欣赏这两个概念带来的那种意向，即对当代有距离或有历史感的观察，本雅明（Walter Benjamin）说"历史不仅是科学，也是记忆方式"，历史是对过去的一种辩证式的跳跃，我想，也许只有当代史最适合进行这种"跳跃"。

中国当代艺术已有了三十年历史，我们也有了不少冠名为当代艺术史的著作，但总的说来，无论作为一门学科还是作为一种专门的记忆，当代史的写作都还缺乏理论、方法和文献的基础，尤其近十年来，各种激进的解构主义哲学思潮对艺术史的冲击已使它不再具备对艺术家、艺术品和各种艺术现象进行历史解读的能力，常常令人不安的是，我们时常谈论艺术史，但谈论的方式一点都不"历史"，所以，无论从个人兴趣还是从学科要求上看，尝试在中国建立一种以历史方法、艺术文献为基础的研究机制都是一种值得尝试的冒险，虽然，从目前中国的文化语境看，这种冒险的胜算不大。另外，从海外观察中国当代艺术的角度看，我也觉得，也许只有艺术史才能真正纠正各种意识形态偏见，从而使它获得公正和体面的待遇。

高子衿：OCAT 研究中心将兼顾二十世纪以来中国现当代的视觉艺术实践研究，您认为中国当代艺术发展的视觉逻辑，目前已有较为清晰、可被讨论梳理的脉络吗？

黄专：以我的判断，还没有。

高子衿：在广袤的艺术史研究中，OCAT研究中心如何选择它的开头以及未来的计划？迪迪－于贝尔曼作为年度讲座的首位主讲人，他的研究与实践对于当下中国的学术研究会带来什么样的影响意义？

黄专：于贝尔曼首先是一位艺术史家，或者说是一位具备高度哲学思辨能力的艺术史家，他有在多个欧洲艺术史研究机构从事研究的经历，尤其是有在瓦尔堡研究院工作的经历。我们对他的了解是从他在欧洲的几个以瓦尔堡"记忆女神图集"为基础的研究性展览开始的，他的艺术史研究课题的广泛性和对艺术史研究模式的理性批判态度都给我们留下了深刻的印象，尤其是他对艺术史中人文主义价值的坚持体现了他与时尚的法国激进哲学不同的理论品质和风格，当然，他对当代艺术的历史研究兴趣和策划展览的能力也刚好契合了 OCAT 研究中心研究模式的要求。

通过他在北京的三场围绕"影像、历史和诗歌"的主题演讲和一系列学术活动，以及他策划的"记忆的灼痛"展览，他的研究和思想已经开始为中国学者甚至普通听众了解，他的艺术史研究建立在（知识的）博学和（方法的）开放两个维度上，同时具有思辨性和诗性统一的特征，尤其他对艺术品的直觉感悟能力给我留下了深刻印象，这点体现在他对故宫博物院一幅石涛（1642—1707 年）的小幅山水画的看法上，他虽然没有研究过中国艺术史，但从他在讲座中多次提到他对这幅作品的印象看，他甚至具备很多中国艺术史家不具备的作品感知能力，我想，这些品质都是研究中国艺术史的学者应该学习的。接下来，我们还将和商务印书馆合作出版他的两部代表著作《幸存的影像》《蛾子》的中译本和《于贝尔曼中国演讲录》，我们希望无论对我们这个机构还是对中国艺术史界来说，这都是一个良好的开端，而对中国当代艺术而言，在习惯了各种景观化的大型展览后，"记忆的灼痛"也许会带给我们另一种体验，一种需要在阅读、经验和感知共同作用下才能观看的展览模式。

高子衿：当前的中国缺乏西方艺术机制中真正意义上的基金会制度，而无稳定的制度性保障，仅凭投资者的一时热情，似乎难以确保持续、专业与独立的学术体制建设。在中国近十几年来快速变化的艺术与资本的关系中，缺乏长期性的考量是许多人的诟病之处，在这些矛盾与限制中，是否有可供参考的方向与做法？例如国家对民营资本介入非营利文化事业的法律规定或扶持？

黄专：我不是一个政治家，也不是一个社会活动家，我甚至是一个不擅长和外界打交道的人，我只是一个艺术史的爱好者，这些年只是本着这种爱好尝试与资本和企业进行一些合作，我想，要我给出一个解决这种矛盾的方案远远超出了我的能力。

2015 年

注释：

[1]原文载《今艺术》，2015 年 8 月。——编者注

其他

我看高居翰的遗产

近来世界学术星空巨石陨落不断，以至于使我们产生了某种不祥的预感：也许我们经常挂在嘴边的学术危机真的开始以这种残酷的方式呈现？

离我们最近的陨石当然是高居翰，以我的粗浅理解，他的遗产大概可以三个动词概括：逆转、弥合、打通。战后世界学术对中国艺术史的真正观照是从风格学开始的，1947年，沃尔夫林的门徒巴赫霍夫 (Ludwig Bachhofer) 以一本通俗论著《中国艺术简史》引风格学方法入中国艺术史，他的弟子罗樾则用力于青铜史和宋画研究，使这种方向的研究达到了一个高峰，"罗樾悖论"也成为中国艺术史学中第一个真正具有问题意识的当代命题。作为罗樾的弟子，以他的通识和才力，高居翰可以在风格学这个艺术史的经典庙堂中轻松地为自己谋得一席体面的座次，但他却另起炉灶，从解答"罗樾悖论"入手，将社会学引入风格史，使貌似格格不入的两种历史方法融为一体、相得益彰，确立了他"西部学派"的学界领袖地位，此谓逆转。

二十世纪七十年代西方艺术史学的转折时期，以社会学、政治史标榜的"新艺术史"既是瓦萨里以来经典艺术史的发展，也是它面临的最大挑战，在这种激变的国际学术环境中(他所在的加州大学伯克利分校正是"新艺术史"的重镇)，高居翰审时度势将中国艺术史学研究课题由以博物馆、经典作品为轴心的宋画研究主动调整为以历史文献、社会考察和作品研究为目标的多向度的元明清绘画研究，并以皇皇五卷巨著回应了这种激进的艺术史革命，沟通了经典艺术史与新艺术史，博物馆史学与学院史学，艺术史与视觉文化、图像研究的传统鸿沟，从而使中国艺术史研究可以在学理层面上保持与西方艺术史研究的对话，此谓弥合。

西方中国艺术史研究的真正困境在于如何打通"西方汉学"与"中国研究"之间的学术畛域，进而彻底打通传统中国学术与西方学术之间无形和有形的畛域，使中国艺术史学真正成为一门建立在古典知识基础上的现代人文学科。高居翰的学术渊源并不来自汉学，但他以同情性理解的姿态，在使用中国史籍的范围和释读中国文献的方法上显示了其独到之处（如使用《三才图会》对明代图像的解读），此谓打通。当然，限于知识范围（语言、书画鉴赏）和研究对象（绘画），高居翰的这笔遗产略逊前述。

2014 年

如何自由地获取知识

——与广州美术学院 2014 级研究生的谈话

同学们:

　　无论你出于什么动机考上研究生,它都意味着你对你人生的一次重新选择和主动塑造:由一个知识的"学习者"变成了一个可能的知识的"研究者"。更重要的是:由一个知识的被动接受者变成了一个反省知识的人,所谓"知识分子"不是指博学的人,而是指对知识具备批评和反思意识的人。我想先用一句大家熟悉的古训"教学相长"来讲清这两者的关系,这句古训的出处是:"虽有嘉肴,弗食,不知其旨也;虽有至道,弗学,不知其善也。是故学然后知不足,教然后知困。知不足,然后能自反也;知困,然后能自强也。故曰:教学相长也。《兑命》曰:'学,学半。'其此之谓乎?"意思不难懂,但我要强调的是我们如何理解"教学相长"这句话,有人解释它说的是老师和学生互相学习的意思,这种解释也许不错,但太浅薄,我想说它说的是两种获得知识的途径:被动接受的"学"和主动反思的"教"之间的关系,"学"只是对知识的被动接受,所以只有"足与不足"的问题,而"教"则是对知识的反省,所以才有"困"与"自反"的问题,"教学相长"是指接受知识的两种阶段、两个层次、两种境界,只有学到的知识与对知识的反省同时进行,我们才能获得真正的进步,才能"自强",这个意思在《论语·为政》中是这样表达的:"学而不思则罔,思而不学则殆。"所以这里的"教"是指通过交流、讨论和对话获得知识的途径,在我看来,如果用更加现代和开放的词汇说,它应该是指通过自由交流、平等对话和互相批评获得知识的过程,而我认为不通过理性批评和争论就不可能获得真正的知识,我指的是对我们的人生和世界真正有价值的知识:自由的知识。所以,读研究生意味着你已经使自己处于这样一个处境了:你必须学会通过批评性的反思去获得知识(当然,很多人不读研究生也走上了这样的道路)。否则,套用苏格拉底那句有名的话,未经审视的知识是毫无价值的知识。

　　谈到苏格拉底,我们就要谈到古典时代

人类对待知识的三种态度，这三种态度我们可以称为"苏格拉底式""柏拉图式"和"智者式"。苏格拉底和柏拉图都是"轴心时代"诞生于古希腊的哲人，他们是师生，却分别代表了西方政治哲学的两个源头——民主的和极权的，而这与他们对知识的态度息息相关。苏格拉底被认为是雅典最有智慧的人，但他说"我知道自己几乎一无所知，对这一点也几乎不知道"，他想证明最聪明的人其实正是那些敢于承认自己一无所知的人，事实上大家知道苏格拉底正是通过有名的"诘问式"方法讨论问题、传播知识的，他的教室是雅典的大街小巷，他的教学对象是雅典的自由民众甚至奴隶（他曾经与一位奴隶讨论过几何学），他认为正因为人是非常无知的，所以需要通过批判性的研讨去寻求什么是真正的正义和善，达到改造灵魂和拯救城邦的目的，一切知识均应从疑难中产生。苏格拉底承认自己一无所知却又要教授别人知识，他是这样解释这个矛盾的：这些知识并不是由他灌输给人的，而是人们原来已经有的；人们已在心上怀了"胎"，不过自己还不知道，苏格拉底像一个"助产婆"，帮助别人产生知识。苏格拉底的助产术就是他的"诘问法"，即通过提问揭露对方命题、学说中的矛盾，动摇对方论证的基础，指明对方的无知；苏格拉底这种首先承认自己一无所知的"诘问法"被后人称为"苏格拉底讽刺"，而波普尔则认为对待知识的这种无知理论是一种"理智的谦虚"，它是西方那种开放性和批评性知识传统的一个源头，因为它不仅承认了无知是人类的一种常态，而且主张只有通过提出问题、以理性的方式讨论和辩难我们才能获得真知。

与这种"理智的谦虚"相反，他的学生柏拉图代表了另一种对待知识的态度，波普尔称为"理智的傲慢"。柏拉图认为真正的知识是神的知识，即绝对的、不可辩斥的知识，虽然和苏格拉底一样，他认为知识是先天存在于人的灵魂之中的，也相信苏格拉底启发式的诘问教育法，但他说这种知识最终只有通过"反思"，尤其是沉思默想才能由回忆唤醒。他在雅典开办专门的学校，广招弟子，传道授业，宣传他哲人治国的理想，他说"聪明人应当领导和统治，无知者应当服从"，他还说国家为了公众的利益可以向民众撒谎（《法律篇》）。他的理想国就是建立在这样的知识论基础上的，他幻想的

"哲学王"有点像被后人奉为"素王"的孔子。柏拉图的理想国是一个可怕的极权主义国家，虽然和孔子一样，柏拉图本人并没有实现他的理想国中的国家机器，但这种知识态度种下了后来各种宗教神学（尤其是基督教神学）的种子，也是现代各种历史决定论思维和专制极权制度的思想来源。他们的共同特征是相信某种绝对的真理，相信这种知识的权威性，并将这种权威性作为政治统治的理论依据，可以说，世界上各种形式的专制政体几乎都是柏拉图理想国的精确或不太精确的"影子"。

当然，除了这两种主体性的知识理论外，古希腊还诞生了一种非理性的相对主义知识论，我们称它为"智者式"的知识论，是我们身边各种后现代主义学说的祖师爷。古希腊的"智者"，即"专家"，他们周游希腊各城邦，收学费，传授修辞学、政治学和哲学，但柏拉图认为"智者"并不是"真正的哲学家"，亚里士多德甚至说，智者就是靠一种似是而非的智慧赚钱的人。他们是最早的怀疑论者和相对主义者，智者派绝大多数不是雅典人，可是他们以雅典为活动的中心。智者派反对古代希腊旧的理智传统，怀疑诸神的存在，崇尚论辩（据说苏格拉底的诘问法就来自智者的辩论术），深信人的思维和智慧能改善自己的处境。智者派最著名的代表是普罗泰戈拉，普罗泰戈拉是怀疑论者和相对论者，他说："人是万物的尺度，是存在的事物存在的尺度，也是不存在的事物不存在的尺度""事物对于你就是它向我呈现的样子，而你我都是人"。他们甚至不相信善恶、正义这类有价值色彩的词汇，有一次智者特拉西马库听完苏格拉底与人关于正义的辩论后，不耐烦地说：这只是一种幼稚的胡扯，因为"正义不是别的什么，只不过是强者的利益"。所以他们对什么是神，或者他们在宇宙中的地位这类超出我们认识范围的知识问题毫无兴趣。他们的末流则沦为专门炫耀辩论技巧的"诡辩派"，只注重玩弄辞令，或者满足于华丽的修辞和在法庭上辩论的成功。

在中国，在知识论上近似（注意，仅仅是"近似"）苏格拉底的只有老子，虽然他们关于知识的旨趣并不相同。老子认为最高的道是不可能通过知识达到的，反而只能通过"绝圣弃智"去达到，所以他说"绝学无忧""知者不言，言者不知"，所以他说"为学日益，为道日损"，不过，他也说过与苏格拉底近似的话："知不知，尚矣，不知知，病也""知人者智，自知者明""知者不博，博者不知"。而在"轴心时代"的中国哲学家中，最接近柏拉图的要算孔子，他一辈子信奉的绝对知识就是仁和礼，"复周礼"，建立一个像周代那样由君子治国、具有道德秩序的国家机器是他唯一的政治哲学和理想。像柏拉图一样，孔子一生并没有实现这个乌托邦，但这种知识论模式催生了与之相匹配的专制性政治制度。而智者的相对主义态度则接近相信"万物齐一"的庄子，庄子说："既使我与若辩矣，若胜我，我不若胜，若果是也，我果非也邪？我胜若，若不吾胜，我果是也，而果非也邪？"所以这种相对论也产生了他的政治评判标准："与其誉尧而非桀也，不如两忘而化其道。"

这三种知识论中，我最赞同的是苏格拉底式的态度，因为它承认我们的知识来源于人的缺陷、来源于无知，所有知识或由它导致的真理都是不确定、不完美的，都是可修正的，没有选择和批评就没有知识，知识永远注定是猜想或假定，没有绝对的真理标准，真理总是在我们的试错过程中偶然显现

出来的，用色诺芬的话说，知识不过是"猜测之网"。其次，正是这种不确定性告诉我们只有讨论、批评和提出问题或尝试性地解决问题，才能获取知识、接近真理，真理不辩不明，人不可避免地犯错，无知和犯错不仅是人性的一部分，而且是人获得知识的一个前提，所以学会从错误中寻找问题、发现问题并尝试性解决问题是获得真知最有效的途径，所以说"我们的任务是尽快把各种错误犯掉"，并从中学习进步，害怕犯错、不承认犯错只会降低我们的理智，使我们成为知识的奴隶。"掩盖错误是最大的理智的罪恶。"最后，这种知识论既承认知识和真理的客观性，又承认它们的局限性和不确定性导致政治哲学上的民主意识。讨论和允许批评是考察民主还是专制、开放社会还是封闭社会的试金石。我要说明，上述所有观点都来自波普尔而不是我的发现，可参见他的《通过知识获得解放》。

在座的各位都是经历过"中国式高考"的，我也是，不过我们那时的高考没有现在残酷，所以我们对高考的记忆也没有你们那么惨烈，我们的记忆甚至还有美好，因为正是高考使我们摆脱了"柏拉图式"的知识牢

笼，我指的是"文革"式的乌托邦教育，而获得了"苏格拉底式"的受教育机会：一种通过知识获得解放的机会，这个机会使我们学会了不惧怕任何权威，不相信任何不证自明的真理，学会了通过讨论、辩难、批评和思想交锋而不是通过权力、血统和任何不证自明的道理重新思考自己和世界。

如果现在我说"中国式高考"是"柏拉图式"的，也许你们会明白它是什么意思吧，它是用一种理想化和格式化的知识模板在你们的理智生长期把你们塑造成统一的、不具备反思能力、不会学习"犯错误"的知识对象，在我看来，不改变这种知识生产的思维模式，任何高考改革都毫无意义，现在我们也许已经摆脱了高考的梦魇，但要真正改变这场梦魇对我们知识观的奴役性塑造却并非易事。获得了摆脱这种奴役式知识模式的机会，并不足以保证我们会成为摆脱奴役性知识的自由人，要成为这样的人，我们不仅需要更大量的知识——我是指经过我们反思和批评取得的知识，还需要更多苏格拉底式的"无知的狡诈"和"理智的谦虚"，才能保障我们更快地发现我们自己的知识领域中真正值得我们研究和讨论的问题。我们

要警惕绝对主义的知识观，因为它的奴役性使我们丧失了自由判断的能力；也要反对相对主义，因为它的虚无性使我们丧失了追求真理的价值，而这两者正好同时在统治和左右着我们的生活。

最后，我想谈谈在艺术中，我们如何通过理性批评自由获取知识。首先，我们应该从语言中学习批评的本领，"我们自己是被独特的人类语言所创造的"，所以语言是我们认识自己的一个基础。语言有符号功能、表现功能、陈述功能、论证功能，但它最重要的功能是有意识的选择功能，即批评功能，超越我们语言的手段就是批评。不同的知识论可以导致不同的文风，如民主思维的语言风格一般是简洁明快清澈，如罗素；专制思维的语言风格一般是晦涩深奥，如黑格尔，而相对主义者的风格一般是浮华奇崛。我觉得学习艺术史比学习其他学科的人有一种掌握语言上的天然优势，因为我们至少比其他学科的人多掌握了一门语言：视觉的语言或图像的语言。视觉语言和其他形式的知识一样，也总是从寻找问题开始的，我们通过试错获得创造性的结果。其次，我们可以从历史中学习批评的意识，艺术品是一种特殊

形式的世界 3，它是由世界 2 创造的客观世界，伟大的艺术不光是想象和表现的产物，而且是不断在历史中寻找方案、比较方案、选择方案和修正方案的过程，是"先制作后匹配"的产物，而了解这一过程离不开历史和传统，所以波普尔说，"我们知识的来源大部分都出自传统，这一事实注定了反传统是徒劳的"，只有运用批评的眼光看待传统，我们才能获得新的创造的机会，"没有传统就不可能有'科学和艺术'中的知识"。最后，我们应该学会从各种艺术史的神话理论和时髦学说中学习批评的方法。我们时代的主体观念是"解构"，如各种形式的艺术终结论、关系美学理论等。它们有解放知识的积极作用，也有消解知识的消极作用，而我们只有借助批评性思维，才能在这些时尚理论中获取真正自由的知识。

我讲话的主题是对"教学相长"这句古训的新解，但愿我没有太多歪曲它的本意，我想说，比起《学记》里的这句古训，我更喜欢它的结语：

> 君子曰：大德不官，大道不器，大信不约，大时不齐。察于此四者，可以有志于学矣。三王之祭川也，皆先河而后海，或源也，或委也。此之谓务本。

因为《礼记》是汉代的孔家弟子编的，所以这些话有点道家口吻并不奇怪，好了，这几句话不解释了，它也许可以成为另一次谈话的话题。

2014 年

无光何路：一个思考苦难的"幽行者"
——读《张志扬阅读经验引集》

　　张志扬的哲学始终围绕两个主题：困难与自由，或者说如何通过苦难获取自由，而思想是两者间的桥梁。无论从意向还是从实际上看，对张志扬而言，思想就是一种苦难：或者苦难直接催生了思想，或者因为思想而导致苦难。所以，思想和苦难对他只不过是一件事情的两面，它们既意味着一种宿命也意味着一种使命。当然，苦难不纯然来自个人命运，事实上，这种命运只有上升为对历史的思考而又富有质感地保存个体经验的特性时，苦难才能真正成为思想的课题，张志扬思考苦难的品质在于：他既把它们上升为哲理层面的沉思和超度，又始终让它保持着感知层面的痛楚和情绪。

　　思考苦难就是思考人之作为生命体的困境、权利和根源，思考苦难就是思考文化人在文化剧变和衰落时所能承受的创伤记忆，思考无法表达时如何表达，而对张志扬而言，这种思考还包括一个不大引人关注的维度："苦难向文字转换为何失重"，即在汉语写作中为何有"有苦说不出"的痛楚。

　　苦难对于我们所处的当下是陌生的，所以思考苦难不仅是背时而且注定是孤独的，这不仅因为"困难在追求纯粹科学或纯粹逻辑的技术理性膨胀中脱落了"，还因为困难本身已经被消费时代的平庸和浮华消解、麻痹了，理性主义和虚无主义是困难的两个敌人，它们分别站在思想者的面前和背后，而张志扬在他思考苦难的保卫战中，面临的正是这种腹背受敌。

　　《张志扬阅读经验引集》将他三十年来的散文文字设定在"事件阅读""文学阅读"和"电影阅读"三个区间内，我却读出了隐藏其中的两重节奏，一种是面对真实历史时的个体感觉，一种是触摸语言和图像时的历史记忆。"事件"是关于无法预知的历史对微小的个体生命肆意妄为的侵犯，而对文字、旋律和影像的阅读则成为保存和尊重个体生命的最后媒介，如果说在事件中，他还需要凭借记忆和想象勾勒出他自己的经验生成和意向，通过一个个活生生的生命叙事去描述一个个"生存的隐喻"（母亲），那么，在对文学和电影图像的释读中，他将这些文本转变成一种隐喻，发展为一种集文学叙事、诗歌吟唱和哲学论证为一体的语言方式。

青年时的强制劳教和中年后的自我放逐构成了理解张志扬哲学的两种意象，如果前者还是被动承受的劫难，那么后者则是一种主动选择的遭遇，从武汉到海南，这既是张志扬的空间轨迹，更是对时间的一种选择性的展示。张志扬将自己的思想史归纳为三段式，从问题线索看，它起始于由"人的沉思"上升为对"感觉悖论"的语言学、现象学研究，最后又返回"恣意汪洋"的自由写作。

张志扬的文字和他的语言高度统一，以至于我们常常在与他交谈时就能直接体会到他字里行间抑扬顿挫的节奏和质感，反之亦然，当然，更重要的是他的思想和行动高度统一。

张志扬以他的一生思考苦难这个主题，他的思考如此沉重而富有诗意。

2015 年